Wohnsitz und gewöhnlicher Aufenthalt als nationale Anknüpfungsmerkmale der Besteuerung

FINANZ- UND STEUERRECHT IN DEUTSCHLAND UND EUROPA

Herausgegeben von Klaus-Dieter Drüen, Hanno Kube und Rainer Wernsmann

Band 44

Zur Qualitätssicherung und Peer Review der vorliegenden Publikation

Die Qualität der in dieser Reihe erscheinenden Arbeiten wird vor der Publikation durch Herausgeber der Reihe geprüft.

Notes on the quality assurance and peer review of this publication

Prior to publication, the quality of the work published in this series is reviewed by editors of the series.

Theresa Siebing, Hrsg.

Wohnsitz und gewöhnlicher Aufenthalt als nationale Anknüpfungsmerkmale der Besteuerung

PETER LANG

Bibliografische Information der Deutschen Nationalbibliothek
Die Deutsche Nationalbibliothek verzeichnet diese Publikation in der Deutschen Nationalbibliografie; detaillierte bibliografische Daten sind im Internet über http://dnb.d-nb.de abrufbar.

Zugl.: München, Univ., Diss., 2020.

D 19

ISBN 978-3-631-83569-2 (Print)
E-ISBN 978-3-631-83787-0 (E-PDF)
E-ISBN 978-3-631-83788-7 (EPUB)
E-ISBN 978-3-631-83789-4 (MOBI)
DOI 10.3726/b17697

Peter Lang – Berlin · Bern · Bruxelles · New York · Oxford · Warszawa · Wien

Diese Publikation wurde begutachtet.

www.peterlang.com

Inhaltsverzeichnis

Abkürzungsverzeichnis

a.A.	andere(r) Ansicht
a.a.O.	am angegebenen Ort
Abs.	Absatz
Abschn.	Abschnitt
Abth.	Abtheilung
a.E.	am Ende
AEAO	Anwendungserlass zur Abgabenordnung
a.F.	alte(r) Fassung
Alt.	Alternative
amtl.	amtlich(e)
Anm.	Anmerkung
AO	Abgabenordnung
AO-StB	AO-Steuerberater (Zeitschrift)
AöR	Archiv für öffentliches Recht (Zeitschrift)
Art.	Artikel
AStG	Außensteuergesetz
Aufl.	Auflage
BAO	Bundesabgabenordnung
BeckOK	Beck Online Kommentar
Beschl.	Beschluss
BewG	Bewertungsgesetz
BB	Betriebsberater (Zeitschrift)
Bd., Bde.	Band, Bände
BFH	Bundesfinanzhof
BFHE	Sammlung der Entscheidungen des Bundesfinanzhofs
BFH/NV	Sammlung amtlich nicht veröffentlichter Entscheidungen des Bundesfinanzhofs
BGB	Bürgerliches Gesetzbuch
BGBl	Bundesgesetzblatt
BMF	Bundesministerium der Finanzen
BMG	Bundesmeldegesetz
BR	Bundesrat
BR-Drucks.	Bundesrat-Drucksache
bspw.	beispielsweise
BStBl	Bundessteuerblatt

BT	Bundestag
BT-Drucks.	Bundestag-Drucksache
Buchst.	Buchstabe
BVerfG	Bundesverfassungsgericht
BVerfGE	Amtliche Sammlung von Entscheidungen des Bundesverfassungsgerichts
BVerfGK	Kammerentscheidung des BVerfG
BVerwG	Bundesverwaltungsgericht
BVerwGE	Amtliche Sammlung von Entscheidungen des Bundesverwaltungsgerichts
BW	Baden-Württemberg
bzgl.	bezüglich
DB	Der Betrieb (Zeitschrift)
DBA	Doppelbesteuerungsabkommen
DBG	Bundesgesetz über die direkte Steuer
dens.	denselben
ders.	derselbe
d.h.	das heißt
diesbzgl.	diesbezüglich
Drucks.	Drucksache
DStJG	Deutsche Steuerjuristische Gesellschaft (Tagungsbände)
DStR	Deutsches Steuerrecht (Zeitschrift)
DStRE	Deutsches Steuerrecht Entscheidungsdienst
DStZ	Deutsche Steuer-Zeitung (Zeitschrift)
DVR	Deutsche Verkehrsteuer-Rundschau (Zeitschrift) ebda. ebenda
EFG	Entscheidungen der Finanzgerichte (Zeitschrift)
Entsch.	Entscheidung
entspr.	entsprechend
ErbSt	Erbschaftsteuer
ErbStG	Erbschaft- und Schenkungsteuergesetz
ErgLiefer.	Ergänzungslieferung
ESt	Einkommensteuer
EStG	Einkommensteuergesetz
EU	Europäische Union
EuG	Gericht erster Instanz der Europäischen Gemeinschaften
EuGH	Europäischer Gerichtshof
FA	Finanzamt
FG	Finanzgericht
FGO	Finanzgerichtsordnung

Fn.	Fußnote
FR	FinanzRundschau (Zeitschrift)
FS	Festschrift
GG	Grundgesetz
ggf.	gegebenenfalls
GO	Gemeindeordnung
grds.	grundsätzlich
GrS	Großer Senat
Hdb.	Handbuch
HFR	Höchstrichterliche Finanzrechtsprechung
H/H/R	Herrmann/ Heuer/ Raupach, EStG/ KStG Kommentar
H/H/Sp	Hübschmann/ Hepp/ Spitaler, AO/ FGO Kommentar
Hs.	Halbsatz
HStR	Handbuch des Staatsrechts der Bundesrepublik Deutschland
i.d.F.	in der Fassung
i.d.R.	in der Regel
i.d.S.	in dem (diesem) Sinne
insb.	insbesondere
i.S.d.	im Sinne des/ der
IStR	Internationales Steuerrecht (Zeitschrift)
i.S.v.	im Sinne von
i.Ü.	im Übrigen
i.V.m.	in Verbindung mit
IWB	Internationale Wirtschafts-Briefe
JA	Juristische Arbeitsblätter (Zeitschrift)
Jura	Juristische Ausbildung (Zeitschrift)
JuS	Juristische Schulung (Zeitschrift)
JZ	Juristenzeitung (Zeitschrift)
KAG	Kommunalabgabengesetz
Kammerbeschl.	Kammerbeschluss
Kl.	Kläger
Klin.	Klägerin
K/S/M	Kirchhof/ Söhn/ Mellinghoff, EStG Kommentar
KSt	Körperschaftsteuer
Liefer.	Lieferung
MA	Musterabkommen
m.V.a.	mit Verweis auf
m.w.N.	mit weiteren Nachweisen
Nds.	Niedersachen

n.F.	neue(r) Fassung
NJW	Neue Juristische Wochenschrift (Zeitschrift)
Nr.	Nummer
NV	nicht veröffentlicht
NVwZ	Neue Zeitschrift für Verwaltungsrecht (Zeitschrift)
NZB	Nichtzulassungsbeschwerde
OECD	Organization for Economic Cooperation and Development
OECD-MA	OECD-Musterabkommen
ÖStZ	Österreichische Steuerzeitung
PIStB	Praxis Internationale Steuerberatung
RAO	Reichsabgabenordnung
RESt	Reichseinkommensteuergesetz
RFH	Reichsfinanzhof
RFHE	Sammlung der Entscheidungen des Reichsfinanzhofs
RGBl	Reichsgesetzblatt
Rh.-Pf.	Rheinland-Pfalz
RIW/AWD	Recht der internationalen Wirtschaft/ Außenwirtschaftsdienst (Zeitschrift)
Rn.	Randnummer
Rspr.	Rechtsprechung
RStBl	Reichssteuerblatt
Rz.	Randziffer
S.	Seite
SchenkSt	Schenkungsteuer
Schl.-Holst.	Schleswig-Holstein
StÄndG	Steueränderungsgesetz
StAnpG	Steueranpassungsgesetz
Stbg.	Die Steuerberatung (Zeitschrift)
StbJb	Steuerberater-Jahrbuch
StGB	Strafgesetzbuch
StIGH	Ständiger Internationaler Gerichtshof
Stpfl.	Steuerpflichtige(r)
str.	strittig
st. Rspr.	ständige Rechtsprechung
StuW	Steuern und Wirtschaft (Zeitschrift)
SWI	Steuer & Wirtschaft International (Zeitschrift)
Tz.	Textziffer
u.	und
u.a.	unter anderem

Urt.	Urteil
u.U.	unter Umständen
v.	von
vs.	versus
VStG	Vermögensteuergesetz
VwGH	(österreichische) Verwaltungsgerichtshof
ZaöRV	Zeitschrift für ausländisches öffentliches Recht und Völkerrecht (Zeitschrift)
ZBR	Zeitschrift für Beamtenrecht (Zeitschrift)
Ziff.	Ziffer
ZwSt	Zweitwohnungsteuer
ZwStS	Zweitwohnungsteuersatzung (Stadt München)
ZwWStS	Zweitwohnungssteuersatzung (Stadt Nürnberg)

A. Einleitung

Das Verständnis des inländischen Wohnsitzes als nationales Anknüpfungsmerkmal der Besteuerung ist fortdauernder Gegenstand kontroverser Diskussionen. Dies liegt nicht nur daran, dass die hohe Steuerbelastung in der Bundesrepublik Deutschland seit Jahrzehnten immer mehr Steuerpflichtige dazu verleitet, die Besteuerung ihres Einkommens und Vermögens durch Wohnsitzverlagerung ins niedrig besteuernde Ausland zu verschieben. Aktualität gewinnt die Diskussion vielmehr auch vor dem Hintergrund der fortgeschrittenen Globalisierung. In deren Folge sind viele Lebenswege nicht mehr nur auf das Heimatland beschränkt, sondern erstrecken sich auch auf das Ausland. Fraglich ist, ob es in derartigen Fällen unmittelbar zur Aufgabe des inländischen Wohnsitzes kommt oder ob dieser beibehalten und daneben womöglich noch eine weitere Ansässigkeit im Ausland begründet wird. Maßgeblich hierfür ist, unter welchen Voraussetzungen der inländische Wohnsitz begründet, beibehalten und steuerwirksam aufgegeben wird.

Bis heute scheinen die Grundsätze, ob jemand einen steuerlichen Wohnsitz im Inland unterhält oder diesen zwischenzeitlich aufgegeben hat, nicht hinreichend geklärt. Schon *Enno Becker* äußerte 1939, dass „die Erfassung des steuerrechtlichen Wohnsitzbegriffs (...) wirklich nicht einfach (ist)“[1]. Hieran scheint sich bis heute nichts geändert zu haben. Vielmehr besteht in diesem Kontext eine Flut an Einzelfallrechtsprechung, die seit jeher Zweifel an einer konsistenten Auslegungspraxis des steuerlichen Wohnsitzbegriffs schürt. Von Seiten der Literatur wird dabei immer wieder Kritik an einer ergebnisorientierten Auslegungspraxis laut, die im Einzelfall weniger den durch den Wohnsitz vermittelten tatsächlichen Inlandsbezug der natürlichen Person, als vielmehr Fiskalinteressen im Blick hat. Seitdem auch die Ansprüche auf Kindergeld an den steuerlichen Wohnsitzbegriff geknüpft sind, hat sich diese Kritik noch weiter intensiviert. Zweifel herrschen jedoch nicht nur hinsichtlich der Auslegungspraxis des steuerlichen Wohnsitzbegriffs. Mittlerweile besteht nicht einmal mehr dahingehend Gewissheit, dass der inländische Wohnsitz gegenwärtiger Dreh- und Angelpunkt zur Begründung der unbeschränkten Steuerpflicht natürlicher Personen ist. Ebenso wenig, dass sich die Frage der unbeschränkten Steuerpflicht natürlicher Personen allein nach innerstaatlichem Recht und nicht nach Abkommensrecht richtet. Jüngst

1 *Becker*, StuW 1939, 553 (554).

erregte diesbezüglich eine Entscheidung des FG Baden-Württemberg Aufmerksamkeit. Das Gericht nahm hierin trotz Innehabens eines inländischen Wohnsitzes des Klägers dessen beschränkte Steuerpflicht an.[2] In der Sache ging es um einen seit 2002 in Rumänien wohnhaften Kläger, der daneben in einem seiner inländischen Vermietungsobjekte eine eigene Wohnung unterhielt. Ab Veranlagungszeitraum 2003 gab der Kläger jeweils eine Einkommensteuererklärung für beschränkt Steuerpflichtige ab. Hierin erklärte er mitunter Einkünfte aus Vermietung und Verpachtung verschiedener inländischer Immobilien, wobei er für einzelne Vermietungsobjekte langjährige Verluste geltend machte. Streitbefangen war, inwieweit bezüglich einiger leerstehender Immobilien eine Einkünfteerzielungsabsicht vorlag. Im Rahmen der Urteilsfindung wurde hierbei zunächst zur Abgrenzung der unbeschränkten von der beschränkten Steuerpflicht Stellung genommen. Nach Ansicht des Gerichts ist der Kläger trotz Wohnsitzes im Inland lediglich beschränkt steuerpflichtig, da er über einen weiteren Wohnsitz in Rumänien verfügt, der seinen Lebensmittelpunkt darstellt. Daher gelte er nach Art. 4 Abs. 2 Buchst. a DBA-Rumänien als in Rumänien ansässig und sei folglich nicht im Inland unbeschränkt steuerpflichtig. Der BFH hat auf Rechtsmittel der Verwaltung die Revision zur Rechtsfrage zugelassen, ob „ein inländischer Wohnsitz auch dann zur unbeschränkten Steuerpflicht (führt), wenn auch im Ausland ein Wohnsitz unterhalten wird und sich dort der Mittelpunkt der Lebensinteressen befindet“[3]. Eine Entscheidung steht bis dato allerdings noch aus.[4]

---

2 FG BW, Urt. v. 7.10.2015 - 1 K 2833/12, EFG 2017, 411. Revision anhängig unter Az.: I R 74/16.

3 Hinweis: Originalzitate der Rechtsprechung werden auch im Folgenden durch kursive Schreibweise kenntlich gemacht.

4 Hinweis: Zwischenzeitlich hat der BFH mit Urteil vom 23.10.2018 die Revision für zulässig und begründet erachtet; sie führt zur Aufhebung des angefochtenen Urteils des FG BW sowie zur Zurückverweisung der Sache zur anderweitigen Verhandlung und Entscheidung an den zuständigen Vollsenat des FG BW (vgl. BFH v. 23.10.2018 – I R 74/16, juris). Ausweislich der Entscheidungsgründe schließt die Tatsache, dass ein Steuerpflichtiger neben einem inländischen Wohnsitz auch einen solchen im Ausland hat, - entgegen der Vorstellung des FG BW - die unbeschränkte Steuerpflicht auch dann nicht aus, wenn der ausländische Wohnsitz den Lebensmittelpunkt des Steuerpflichtigen begründet. Nach Auffassung des erkennenden Senats gibt es insbesondere keinen allgemeinen Grundsatz des internationalen Steuerrechts, nach dem jede Person nur von demjenigen Staat als unbeschränkt steuerpflichtig behandelt werden darf, in dem sich der Mittelpunkt ihrer Lebensinteressen befindet. Folglich ist die Frage,

Gerade die Entscheidung des FG Baden-Württemberg dürfte die bis heute vorherrschenden Zweifel auf dem Gebiet des steuerlichen Wohnsitzes noch zusätzlich genährt haben. Die Verunsicherung überrascht, zumal das Verständnis des inländischen Wohnsitzes als nationales Anknüpfungsmerkmal der unbeschränkten Steuerpflicht über die Jahrzehnte hinweg gewachsen ist. Als Reaktion auf das völkerrechtlich und staatstheoretisch etablierte genuine link-Erfordernis, das den Steuerzugriff an das Vorliegen eines nationalen Anknüpfungsmerkmals zwischen Steuerhoheit und Steuersubjekt knüpft, hat es schon früh Einzug in die nationale Steuerrechtsordnung gefunden. Angesichts der Flut an Einzelfallrechtsprechung fragt sich allerdings, ob auch die Finanzgerichtsbarkeit ein derart tradiertes Verständnis vom steuerlichen Wohnsitz zugrunde legt; also das genuine link-Erfordernis im Rahmen ihrer Auslegungspraxis ebenfalls ausreichend berücksichtigt.

ob unbeschränkte Steuerpflicht im Inland besteht, von derjenigen zu trennen, wo eine Person im Sinne eines Abkommens zur Vermeidung der Doppelbesteuerung als ansässig gilt.

B. Allgemeine Strukturprinzipien der Besteuerung – Völkerrechtliche und verfassungsrechtliche Grundsätze, Anknüpfungsmerkmale und Reichweite der Steuerpflicht natürlicher Personen

I. Legitimierung der Steuerhoheit - Konzeptionelle Vorgaben verfassungsrechtlicher Natur

1. Einfluss des Steuerstaatsprinzips auf die Legitimierung der Steuerhoheit

a. Von der historischen Entwicklung des Steuerstaatsprinzips und dem Primat der Steuerfinanzierung

Die staats- und verfassungsrechtlich geprägten Strukturprinzipien der Besteuerung erklären, warum sich Wohnsitz und gewöhnlicher Aufenthalt hierzulande als nationale Anknüpfungsmerkmale der Besteuerung natürlicher Personen herauskristallisiert haben. Maßgeblich ist insoweit, dass die sich als Ausfluss des Steuerstaatsprinzips konstituierende Steuerhoheit im Bereich der Personensteuern keinen räumlich schrankenlosen Steuerzugriff gewährt. Vielmehr wird die Steuerhoheit unter völkerrechtlichen und staatstheoretischen Grundsätzen und dem hierin unterstellten Erfordernis eines Inlandsbezugs räumlich begrenzt.

Als historischen Wegbereiter in Sachen nationaler Steuerhoheit gilt *Jean Bodin*. Dieser hat in seinem 1576 erstmals erschienen Werk „Les six livres de la République" das Verständnis von den „Finanzen als die Nerven (eines) Staates"[5] geprägt und damit ein bis heute treffendes Bild des modernen Steuerstaates geschaffen. Denn auch das moderne Staatsverständnis ist vom Gedanken geleitet, dass ein Staat ohne Finanzwesen weder denkbar noch überlebensfähig ist.[6] Ohne ausreichende Sachmittel würde dieser nicht über die nötigen Instrumente der Bedarfsdeckung und Bedarfsplanung verfügen, die zur Etablierung und Aufrechterhaltung des öffentlichen Gemeinwesens notwendig sind.[7] Dies

---

5 *Bodin*, Les six livres de la République, Livre 6, Chapitre 2: Des Finances, p. 855: «Les finances sont les nerfs de la Republique».

6 *Vogel*, in: Isensee/Kirchhof, HStR II, § 30, Rn. 2.

7 *Burmester*, JZ 1993, 698 (699).

gilt insbesondere mit Blick auf die allgemeinen gesellschaftlichen Ziele Freiheit, Wohlstand, Gerechtigkeit und Sicherheit.[8] Der moderne Staat ist somit zwingend als Finanzstaat zu begreifen.[9] Hieraus lässt sich allerdings nicht ohne weiteres auf eine bestimmte Finanzierungsform schließen.[10] Dass der Staat seinen Finanzbedarf vorwiegend über Steuern in Form von Geldleistungen generiert und daher als Steuerstaat zu begreifen ist, ist zwar das Ergebnis unseres aktuellen Staatswesens,[11] in dem „das vornehmlich aus Steuererträgen gespeiste Staatsbudget (…) als Grundlage der Staatstätigkeit und staatlicher Leistungen eine Gewährleistungsfunktion (erfüllt)“[12]. Die Idee des Steuerstaats bestand jedoch weder von Anbeginn des staatlichen Miteinanders noch etablierte sie sich kurzfristig. Vielmehr reifte das Konzept des Steuerstaats über die Jahrhunderte hinweg und fand seinen tatsächlichen Ursprung im Angesicht eines sich wandelnden Verständnisses von Staat und produzierender Wirtschaft. Vor der Etablierung des Geldes als Rechengröße und Tauschmittel ist der finanzielle Bedarf vorwiegend durch Naturalleistungen in Form von Dienst- und Sachleistungen der Bürger gedeckt worden. Bis in das 18. und teils in das 19. Jahrhundert hinein bestritt der Landesherr die Ausgaben aus seinen eigenen Mitteln, die er aus den fürstlichen Domänen sowie den ihm zustehenden Regalien und Rechten bezog.[13] Die Erhebung von Geldleistungen mittels Steuern war insofern bis weit über die mittelalterliche Vorherrschaft der Lehensverbände hinaus die Ausnahme.[14] Zur Leistung von Abgaben waren die Untertanen ihrem Herrn lediglich in der Not und kraft des beiderseitig bestehenden Treueverhältnisses verpflichtet.[15]

---

8 *Kirchhof*, Jura 1983, 505 (505): „Wer Gefahren für die öffentliche Sicherheit und Ordnung (…) abwehren, (…) Gerichtsschutz bereithalten (…) Schulen, Universitäten und Kultureinrichtungen anbieten (…) will, braucht Verfügungsgewalt über Finanzmittel“; *Overwiening*, Die optimale fiskalische Souveränität eines Staates im Spiegel des internationalen Steuerrechts: eine Soll-ist-Analyse, S. 18.

9 BVerfG, Beschl. v. 22.6.1995 - 2 BvL 37/91, BVerfGE 93, 121.

10 *Vogel*, in: Isensee/Kirchhof, HStR II, § 30, Rn. 51; AöR Bd. 39 (1920), 164 (167): „Daß die Schuld eine Geldschuld ist, ist vom rechtlichen Standpunkt nicht unbedingt notwendig“.

11 *Seer* in: Tipke/ Lang, Steuerrecht, § 1 Rn. 5.

12 *Drüen*, in: FS Kruse, S. 191 (195).

13 *Heun*, in: Sacksofsky/ Wieland, Vom Steuerstaat zum Gebührenstaat, S. 12.

14 *Franke*, Entwicklung und Begründung der Einkommensbesteuerung, S. 14.

15 *Vogel*, Der räumliche Anwendungsbereich der Verwaltungsrechtsnorm, S. 48: „Auffassung des Mittelalters von der Steuer als einer aus dem Gefolgschaftsverhältnis entspringenden persönlichen Leistung“; *Vogel*, Der offene Finanz- und Steuerstaat, S. 610.

Von einem Steuerstaat im heutigen Sinne konnte somit (noch) keine Rede sein. Erst in Zusammenhang mit dem aufkommenden modernen Staatsverständnis änderte sich das Verständnis staatlicher Finanzierungsform und die Steuer wurde zum „Regelinstrument der Staatsfinanzierung“[16]. Ursache hierfür waren vor allem die Einführung des stehenden Heeres sowie die Etablierung der Beamtenschaft, deren Personalkosten eine dauerhafte Finanzquelle erforderten.[17] Die ursprünglich nur der gelegentlichen Bedarfsdeckung dienenden Geldlasten etablierten sich infolgedessen immer mehr zu einer regelmäßigen staatlichen Einnahmequelle, wodurch der Staat stetig an „finanzieller Allmacht“[18] gewann.

Dogmatisch wurden diese äußeren Entwicklungen allerdings erst in der zweiten Hälfte des 19. Jahrhunderts erfasst und aufgearbeitet. Zur Symbolfigur wurde hierbei der Staatsrechtslehrer und Nationalökonom *Lorenz von Stein*, der im Rahmen seines „Lehrbuchs der Finanzwissenschaft“ die Konzeption des Steuerstaats darstellte. Obgleich er die Begrifflichkeit des „Steuerstaats“ noch nicht gebrauchte, wird klar, dass er den damaligen Staat bereits in diesem gegenwärtig gebräuchlichen Sinne verstand.[19] Für ihn waren moderner Staat und Steuer derart eng miteinander verknüpft, dass er die Steuer als „wichtigste(n) Theil aller Staatseinnahmen“[20] anerkannte. Zugleich sprach er dem Staat die alleinige Ausübung der Steuerhoheit zu. Der Begriff des „Steuerstaats“ wurde in diesem Kontext jedoch erstmals gegen Ende des 1. Weltkriegs durch *Goldscheid*[21] verwandt. Anders als *von Stein* lehnte *Goldscheid* die Rolle der Steuern als alleinige staatliche Finanzierungsquelle ab. Ihm zufolge bedurfte es zur staatlichen Finanzierung sonstiger Erwerbseinkünfte, die sich der Staat durch einen „zunehmenden Anteil an den Produktionsmitteln“[22] verschaffen müsse. Diese in

16 *Seiler*, in: Maunz/ Dürig, GG Kommentar, Art. 105, Rn. 41; *Kirchhof*, NJW 1987, 3217 (3225): Heute erfasst die Steuer dabei nicht nur den privaten Vermögenszuwachs, sondern auch den privaten Vermögensbestand sowie die private Vermögensverwendung.

17 *Morgenthaler*, Die Lizenzgebühren im System des internationalen Einkommensteuerrechts, S. 64; *Isensee*, in: Stödter/ Thieme, FS Ipsen, S. 409 (415); *Franke*, Entwicklung und Begründung der Einkommensbesteuerung, S. 14.

18 *Leisner*, ZBR 1975, 69 (73).

19 *Vogel*, in: Isensee/Kirchhof, HStR II, § 30, Rn. 54 m.w.N. auf *Goldscheid*, Staatssozialismus oder Staatskapitalismus, in: *Hickel*, Goldscheid/ Schumpeter, Die Finanzkrise des Steuerstaates, S. 40 ff. sowie *Schumpeter*, Die Krise des Steuerstaates, in: *Hickel*, Goldscheid/ Schumpeter, Die Finanzkrise des Steuerstaates, S. 329 ff.

20 *von Stein*, Lehrbuch der Finanzwissenschaft, Theil II, Abtheilung 1, S. 133 (137).

21 *Goldscheid*, Staatssozialismus oder Staatskapitalismus, 1917, in: *Hickel*, Goldscheid/ Schumpeter, Die Finanzkrise des Steuerstaates, S. 40 ff.

22 *Heun*, in: Sacksofsky/ Wieland, Vom Steuerstaat zum Gebührenstaat, S. 13.

der Folgezeit auch von *Schumpeter*[23] befürwortete Umwandlung des Steuerstaats in einen Unternehmerstaat hat sich jedoch hierzulande trotz zwischenzeitlicher Ausweitung der erwerbswirtschaftlichen Tätigkeit durch den Staat nicht durchgesetzt. Gerade unter der Erweiterung des Staates zum Wohlfahrts- und Interventionsstaat hat sich der Ansatz *von Steins* in den meisten westlichen Staaten bis in die Gegenwart getragen und dahingehend fortentwickelt, dass der Staat des Grundgesetzes gegenwärtig als Steuerstaat aufgefasst wird.[24] Lediglich die sich im 20. Jahrhundert etablierenden sozialistisch geprägten Staaten haben von der Idee des Steuerstaats wieder Abstand genommen. Mittels umfassender Sozialisierung der wichtigsten Wirtschaftsfaktoren verschafften sie sich die unmittelbare Herrschaft über die Steuerquellen und beseitigten so den Leitgedanken des Steuerstaats vom „Dualismus zwischen staatlicher Besteuerungsmacht und privater Wirtschaftsfreiheit“[25].

b. Das verfassungsrechtlich verankerte Steuerstaatsprinzip als Prämisse der nationalen Steuerhoheit

Mittlerweile hat sich die Idee des Steuerstaats allerdings nicht nur terminologisch manifestiert. Vielmehr ist sie zum Leitbild der westlichen Industriestaaten geworden und hat als solches den Weg für die Etablierung der nationalen Steuerhoheit geebnet. Diesem Verständnis tragen nicht nur Literatur und Rechtsprechung, sondern auch die Verfassung hinreichend Rechnung.

In der Literatur wurde das Prinzip des Steuerstaats nachhaltig erörtert. Dabei wurde insbesondere der Grundgedanke des Steuerstaats näher beleuchtet. Eine Vorreiterrolle kommt hierbei dem Rechtswissenschaftler *Klaus Vogel* zu. Dieser setzte sich eingehend mit der Thematik des Steuerstaats auseinander. Im Unterschied zu *von Stein* beschränkt sich *Vogel* in seiner Darstellung jedoch nicht mehr nur auf die bloß abstrakte Feststellung, nach der die Steuerpflicht den „wichtigste(n) Theil aller Staatseinnahmen“[26] bildet. Obschon er den Steuerstaat im Ergebnis ebenfalls als begriffliche Verkörperung des „Vorrangs der Steuerfinanzierung“[27] versteht, geht er der Ursache für dessen „Notwendigkeit“ auf den

---

23 *Schumpeter*, Die Krise des Steuerstaates, in: *Hickel*, Goldscheid/ Schumpeter, Die Finanzkrise des Steuerstaates, S. 329 ff.

24 *Isensee*, in: FS Ipsen, S. 409 (409); *Heun*, in: Sacksofsky/ Wieland, Vom Steuerstaat zum Gebührenstaat, S. 13.

25 *Isensee*, in: FS Ipsen, S. 409 (419); *Valta*, Das internationale Steuerrecht zwischen Effizienz, Gerechtigkeit und Entwicklungshilfe, S. 19.

26 *von Stein*, Lehrbuch der Finanzwissenschaft, Theil II, Abtheilung 1, S. 133 (137).

27 *Wienbracke*, StuW 2005, 81 (81).

Grund und macht so den Ursprung der nationalen Steuerhoheit begreiflich. Die eigentliche Ursache sieht er in der Trennung von Staat und Wirtschaft, die er grundsätzlich als zwei voneinander unabhängige, sich selbstständig und eigengewichtig gegenüberstehende Bereiche mit je unterschiedlichen Aufgaben versteht. Gleichwohl sind beide Bereiche für ihn wechselseitig aufeinander angewiesen.[28] Ihm zufolge zeichnet sich das Wesen des Steuerstaats gerade dadurch aus, dass die Rolle des Staates auf die bloße Teilhabe am Erfolg privaten Wirtschaftens beschränkt ist. Die Grundlagen der Eigentums- und Wirtschaftsordnung, mithin die Verfügungsmacht über die einzelnen Steuerobjekte, verbleiben somit stets beim Bürger.[29] Dies entspricht dem freiheitlichen Grundanliegen, wonach der Staat nicht auf eigenes Wirtschaften als alternative Form der Mittelbeschaffung angewiesen ist. Seinen Unterhalt also anders als im System der Eigenwirtschaft nicht über die Etablierung von Staatsunternehmen auf dem Markt verdienen muss.[30] Um dem Bürger seine wirtschaftliche Freiheit nachhaltig gewährleisten zu können, ist der Staat allerdings gezwungen, seinen Finanzbedarf durch Geldmittel in Form von Steuern zu befriedigen. Anders als noch im Lehensverband tritt er dabei jedoch nicht mehr als Bittsteller auf. Vielmehr setzt der Staat seine Forderungen einseitig durch hoheitlichen und zwingenden Befehl fest und gegebenenfalls auch durch.[31] So wird der Staat selbsttätig zum Steuerstaat, der sich freiheitsschonend, aber dennoch aufkommensstark über Steuern finanziert. Im Ergebnis macht demnach der „Preis der (wirtschaftlichen) Freiheit“[32] ein sich aus Steuereinnahmen speisendes Staatswesen notwendig. In die gleiche Richtung geht die Beurteilung *Beils*. Dieser betont die Funktion der Steuer als Ausdruck einer freiheitlichen Verfassung, innerhalb derer sich „Privatnützigkeit der Erwerbsgrundlagen und Steuerpflicht (...) wie siamesische Zwillinge“ [33] gegenüberstehen und so einer Besteuerung dem Grunde nach den Weg ebnen. *Isensee* spricht daher im Ergebnis zu Recht von der „Steuerhoheit (...) (als) gegenwärtig

---

28 *Vogel*, in: Isensee/Kirchhof, HStR II, § 30, Rn. 52.

29 *Seiler*, in: Maunz/Dürig, GG Kommentar, Art. 105, Rn. 45.

30 *Kirchhof* in: Kirchhof/ Vogel/ Birk/ Lehner, Steuern im Verfassungsstaat S. 36; *Isensee*, in: FS Ipsen, S. 409 (426).

31 *Isensee*, in: FS Ipsen, S. 409 (415).

32 *Seiler*, in: Maunz/Dürig, GG Kommentar, Art. 105, Rn. 45 m.V.a. BVerfG, Beschl. v. 8.6.1988 - 2 BvL 9/85, BVerfGE 78, 249; BVerfG, Beschl. v. 7.11.1995 - 2 BvR 413/88, BVerfGE 93, 319.

33 *Beil*, Der Belastungsgrund des steuerstaatlichen Synallagmas: zur Zulässigkeit des Welteinkommensprinzips im deutschen internationalen Einkommensteuerrecht, S. 121.

(...) eigentliche(r) und wesensprägende(r) Erscheinungsform obrigkeitlicher Staatsgewalt“[34].

Dieser Ansatz findet sich auch in der Rechtsprechungspraxis wieder. Insbesondere die höchstrichterliche Rechtsprechung hat dem Steuerstaatsprinzip bis in die jüngste Vergangenheit hinein Rechnung getragen. Hierzu hat das BVerfG nicht nur an unterschiedlichster Stelle betont, dass die Finanzverfassung des Grundgesetzes von der Finanzierung der Gemeinlasten mittels Steuern ausgeht. Darüber hinaus wurde teils explizit auf den Begriff des „Steuerstaats“ verwiesen und diesem insofern auch terminologisch Gestalt verliehen.[35]

Im Übrigen ist das Steuerstaatsprinzip auch in der Verfassung verankert. Zwar beschreibt diese die Bundesrepublik Deutschland in Art. 20 Abs. 1 GG „lediglich“ als Bundes-, Rechts- und Sozialstaat. Erwähnt also weder den Begriff des Steuerstaats noch die hiermit korrelierende Steuerhoheit. Gleichwohl finden sich hierin diverse Anknüpfungspunkte für deren Absicherung. Genannt sei an dieser Stelle vor allem der grundsätzliche Verzicht des Staates auf die Indienstnahme des Bürgers zu bestimmten Dienstleistungen.[36] Vielmehr wird der Staat hierin als Abgabenstaat beschrieben. Also als ein Staat, der zur Erfüllung beziehungsweise Finanzierung seiner Aufgaben auf eine entsprechende Erhebung von Abgaben angewiesen ist.[37] Die finanzverfassungsrechtlichen Kompetenzvorschriften der Art. 105 ff. GG begründen dabei seine Rolle als Steuerstaat.[38] Denn diese stellen ausdrücklich und allein auf die Steuerkompetenzen ab. Die Erhebung nichtsteuerlicher Abgaben ist demgegenüber unbeachtlich. Da Steuerstaatsprinzip und staatliche Steuerhoheit zwecks Realisierung

---

34 *Isensee*, in: FS Ipsen, S. 409 (426).

35 BVerfG, Beschl. v. 8.6.1988 - 2 BvL 9/85, BVerfGE 78, 249; BVerfG, Beschl. v. 7.11.1995 - 2 BvR 413/88, BVerfGE 93, 319; in der Sache gleichsinnig, wenn auch ohne den Begriff u.a.: BVerfG, Beschl. v. 31.5.1990 - 2 BvL 12/88, BVerfGE 82, 159; BVerfG, Beschl. v. 24.1.1995 - 1 BvL 18/93, BVerfGE 92, 91.

36 Grundgesetzlich verankert sind lediglich die Wehr- und Ersatzpflicht in Art. 12a GG sowie die heute weitgehend obsolet gewordenen herkömmlichen, allgemeinen und gleichen Dienstpflichten i.S.d. Art. 12 Abs. 2 GG. Auch wenn die Wehrpflicht mit dem Gesetz zur Änderung wehrrechtlicher Vorschriften „ausgesetzt“ wurde, besteht sie rechtlich gesehen samt ihrer verfassungsrechtlichen Grundlage fort, vgl. *Schmidt-Radefeldt*, in: Epping/ Hillgruber, BeckOK, Art. 12a GG, Rn. 7.

37 *Heun*, in: Sacksofsky/ Wieland, Vom Steuerstaat zum Gebührenstaat, S. 16.

38 *Vogel*, in: Isensee/Kirchhof, HStR II, § 30, Rn. 70; *Beil*, Der Belastungsgrund des steuerstaatlichen Synallagmas: zur Zulässigkeit des Welteinkommensprinzips im deutschen internationalen Einkommensteuerrecht, S. 116.

der Steuereinnahmen Hand in Hand gehen,[39] ergibt sich so zwangsläufig auch deren verfassungsrechtliche Verankerung.

2. Steuerpflicht als verfassungsrechtlich verankertes Pendant der Steuerhoheit

Durch die verfassungsrechtliche Legitimierung der Steuerhoheit allein generiert der Staat jedoch noch nicht die zur Finanzierung seiner Staatsaufgaben notwendigen Einkünfte.[40] Hierzu bedarf er eines Steuerpflichtigen, demgegenüber er auf Basis eines gesetzlich begründeten Steuerschuldverhältnisses seine Forderungen geltend machen und notfalls im Wege des Zwangs durchsetzen kann.[41] Andernfalls fehlte es an einer demokratisch legitimierten Herrschaft über den Steuerbürger und damit an der für das öffentliche Recht typischen „vertikale(n) Staat-Bürger-Beziehung“[42]. Staatliche Steuerhoheit und Steuerpflicht sind insofern essentieller Part und wechselseitiges Pendant im Rahmen des Steuerstaatsprinzips.[43]

---

39 *Kirchhof*, Jura 1983, 505 (509): „Ein Staat, der seinen Finanzbedarf durch Forderungen gegen den Privateigentümer deckt und nicht selbst Eigentum bewirtschaftet (...)“.

40 *Meng*, Extraterritoriale Jurisdiktion im öffentlichen Wirtschaftsrecht, S. 441: „(Steuern) sind Ausfluß der Steuerhoheit“.

41 *Mössner*, in: FS Ritter, S. 195 (195); *Hensel*, Steuerrecht, S. 15; *Kirchhof*, EStG Kommentar, Einl., Rn. 1; *Ratschow*, in: Klein, AO Kommentar, § 37 AO, Rn. 2: „Dadurch entsteht ein Schuldverhältnis zwischen mindestens zwei Rechtssubjekten, dem **Gläubiger** und dem **Schuldner**, wobei dem Forderungsrecht (…) des einen die Schuld (…) des anderen entspricht“; *Schranl*, AöR Bd. 39 (1920), 164 (169): „Die Einhaltung aller (…) Pflichten, welche die Abgabengesetze auferlegen, muß gesichert und nötigenfalls erzwungen werden“.

42 *Drüen*, in: FS Kruse, S. 191 (191): „(…) die aufzubringenden Lasten (werden) im Über- und Unterordnungsverhältnis den Steuerpflichtigen zugeteilt“; *Seer*, in: Tipke/Lang, § 1, Rn. 63; *Blum*, Beiträge zur Lehre vom Steuersubjekt, S. 15. *Valta*, Das internationale Steuerrecht zwischen Effizienz, Gerechtigkeit und Entwicklungshilfe, S. 44; *Weber-Fas*, Grundzüge des allgemeinen Steuerrechts der Bundesrepublik Deutschland, S. 86: „Hauptkennzeichen des öffentlichen Rechts ist der hoheitlich-zwingende Charakter seiner Normen, die Ausdruck eines Über- und Unterordnungsverhältnisses zwischen den Beteiligten sind“; *Schranl*, AöR Bd. 39 (1920), 164 (172): „Die finanzrechtliche Schuld und Haftung sind materiell einseitige Rechtsverhältnisse, auf deren einer Seite, jener des Berechtigten, kein gleichgeordnetes, sondern ein übergeordnetes Rechtssubjekt, Staat oder kommunales Finanzsubjekt, steht“.

43 Vgl. *Blum*, Beiträge zur Lehre vom Steuersubjekt, S. 14 f.

Vor diesem Hintergrund verwundert es nicht, dass die Steuerpflicht zwischenzeitlich als Grundpflicht Einzug in die Verfassung gefunden hat.[44] Als solche verkörpert sie eine Pflicht des Einzelnen gegenüber dem Staat und begründet so ein Korrelat zum klassischen Grundrechtsverständnis.[45] Unter dem Einfluss der extremen finanziellen Belastungen der deutschen Staaten als Folge der Napoleonischen Kriege ist die Steuerpflicht ursprünglich sogar positiv in den Verfassungen der damaligen Rheinbundstaaten normiert worden.[46] Dies verdeutlicht exemplarisch § 74 des Grundgesetzes für das Herzogtum Sachsen-Altenburg vom 29.4.1831, in dem von einer „ungetheilte(n) Pflicht aller Landesunterthanen (die Rede ist, nach der diese) alle bestehende(n) und alle künftig auf verfassungsmäßigem Wege auferlegte(n) persönliche(n) Leistungen (als Steuern und Abgaben jeder Art) unweigerlich und zu bestimmter Zeit (…) pünctlich abzuentrichten haben". Oder auch § 38 der Verfassungsurkunde für das Königreich Sachsen vom 4.9.1831, in der es vergleichsweise prägnanter heißt, dass „alle Unterthanen zu den Steuerlasten beizutragen (haben)".[47] Im Verfassungsrecht der Nachkriegszeit existieren derartige Klarstellungen allerdings nicht mehr.[48] Zu Recht wird insofern von einem „Prozess der Rationalisierung der Verfassungstexte"[49] gesprochen. Hierfür werden die verschiedensten Argumente ins Feld geführt. Zum einen wird geäußert, dass selbstverständlich Erscheinendes bewusst außen vor gelassen wurde.[50] Daneben mag auch das Argument *Isensees* relevant sein, demzufolge „die Verfassung (…) nicht den wissenschaftlichen Ehrgeiz (hat), die Wesenszüge des Staates enzyklopädisch darzustellen (…) (und nicht den Anspruch erhebt), eine Rechtsmaterie systematisch und exklusiv zu regeln"[51]. Teils wird der Verzicht auf eine Normierung der Steuerpflicht auch „als Reaktion auf die Überbetonung des Pflichtgedankens in der Zeit des Nationalsozialismus (und die hierauf zurückzuführende) Zurückhaltung hinsichtlich von

---

44 *Lehner/ Waldhoff*, in: K/S/M, § 1 EStG A 32.

45 *Gusy*, JZ 1982, 657 (657); *Bethge*, Jura 1985, 249 (251).

46 *Luchterhandt*, Grundpflichten als Verfassungsproblem in Deutschland: geschichtliche Entwicklung und Grundpflichten unter dem Grundgesetz, S. 99.

47 *Waldhoff*, Verfassungsrechtliche Vorgaben für die Steuergesetzgebung im Vergleich Deutschland-Schweiz, S. 218.

48 *Bethge*, NJW 1982, 2145 (2145).

49 *Waldhoff*, Verfassungsrechtliche Vorgaben für die Steuergesetzgebung im Vergleich Deutschland-Schweiz, S. 260.

50 *Isensee*, in: FS Ipsen, S. 409 (421); *Waldhoff*, Verfassungsrechtliche Vorgaben für die Steuergesetzgebung im Vergleich Deutschland-Schweiz, S. 260.

51 *Isensee*, in: FS Ipsen, S. 409 (420 f.).

Grundpflichten in der Verfassung (erklärt)"[52]. Demgegenüber beschreibt *Gusy* den Grund für das Fehlen solcher Verbindlichkeitsanordnungen als „präkonstitutionelles Phänomen"[53]. Ihm zufolge geht die staatliche Existenz, sprich die staatliche Macht verstanden als Dualismus von Organisation und Herrschaft, dem Erlass einer „constitutio scripta" [54] vorweg. Angesichts der bereits bestehenden Herrschaftsstruktur bedürfe es daher keiner gesonderten Verbindlichkeitsanordnung mehr für das Verfassungsrecht gegenüber dem Bürger. Doch auch wenn das Grundgesetz die Steuerpflicht in seiner geltenden Fassung weder expressis verbis regelt noch eine verfassungsrechtliche Generalklausel existiert, unter die sie sich subsumieren ließe, findet sich die Steuerpflicht hierin zumindest mittelbar wieder.[55] Auf das von *Bethge* formulierte Argument einer ungeschriebenen verfassungsnotwendigen Existenzbedingung des modernen Staates kommt es insoweit nicht mehr an. Zum einen kann die Steuerpflicht aus der Eigentumsgarantie des Art. 14 GG gefolgert werden.[56] Zum anderen dürfte sie aus den kompetenzrechtlichen Partien des Grundgesetzes über die Finanzverfassung in Art. 105 GG und Art. 106 GG folgen. Konkret aus dem hierin verankerten Steuerstaatsprinzip, das sowohl Steuerhoheit als auch Steuerpflicht umfasst.[57] Hierzu heißt es bei *Bethge*: „Die kompetenzrechtlichen Partien des Grundgesetzes über die Finanzverfassung implizieren den Steuerzugriff und die ihm korrespondierende Steuerpflicht ebenfalls"[58]. Im Ergebnis steht einer Besteuerung dem Grunde nach also nichts entgegen.

3. Zwischenergebnis

Der moderne Staat ist Finanzstaat. Im gegenwärtigen westlichen Staatsverständnis gilt das Primat der Steuerfinanzierung. Dies bedeutet, dass die Steuer Regeltypus der Geldlasten und insofern wichtigste Finanzierungsquelle des

52 *Hofmann*, in: Isensee/Kirchhof, HStR V, § 114, Rn. 1.

53 *Gusy*, JZ 1982, 657 (657).

54 *Gusy*, JZ 1982, 657 (657).

55 *Bethge*, JA 1985, 249 (250, 257: „Die privatnützige Eigentumsordnung des Grundgesetzes (Art. 14 GG) bedingt den Steuerstaat und die für ihn typische Steuerpflicht, die auch in der Sozialpflichtigkeit der Eigentumsgarantie ihren Niederschlag findet.").

56 *Waldhoff*, StuW 2000, 217 (217): „Figur des Steuerstaats als der Teilhabe des Staates am Erfolg privaten Wirtschaftens ist ohne Art. 14 GG gar nicht denkbar."; *Bethge*, JA 1985, 249 (257).

57 *Kirchhof*, Jura 1983, 505 (506).

58 *Bethge*, JA 1985, 249 (257).

Staatsapparates ist. Auslöser hierfür ist ein Wandel im Verständnis von Staat und Wirtschaft, der seine Wurzeln im aufkommenden modernen Staat und den hierauf zurückzuführenden stetig steigenden Finanzbedürfnissen für die Daseinsfür und -vorsorge verzeichnet. Dogmatisch erfasst wurde dieses Phänomen allerdings erstmals im 19. Jahrhundert durch *von Stein*. Für ihn waren moderner Staat und Steuer insoweit miteinander verknüpft, als dass er die Steuer als einzig genügende Grundlage der Staatseinnahmen anerkannte. Seinen Ansatz machten sich in der Folgezeit sowohl die höchstrichterliche Rechtsprechung als auch die Literatur zu eigen, die den Begriff des Steuerstaats als solchen nicht nur begrifflich prägten, sondern mit Blick auf Hintergrund und Konzeption auch inhaltlich weiter ausführten. Eine Vorreiterrolle kommt hierbei *Vogel* zu. Für diesen sind die Trennung von Staat und Wirtschaft ursächlich für die Entstehung und Notwendigkeit des modernen Steuerstaats geworden. Hiernach wird die Rolle des Staates auf die bloße Teilhabe am Erfolg privaten Wirtschaftens reduziert, wohingegen die Grundlagen der Eigentums- und Wirtschaftsordnung in der Hand der Bürger verortet sind. So wird der Staat selbsttätig zum Steuerstaat, sprich zu einem Staat, der sich freiheitsschonend, aber dennoch aufkommensstark über Steuern finanziert. Korrelat hierzu ist das Innehaben der staatlichen Steuerhoheit. Deren Pendant findet sich in der Steuerpflicht des Bürgers wieder. Als essentielle Teilaspekte des Steuerstaatsprinzips sind sowohl die staatliche Steuerhoheit als auch die Steuerpflicht verfassungsrechtlich verankert. Auch wenn die geltende Verfassungsrechtsordnung diesbezüglich keine ausdrückliche Anordnung mehr trifft, lassen sich in den finanzverfassungsrechtlichen Kompetenzvorschriften der Art. 105 ff. GG sowie in der den Steuerstaat bedingenden Eigentumsgarantie des Art. 14 GG zumindest mittelbare Anknüpfungspunkte für deren Absicherung antreffen. Einer nationalen Besteuerung steht daher dem Grunde nach nichts entgegen.

II. Ausmaß der Steuerhoheit - Begrenzung des nationalen Steuerzugriffs mittels genuine-link Erfordernisses

1. Völkerrechtliche und staatstheoretische Vorgaben zur territorialen Begrenzung des nationalen Steuerzugriffs

a. Allgemeines zur Reichweite des nationalen Steuerzugriffs

Zwar bestehen angesichts der verfassungsrechtlichen Verankerung des Steuerstaatsprinzips keine Bedenken an der Legitimierung sowohl der Steuerhoheit als auch der hiermit korrelierenden Steuerpflicht. Dennoch lässt sich hieraus noch nichts zur räumlichen Begrenzung des Kreises der Steuerpflichtigen entnehmen.

Insbesondere folgt hieraus nicht die Gesetzmäßigkeit einer räumlich unbegrenzten Steuerhoheit. Einen dem Strafrecht angelehnten Grundsatz „in dubio pro fisco" gibt es im Steuerrecht nämlich nicht.[59] Fraglich ist demnach, woraus sich das im Bereich der Personensteuern zur Begründung des nationalen Steuerzugriffs etablierte Ansässigkeits-(Wohnsitz-)Erfordernis ableiten lässt. Also die im 19. Jahrhundert von *Karl Neumeyer* formulierte Erkenntnis, dass „eine jede Steuer (...) der Abgrenzung im Raum bedarf"[60].

Ein erster Anhalt für die bei *Neumeyer* anklingende räumliche Begrenzung des nationalen Steuerzugriffs dürfte sich im Verständnis der Besteuerung als eines nachhaltigen und schwerwiegenden Eingriffs in individuelle Freiheiten finden.[61] Zur Rechtfertigung dieses Eingriffs bedarf es einer gesetzlichen Anordnung im Sinne eines Gesetzesvorbehalts. Dieser ist Voraussetzung für die Ausübung der staatlichen Steuerhoheit gegenüber dem Steuerpflichtigen.[62] Im Interesse der Rechtssicherheit muss der Gesetzgeber hierin durch exakte Formulierung die Voraussetzungen der Steuerpflicht festlegen und so das „Gerippe des Steuertatbestandes"[63] liefern.[64] Zum Regelungsgegenstand der Steuerauflage gehört dabei neben der Angabe des Steuergegenstands, der Bemessungsgrundlage sowie des Steuersatzes, den Steuerschuldner mit hinreichender Bestimmtheit anzugeben. Nur so wird einer willkürlichen Ausübung des nationalen Steuerzugriffs vorgebeugt.[65] Allerdings bedingt das Willkürverbot kein generelles Verbot zur Regelung grenzüberschreitender Sachverhalte. Ein solches lässt sich weder dem

---

59 *Veiel*, StuW 1942, 552 (556).

60 Vgl. *Lehner/ Waldhoff*, in: K/S/M, § 1 EStG A 160.

61 *Drüen*, in: FS Kruse, S. 191 (191): „Steuerrecht (...) als Paradebeispiel für staatliches Eingriffsrecht"; *Valta*, Das internationale Steuerrecht zwischen Effizienz, Gerechtigkeit und Entwicklungshilfe, S. 18.

62 *Kirchhof*, in: Kirchhof EStG Kommentar, Einl., Rn. 26: „Die klasischen Eingriffe staatlicher (...) Finanzgewalt sind der historische Anlass für den **Gesetzesvorbehalt**, der jeden stl. Eingriff vob einem dazu ermächtigenden Parlamentsgesetz abhängig macht"; *Tipke*, StuW 1981, 189 (194).

63 *Tipke*, StuW 1981, 189 (194).

64 *Overwiening*, Die optimale fiskalische Souveränität eines Staates im Spiegel des internationalen Steuerrechts: eine Soll-ist-Analyse, S. 23.

65 BVerfG, Beschl. v. 18.01.2006 - 2 BvR 2194/99, BVerfGE 115, 97; *Seiler*, in Maunz/ Dürig, GG, Art. 105, Rn. 58; *Kirchhof*, in: Kirchhof EStG Kommentar, Einl., Rn. 27ff.; *Kluge*, Das internationale Steuerrecht; Gemeinschaftsrecht, Außensteuerrecht, Abkommensrecht, D 7.

Grundgesetz noch dem Völkergewohnheitsrecht entnehmen.[66] Gleichwohl darf die Regelung grenzüberschreitender Sachverhalte räumlich nicht unumschränkt sein; also jeglichen inländischen Anknüpfungsmerkmals entbehren. Dann wäre sie willkürlich. Das förmliche Gesetz muss vielmehr mittels inländischen Anknüpfungsmerkmals die der nationalen Steuerhoheit unterliegenden Steuerpflichtigen festlegen und so gegenüber Nichtsteuerpflichtigen abgrenzen.[67] Der räumlich begrenzte Steuerzugriff steht damit in Wechselwirkung zum Willkürverbot; ist diesem mithin immanent.[68] Lediglich nähere Kriterien für eine wie auch immer geartete inländische Anknüpfung des Steuerpflichtigen an die nationale Steuerhoheit lassen sich hieraus nicht entnehmen.

Für die Konkretisierung der räumlichen Begrenzung des nationalen Steuerzugriffs sind daneben völkerrechtliche und staatstheoretische Ansätze maßgeblich geworden. In diesem Kontext hat schon früh eine inhaltlich eingehende Auseinandersetzung dahingehend stattgefunden, ob die Staaten „in der rechtlichen Lage (sind), ihre Finanzgewalt (sprich ihre Steuerhoheit) so zu umgrenzen, wie es ihnen beliebt (…), die Anknüpfungen für Steuern (also) nach ihrem Gutdünken bestimmen (können)" oder räumlichen Schranken unterliegen und insofern „einen Ausländer, auch wenn er keine oder nur ganz lose Inlandsbeziehungen hat, (nicht) zu allgemeinen Steuern (…) heranziehen dürfen"[69]. Sowohl das gegenwärtige völkerrechtliche Staatsverständnis als auch die globaläquivalenztheoretische Steuerrechtfertigungstheorie gehen von einem räumlich „beschränkten" Steuerzugriff aus. Erforderlich ist demnach die räumliche Zugehörigkeit des Steuerpflichtigen beziehungsweise des Steuerobjekts zum steuererhebenden Gemeinwesen. Diese verbietet es dem Staat, seine Steuerhoheit

66 „Ein Verbot der Doppelbesteuerng folgt weder aus Art. 3 GG, noch aus der grundsätzlichen Entscheidung des Verfassungsgebers für eine offene Staatlichkeit (Art. 24-26 GG), noch aus Art. 23 Satz 1 GG (…) gefolgert werden", vgl. *Kluge*, Das internationale Steuerrecht; Gemeinschaftsrecht, Außensteuerrecht, Abkommensrecht, D 2; *Beil*, Der Belastungsgrund des steuerstaatlichen Synallagmas: zur Zulässigkeit des Welteinkommensprinzips im deutschen internationalen Einkommensteuerrecht, S. 38.

67 *von Beckerath*, Der Durchgriff im deutschen Außensteuerrecht, S. 145: „Man wird den Grundsatz der Notwendigkeit von Inlandsbeziehungen (…) als eine Ausprägung des (…) Willkürverbotes auffassen können".

68 *Jakobs*, StuW 1970, 587 (595): „das Willkürverbot (ist) im Grunde nur das verfeinerte Territorialitätsprinzip (…), nur die Überwindung sozusagen der primitiven Ausgestaltung dieses Prinzips".

69 *Isay*, Internationales Finanzrecht: Eine Untersuchung über die äußeren Grenzen der staatlichen Finanzgewalt, S. 22, 28.

aufgrund seiner Steuergesetze ungeachtet räumlicher oder persönlicher Schranken auszudehnen.[70] Jedenfalls nicht, solange kein personen- oder objektbezogenes inländisches Anknüpfungsmerkmal besteht.[71] Alles andere wäre „willkürliches" Staatsagieren.

b. Territorialitätsprinzip als unmittelbare Begrenzung des nationalen Steuerzugriffs

ba. Striktes Territorialitätsprinzip als Ausprägung staatlicher Souveränität

(1) Mehrdimensionalität des „Territorialitätsprinzips"

Die Begrenzung des nationalen Steuerzugriffs mittels Ansässigkeits-(Wohnsitz-) Erfordernisses geht mitunter auf das Territorialitätsprinzip im völkerrechtlichen Sinne zurück. Auch wenn der Begriff des Territorialitätsprinzips seit den Zeiten *Ulrik Hubers* fest im juristischen Sprachgebrauch verankert ist, wird dieser seit jeher mehrdeutig gebraucht.[72] Dies ist zum einen darauf zurückzuführen, dass der Begriff des Territorialitätsprinzips sowohl in Praxis als auch in Literatur inhaltlich uneinheitlich verwendet wird. Zum anderen darauf, dass dieser nicht nur Einzug in die völkerrechtliche Literatur, sondern auch in diejenige des (inter-)nationalen Steuerrechts gefunden hat. Anders als die materielle Heterogenität

---

70 *Blum*, Beiträge zur Lehre vom Steuersubjekt, S. 15; *Spitaler*, Das Doppelbesteuerungs-Problem bei den direkten Steuern, S. 428: „Fehlt einer bestimmten Abgabengewalt jede Beziehung zu einer Person und zu ihrem Vermögen, zu den ihnen zufließenden Erträgen und Einkommen (...) so kann sie von ihr keine Abgaben einheben, eine abgabenrechtliche Obligation kann zwischen dem Gemeinwesen und der Person nicht entstehen", *Endriss*, Wohnsitz- oder Ursprungsprinzip?: die Vermeidung der internationalen Doppelbesteuerung sowie der internationalen Steuerflucht durch Wohnsitzverlagerung bei ausschließlicher Anwendung des Ursprungsprinzips, S. 51; *Schmitz*, Kommentar zum internationalen Steuerrecht der Bundesrepublik Deutschland, S. 40; *Jakobs*, StuW 1970, 587 (595); BFH, Urt. v. 18.12.1963 - I 230/61 S, BStBl III 1964, 253; *Koblenzer*, BB 1996, 933 (933).

71 *Zuber*, Anknüpfungsmerkmale und Reichweite der internationalen Besteuerung: eine normative Analyse unter Berücksichtigung der Personensteuern in der BRD und in den USA, S. 82; *Reith*, Internationales Steuerrecht: Handbuch zum Doppelbesteuerungs- und Außensteuerrecht und zu Gestaltungen grenzüberschreitender Investitionen, S. 60.

72 *Kegel/ Seidl-Hohenveldern*, in: FS Ferid, S. 232 (234); *Hansch*, RIW 1984, 287 (288); *Meng*, Extraterritoriale Jurisdiktion im öffentlichen Wirtschaftsrecht, S. 501; *Eckert*, Die beschränkte Steuerpflicht, S. 12.

des völkerrechtlichen Begriffsverständnisses hat letzteres jedoch nicht zum diffusen Wortverständnis des Territorialitätsprinzips beigetragen.

Der Begriff des Territorialitätsprinzips wird im nationalen Steuerrecht als Synonym zum Ursprungs- oder Quellenprinzip gebraucht,[73] erlaubt also die Besteuerung Nichtansässiger mit ihren inländischen Einkünften. Daher wird partiell auch vom „Prinzip der eingeschränkten Territorialität“[74] gesprochen. Dieser Gedanke findet sich im Bereich der Personensteuern in § 1 Abs. 4 EStG sowie in § 2 Abs. 1 Nr. 3 ErbStG und der darin jeweils geregelten beschränkten Steuerpflicht wieder.[75] Der Begriff des Territorialitätsprinzips wird jedoch innerhalb des nationalen Steuerrechts noch anderweitig verwandt. Dabei geht es um die Differenzierung zwischen „subjektivem“ und „objektivem“ Territorialitätsprinzip.[76] Von „subjektivem“ Territorialitätsprinzip wird gesprochen, wenn zur Begründung der persönlichen Steuerpflicht auf territoriale Merkmale zurückgegriffen wird. Demgegenüber bezieht sich das „objektive“ Territorialitätsprinzip auf die Bestimmung des räumlichen Besteuerungsumfangs, sprich des „Themenkomplex(es) der sachlichen Steuerpflicht“[77]. Hierbei stehen sich (Totalitäts-)Welteinkommensprinzip und Territorialitätsprinzip gegenüber. Anders als das (Totalitäts-)Welteinkommensprinzip erfasst das Territorialitätsprinzip nur inländische Steuergüter.[78] Durch diese Begriffsdoppelung wird dem Territorialitätsprinzip jedoch nur scheinbar ein weiterer Bedeutungsgehalt zuteil. Im Prinzip überschneidet sich der Inhalt des unterschiedlich verwandten Terminus „Territorialitätsprinzip“. Denn das Territorialitätsprinzip spielt jeweils auf die Reichweite des räumlichen Besteuerungsumfangs an. Beiden „Fällen“ liegt insoweit die Fokussierung auf zumindest ein inländisches

73 *Koblenzer*, BB 1996, 933 (934); *Hansch*, RIW 1984, 287 (288); *Jacobs/ Endres/ Spengel* in: Jacobs, Internationale Unternehmensbesteuerung: Deutsche Investitionen im Ausland, Ausländische Investitionen im Inland, 2. Kapitel, S. 7.

74 *Koblenzer*, BB 1996, 933 (934).

75 *Haase*, Internationales und Europäisches Steuerrecht, Rn. 23: „Die Beschränkung des Steueranspruchs auf inländische Steuergüter ist Ausdruck des sog. Territorialitätsprinzips“; *Schaumburg*, Internationales Steuerrecht: Außensteuerrecht, Doppelbesteuerungsrecht, Rn. 5.11: „Hiernach kann nur diejenige natürliche Person Steuersubjekt sein, der ein (inländisches) Steuerobjekt zugerechnet werden kann“.

76 *Koblenzer*, BB 1996, 933 (934); *Stahl*, Die Reichweite der erweiterten beschränkten Steuerpflicht nach § 2 AStG – Ein Beitrag zur Struktur der Steuerpflicht, S. 29.

77 *Stahl*, Die Reichweite der erweiterten beschränkten Steuerpflicht nach § 2 AStG – Ein Beitrag zur Struktur der Steuerpflicht, S. 29.

78 *Hansch*, RIW 1984, 287 (288).

Anknüpfungsmerkmal zugrunde. In Kontext mit der beschränkten Steuerpflicht spiegelt sich das inländische Anknüpfungsmerkmal im Erfordernis inländischer Einkunftsquellen bei Auslandsansässigkeit der natürlichen Person wider. In Kontext mit der Beschränkung des Steuerzugriffs auf rein inländische Einkunftsquellen kann im Einzelfall sogar eine doppelte inländische Anknüpfung bestehen. Nämlich dann, wenn die natürliche Person ebenso wie die Einkunftsquelle im Inland „ansässig" ist.[79]

Anders als das steuerrechtlich geprägte Begriffsverständnis erscheint das völkerrechtliche Verständnis des Territorialitätsprinzips vergleichsweise diffus.[80] Dies folgt zum einen daraus, dass in Kontext mit der Auslegung des völkerrechtlich verstandenen Territorialitätsprinzips weitere Grundsätze relevant werden, die als solche jeweils einer eigenen Definition bedürfen.[81] Konkret geht es um Gebietshoheit, territoriale Souveränität sowie staatliche Jurisdiktion. Diese Grundsätze sind nicht nur schwer voneinander abzugrenzen. Überdies sind sie wechselseitig so eng miteinander verflochten, dass sie in ihrem jeweiligen Bedeutungsgehalt ineinander übergehen. Während die territoriale Souveränität „als Herrschaft über den Raum selbst"[82] dem Eigentum näher steht, ist die Gebietshoheit als „Herrschaft über Personen und Güter"[83] stets „wesentlicher Anknüpfungspunkt für die Inanspruchnahme staatlicher Regelungsgewalt"[84]. Als solcher erfasst die Gebietshoheit immer auch die staatliche Jurisdiktion. Also die „Ausübung tatsächlicher Herrschaft über Personen und Sachen auf (...)

---

79 In der nationalen Steuerrechtsordnung herrscht im Bereich der Personensteuern das System der sog. unbeschränkten Steuerpflicht vor, also die Besteuerung der natürlichen Person mit ihrem Welteinkommen, vgl. § 1 Abs. 1 Satz 1 EStG und § 2 Abs. 1 Nr. 1 Satz 1 ErbStG. Die nationale Steuerrechtsordnung steht damit in Kontrast zur Staatenpraxis lateinamerikanischer Staaten, bei denen „der steuerliche Zugriff auch für ansässige Personen strikt auf Einkünfte aus Quellen im Ansässigkeitsstaat beschränkt ist", vgl. *Lehner*, in: FS F. Wassermeyer, S. 241 (248); *Valta*, Das internationale Steuerrecht zwischen Effizienz, Gerechtigkeit und Entwicklungshilfe, S. 200; *Vogel*, Intertax 1988, 216 (217).

80 *Meng*, Extraterritoriale Jurisdiktion im öffentlichen Wirtschaftsrecht, S. 501.

81 *Eckert*, Die beschränkte Steuerpflicht, S. 12: „das Territorialitätsprinzip (bedarf) seinerseits der Erläuterung (...), was (...) durch wieder andere, teilweise ebenso erläuterungsbedürftige Prinzipen mit der Folge großer Unübersichtlichkeit erfolgt".

82 *Dahm/ Delbrück/ Wolfrum*, Völkerrecht, S. 318.

83 *Dahm/ Delbrück/ Wolfrum*, Völkerrecht, S. 318.

84 *Herdegen*, Völkerrecht, S. 188.

(einem) Gebiet"[85]. Der Umstand, dass staatliche Jurisdiktion ihrerseits verschiedene Ebenen der Staatsgewalt tangiert, trägt zusätzlich zu einem komplexen Gesamteindruck bei.[86] Materielle Heterogenität des völkerrechtlich begriffenen Territorialitätsprinzips ist somit vorprogrammiert.[87] Dies folgt zum anderen aber auch daraus, dass der Begriff des Territorialitätsprinzips „zweidimensional" eingesetzt wird. Einerseits wird er gebraucht, um die Begrenzung des Geltungsbereichs nationalen Rechts auf dem jeweiligen Territorium festzustellen (jurisdiction to enforce). Andererseits betrifft er die Anknüpfung einer Rechtsfolge an Personen, Sachen und Handlungen auf einem Staatsgebiet. Mithin den Regelungsbereich der staatlichen Rechtsordnung (jurisdiction to prescribe).[88] Diesbezüglich wird auch vom „Territorialitätsprinzip" der staatlichen (Steuer-) Rechtsordnung"[89] gesprochen.

Im Ergebnis ändert dies jedoch nichts daran, dass der Fokus des völkerrechtlich verstandenen Territorialitätsprinzips seit jeher auf dem Verhältnis zwischen Territorium und staatlicher Jurisdiktion liegt. Also den drei verschiedenen

---

85 *Meng*, Extraterritoriale Jurisdiktion im öffentlichen Wirtschaftsrecht, S. 46, 47: „Während also die territoriale Souveränität dem Eigentum näher steht, beinhaltet die Gebietshoheit auch die Jurisdiktion. Die Gebietshoheit ist also der eigentliche Machtfaktor, welcher auch die Errichtung einer rechtlichen Lebensordnung mit den Mitteln des Rechts (...) gestattet"; *Peters*, Völkerrecht: Allgemeiner Teil, S. 70.

86 *Meng*, Extraterritoriale Jurisdiktion im öffentlichen Wirtschaftsrecht, S. 501, 35: „wird (...) häufig nicht klar zwischen Geltungsbereich und Regelungsbereich unterschieden".

87 Vgl. zu den unterschiedlichen Begrifflichkeiten auch: *Peters*, Völkerrecht: Allgemeiner Teil, S. 70; *Herdegen*, Völkerrecht, S. 186: „Die beiden Begriffe „territoriale Souveränität" und Gebietshoheit" sind weitgehend, aber nicht völlig deckungsgleich (...). Die territoriale Souveränität umfasst die ausschließliche Befugnis, auf dem Staatsgebiet staatliche Funktionen wahrzunehmen und schließt (im Gegensatz zur Gebietshoheit) das Recht ein, über das Gebiet zu verfügen"; *Vitzthum*, in: Isensee/Kirchhof, HStR II, § 18, Rn. 4: „Der Ausschnitt der territorialen Souveränität, der nicht die Verfügungsbefugnis erfaßt, wird als Gebietshoheit bezeichnet. (...) "Gebietshoheit" bezeichnet demnach die räumliche Zuständigkeit des Staates im Gebiet, „territoriale Souveränität" seine sachliche Zuständigkeit im Gebiet".

88 Terminologisch ist hierbei anstelle von *„jurisdiction to prescribe"* auch von *„materieller Territorialität"*, *„intransitiver Territorialität"* oder *„Anwendungsbereich des Rechts"* die Rede. Anstelle von *„jurisdiction to enforce"* auch von *„formeller Territorialität"* oder *„Geltungsbereich des Rechts"*, vgl. *Kment*, Grenzüberschreitendes Verwaltungshandeln: transnationale Elemente deutschen Verwaltungsrechts, S. 69 f.; *Weber-Fas*, RIW/AWD 1979, 585 (585).

89 *Meng*, Extraterritoriale Jurisdiktion im öffentlichen Wirtschaftsrecht, S. 34.

Dimensionen staatlicher Gewalt.[90] *Kment* spricht insofern davon, dass der „Geltungsbereich der staatlichen Jurisdiktion (...) eng mit dem (...) Staatsgebiet verknüpft (ist)“[91]. Gleiches gilt für den Regelungsbereich. Von einer „territoriale(n) Bezugslosigkeit des normbezogenen Anwendungsbereichs (der *jurisdiction to prescribe*)“[92] kann keine Rede sein.[93] Im Gegenteil spiegelt sich die territoriale Anbindung (auch) der Gesetzgebung in der ursprünglich geforderten „strikte(n) Beschränkung (der Norm) auf inländische Sachverhalte“[94] wider. Zwar hat sich dieses Verständnis zwischenzeitlich relativiert.[95] Von einer strikt „territoriale(n) Begrenzung des Steuertatbestandes“[96] kann insofern nicht mehr gesprochen werden. Gleichwohl hat sich hierdurch nichts an der territorialen Anbindung der staatlichen Rechtsordnung geändert. Nunmehr spiegelt sich die Notwendigkeit eines territorialen Bezugs darin wider, dass bei Regelung ausländischer Sachverhalte immer auch ein inländisches Anknüpfungsmerkmal bestehen muss.[97] Der nationale Steuerzugriff steht also auch heute nicht im „luftleeren (inländischen) Raum“. Im Gegenteil gilt nach wie vor das „Prinzip der Notwendigkeit von Inlandsbeziehungen“[98] als Prämisse eines räumlich begrenzten

90 *Peters*, Völkerrecht: Allgemeiner Teil, S. 70: „wird hier (...) nach den drei klassischen Staatsgewalten unterschieden: Jurisdiction to prescribe (Legislative), Jurisdiction to adjudicate (Judikative), Jurisdiction to enforce (Exekutive)“.

91 *Kment*, Grenzüberschreitendes Verwaltungshandeln: transnationale Elemente deutschen Verwaltungsrechts, S. 74 und ebda.: „Ursprung dieser Grundmaxime, die auch als (...) „Territorialitätsprinzip“ umschrieben wird“. *Kment* wendet seine Ausführungen zum Geltungsbereich sowohl auf Rechtsprechungsentscheidungen, als auch auf Exekutiv- und auf Gesetzgebungsakte an, vgl. ebda. S. 74, Fn. 132.

92 *Kment*, Grenzüberschreitendes Verwaltungshandeln: transnationale Elemente deutschen Verwaltungsrechts, S. 105.

93 *Ziegler*, Einführung in das Völkerrecht, Rn. 593: „Grundsätzlich herrscht zur Begrenzung der Ausübung staatlicher Souveränität und insbesondere zur Regelung von Sachverhalten und damit der Folgen von Handlungen (...) die Anknüpfung an das Staatsgebiet vor“.

94 *Müller*, Die Steuerhoheit über ausländische Tochtergesellschaften: eine völkerrechtliche Untersuchung zu § 15 Abs. II StAnpG, S. 61 f.

95 *Eckert*, Die beschränkte Steuerpflicht, S. 12. Im Vergleich hierzu ist die *jurisdiction to prescribe*, sprich die Durchsetzung von Hoheitsakten auf fremdem Staatsgebiet, auch nach heutigem Staatsverständnis grds. noch territorial begrenzt; vgl. *Lehner*, in: FS F. Wassermeyer, S. 241 (243 f.).

96 *Müller*, Die Steuerhoheit über ausländische Tochtergesellschaften: eine völkerrechtliche Untersuchung zu § 15 Abs. II StAnpG, S. 67.

97 *Lehner*, in: FS F. Wassermeyer, S. 241 (244).

98 *von Beckerath*, Der Durchgriff im deutschen Außensteuerrecht, S. 145.

Steuerzugriffs.[99] Dem trägt die Äußerung *Kirchhofs* Rechnung, wonach „die unbeschränkte StPfl. (...) - als Ausdruck des sog. **Territorialitätsprinzips** - an einen inländ. Wohnsitz oder alternativ den gewöhnlichen Aufenthalt an(knüpft)“[100]. Das völkerrechtliche Territorialitätsprinzip ist daher weniger in Kontrast als vielmehr in Korrelation zum steuerrechtlichen Territorialitätsprinzip zu verorten. Beiden Ausprägungen liegt nämlich der Gedanke einer räumlich begrenzten Reichweite des Steuerzugriffs zugrunde. Das steuerrechtlich begriffene Territorialitätsprinzip ist insofern Ausfluss des völkerrechtlich begriffenen Territorialitätsprinzips in seiner gegenwärtig relativierten Auslegung. Einfluss auf dessen materielle Komplexität hat es damit nicht.

(2) Etablierung moderner Territorialstaaten als Wurzel des strikten Territorialitätsprinzips

Die im völkerrechtlichen Territorialitätsprinzip[101] zum Ausdruck kommende territoriale Begrenzung des nationalen Steuerzugriffs hat ihre Wurzel in der Etablierung moderner Territorialstaaten sowie der dogmatischen Einordnung ebendieser Entwicklungslinien im Denken der Aufklärung.[102] Vor der Etablierung moderner Territorialstaaten konnten sich noch keine Fragen zum räumlichen Regelungsbereich der Rechtsordnung stellen. Insbesondere nicht dazu, ob sich dieser „auf das Staatsgebiet beschränkt oder gar beschränken muß“[103]. Zum einen entstand erst mit der Herausbildung eines Staatsgebiets ein raumbezogener Staat, der an die Problematik einer territorial begrenzten staatlichen

---

99 *Reimer*, Der Ort des Unterlassens: die ursprungsbezogene Behandlung von Entgelten für Untätigkeit im Internationalen Steuerrecht, S. 431; *Lehner*, in: FS F. Wassermeyer, S. 241 (246 f.); BFH, Urt. v. 30.11.1973 - VI R 381/70, BFHE 111, 212: „das dem § 1 Abs. 1 EStG (...) zugrunde liegende Territorialitätsprinzip“; *Bayer*, Steuerlehre: Steuerverfassung, Steuergesetz, Steuergericht, Rn. 410; *Bayer*, JA 1979, 140 (142): „Das Gegenstück zum estrechtlichen Territorialitätsgrundsatz bildet (...) der Grundsatz der unbeschränkten Einkommensteuersouveränität“.

100 *Kirchhof*, EStG Kommentar, § 1, Rn. 1.

101 Hinweis: Sofern nichts anderes vermerkt, liegt den weiteren Ausführungen allein das völkerrechtliche Begriffsverständnis zugrunde, wenn von „Territorialitätsprinzip“ die Rede ist.

102 *Meng*, Extraterritoriale Jurisdiktion im öffentlichen Wirtschaftsrecht, S. 32; *Ziegenhain*, Extraterritoriale Rechtsanwendung und die Bedeutung des Genuine-Link-Erfordernisses: eine Darstellung der deutschen und amerikanischen Staatenpraxis, S. 28.

103 *Meng*, Extraterritoriale Jurisdiktion im öffentlichen Wirtschaftsrecht, S. 34.

Herrschaftsmacht anknüpft.[104] Zum anderen gewann durch die Herausbildung von Territorialstaaten das seit jeher von einem Ringen um Macht und Einfluss geprägte Verhältnis der Staaten zueinander an Bedeutung. Von da an galt es, die Sphären staatlicher Herrschaftsmacht wechselseitig zu definieren und auf diese Weise die jeweiligen Herrschaftsmachten räumlich voneinander abzugrenzen.

Die Herausbildung moderner Territorialstaaten ist kein wirklich neuzeitliches Phänomen. Die Auffassung *Vogels*[105], wonach es weder im Altertum noch im europäischen Mittelalter ein Staatsgebiet gegeben hat, das als Anknüpfungskriterium für den Geltungs- und Regelungsbereich von Rechtsnormen geeignet war, ist insofern nicht zutreffend. Obgleich die Grenzen der Territorien seinerzeit vergleichsweise unscharf definiert beziehungsweise einer anhaltenden Verschiebung ausgesetzt gewesen sein dürften, sind auch diese Ordnungssysteme nicht gänzlich aterritorial gewesen.[106] Dies zeigt bereits der Umstand, dass Römer und Chinesen schon vor Jahrtausenden Grenzmauern errichteten, um ihre Herrschaftssphären räumlich voneinander abzugrenzen. Die Äußerung *Aristoteles* bestätigt diese Einschätzung: „Denn der Staat ist eine Gemeinschaft, und da muß fürs erste der Aufenthaltsort gemeinsam sein. Ein Staat nimmt einen Ort ein, und die Bürger sind Genossen des Einen Staates."[107] Gleichwohl kann nicht in Abrede gestellt werden, dass sich das Wesen der antiken und mittelalterlichen Rechtsordnungen durch einen ausgeprägten Rechtspluralismus auszeichnete, in dem personale Rechtszugehörigkeiten und weniger territoriale Elemente eine maßgebliche Rolle bei der Konkretisierung von Herrschaftsmacht einnahmen. Gerade der mittelalterlich geprägte Personenverbandsstaat beruhte ganz überwiegend auf persönlichen Unterordnungs- und Gefolgschaftsverhältnissen. Entsprechend dem Personalitätsprinzip knüpfte die Rechtsordnung damals an die Stammeszugehörigkeit der Rechtsunterworfenen an. *Vogel* spricht insofern von

104 *Vitzthum*, in: Isensee/Kirchhof, HStR II, § 18, Rn. 1;. *Vogel*, Der räumliche Anwendungsbereich der Verwaltungsrechtsnorm: eine Untersuchung über die Grundfragen des sog. Internationalen Verwaltungs- und Steuerrechts, S. 43.

105 *Vogel*, Der räumliche Anwendungsbereich der Verwaltungsrechtsnorm: eine Untersuchung über die Grundfragen des sog. Internationalen Verwaltungs- und Steuerrechts, S. 43 ff.

106 *Menzel*, Internationales Öffentliches Recht: Verfassungs- und Verwaltungsgrenzrecht in Zeiten offener Staatlichkeit, S. 95.

107 Vgl. hierzu: *Menzel*, Internationales Öffentliches Recht: Verfassungs- und Verwaltungsgrenzrecht in Zeiten offener Staatlichkeit, S. 91.

einer „Herrschaft über Personen und nicht über ein Gebiet“[108]. Da jeder Mensch sein eigenes (Stammes-)Recht dorthin mitführte wohin er ging,[109] existierte auch nicht bloß eine Rechtsordnung, sondern meist eine Vielfalt von Rechtssätzen für die auf einem Gebiet Ansässigen. Dementsprechend konnten die auf einem Gebiet Ansässigen immer nur von ihrem „persönlichen“ Richter nach der für sie angesichts ihrer Volksgruppenzugehörigkeit geltenden Rechtsordnung belangt werden.[110]

Erst gegen Ende des 12. Jahrhunderts setzte diesbezüglich ein Wandel ein.[111] Bei der Konkretisierung staatlicher Herrschaftsmacht trat nunmehr das bislang überwiegende personale Element staatlicher Herrschaft zugunsten einer Stärkung des territorialen Elements in den Hintergrund.[112] Verstärkt wurde dieser Effekt in der Folgezeit durch die Herausbildung eines absolutistischen Herrschaftsverständnisses als neue Regierungsform in ganz Europa. Dieses sprach sich für die Anbindung von Hoheitsgewalt an das Territorium und nicht mehr länger an die Stämme aus. Den Herrschern ging es darum, „ihr Herrschaftsgebiet als solches zu erfassen“ [113] und damit die Ausübung von Herrschaftsgewalt für das jeweils eigene Territorium abschließend zu definieren.[114] Obschon

108 *Vogel*, Der räumliche Anwendungsbereich der Verwaltungsrechtsnorm: eine Untersuchung über die Grundfragen des sog. Internationalen Verwaltungs- und Steuerrechts, S. 44; *Vitzthum*, in: Isensee/ Kirchhof, HStR II, § 18, Rn. 2.

109 *Kippenberg*, in: Festgabe Wassermeyer, Rn. 6.

110 *Vogel*, Der räumliche Anwendungsbereich der Verwaltungsrechtsnorm: eine Untersuchung über die Grundfragen des sog. Internationalen Verwaltungs- und Steuerrechts, S. 44 f., S. 57.

111 *Vogel*, Der räumliche Anwendungsbereich der Verwaltungsrechtsnorm: eine Untersuchung über die Grundfragen des sog. Internationalen Verwaltungs- und Steuerrechts, S. 46, 58; *Menzel*, Internationales öffentliches Recht: Verfassungs- und Verwaltungsgrenzrecht in Zeiten offener Staatlichkeit, S. 95.

112 *Lehner/ Waldhoff*, in: K/S/M, § 1 EStG A 161; *Vogel*, Der räumliche Anwendungsbereich der Verwaltungsrechtsnorm: eine Untersuchung über die Grundfragen des sog. Internationalen Verwaltungs- und Steuerrechts, S. 58.

113 *Vogel*, Der räumliche Anwendungsbereich der Verwaltungsrechtsnorm: eine Untersuchung über die Grundfragen des sog. Internationalen Verwaltungs- und Steuerrechts, S. 45, 47: „Ferner ist auf die Bedeutung der Stadtmarken für die Entstehung einer territorial begrenzten Gewalt hinzuweisen; in den Städten (gab) es bereits gewisse Ein- und Durchfuhrverbote und sonstige handelspolizeiliche Reglements mit Wirkung für den gesamten Bereich der Stadtmark (…)“.

114 *Menzel*, Internationales öffentliches Recht: Verfassungs- und Verwaltungsgrenzrecht in Zeiten offener Staatlichkeit, S. 95.

es sich bei den damaligen Staaten noch nicht um Nationalstaaten im modernen Sinne handelte,[115] fasst *Menzel* dieses Phänomen zu Recht dahingehend zusammen, dass die „Herrscher über Menschen zu Herrschern über Räume bzw. über die Menschen in Räumen (wurden). Bezugspunkt rechtlicher und hoheitlicher Anknüpfung (…) (wurde erstmals) der Einwohner - derjenige, der sich dauerhaft im Herrschaftsgebiet aufhält"[116]. Anders ausgedrückt verschaffte „erst der Wandel vom mittelalterlichen Personenverband zum modernen Flächenstaat, erst die Ergänzung der Personalhoheit durch die Gebietshoheit (…) dem Territorialitätsprinzip und damit dem Staatsgebiet als solchem (samt der Idee einer territorial radizierten Herrschaftsmacht bis heute) Hausrecht im Staatsrecht"[117]. Daran änderte sich auch durch das Staatsverständnis der Kolonialzeit nichts mehr. Zwar kam es seinerzeit zu einem kurzfristigen Wiederaufleben des Personenverbandsprinzips. Denn Kolonialbeamte und Berater unterlagen ungeachtet ihrer Gebietsansässigkeit ausschließlich dem Recht ihres Herkunftsstaates. Nach dem Ende der Kolonialreiche und der Weltkriege kam es jedoch zu einer Kehrtwende zurück zur Idee des modernen Territorialstaats.[118] Dementsprechend gewann auch das der nationalen (Steuer-)Rechtsordnung bis heute zugrunde liegende Verhältnis zwischen Jurisdiktion und Territorium für die Frage nach der territorialen Begrenzung des nationalen Steuerzugriffs wieder an Bedeutung.

(3) Hubers Axiomata als dogmatischer Ausgangspunkt eines strikt territorial begrenzten Steuerzugriffs

Die Etablierung eines fest definierten Staatsgebiets fand auch in der Literatur Einzug. Geboren waren die Vorstellung einer territorial radizierten Herrschaftsmacht und damit der Ausgangspunkt unseres modernen Verständnisses eines territorial beschränkten Steuerzugriffs, angesichts dessen der nationale Steuerzugriff mithilfe des Ansässigkeits-(Wohnsitz-)Erfordernisses territorial begrenzt wird.

115 *Vogel*, Der räumliche Anwendungsbereich der Verwaltungsrechtsnorm: eine Untersuchung über die Grundfragen des sog. Internationalen Verwaltungs- und Steuerrechts, S.58: Dieser spricht insofern von Territorialstaaten oder „institutionellen Flächenstaaten".

116 *Menzel*, Internationales Öffentliches Recht: Verfassungs- und Verwaltungsgrenzrecht in Zeiten offener Staatlichkeit, S. 95.

117 *Vitzthum*, in: Isensee/Kirchhof, HStR II, § 18, Rn. 2.

118 *Kippenberg*, in: Festgabe Wassermeyer, Rn. 8.

Zwar wird in diesem Kontext vielfach *Jean Bodin* als Begründer und Symbolfigur der modernen Staatstheorie stilisiert. Für ihn verfügte der Staat jedoch nicht notwendig über definierte Grenzen, sondern im Gegenteil über „zwischenstaatliches Niemandsland, dessen Bewohner bald dem einen, bald dem anderen Huldigung leisten und nicht wissen, wem sie gehorchen sollen, ja sich nicht selten jedem Gehorsam gegenüber beiden entziehen."[119] Überlegungen zu einer (strikt) territorial ausgerichteten Herrschaftsmacht sucht man insofern bei *Bodin* vergeblich. Diesbezüglich traten vielmehr andere Gelehrtenstimmen in Erscheinung, die schon im Altertum das Verhältnis von Jurisdiktion und Territorium betonten. Der römische Jurist *Paulus* äußerte insofern, dass „man einem Richter, der außerhalb seines Gerichtsbezirks urteilt, nicht gehorchen muss"[120]. Zu Zeiten des Mittelalters wurde ein Bezug zwischen Jurisdiktion und Territorium sowohl in England als auch in Oberitalien mit Blick auf das internationale Strafrecht hergestellt.[121] Später äußerten sich hierzu mitunter *Alberico Gentili*[122], der im Rahmen seines 1661 veröffentlichten „Hispanicae advocationis libri duo" die (körperliche) Hoheitsausübung auf fremdem Territorium ablehnte, sowie *Thomas Hobbes*[123], der wie selbstverständlich von einer territorialen Begrenzung der Gesetze ausging. Gleichwohl hat sich hinsichtlich des Verhältnisses von Jurisdiktion und Territorium vor allem der holländische Jurist *Ulrik Huber* einen Namen gemacht. In seinem 1672 veröffentlichten Werk „De jure civitatis" erklärte sich *Huber* ausführlich zu Fragen der territorialen Radizierung von Herrschaftsmacht. Hierzu fasste er mit Blick auf das internationale

---

119 *Bodin*, Les six livres de la République, Livre 1, Chapitre 6 : Du citoyen, & la differnce entre le subjet, le citoy…, l'etranger, la ville, cité, & Republique, p. 86: „(…) les subjects des frontières, qui s'aduouent tantost de l'un, tantost de l'autre, & ne saucent auquel obeyr & bien souvent s'exemptent de l'obéissance de tous deux".

120 *Meng*, Extraterritoriale Jurisdiktion im öffentlichen Wirtschaftsrecht, S. 31, Fn. 141: „Extra territorium jus dicenti impune non paretur, D. 2, 1, 20, zitiert nach *Rudolph, H.*, Stadt und Staat im Römischen Italien (1935), S. 224.

121 *Menzel*, Internationales Öffentliches Recht: Verfassungs- und Verwaltungsgrenzrecht in Zeiten offener Staatlichkeit, S. 96.

122 *Meng*, Extraterritoriale Jurisdiktion im öffentlichen Wirtschaftsrecht, S. 31, Fn. 142: „*Gentili, A.*, Hispanicae advocationis libri duo (1661), Reproduktion und englische Übersetzung in The Classics of International Law (Hrsg. J.B.Scott) (2 Bde., 1921).

123 *Hobbes*, Leviathan, 21. Kapitel, S. 172: „Denn wer auch immer den Herrschaftsbereich eines anderen betritt, ist allen dort geltenden Gesetzen unterworfen, wenn er nicht durch die Freundschaft der Souveräne oder durch eine Sondererlaubnis Vorrechte besitzt".

Privat- und Strafrecht die damalige Lehre der niederländischen Schule in seinen drei „Axiomata"[124] zusammen: „(1) Die Gesetze eines jeden souveränen Staates haben Kraft nur innerhalb der Grenzen des betreffenden Gemeinwesens und verpflichten alle ihm untergebenen, jedoch nicht darüber hinaus. (2) Als der Staatsgewalt untergeben sind alle anzusehen, die sich innerhalb ihrer Grenzen befinden, gleichgültig, ob sie sich dort ständig oder nur vorübergehend aufhalten. (3) Die Lenker der Staaten kommen einander darin entgegen, daß die Rechte eines jeden Volkes, die innerhalb seiner Grenzen angewandt werden, überall ihre Kraft behalten, sofern dadurch nicht die Macht oder das Recht eines anderen Souveräns und seiner Bürger beeinträchtigt werden"[125].

Dieser durch *Huber* begründete und an die Herausbildung moderner Territorialstaaten anknüpfende Paradigmenwechsel bezüglich der Legitimation staatlicher Herrschaftsmacht setzte sich in der Folgezeit im gesamten abendländischen Rechtskreis durch.[126] Neuartig ist vor allem, dass die Personalität nicht mehr wie bislang als maßgebliches Anknüpfungskriterium für die Anwendbarkeit staatlicher Normen dient. Vielmehr entwickelte sich hieraus das Bild einer strikt territorial verstandenen Vollziehung- und Regelungshoheit,[127] für die das „Gebiet Ansatzpunkt sowohl der Vereinheitlichung im Inneren wie der Abgrenzung nach außen gegenüber anderen gleichgeordneten Staatsgewalten (ist)"[128]. Erst im Zuge der wachsenden internationalen Beziehungen gaben die Staaten das durch *Huber* (mit-)geprägte Verständnis einer strikt territorial verstandenen

124 Teilweise spricht *Huber* diesbezüglich auch von „Prämissen" oder „grondt-regels", vgl. *Vogel*, Der räumliche Anwendungsbereich der Verwaltungsrechtsnorm: eine Untersuchung über die Grundfragen des sog. Internationalen Verwaltungs- und Steuerrechts, S. 31 Fn. 22.

125 *Müller*, Die Steuerhoheit über ausländische Tochtergesellschaften: eine völkerrechtliche Untersuchung zu § 15 Abs. II StAnpG, S. 62 m.V.a. *Huberi,* De Jure civitatis, Libri Tres, § 14; *Vogel*, Der räumliche Anwendungsbereich der Verwaltungsrechtsnorm: eine Untersuchung über die Grundfragen des sog. Internationalen Verwaltungs- und Steuerrechts, S. 31 (ebda. auch Abdruck des lateinischen Originals: „Prima sit, leges cujusque reipubl. tenent obligantque cunctos eidem imperio subjectos, nec ultra. Secunda, pro subjecti habentur, quicunque in territorio cuiusque civitatis reperiuntur, quandiu illic commorantur."

126 *Müller*, Deutsche Steuerhoheit über ausländische Tochtergesellschaften: eine völkerrechtliche Untersuchung zu § 15 Abs. II StAnpG, S. 62.

127 *Burmester*, JZ 1993, 698 (702).

128 *Vogel*, Der räumliche Anwendungsbereich der Verwaltungsrechtsnorm: eine Untersuchung über die Grundfragen des sog. Internationalen Verwaltungs- und Steuerrechts, S. 59.

Radizierung von Herrschaftsmacht wieder auf und erweiterten den Regelungsumfang über ihr eigenes Staatsgebiet hinaus.[129] Nichtsdestotrotz wird bereits in *Hubers* Axiomata ein relativiertes Verständnis von einem strikt territorial begrenzten Steuerzugriff deutlich. Hiernach reichte nämlich schon der vorübergehende Aufenthalt im Staatsgebiet für die Begründung einer Pflichtstellung aus. Dies beinhaltet ein im Vergleich zur derzeitigen nationalen Steuerrechtsordnung weniger streng formuliertes Verständnis der territorialen Radizierung von Staatsgewalt. Zwar können gegenwärtig angesichts der zunehmenden Mobilität natürlicher Personen selbst zeitweise abwesende natürliche Personen von der staatlichen Jurisdiktion, sprich dem nationalen Besteuerungszugriff, erfasst werden. Daneben kann auch schon ein unregelmäßiges Verweilen im Inland zur Begründung der unbeschränkten Steuerpflicht ausreichen. Für eine derartige „Gleichstellung" mit im Staatsgebiet tatsächlich dauerhaft anwesenden natürlichen Personen muss jedoch trotz Ortsabwesenheit noch ein qualifizierter Inlandsbezug bestehen.[130] Ein nur vorübergehender inländischer Aufenthalt im Sinne von *Hubers* zweitem Axiomata reicht dabei nach ständiger Auslegungspraxis regelmäßig nicht für die Begründung beziehungsweise Beibehaltung des inländischen Wohnsitzes und damit die unbeschränkte Steuerpflicht aus.

(4) Einfluss des strikten Territorialitätsprinzips auf die territoriale Begrenzung des nationalen Steuerzugriffs

Ausgehend von den Lehren *Hubers* hat sich das strikte Territorialitätsprinzip sowohl in der Rechtswissenschaft als auch in der Rechtspraxis des nachfolgenden 18. und 19. Jahrhunderts durchgesetzt. Seither steht nicht mehr die personale Komponente der Herrschaftsgewalt, sondern der territoriale Bezug des Steuersubjekts beziehungsweise des Steuerobjekts im Fokus. Im Unterschied zur gegenwärtigen nationalen Steuerrechtsordnung ist den Staaten allerdings seinerzeit noch eine Erstreckung ihrer Regelungshoheit über das eigene Staatsgebiet hinaus versagt gewesen. Der nationale Steuerzugriff war strikt auf das eigene Staatsgebiet beschränkt.[131]

Der unmittelbare Einfluss des Territorialitätsprinzips auf die strikt territoriale Begrenzung des nationalen Steuerzugriffs folgt aus der Verzahnung von staatlicher Jurisdiktion und Territorium.[132] Staatliche Jurisdiktion verkörpert das

---

129 *Burmester*, JZ 1993, 698 (702).
130 *Burmester*, JZ 1993, 698 (698).
131 *Burmester*, JZ 1993, 698 (702).
132 Vgl. hierzu: B.II.1.b.ba.(1), S. 28 ff.; *Burmester*, JZ 1993, 698 (702); *Ziegler*, Einführung in das Völkerrecht, Rn. 593; *Crezelius*, DB 1984, 530 (533).

auf die staatliche Souveränität gründende Staatshandeln.[133] Sie ist „dreidimensional" ausgestaltet und beinhaltet neben der Gerichtsbarkeit und Vollzugsgewalt über alle Personen, die sich auf dem jeweiligen Staatsgebiet aufhalten, die umfassende Gesetzgebungsgewalt. Letztere erfasst auch die Regelung der nationalen (Steuer-)Rechtsordnung.[134] Nach damaligem Verständnis besaß der Staat nicht nur hinsichtlich des Geltungsbereichs, sondern auch hinsichtlich des Regelungsbereichs der (Steuer-)Rechtsordnung die umfassende und ausschließliche Souveränität über sein Staatsgebiet. Die nationale (Steuer-)Rechtsordnung war demnach auf reine Inlandssachverhalte zugeschnitten.[135] Erlaubt war allein ein territorial-inlandsbezogener Steuerzugriff. Eine Regelung auch territorial fremder Sachverhalte im Sinne eines „Prinzips der unbegrenzten Gesetzgebungshoheit"[136] war damals noch nicht möglich.[137] Aber auch nicht von Relevanz. Denn das seinerzeitige Nationalbewusstsein war auf das Streben nach größtmöglicher Autarkie ausgerichtet. Also auf eine weitgehende wirtschaftliche Abgeschlossenheit, angesichts derer sich die Problematik der Besteuerung ausländischer Einkünfte überwiegend noch nicht stellte.[138] *Von Beckerath* hat das strikte Territorialitätsprinzip treffend zusammengefasst. Hierzu äußert er: „Die Normen eines Staates (sind) jeweils nur auf solche Sachverhalte anzuwenden, die sich auf (seinem) Gebiet (…) verwirklicht haben". Mithin „nur auf solche Personen und Gegenstände (…), die sich auf (seinem) Gebiet (…) aufhalten bzw. dort belegen sind, allgemeiner, auf solche Sachverhalte, die sich auf dem Gebiet des

---

133 *Meng*, Extraterritoriale Jurisdiktion im öffentlichen Wirtschaftsrecht, S. 37 m.V.a. *Jennings*, The Limits of State Jurisdiction, Nordisk Tidsskrift for International Ret 32 (1962), S. 209 (209): Dieser spricht von der Jurisdiktion als „a manifestion of State sovereignty".

134 *Meng*, Extraterritoriale Jurisdiktion im öffentlichen Wirtschaftsrecht, S. 29: „Entsprechend den Komponenten der Jurisdiktion, der Rechtsetzung, Rechtsanwendung und Rechtsdurchsetzung kann man zwei Staatsfunktionen unterscheiden: die Festlegung und Gestaltung einer Ordnung einerseits und den das Recht durchsetzenden Zwang andererseits" und *Peters*, Völkerrecht: Allgemeiner Teil, S. 70: „wird hier (…) nach den drei klassischen Staatsgewalten unterschieden: Jurisdiction to prescribe (Legislative), Jurisdiction to adjudicate (Judikative), Jurisdiction to enforce (Exekutive)".

135 *Müller*, Die Steuerhoheit über ausländische Tochtergesellschaften: eine völkerrechtliche Untersuchung zu § 15 Abs. II StAnpG, S. 61 f.

136 *von Beckerath*, Der Durchgriff im deutschen Außensteuerrecht, S. 145.

137 *Bleckmann*, Grundgesetz und Völkerrecht: Ein Studienbuch, S. 127.

138 *Zuber*, Anknüpfungsmerkmale und Reichweite der internationalen Besteuerung, S. 87.

betreffenden Staates verwirklicht haben“[139]. Demgegenüber war ein steuerlicher „Durchgriff auf den ausländischen Gewinn oder ausländisches Vermögen (…) ebenso wenig zulässig wie die Besteuerung ausländischer Körperschaften oder ausländischer Anteilseigner“[140]. An der Notwendigkeit der Inlandsansässigkeit des Steuerpflichtigen sowie der Inlandsquelle der Einkünfte beziehungsweise des Vermögens führte somit kein Weg vorbei. Zu Recht ist in diesem Kontext auch vom Staatsgebiet als „Resonanzboden staatlicher Herrschaft nach innen“[141] die Rede. Dieses strikt territorial geprägte (Steuer-)Gesetzgebungsverständnis spiegelt sich auch in der internationalen Rechtsprechungspraxis der damaligen Zeit wider. In einer Leitentscheidung des US Supreme Courts aus 1877 hieß es, dass *„jeder Staat (…) ausschließliche Jurisdiktion und Souveränität über Personen und Eigentum auf seinem Territorium (hat)“*[142]. Mit Blick auf das Steuerrecht wurde in anderer Rechtssache entschieden: *„the power to tax (…) is necessarily limited to subjects within the jurisdiction of the state“*[143]. Im Report der New York Tax Commission von 1872 wurde die Besteuerung eines inländischen Staatsangehörigen wegen seiner ausländischen Einkünfte gar als „räuberisches Vergehen“ geahndet.[144] Ebenfalls bezeichnend ist diesbezüglich ein Urteil des

139 *von Beckerath*, Der Durchgriff im deutschen Außensteuerrecht, S. 144; *Bleckmann*, Grundgesetz und Völkerrecht: Ein Studienbuch, S. 126 f.

140 *von Beckerath*, Der Durchgriff im deutschen Außensteuerrecht, S. 144; vgl. auch *Müller*, Die Steuerhoheit über ausländische Tochtergesellschaften: eine völkerrechtliche Untersuchung zu § 15 Abs. II StAnpG, S. 61: „ verlangt (das Territorialitätsprinzip) (…) eine strikte Beschränkung auf inländische Sachverhalte“; *Vogel*, Der räumliche Anwendungsbereich der Verwaltungsrechtsnorm: eine Untersuchung über die Grundfragen des sog. Internationalen Verwaltungs- und Steuerrechts, S. 14: „nur auf solche Personen und Gegenstände anzuwenden sein soll, die sich auf dem Gebiet des betreffenden Staates aufhalten bzw. dort belegen sind“; *Vogel*, DStR 1968, 427 (429): „nur Sachverhalte dürften nach dem Territorialitätsprinzip besteuert werden, die sich auf dem eigenen Staatsgebiet verwirklicht haben“.

141 *Vitzthum*, in: Isensee/Kirchhof, HStR II, § 18, Rn. 1.

142 *Meng*, Extraterritoriale Jurisdiktion im öffentlichen Wirtschaftsrecht, S. 35.

143 *Müller*, Die Steuerhoheit über ausländische Tochtergesellschaften: eine völkerrechtliche Untersuchung zu § 15 Abs. II StAnpG, S. 65 m.w.N. in Fn. 29 und Verweis auf *Field*, in: State Tax on Foreign Held Bonds 15 Wall. 300, 21 L. ed. 179 (1872).

144 *Müller*, Die Steuerhoheit über ausländische Tochtergesellschaften: eine völkerrechtliche Untersuchung zu § 15 Abs. II StAnpG, S. 65 mit Nachweis in Fn. 30 und Verweis auf Griziotti, Rec. d. Cours, 1926/III, Bd. 13, S. 46.

französischen Kassationshofs aus 1844, wonach „*la loi d'impôt n'a d'empire que sur le territoire*"[145].

Im Ergebnis steht die seinerzeitige Praxis des strikten Territorialitätsprinzips daher nicht nur in krassem Gegensatz zum heutigen Verständnis eines territorial relativ begrenzten Steuerzugriffs. Überdies auch zur ursprünglich bestehenden Befugnis des Staates, die eigenen Staatsangehörigen „lediglich" gestützt auf ein besonderes Treue- und Schutzverhältnisses zu berechtigen und zu verpflichten und damit ungeachtet jeglichen Bezugs zum Staatsgebiet.[146]

bb. Relativierung des territorialen Bezugs mittels eingeschränkten Territorialitätsprinzips - Gegenwärtiger Verfall des Territorialitätsprinzips?

(1) Internationalisierung der Wirtschaft als Wurzel des eingeschränkten Territorialitätsprinzips

Ein Blick auf die derzeitige nationale Gesetzgebungspraxis einer (un-)beschränkten Steuerpflicht natürlicher Personen im Bereich der Personensteuern zeigt, dass das strikte Territorialitätsprinzip zwischenzeitlich aufgegeben wurde.[147] Bereits im 19. Jahrhundert sind im amerikanischen Steuerrecht,[148] aber vor allem in Europa erste Tendenzen weg vom strikten Territorialitätsprinzip und

---

145 *Müller*, Die Steuerhoheit über ausländische Tochtergesellschaften: eine völkerrechtliche Untersuchung zu § 15 Abs. II StAnpG, S. 64 m.w.N. in Fn. 22 und Verweis auf Cour de Cassation, Chambres Réunies, 11.11.1844, Sirey, 1844 I, S. 889.

146 *Isay*, Internationales Finanzrecht: Eine Untersuchung über die äußeren Grenzen der staatlichen Finanzgewalt, S. 28 f.: „Gewiß, besteuert er einen Inländer ohne Rücksicht auf territoriale Beziehungen, so mag er das damit begründen, daß es sich eben um einen Inländer handele und daß er in der Lage sei, von seinen eigenen Bürgern jederzeit Beiträge zur Erreichung der Staatszwecke zu fordern, wie er von ihnen auch Opferung ihres Lebens im Kriegsfalle verlangen könne".

147 *Müller*, Die Steuerhoheit über ausländische Tochtergesellschaften: eine völkerrechtliche Untersuchung zu § 15 Abs. II StAnpG, S. 66.

148 Das amerikanische Steuerrecht wurde jedoch noch bis in das 20. Jahrhundert hinein durch das strikte Territorialitätsprinzip geprägt, vgl. *Ziegenhain*, Extraterritoriale Rechtsanwendung und die Bedeutung des Genuine-Link-Erfordernisses: eine Darstellung der deutschen und amerikanischen Staatenpraxis, S. 29 m.V.a. *Joseph Story*, der drei klassische Maximen verfasste, die sich stark an die drei Axiomata *Hubers* anlehnten. Unter anderem äußerte *Story* diesbezüglich: „No state or nation can, by its own laws, directly effect or bind property out of its own territory", vgl. hierzu: *Meng*, Extraterritoriale Jurisdiktion im öffentlichen Wirtschaftsrecht, S. 541.

damit von einer Beschränkung der staatlichen (Steuer-)Regelungsbefugnis auf das eigene Territorium zu verzeichnen gewesen.

Gerade in kontinental-europäischen Gelehrtenkreisen formierten sich Gegenstimmen mit Blick auf die bisherige Praxis des strikten Territorialitätsprinzips. Zum Symbolträger wurden dabei *Karl Binding* und *Friedrich Karl von Savigny*. Letzterer äußerte sich dahingehend, dass „je mannigfaltiger und lebhafter der Verkehr unter den verschiedenen Völkern wird, desto mehr wird man sich überzeugen müssen, daß es räthlich ist, jenen strengen Grundsatz (i.S.d. strikten Territorialität) nicht festzuhalten (…)“[149]. Dieser Gedanke spiegelt den Auslöser für die zwischenzeitliche Relativierung des Territorialitätsprinzips wider. Dieser liegt in der wachsenden internationalen Verflechtung der Staaten. Im heutigen Sprachgebrauch auch als Globalisierung bekannt. Kern des Globalisierungsgedankens ist, dass rechtliche Strukturen und Landesgrenzen infolge der im letzten Jahrhundert einsetzenden Internationalisierung des Wirtschaftsverkehrs ihre bisherige Bedeutung nach und nach verloren haben und stattdessen Kapital, Management, Technologie sowie Arbeitskräfte über die Grenzen hinaus verfügbar gemacht werden.[150] Diese äußeren Entwicklungen verursachen einen Umbruch in der Dimension staatlicher Jurisdiktion und damit auch im Ausmaß der steuerlichen Regelungsbefugnis. Denn bedingt durch die wachsende wirtschaftliche Internationalisierung wird der ursprünglich strikt „territorial gebundene Nationalstaat (…) (und insoweit auch) die Steuer als bisherige Säule nationalstaatlicher Autorität“[151] unterlaufen. *De Morón* spricht insofern treffend davon, dass „steuerliches Pendant zur Globalisierung (…) der Bereich der transnationalen Besteuerung (ist).“[152] Hinzu kommt, dass die Einkommensteuer seit damals als Personensteuer aufgefasst wird, die eine Besteuerung nach der Leistungsfähigkeit zur Prämisse erklärt und daher ebenfalls einem strikt territorial begrenzten Steuerzugriff entgegensteht.

---

149 *Ziegenhain*, Extraterritoriale Rechtsanwendung und die Bedeutung des Genuine-Link-Erfordernisses: eine Darstellung der deutschen und amerikanischen Staatenpraxis, S. 29 m.w.N. in Fn. 68 und Verweis auf *von Savigny*, Römisches Recht, S. 26.

150 *Lehner/ Waldhoff*, in: K/S/M, § 1 EStG A 233; *Kluge*, Das internationale Steuerrecht; Gemeinschaftsrecht, Außensteuerrecht, Abkommensrecht, M 23, 64; *Meng*, Extraterritoriale Jurisdiktion im öffentlichen Wirtschaftsrecht, S. 503; *Müller*, Die Steuerhoheit über ausländische Tochtergesellschaften: eine völkerrechtliche Untersuchung zu § 15 Abs. II StAnpG, S. 76.

151 *Kluge*, Das internationale Steuerrecht; Gemeinschaftsrecht, Außensteuerrecht, Abkommensrecht, M 64.

152 *de Morón*, Transnationale Besteuerung im im Kontext der Globalisierung, S. 43.

Angesichts dieser Entwicklungen degradierte *Vogel* das strikte Territorialitätsprinzip zur „Leerformel, die jedes für die Rechtsanwendung im Einzelfall fruchtbar zu machenden Inhalts entbehrt."[153] Das Bild von der „Leerformel" ist insoweit passend, als dass der Anwendungsbereich des Rechts mittlerweile „eher konkurrierend als exklusiv"[154] ausgestaltet ist. Konkurrierend deshalb, weil der Völkerrechtsgrundsatz der strikten Territorialität als Folge der Globalisierung im Laufe des 19. Jahrhunderts immer mehr durch den Gedanken einer uneingeschränkten Gesetzgebungshoheit abgelöst wurde. Denn durch die Erweiterung des Regelungsumfangs und damit auch des räumlich zulässigen Ausmaßes der nationalen Steuerhoheit über das eigene Staatsgebiet hinaus werden seither auch solche Einkünfte dem nationalen Steuerzugriff unterworfen, die den Steuerinländern aus ausländischen Steuerquellen zufließen.[155] Umgekehrt können Steuerausländer zur Steuer herangezogen werden, sofern sie über inländische Einkunfts- beziehungsweise inländische Vermögensquellen verfügen. Daher verwundert nicht, dass die nationale Steuerhoheit seit dieser Zeit als eines der Kernelemente der „umfassend und schrankenlos gewordene(n) Souveränität des Staates in territorialer und personaler Hinsicht"[156] begriffen wird. Unpassend ist das Bild von der „Leerformel" hingegen mit Blick auf den Geltungsbereich des Rechts, sprich die Vornahme staatlicher Hoheitsakte auf fremdem Terrain. Ein solches Vorgehen wird bis heute grundsätzlich als unzulässig angesehen. Diesbezüglich dürfte daher regelmäßig noch von „strikter Territorialität" gesprochen werden können.[157] Auch der Ansatz *Morgenthalers* von einer „schrankenlos gewordene(n) Souveränität des Staates in territorialer (...) Hinsicht" gilt dementsprechend nur bezüglich des Regelungsumfangs des Rechts, nicht auch bezüglich dessen Geltungsbereich.

---

153 *Vogel*, Der räumliche Anwendungsbereich der Verwaltungsrechtsnorm: eine Untersuchungüber die Grundfragen des sog. Internationalen Verwaltungs- und Steuerrechts, S. 142.

154 *Kment*, Grenzüberschreitendes Verwaltungshandeln: transnationale Elemente deutschen Verwaltungsrechts, S. 72.

155 *Müller*, Die Steuerhoheit über ausländische Tochtergesellschaften: eine völkerrechtliche Untersuchung zu § 15 Abs. II StAnpG, S. 67.

156 *Morgenthaler*, Die Lizenzgebühren im System des internationalen Einkommensteuerrechts, S. 67.

157 *Kment*, Grenzüberschreitendes Verwaltungshandeln: transnationale Elemente deutschen Verwaltungsrechts, S. 72.

(2) *Justizielle und dogmatische Hintergründe des eingeschränkten Territorialitätsprinzips*

Die Abkehr vom strikten Territorialitätsprinzip zugunsten einer Erweiterung des steuerlichen Regelungsumfangs findet sich sowohl in der Rechtswissenschaft als auch in der internationalen Rechtspraxis wieder.[158] Wegweisend für die Gültigkeit extraterritorialer Gesetze[159] ist das im Bereich des Strafrechts ergangene Lotus Urteil des StIGH geworden.[160] In diesem Urteil wurde das strikte Territorialitätsprinzip erstmals durch die hierin zum Ausdruck kommende Anerkennung einer räumlich unumschränkten Gesetzgebungshoheit abgelöst.[161] Zwar wurde hierin nach wie vor die völkerrechtlich essentielle territoriale Beschränkung staatlicher Zwangsgewalt hervorgehoben. Hierzu heißt es: Der Staat „*may not exercise its power in any form in the territory of another state. In this sense jurisdiction is certainly territorial; it cannot be exercised by a state outside its territory except by virtue of a permissive rule derived from international custom or from a convention*"[162]. Umgekehrt „*folgt daraus nicht, daß das Völkerrecht einem Staat verbietet, auf seinem Gebiet die Gerichtsbarkeit über Ereignisse außerhalb seines Gebietes auszuüben, wenn er sich nicht auf eine besondere dahingehende Erlaubnisnorm des Völkerrechts stützen kann. Eine solche These könnte nur behauptet werden, wenn das Völkerrecht allgemein den Staaten verbieten würde, ihre Gesetzgebung und Gerichtsbarkeit auszudehnen auf Personen, Güter und Handlungen außerhalb ihres Gebietes und in Ausnahme von diesem Verbot ihnen eine solche Ausdehnung nur in besonders bestimmten Fällen gestatten würde. Aber das ist bestimmt nicht der gegenwärtige Stand des Völkerrechts*"[163].

Dieses Bekenntnis wurde in der Folgezeit auch auf nationaler Ebene aufgegriffen. Die Finanzgerichtsbarkeit machte sich dabei vor allem die im Lotus Urteil zum Ausdruck kommende räumlich weit verstandene Souveränität staatlicher Regelungshoheit zu eigen. Im Schering Urteil aus 1963 äußerte der BFH insofern

---

158 *Crezelius*, DB 1984, 530 (533).

159 Hinweis: Diese Begrifflichkeit bezieht sich im Folgenden auf die steuerrechtlich zulässige Erfassung ausländischer Sachverhalte und grenzt sich als solche von der grundsätzlich unzulässigen Ausübung von Hoheitsgewalt auf fremdem Staatsgebiet ab.

160 Urteil des StIGH v. 7.9.1927, PCPJ, Serie A Nr. 10, S. 19 ff.

161 *Menzel*, Internationales Öffentliches Recht: Verfassungs- und Verwaltungsgrenzrecht in Zeiten offener Staatlichkeit, S. 224.

162 Urteil des StIGH v. 7.9.1927, PCPJ, Serie A Nr. 10, S. 18 f.

163 *Müller*, Die Steuerhoheit über ausländische Tochtergesellschaften: eine völkerrechtliche Untersuchung zu § 15 Abs. II StAnpG, S. 69, Fn. 50: „Die Übersetzung ist den „Entscheidungen des StIGH", Bd. 5 (1927), S. 71 ff." entnommen.

zum Verhältnis von Steuersouveränität und völkerrechtlichem Territorialitätsprinzip: „*Es ist Sache vernünftiger Selbstbescheidung des Staates, wie weit er gehen will, obwohl man nicht sagen kann, daß in dieser Beziehung vom internationalen Recht her eine staatliche Schranke auferlegt würde (...). Jeder Staat gestaltet sein Steuerrecht entsprechend seinen finanzpolitischen Erwägungen. Überschneidungen mit den Steuersystemen anderer Staaten beeinflussen nicht die Rechtmäßigkeit der gewählten Regelung; diese auszugleichen ist vielmehr Sache zwischenstaatlicher Vereinbarungen*“[164]. In einer Rechtssache aus 1975 bezeichnete es der BFH allein als „*Sache der Gesetzgebung der Bundesrepublik Deutschland, wie das ihr zustehende Besteuerungsrecht geregelt werden soll*“[165], zumal es „*einen Rechtsgrundsatz, daß eine Doppelbesteuerung schlechthin unzulässig sei*“[166], nicht gebe.

Auch das seinerzeitige nationale Steuerrechtsschrifttum hat sich diesem Novum mehrheitlich angeschlossen. Hierzu heißt es mitunter, dass das völkerrechtlich verstandene Territorialitätsprinzip nicht besagt, dass „ein Staat nur Sachverhalte besteuern (darf), die sich auf seinem eigenen Staatsgebiet verwirklichen“[167]. Und weiter, dass es daher im Steuerrecht auch keinen Grundsatz gebe, demzufolge nur Tatbestände im Inland besteuert werden dürfen.[168] Teils wurde von einem „Übergang vom territorial abgeschlossenen zum nur territorial radizierten Staat“[169] gesprochen. Bei *Spitaler* hieß es hierzu, dass „theoretisch (...) jeder Punkt des Erdballs für alle Abgabenhoheiten erreichbar (ist)“[170]. Aber auch im Ausland stieß die internationale Rechtsprechung des StIGH auf Resonanz. *Chrétien* äußerte: „Un Etat peut prendre sur son propre territoire des lois qui s'étendent à des personnes ou à des biens se trouvant sur le territoire d'un autre Etat sans le consentement de ce dernier“[171]. Auch das amerikanische Steuerrecht schloss sich im Laufe des letzten Jahrhunderts der völkerrechtlich für

---

164 BFH, Urt. v. 18.12.1963 - I 230/61 S, BStBl III 1964, 253.

165 BFH, Urt. v. 14.2.1975, BFHE 115, 319.

166 BFH, Urt. v. 14.2.1975, BFHE 115, 319; BFH, Urt. v. 1.4.1969, BFHE 95, 345; BFH, Urt. v. 25.2.1979, BFHE 98, 235.

167 *Wassermeyer* in: Vogel, DStJG Band 8, S. 49 (52); *Weber-Fas*, RIW 1979, 585 (586): „Insbesondere gibt es keine allgemeine völkerrechtliche Regel, die es verbietet, daß die staatliche Gesetzgebung inländisches Recht auf ausländische oder zwischenstaatliche Sachverhalte erstreckt“.

168 *Meng*, Extraterritoriale Jurisdiktion im öffentlichen Wirtschaftsrecht, S. 442.

169 *Di Fabio*, Das Recht offener Staaten, S. 5.

170 *Spitaler*, StuW 1948, 8 (25).

171 *Chrétien*, A la recherche du Droit International Fiscal Commun, Etude de Droit positif à Partir de la Jurisprudence des Cours Int., S. 21 f., Nr. 25.

zulässig erklärten Möglichkeit extraterritorialer Gesetzgebungshoheit an. *Norr* kommt im Rahmen seiner völkerrechtlichen Untersuchung der amerikanischen Steuerreform zu dem Ergebnis, dass „no rules of international law exist to limit the extent of any country`s tax jurisdiction (…) the major thesis of this article is that within its own legal and fiscal framework a country is free to adopt whatever rules of tax jurisdiction it chooses“[172].

(3) Zwischenstaatliches Interventionsverbot als Auslöser des genuine link-Erfordernisses

Angesichts der neuartigen Prämisse einer grenzenlosen Gültigkeit extraterritorialer Gesetze erscheint es nur berechtigt, wenn *Menzel* fragt, „was (…) vom Staat angesichts seiner Öffnungen noch (bleibt), (insbesondere ob) die Zeit gekommen (ist) für eine konsequente Internationalisierung oder (ob) die Staatenwelt (zerfällt) und (…) einem „neuen Mittelalter“ aus unendlich vielen eher privaten als öffentlichen Netzwerken statt (macht)“[173]. *Menzel* gesellt sich mit dieser Kritik zu den Anhängern des strikten Territorialitätsprinzips. Diese haben sich schon lange vor ihm kritisch mit dem Lotus Urteil auseinandergesetzt. Eine dieser Gegenstimmen stammt von *Bruns*[174], demzufolge „eine Norm (…) Rechtscharakter nur in dem und für den Verband (hat), der sie geschaffen hat. Ein deutsches Reichsgesetz kann an sich keine Rechtsnorm für die Angehörigen anderer Staaten schaffen“. Seiner Ansicht nach liegt in der Schaffung eines Gesetzes, das sich auf Ausländer bezieht, „ein Eingriff in die Rechtssphäre der übrigen Staaten“[175]. Den Grund hierfür sieht er darin, dass die Souveränität eines Staates angesichts der gleichgeordneten Souveränität der anderen Staaten beschränkt ist. In die gleiche Richtung äußert sich auch *Leibholz*. Dieser geht ebenso wenig von der Vermutung der unumschränkten, sondern vielmehr von einer territorial beschränkten Gesetzgebungshoheit aus. Seiner Ansicht nach ist die dem Lotus Urteil zugrundeliegende „Durchbrechung des Territorialitätsprinzips (…) (daher) stets Ausnahme und nicht Regelerscheinung“[176].

Diese Ansätze übersehen jedoch, dass nicht jede staatliche Handlung mit Bezug auf die inneren Angelegenheiten anderer Staaten eine „verbotene

---

172 *Norr*, Jurisdiction to Tax and International Income, Tax Law Revewiew, Band 17, S. 431.

173 *Menzel*, Internationales Öffentliches Recht, S. 106.

174 *Bruns*, ZaöRVR Bd. 1 (1929), S. 1 (54).

175 *Bruns*, ZaöRVR Bd. 1 (1929), S. 1 (56).

176 *Leibholz*, ZaöRVR, Bd. 1 (1929), S. 49.

Einmischung"[177] darstellt. Zwar folgt aus dem völkerrechtlichen Grundsatz des zwischenstaatlichen Interventionsverbots, dass es „grundsätzlich allen Staaten verwehrt ist, sich in die inneren und äußeren Angelegenheiten eines anderen Staats einzumischen, also in den Exklusivbereich eines Einzelstaats zu intervenieren"[178]. Andererseits gibt es keine völkerrechtliche Regel, die eine Erstreckung der staatlichen Gesetzgebung (auch) auf ausländische Sachverhalte verbietet. Fraglich ist jedoch, unter welcher Voraussetzung das Völkerrecht die Erstreckung der staatlichen Gesetzgebung (auch) auf ausländische Sachverhalte nicht als „verbotene Einmischung" wertet und damit im Ergebnis eine derartige Intervention „duldet". Voraussetzung hierfür ist das Bestehen eines inländischen Anknüpfungsmerkmals.[179] Dieses Erfordernis wird in der Literatur teils aus dem Gebot der Souveränität der Staaten, teils aus dem „Grundsatz der friedlichen Koexistenz der Staaten"[180] abgeleitet. Das Gebot der Souveränität der Staaten räumt den Staaten im Bereich der ihnen jeweils eigenen Jurisdiktion zwar die höchste Gewalt und damit auch die grundsätzliche Befugnis zu extraterritorialem Handeln zu. Insoweit ist auch von der „positive(n) Komponente"[181] der staatlichen Souveränität die Rede. Allerdings hat jeder Staat angesichts der (spätestens) seit der Neuzeit pluralistisch konzipierten Staatengemeinschaft und dem Grundsatz der souveränen Staatengleichheit die entsprechend gleichwertige Herrschaftsgewalt der anderen Staaten anzuerkennen und zu beachten.[182]

177 *Meng*, Extraterritoriale Jurisdiktion im öffentlichen Wirtschaftsrecht, S. 67.

178 *Kment*, Grenzüberschreitendes Verwaltungshandeln: transnationale Elemente deutschen Verwaltungsrechts, S. 60.

179 *Weber-Fas*, Grundzüge des allgemeinen Steuerrechts der Bundesrepublik Deutschland, S. 64; *Weber-Fas*, RIW/AWD 1979, 585 (586). Die Terminologie ist nicht einheitlich. Teils wird auch von „echter Verknüpfung", „substantial and bona fide connection", „Inlandsverknüpfung gewisser Inlandsintensität", „close, substantial, direct, weighty contact", „effective contact", „minimum contact rule" gesprochen, ohne dass in der Sache Unterschiedliches gemeint wäre, vgl. *Lehner/ Waldhoff*, in: K/S/M, § 1 EStG A 464.

180 *Ziegenhain*, Extraterritoriale Rechtsanwendung und die Bedeutung des Genuine-Link-Erfordernisses: eine Darstellung der deutschen und amerikanischen Staatenpraxis, S. 47.

181 *Ziegenhain*, Extraterritoriale Rechtsanwendung und die Bedeutung des Genuine-Link-Erfordernisses: eine Darstellung der deutschen und amerikanischen Staatenpraxis, S. 35

182 *Friedrich*, Gibt es eine völkerrechtliche Grenze für die Höhe der Besteuerung?, S. 16; *Kment*, Grenzüberschreitendes Verwaltungshandeln: transnationale Elemente

Diese Sichtweise ist auch als zwischenstaatliches Interventionsverbot bekannt.[183] Als „negative Souveränitätskomponente“ dient dieser Grundsatz dem „Schutz der territorialen Integrität“[184] anderer Staaten und damit der Sicherstellung des Grundsatzes der souveränen Staatengleichheit. Teils wird in diesem Kontext auch von der „bona fides“, dem völkerrechtlichen Grundsatz des „Missbrauchsverbots“ oder der „friedlichen Koexistenz der Staaten“ gesprochen, die im Sinne des Grundsatzes der souveränen Staatengleichheit auf den Ausgleich entgegenstehender staatlicher Rechte abzielen.[185] Staatliche Souveränität, zwischenstaatliches Interventionsverbot und staatliche Jurisdiktion sind insofern auf das engste miteinander verbunden.

Anders als von *Menzel* und den übrigen Kritikern befürchtet bleibt der Staat daher trotz „seiner Öffnungen“[186] mit Blick auf seine (steuerliche) Regelungshoheit grundsätzlich „autark“. Denn Staaten sind nur berechtigt eine staatliche Handlung mit Bezug auf innere Angelegenheiten anderer Staaten vorzunehmen, sofern hierfür ein inländischer Bezugspunkt besteht. Angesichts dessen kommt es auch nicht zu einem gänzlichen Verfall des Territorialitätsprinzips. Vielmehr steht das nationale Steuerrecht weiterhin mit dem Territorialitätsprinzip in Einklang.[187] Im Bereich der Personensteuern ist eine Besteuerung jenseits der Staatsgrenzen angesichts des Erfordernisses eines inländischen Anknüpfungsmerkmals nämlich nur möglich, wenn (zumindest) entweder das Besteuerungssubjekt oder das Besteuerungsobjekt einen Inlandsbezug aufweist. Dies zeigt ein Blick auf die nationale Systematik der (un-)beschränkten Steuerpflicht, wonach das inländische Besteuerungsobjekt die fehlende Inlandsansässigkeit der natürlichen Person und umgekehrt das inländische Besteuerungssubjekt die fehlende inländische Belegenheit des Besteuerungsobjekts für Zwecke der Besteuerung kompensiert.[188] Zumindest ein zahlenmäßiger territorialer Bezug lässt sich insofern nicht leugnen. Auch der BFH dürfte das Inlandsansässigkeitsprinzip als

---

deutschen Verwaltungsrechts, S. 56 f.; *Brähler*, Internationales Steuerrecht: Grundlagen für Studium und Steuerberaterprüfung, S. 3.

183 *Menzel*, Internationales Öffentliches Recht: Verfasungs- und Verwaltungsgrenzrecht in Zeiten offener Staatlichkeit, S. 323.

184 *Meng*, Extraterritoriale Jurisdiktion im öffentlichen Wirtschaftsrecht, S. 65.

185 *Müller*, Die Steuerhoheit über ausländische Tochtergesellschaften: eine völkerrechtliche Untersuchung zu § 15 Abs. II StAnpG, S. 78, 81, Fn. 134.

186 *Menzel*, Internationales Öffentliches Recht, S. 106.

187 *Bayer*, Steuerlehre: Steuerverfassung, Steuergesetz, Steuergericht, Rn. 410.

188 Vgl. § 1 Abs. 1, 4 EStG, § 2 Abs. 1 Nr. 1 und 3 ErbStG.

„Ausprägung des Territorialitätsprinzips“[189] *begreifen, wenn er von „dem § 1 Abs. 1 EStG (…) zugrunde liegende(n) Territorialitätsprinzip“*[190] spricht. Dementsprechend äußert sich auch *Bayer*. In Übereinstimmung mit *Lehner* und *Reimer*[191] erklärt er, dass „der est-rechtliche Territorialitätsgrundsatz (…) im EStG in zwei verschiedenen Formen“[192] vorkommt. Einerseits im Ansässigkeitsgrundsatz und andererseits im Tätigkeitsgrundsatz.[193]

Im Ergebnis hat sich daher angesichts der Globalisierung lediglich der „(steuerliche) Exklusivitätsanspruch, den die einzelnen (National-) Staaten in einer komplexer gewordenen Welt für ihren Bereich erheben können“[194], gewandelt. Nunmehr sind die Staaten berechtigt, ihre steuerrechtlichen Vorschriften auch auf im Ausland verwirklichte Sachverhalte zu erstrecken und somit auf fremdes Terrain vorzudringen. Demgegenüber hat sich hierdurch nichts an einem nach wie vor am völkerrechtlichen Territorialitätsprinzip orientierten territorial begrenzten nationalen Steuerzugriff geändert.

(4) Systembedingtes Resultat konkurrierender internationaler Besteuerungshoheiten

Das Vordringen auf fremdes Terrain birgt großes Konfliktpotential. Dies zeigt ein Blick auf die zahlreichen internationalen Doppelbesteuerungsprobleme.[195] Das Phänomen der Doppelbesteuerung resultiert nämlich vorwiegend daraus, dass sich die nationalen Steuerhoheiten im internationalen Raum

---

189 *Bayer*, Steuerlehre: Steuerverfassung, Steuergesetz, Steuergericht, Rn. 410.

190 BFH, Urteil v. 30.11.1973 - VI R 381/70, BFHE 111, 212; ebenso: BFH, Urteil v. 23.11.2000 - VI R 165/99, DStRE 2001, 525: „Da das EStR durch das Territorialitäts-Prinzip (§ 1 Abs. 1 Satz 1 EStG) geprägt ist“.

191 *Lehner/ Reimer*, IStR 2005, 542 (543): „grundsätzliche Zweispurigkeit (Welteinkommensprinzip für Ansässige, Ursprungsprinzip für Gebietsfremde)“.

192 *Bayer*, JA 1979, 140 (142).

193 Dieser Gedanke lässt sich auf den Bereich des ErbStG und die hierin parallel getroffene Entscheidung für eine (un-)beschränkte Steuerpflicht übertragen.

194 *Menzel*, Internationales Öffentliches Recht: Verfassungs- und Verwaltungsgrenzrecht in Zeiten offener Staatlichkeit, S. 123.

195 Eine Doppelbesteuerungsproblematik entsteht jedoch nicht nur, wenn es um die Besteuerung ausländischer Sachverhalte geht (wie bspw. im Rahmen der Erzielung ausländischer Einkünfte bei Inlandsansässigkeit oder im Rahmen der Erzielung inländischer Einkünfte bei Auslandsansässigkeit), sondern auch dann, wenn der Steuerpflichtige in zwei Staaten die Kriterien für eine Besteuerung als Inländer erfüllt, d.h. wenn ein *steuerlicher Doppelwohnsitz* vorliegt, vgl. *Lederer*, RIW/AWD 1981, 463 (463).

gleichberechtigt souverän begegnen und in Einklang mit der Relativierung des territorialen Bezugs ihrer Jurisdiktionshoheit jeweils eine extraterritoriale Steuergesetzgebung praktizieren.[196] Da nach innerstaatlichem Recht grundsätzlich das Welteinkommen im Staat des regelmäßigen Aufenthalts (Ansässigkeitsbesteuerung) sowie unabhängig vom Wohnsitz auch die wirtschaftliche Betätigung im Inland (Quellenbesteuerung) besteuert wird, erfassen zwangsläufig mehrere Steuergesetze mehrerer Staaten in der identischen Steuerperiode dasselbe Steuerobjekt.[197] Hierdurch werden konkurrierende internationale Besteuerungshoheiten ausgelöst, die in eine Mehrfachbelastung mit Abgaben münden.[198] Die Gefahr einer derartigen Doppelbesteuerung[199] ließe sich durch die Aufhebung des Anspruchs auf die Besteuerung auch ausländischer Einkünfte im Sinne des Welteinkommensprinzips vermeiden.[200] Dennoch finden solche Überlegungen keinen Einzug in die nationalen Steuerrechtsordnungen. Dies dürfte daran liegen, dass Doppelbesteuerung im Bereich der Personensteuern[201] völkerrechtlich nicht verboten und daher keine Abkehr von der gegenwärtigen Besteuerungspraxis veranlasst ist.[202] *Jakobs* spricht davon, dass „ein Verbot der Doppelbesteuerung (…) aus dem allgemeinen Völkerrecht nicht zu begründen (ist), weil - vor allem bei den Personalsteuern - eine mit der Eigenart dieser Steuer im Einklang stehende - sinnvolle Beziehung zu mehreren Staaten möglich ist: Das Einkommen etwa wird in dem einen Staate erzielt von einer Person, die einem anderen Staat zugehört“[203]. Auch *Vogel* hat frühzeitig geäußert, dass „ein völkerrechtliches Doppelbesteuerungsverbot (…) den Staat bestimmen müsse, dem das vorrangige Besteuerungsrecht zustehe. Eine solche Bestimmung enthält

---

196 *Weber-Fas*, Grundzüge des allgemeinen Steuerrechts der Bundesrepublik Deutschland, S. 65.

197 *Menzel*, Internationales Öffentliches Recht, S. 737; *Valta*, Das Internationale Steuerrecht zwischen Effizienz, Gerechtigkeit und Entwicklungshilfe, S. 213.

198 *Vogel*, DStR 1968, 427 (430); *Seer*, in: Tipke/ Lang, Steuerrecht, § 1, Rn. 93; *Lederer*, RIW/AWD 1981, 463 (463).

199 Die Gefahr der Doppelbesteuerungsproblematik aufgrund eines *steuerlichen Doppelwohnsitzes* lässt sich hierdurch jedoch nicht vermeiden.

200 *Schulze-Brachmann*, StuW 1964, 590 (624).

201 *Bayer*, StuW 1981, 61 (69), Fn. 65 m.V.a. BFH, Urt. v. 14.2.1975, BFHE 115, 319 und BFH, Urt. v. 19.8.1976, BFHE 120, 415: (Auf nationaler Ebene) „ist demgegenüber für die USt. von einem „Grundsatz“ die Rede, nach dem „*nach Möglichkeit* sowohl eine Doppel- wie auch eine Nichtbesteuerung der bewirkten Umsätze zu vermeiden ist“.

202 *Vogel*, DStR 1968, 427 (430).

203 *Jakobs*, StuW 1970, S. 587 (596).

aber das Völkerrecht nicht, weshalb ihm auch kein Verbot der Doppelbesteuerung zu entnehmen (sei)“[204]. Sowohl der EuGH[205] als auch der BFH[206] haben diese Ansätze jüngst bestätigt und klargestellt, dass das Phänomen der Doppelbesteuerung keinen Verstoß gegen höherrangiges Recht darstellt. Der EuGH äußerte diesbezüglich, dass die Mitgliedsstaaten im Bereich der Besteuerung eine gewisse Autonomie besäßen. Sie seien daher nicht verpflichtet, ihr Steuersystem den Steuersystemen der anderen Mitgliedsstaaten anzupassen, um hierdurch eine Doppelbesteuerung zu beseitigen.[207] Dieser Argumentation hat sich der BFH nicht nur angeschlossen, sondern diese noch dahingehend erweitert, dass Doppelbesteuerung auch keinen Verstoß gegen nationales Verfassungsrecht darstelle.

Angesichts des fehlenden völkerrechtlichen Verbots einer internationalen Doppelbesteuerung wurde auf internationaler Ebene seit jeher nach Lösungen gesucht, wie die hieraus erwachsenen Steuerkonflikte nachhaltig eingedämmt werden können.[208] Im Fokus standen weniger unilaterale Maßnahmen als vielmehr wechselseitige bilaterale und multilaterale Abkommen zur Vermeidung der Doppelbesteuerung. Die OECD hat hierzu bereits 1963 ein Musterabkommen ausgearbeitet, welches bilateralen Vertragslösungen zugrunde gelegt werden kann. Auch die UNO hat 1980 ein diesbezügliches Modellabkommen verabschiedet.[209] Beide Abkommen dienen der Kollisionsauflösung und beinhalten Vereinbarungen zur Beschränkung der Besteuerung grenzüberschreitender Sachverhalte durch die beteiligten Staaten. Mithin zur Aufteilung der Besteuerung.[210] Ihnen liegt im Sinne des „Grundsatzes der Einmalbesteuerung“

---

204 *Wassermeyer*, in: Vogel, DStJG Band 8, S. 49 (52).

205 EuGH, Urteil v. 12.2.2009, C-67/08, Sog 2009, I-883.

206 BFH, Urteil v. 19.6.2013 - II R 10/12, BStBl II 2013, 746.

207 EuGH, Urteil v. 12.2.2009, C-67/08, Sog 2009, I-883.

208 Auch in der Literatur wurde diskutiert, auf welche Weise das Steuersubstrat zugeteilt werden könnte, vgl. *Vogel*, DStR 1968, 427 (430): „Soll nun der Staat im Recht sein, der das betreffende Steuerobjekt als erster besteuert hat, sollen beide verzichten oder sollen die Steuerobjekte zwischen den Staaten nach bestimmten Maßstäben aufgeteilt werden? Die erste Lösung wäre sicherlich unsinnig und würde zu einem sachlich völlig unangebrachten „Wettlauf“ der Staaten um die noch „freien“ Steuerobjekte führen; die zweite würde uns die Entstehung neuer Steueroasen bringen (...)“.

209 *Meng*, Extraterritoriale Jurisdiktion im öffentlichen Wirtschaftsrecht, S. 447.

210 *Meng*, Extraterritoriale Jurisdiktion im öffentlichen Wirtschaftsrecht, S. 448: „Im Grundsatz wird meistens dem Sitz- oder Wohnsitzstaat der Vorrang eingeräumt, aber die Tatsache, daß dies eine Wettbewerbsverzerrung im Quellenstaat sein könnte, führt zur Aufrechterhaltung der Doppelbesteuerung für Einkünfte aus Gewerbebetrieb,

der Gedanke zugrunde, dass das Steuerobjekt im Verhältnis der verschiedenen Hoheitsträger nur einmal besteuert werden soll.[211] Im Wesentlichen werden zwei bilaterale Methoden präsentiert, mit denen sich eine Doppelbesteuerung vermeiden lässt. Hierzu gehören die Anrechnungs- und die Freistellungsmethode. Dabei folgt allein die Freistellungsmethode einer territorialen Besteuerung im oben ausgeführten Verständnis eines strikten Territorialitätsprinzips. Hiernach unterliegen ausländische Einkünfte nämlich im Ansässigkeitsstaat nicht der Besteuerung.[212] Zugleich steht diese Methodik am ehesten mit dem Gebot der souveränen Gleichheit der Staaten und dem hierauf zurückzuführenden zwischenstaatlichen Interventionsverbot im Einklang. *Van Hoorns* merkt insofern zu Recht an, dass die Freistellungsmethode „dem internationalen Solidaritätsgedanken und der Idee einer internationalen Rechtsgemeinschaft am meisten“[213] entspricht. Allerdings führt der der Freistellungsmethode immanente Systembruch dazu, dass im Widerspruch zum Welteinkommensprinzip für in- und ausländische Einkünfte grundsätzlich eine unterschiedliche Leistungsfähigkeit zur Geltung kommt.[214] Dem wird dadurch entgegengewirkt, dass sich die Staaten bei Anwendung der Freistellungsmethode regelmäßig den Progressionsanspruch vorbehalten. So wird die Leistungsfähigkeit aufgrund des Welteinkommens rechnerisch jedenfalls im Ergebnis berücksichtigt.[215] Im Unterschied zu den angloamerikanischen Staaten[216] favorisiert die Bundesrepublik Deutschland im Rahmen der Auflösung bestehender Doppelbesteuerungskonflikte die Befreiung unter Progressionsvorbehalt. Damit folgt sie dem strikten Territorialitätsprinzip.

Im Ergebnis hat *Menck* daher auf einem Münchener Symposium zu Recht darauf hingewiesen, dass die Welteinkommensbesteuerung angesichts des

---

selbstständiger oder unselbstständiger Arbeit und aus im jeweiligen Staat belegenen Immobilien“.

211 *Seer*, in: Tipke/ Lang, Steuerrecht, § 1, Rn. 93.

212 *Debatin*, StbJb 1964/1965, S. 399 (416); *Seer*, in: Tipke/ Lang, Steuerrecht, § 1, Rn. 94.

213 *Schulze-Brachmann*, StuW 1964, 590 (602).

214 *Schaumburg*, Internationales Steuerrecht: Außensteuerrecht, Doppelbesteuerungsrecht, Rn. 14.18, 14.22 ff.; *Kippenberg*, in: Festgabe Wassermeyer, S. 195 (195).

215 Demgegenüber verwirklicht die Anrechnungsmethode bereits als solche das im nationalen Steuerrecht verankerte Welteinkommensprinzip. Hiernach bleibt der weltweite Steueranspruch des Ansässigkeitsstaats über Einkünfte in fremden Ländern aufrechterhalten, da „nur“ die im Quellenstaat gezahlte Steuer angerechnet wird, vgl. *Schaumburg*, Internationales Steuerrecht, Rn. 14.17, 14.29 ff.

216 *Weber-Fas*, Grundzüge des allgemeinen Steuerrechts der Bundesrepublik Deutschland, S. 68.

Wirkungszusammenhangs von innerstaatlichem Recht und Abkommensrecht de facto keinen Vorrang mehr einnimmt.[217] Vielmehr ist auf Grund unserer Abkommen und deren Anwendung die Beschränkung auf eine Besteuerung nur inländischer Einkünfte auch bei Inländern ein wesentliches Element des nationalen Steuersystems.[218] *Burmester* spricht entsprechend davon, dass „beide Methoden (...) auf unterschiedlichen Wegen die Aushöhlung und tendenzielle Umkehrung des formellen Grundsatzes der unbeschränkten Besteuerung in Richtung beschränkter Besteuerung (bewirken)"[219]. Anders ausgedrückt ist das Territorialitätsprinzip im Bereich der Personensteuern zum völkerrechtlichen Maßstab und Inbegriff in Sachen nationaler Steuerzugriff geworden. Mithin auch unter diesem Blickwinkel nicht „verfallen".

c. *Global-äquivalenztheoretische Rechtfertigung der Steuerpflicht als mittelbare Begrenzung des nationalen Steuerzugriffs*

ca. *Auf dem Weg zur Globaläquivalenz - Kritische Analyse der wesentlichen Grundströmungen zur internationalen Steuerrechtfertigung*

Der Umstand, dass Wohnsitz und gewöhnlicher Aufenthalt im Bereich der Personensteuern als nationale Anknüpfungsmerkmale der Besteuerung fungieren, lässt sich nicht nur dem völkerrechtlichen Territorialitätsprinzip entnehmen. Relevanz hat diesbezüglich auch der von Literatur und Rechtsprechung gegenwärtig zugrunde gelegte Ansatz einer global-äquivalenztheoretischen Rechtfertigung der Steuerpflicht. Dieser sieht in der Steuer die Globalgegenleistung für die Nutzung staatlicher Leistungen und bildet insofern einen Anhalt für die internationale Verteilung der Finanzierungslast.[220] Ebenso wie den völkerrechtlichen

---

217 *Vogel*, in: Vogel, Grundfragen des Internationalen Steuerrechts, S. 3 (5): „Gewerbliche Einkünfte aus ausländischen Betriebsstätten (Art. 7 MA), Einkünfte aus selbstständiger Arbeit im Rahmen einer ausländischen festen Einrichtung (Art. 14 MA), Einkünfte aus unselbstständiger Arbeit im Ausland (Art. 15 Abs. 1 MA), aus ausländischem unbeweglichen Vermögen (Art. 6 MA), um nur die wichtigsten Fallgruppen zu nennen (...) sind nach unseren Abkommen in der Regel von der inländischen Besteuerung freigestellt."

218 *Menck*, in Engelschalk/ Flick, Steuern auf ausländische Einkünfte: geltendes Recht, Rechtsvergleichung, Fortentwicklung, S. 28.

219 *Burmester*, JZ 1993, 698 (701).

220 *Overwiening*, Die optimale fiskalische Souveränität eines Staates im Spiegel des internationalen Steuerrechts: eine Soll-ist-Analyse, S. 18.

Überlegungen zum relativ verstandenen Territorialitätsprinzip liegt auch der Globaläquivalenztheorie die Frage zugrunde, in welchen Fällen und in welchem Umfang ein Staat berechtigt sein sollte, eine Steuer zu erheben. Mithin ob und gegebenenfalls in welchem Ausmaß der nationale Steuerzugriff territorial begrenzt ist.[221] Die dogmatische Auseinandersetzung mit der Steuerrechtfertigung ist keine neuartige Erscheinung, zumal die Steuer in die persönlichen Rechte des Besteuerten eingreift und diesbezügliche Überlegungen daher seit jeher bereits unter rechtsstaatlichen Grundsätzen notwendig gewesen sind.[222] Warum sich in Literatur und Rechtsprechung die global-äquivalenztheoretische Rechtfertigung der Steuerpflicht durchgesetzt hat, zeigt ein kritischer Blick auf die ursprünglichen staatstheoretischen Überlegungen. Deren Unzulänglichkeiten ebneten der Entwicklung der Globaläquivalenztheorie den Weg. Hervorgehoben seien hierzu die beiden Grundströmungen. Einerseits die Äquivalenz- oder Nutzentheorie (benefit theory)[223] und andererseits die Opfer- oder Leistungsfähigkeitstheorie.[224]

Das Äquivalenzprinzip ist auf die Sophisten der Antike zurückzuführen und gewann im Rahmen der Aufklärung erneut an Bedeutung. Es sieht im Staat ein Herrschaftsgefüge und geht davon aus, dass „jeder Bürger nach Maßgabe der empfangenen oder von ihm in Anspruch genommenen staatlichen Leistungen besteuert werden soll“[225]. Damit erinnert die Äquivalenztheorie an das „do-ut-des-Prinzip der Marktwirtschaft“[226]. Da ihr die Verknüpfung zwischen privaten

---

221 *Zuber*, Anknüpfungsmerkmale und Reichweite der internationalen Besteuerung: eine normative Analyse unter Berücksichtigung der Personensteuern in der BRD und in den USA, S. 107.

222 *Vogel*, Der offene Finanz- und Steuerstaat, S. 638, vgl. hierzu auch: B.II.1.a., S. 26; *Valta* spricht insofern davon, dass die „Steuer (…) als Massengrundrechtseingriff einer Rechtfertigung dem Grunde wie der Höhe nach (bedarf)“, vgl. *Valta*, Das Internationale Steuerrecht zwischen Effizienz, Gerechtigkeit und Entwicklungshilfe, S. 73.

223 *Reimer*, Der Ort des Unterlassens: die ursprungsbezogene Behandlung von Entgelten für Untätigkeit im Internationalen Steuerrecht, S. 333.

224 Diese lassen sich jeweils wieder in eine Gruppe von (Unter-)Theorien gliedern, auf deren ausführliche Darstellung an dieser Stelle jedoch verzichtet wird. Die heutige Steuerrechtfertigung lässt sich bereits durch einen Blick auf die beiden Grundströmungen verstehen, vgl. hierzu ausführlicher: *Vogel*, Der offene Finanz- und Steuerstaat, S. 609 ff.

225 *Franke*, Erträge der Forschung - Entwicklung und Begründung der Einkommensbesteuerung, S. 29.

226 *Tipke*, Die Steuerrechtsordnung Band 1, § 10, S. 475.

und öffentlichen Leistungen bei der Staatsfinanzierung zugrunde liegt,[227] wird sie teils auch als „Preissetzungsregel für öffentliche Leistungen"[228] umschrieben. Hieran ist jedoch problematisch, dass sich der Nutzen staatlicher Leistungen für den Einzelnen schwer bis gar nicht bemessen lässt. Damit fehlt es bereits an einer Bemessungsgrundlage für die Steuerpflicht.[229] Dies gilt nach *Schön* umso mehr im gegenwärtigen Zeitalter der Globalisierung, in dem eine Aufteilung des Nutzenempfangs und daraus folgend die Besteuerung immer schwieriger durchführbar ist.[230] Zudem widerspricht eine Besteuerung nach der konkreten Leistungsinanspruchnahme dem Steuerverständnis der geltenden nationalen Rechtsordnung. Zum einen will die Steuer bereits wesensmäßig nicht als konkrete Gegenleistung verstanden sein. Dies kommt einfachgesetzlich in § 3 AO zum Ausdruck.[231] Zum anderen werden Steuern auch nach dem verfassungsrechtlichen Steuerbegriff voraussetzungslos geschuldet.[232] Im Übrigen korreliert das Äquivalenzprinzip mit der Unabhängigkeit und Unbefangenheit des Steuerstaats. Denn durch die hierin getroffene Fokussierung auf die konkrete Leistungsinanspruchnahme gerät der Staat zwangsläufig in Abhängigkeit derer, die staatliche Leistungen nachfragen und entgelten. Erst eine „voraussetzungslose"[233] Steuer schafft die nötige Distanz zwischen Steuerpflichtigen und staatlicher Steuerhoheit und stellt insofern sicher, „daß nicht die Herkunft staatlicher Finanzmittel, sondern sachgesetzliche Maßstäbe staatliches Handeln bestimmen"[234]. Ebenso wenig kann nach heutigem Staatsverständnis zur Steuerrechtfertigung an der Opfertheorie als Gegenspieler der Äquivalenztheorie festgehalten werden. Diese steht der Äquivalenztheorie bereits seit den Zeiten *Aristoteles* gegenüber und wurde im 19. Jahrhundert von den Vertretern der organischen Staatslehre weiterentwickelt. Sie sahen im Staat nicht eine lediglich auf die gegenseitige Förderung

---

227 *Schmehl*, Das Äquivalenzprinzip im Recht der Staatsfinanzierung, S. 63.

228 *Overwiening*, Die optimale fiskalische Souveränität eines Staates im Spiegel des internationalen Steuerrechts: eine Soll-ist-Analyse, S. 16.

229 *Beil*, Der Belastungsgrund des steuerstaatlichen Synallagmas: zur Zulässigkeit des Welteinkommensprinzips im deutschen internationalen Einkommensteuerrecht, S. 111.

230 *Schön*, World Tax Journal 2009, 67 (75 f.).

231 *Debatin*, FR 1969, 277 (278 f.).

232 *Vogel*, in: Isensee/ Kirchhof HStR I, § 27, Rn. 62.

233 In diesem Sinne äußerte sich bereits *Schranl*: „Ein weiteres charakteristisches Merkmal der finanzrechtlichen Schuld ist (...) ihre Voraussetzungslosigkeit", vgl. *Schranl*, AöR Bd. 39 (1920), 164 (168).

234 *Kirchhof*, Jura 1983, 505 (506).

und Hilfe seiner Bürger angelegte Institution, sondern überhöht etwas über dem einzelnen Menschen Stehendes.[235] Dementsprechend wird die Steuer anders als im Rahmen der Äquivalenztheorie nicht mehr als bloße Gegenleistung begriffen. Im Gegenteil handelt es sich hierbei um ein Opfer, für das der Einzelne keine „konkrete Gegenleistung erwarten“ [236] kann. Ein solches Staatsverständnis ist in der heutigen Staatswirklichkeit des individualistischen, demokratisch und liberal geprägten Rechtsstaats jedoch überholt. Dies wird nicht zuletzt darin deutlich, dass das Grundgesetz dem Individuum in Art. 1 GG höchsten Stellenwert beimisst und hierzu den Staat in seinen Dienst gestellt hat.[237]

cb. Einfluss der global-äquivalenten Steuerrechtfertigung auf die territoriale Begrenzung des nationalen Steuerzugriffs?

(1) Gesamtstaatsleistung als Rechtfertigung der Steuerpflicht

Zwar greift auch die Idee der global-äquivalenten Steuerrechtfertigung den Gedanken der Äquivalenztheorie im Sinne einer „Verknüpfung von staatlicher Leistung und bürgerlicher Gegenleistung“ [238] wieder auf. Entscheidend ist jedoch, dass die hierbei zu Recht kritisierte Annahme einer Einzeläquivalenz durch eine Globaläquivalenz zwischen Staatsleistungen und Steuern ersetzt wurde.[239] Im Unterschied zur Äquivalenztheorie geht der global-äquivalenztheoretische Steuerrechtfertigungsansatz von einer „Globalgegenleistung des Bürgers für die ihm gegenüber erbrachte Gesamtstaatsleistung“[240] aus. Aufgrund der

---

235 *Valta*, Das Internationale Steuerrecht zwischen Effizienz, Gerechtigkeit und Entwicklungshilfe, S. 20; *Beil*, Der Belastungsgrund des steuerstaatlichen Synallagmas: zur Zulässigkeit des Welteinkommensprinzips im deutschen internationalen Einkommensteuerrecht, S. 110; *Morgenthaler*, Die Lizenzgebühren im System des internationalen Einkommensteuerrechts, S. 67.

236 *Zuber*, Anknüpfungsmerkmale und Reichweite der internationalen Besteuerung: eine normative Analyse unter Berücksichtigung der Personensteuern in der BRD und in den USA, S. 107.

237 *Valta*, Das Internationale Steuerrecht zwischen Effizienz, Gerechtigkeit und Entwicklungshilfe, S. 21.

238 *Valta*, Das Internationale Steuerrecht zwischen Effizienz, Gerechtigkeit und Entwicklungshilfe, S. 23.

239 *Beil*, Der Belastungsgrund des steuerstaatlichen Synallagmas: zur Zulässigkeit des Welteinkommensprinzips im deutschen internationalen Einkommensteuerrecht, S. 111.

240 *Valta*, Das Internationale Steuerrecht zwischen Effizienz, Gerechtigkeit und Entwicklungshilfe, S. 24.

Gebietsbezogenheit des modernen Staates beinhaltet dieser Ansatz zwangsläufig ein territoriales Element der Besteuerung, das den nationalen Steuerzugriff (mittelbar) räumlich begrenzt.[241] Zwangsläufig deshalb, weil die territoriale Begrenzung des nationalen Steuerzugriffs konsequentes Bindeglied zwischen dem im Rahmen der global-äquivalenten Steuerrechtfertigung relevanten Verhältnis von Leistungsinanspruchnahme und Besteuerung ist.[242] Denn ein Staat konzentriert und erbringt seine Leistungen überwiegend auf seinem Territorium, weshalb ein Steuerzugriff nur denjenigen natürlichen Personen gegenüber gerechtfertigt ist, die einen besonderen Bezug zu seinem Territorium aufweisen und so in den Genuss der Gesamtstaatsleistung kommen (können).[243] Sei es in persönlicher oder sachlicher Hinsicht. Zu diesen staatlichen Leistungen gehören die Gewährleistung öffentlicher und sozialer Sicherheit sowie die Bereitstellung einer staatlichen Infrastruktur.[244] Aber auch die Nutzung einer Rechts-, Wirtschafts- und Sozialordnung, die dem Einzelnen privates Wirtschaften, sprich die Teilnahme an der durch den jeweiligen Staat ermöglichten „Wertschöpfung"[245], erlaubt. Im Einzelfall sogar unabhängig von seiner Inlandsansässigkeit. Denn auch der nicht im Inland Ansässige nimmt die inländische Rechts- und Wirtschaftsordnung wahr. Zum einen mit Blick auf seine im Inland generierten Einkünfte.[246] Zum anderen mit Blick auf das dort belegene Inlandsvermögen, das dem Auslandsansässigen unter dem „Deck- und Schutzmantel" der inländischen Rechtsordnung

---

241 *Lehner/ Waldhoff*, in: K/S/M, § 1 EStG A 173f.

242 *Valta*, Das Internationale Steuerrecht zwischen Effizienz, Gerechtigkeit und Entwicklungshilfe, S. 195; *Wassermeyer*, StbJb 2002/2003, S. 49 (50): „Die nach wie vor herrschende Meinung erklärt (...) die Einkommensteuerpflicht nach dem Prinzip der Lastenverteilung zwischen den Personen, die entweder ob ihres Wohnsitzes, gewöhnlichen Aufenthalts (...) oder der Erzielung inländischer Einkünfte mit dem die Steuern erhebenden Staat verbunden sind".

243 *Valta*, Das Internationale Steuerrecht zwischen Effizienz, Gerechtigkeit und Entwicklungshilfe, S. 195; *Höninger*, Internationale Doppelbesteuerung im Erbschaft- und Schenkungsteuerrecht – Kollisionsbegründende und –auflösende Normen des ErbStG, S. 97: „Der die Steuer erhebende Staat darf das Steueraufkommen folglich nicht aus Steuerquellen ableiten, die keine Berührungspunkte zu den staatlichen Leistungen des besteuernden Staates aufweisen und auf Grund ihrer Einbindung in die Infrastruktur eines anderen Staatswesens vielmehr zur Deckung dessen Finanzbedarfes bestimmt sind".

244 *Eckert*, Die beschränkte Steuerpflicht: Rechtfertigung und Systematik, S. 60 ff.

245 *Kaefer*, IStR 1993, 255 (260).

246 *Lehner/ Waldhoff*, in: K/S/M, § 1 EStG A 172; *Menzel*, Internationales Öffentliches Recht: Verfasungs- und Verwaltungsgrenzrecht in Zeiten offener Staatlichkeit, S. 429.

eingeräumt wird.[247] Diese Grundsätze wurden von Literaturkreisen bereits frühzeitig zum Ausgangspunkt eines territorial begrenzten Steuerzugriffs erklärt.[248] *Von Schanz* spricht insofern mehr als deutlich davon, dass „jeder, der wirtschaftlich mit der Gemeinschaft verbunden sei, somit jeder, dem aus der Erfüllung der Aufgaben des Gemeinwesens Vorteile erwachsen, (…) zu den Lasten (beitragen müsse. Weiter heißt es hierzu, dass) die Bewohner, welche es notwendig machen, daß das Gemeinwesen für die Sicherheit nach innen und außen sorgt, daß es Verkehrswege herstellt und unterhält, daß es sanitäre, erzieherische, volkswirtschaftliche, soziale und kulturelle Aufgaben erfüllt, hierbei ebenso herangezogen (werden)“[249]. Andere äußerten diesbezüglich: Die Globaläquivalenz stellt sicher, dass dem Bürger nur solche Steuern auferlegt werden, die einen „Gegenwert für die Vorteile bilden, die ihm aus der Berührung mit der inländischen Staatsordnung erwachsen“[250] und somit „Spiegelbild der vielfältigen Gewährleistungen (sind), die der Staat den in seinem Hoheitsgebiet Lebenden bietet“[251].

Im Übrigen hat auch die Rechtsprechung das Verständnis der globaläquivalenztheoretischen Steuerrechtfertigung als mittelbare räumliche Begrenzung des nationalen Steuerzugriffs aufgegriffen. In der Rechtssache Schumacker hat der BFH die unbeschränkte Einkommensteuerpflicht mit der Nutzung staatlicher Leistungen gerechtfertigt.[252] Auch das BVerfG hat sich bereits auf den global-äquivalenten Rechtfertigungsansatz berufen. Hierzu hieß es: Das „*Verlangen des Staates nach steuerlichen Angaben begründet sich aus dem Umstand, daß der Betroffene am staatlichen Leben teilnimmt, ihm insbesondere Schutz, Ordnung und Leistungen der staatlichen Gemeinschaft zugute kommen. Deshalb darf ihm ein Anteil an den finanziellen Lasten zur Aufrechterhaltung des staatlichen Lebens auferlegt werden*“[253].

Zu Recht spricht *Lehner* daher im Ergebnis davon, dass der „Inlandsbegriff (…) die global-äquivalenztheoretische Rechtfertigung der Steuerpflicht

---

247 So erklärt sich die beschränkte Steuerpflicht in §§ 1 Abs. 4, 49 EStG sowie in § 2 Abs. 1 Nr. 3 Satz 1 ErbStG i.V.m. § 121 BewG.

248 Vgl. *Mill*, Principles of Political Economy, Book 2, Chapter 8: of Metayers, p. 348 ff.

249 *Spitaler*, Das Doppelbesteuerungsproblem bei den direkten Steuern, S. 439, Fn. 545 m.V.a. von Schanz, Zur Frage der Steuerpflicht, Finanz-Archiv, Bd. 9, 1892, S. 8 ff.

250 *Friedrich*, Gibt es eine völkerrechtliche Grenze für die Höhe der Besteuerung?, S. 36.

251 *Debatin*, FR 1969, 277 (278).

252 BFH v. 14.04.1993 - I R 29/92, BFHE 170, 454 (457).

253 BVerfG v. 17.7.1984 - 2 BvE 11/83, 2 BvE 15/83, BVerfGE 67, 100; BVerfG, v. 14.5.1986 - 2 BvL 2/83, BVerfGE 72, 200:„Vorteile beider Rechtsordnungen, ohne sich den Lasten jedenfalls einer von ihnen voll zu stellen“.

(reflektiert)“[254] und insofern ebenso wie das völkerrechtliche Territorialitätsprinzip die räumliche Begrenzung des nationalen Steuerzugriffs erklärt.

(2) Kritik an einer aus den Einzelsteuergesetzen abgeleiteten Rechtfertigung der Steuerpflicht

Mit Vorsicht zu genießen ist demgegenüber die Auffassung, nach der die Rechtfertigung der Steuerpflicht jenseits der Gesamtstaatsleistung in den jeweiligen Einzelsteuergesetzen zu suchen ist. So sucht *Kirchhof* bekanntermaßen für jede einzelne Steuer nach einem besonderen Belastungsgrund um diese zu rechtfertigen. Die Einkommensteuerpflicht rechtfertigt er damit, dass „das Einkommen ein durch die Individualleistung des Bürgers und die Leistung der staatlichen Gemeinschaft hervorgebrachtes Gemeinschaftsprodukt sei. Der erwerbende Bürger nutze den staatlich organisierten und geförderten Markt sowie die vom Staat angebotene rechtliche Ordnung“[255].

Dieser Auffassung ist mit *Tipke* entschieden entgegenzutreten. Eine territoriale Begrenzung des nationalen Steuerzugriffs lässt sich hieraus nicht ableiten. *Tipke* äußert zu Recht, dass sich „das Aufkommen aus den *einzelnen* Steuern (…) nicht äquivalent bestimmten staatlichen oder gemeindlichen Lasten zuordnen (…) (lässt). (Vielmehr wird) das Aufkommen aus sämtlichen Steuern (…) als Einheit angesehen; es darf zur anteiligen Deckung aller Staats-/ Gemeindeausgaben herangezogen werden (Grundsatz der Nonaffektation)“[256]. Etwas anderes würde bereits gegen den in § 3 Abs. 1 AO einfachgesetzlich verankerten Grundsatz verstoßen, wonach die Steuer im Unterschied zur Gebühr gerade nicht als konkrete Gegenleistung zu verstehen ist.[257] Im Übrigen kommt derjenige, der in der Einkommensteuer ein Äquivalent für bestimmte staatliche Leistungen sieht, in Schwierigkeiten, wenn er auch alle anderen Steuerarten mit bestimmten Staatsleistungen in Verbindung bringen muss, um eine nationale Besteuerung rechtfertigen zu können. Diese Problematik lässt sich insbesondere anhand des Erbschaft- und Schenkungsteuerrechts verdeutlichen. Ebenso wie die Einkommensteuer knüpft diese die unbeschränkte Steuerpflicht an die Inlandsansässigkeit

254 *Lehner*, in: FS F. Wassermeyer, S. 241 (246).

255 *Tipke*, Die Steuerrechtsordnung Band 2, § 12, S. 558, Fn. 26 m.V.a. *Kirchhof*, Gutachten F zum 57. Deutschen Juristentag, 1988, F 16 ff.

256 *Tipke*, Die Steuerrechtsordnung Band 2, § 12, S. 559.

257 So schon *Schranl*, AöR Bd. 39 (1920), 164 (172): „Der Leistung des Untertans steht bei den Steuern im Gegensatz zu den Gebühren keine Gegenleistung des Staates gegenüber“.

und zwar in dem Sinne, dass wahlweise der Erbe (Beschenkte) oder der Erblasser (Schenker) Inländer sein müssen.[258] Damit stellt sich die Frage, welche Staatsleistungen aus der Erbschaft- und Schenkungsteuer „fließen", die eine Besteuerung rechtfertigen. Dies ist höchst problematisch. Denn die Erbschaft- und Schenkungsteuer wird gemeinhin damit gerechtfertigt,[259] dass das durch Erbschaft (oder Schenkung) Erworbene die steuerliche Leistungsfähigkeit des Empfängers (Erben oder Beschenkten) erhöht.[260] Auf etwaig hieraus fließende Staatsleistungen wird hingegen nicht eingegangen. Diesbezüglich lässt sich auch keine Parallele zur Einkommensteuer ziehen. Mithin zur staatlichen Ermöglichung des privaten Wirtschaftens durch einen abgesicherten Markt mit einem funktionierenden Rechtssystem. Auch wenn bei Erbschaften und Schenkungen teils von leistungslosem Einkommen[261] die Rede ist, handelt es sich gerade nicht um Markteinkommen. Also eine am Markt gebildete Wertschöpfung, auf die obige Grundsätze zur Staatsleistung übertragbar wären. Mit Blick auf etwaig hieraus fließende Staatsleistungen könnte daher allenfalls auf die Inanspruchnahme der Rechts- und Wirtschaftsordnung durch den Erben (Beschenkten) beziehungsweise Erblasser (Schenker) abgestellt werden. Dies aber auch nicht schrankenlos. Zwar kann bezüglich des Erblassers (Schenkers) noch angeführt werden, dass dieser das übertragende Vermögen ursprünglich unter Ausnutzung

---

258 Vgl. § 2 Abs. 1 Nr. 1 Sätze 1, 2 a) ErbStG i.V.m. §§ 8, 9 AO.

259 *Seer*, in: Tipke/ Lang, Steuerrecht, § 15, Rn. 1, 42; *Tipke*, Die Steuerrechtsordnung Band 2, § 14, S. 746. Teils wird auch geltend gemacht, dass „das Ererbte oder Geschenkte (…) eine Sonderbelastung (verdiene), weil es sich um „müheloses Einkommen", um „unverdienten Erwerb" (…) handle. *B. Fischer* ist jedoch darin zuzustimmen, daß die Frage, unter welchen besonderen Umständen Einkünfte erzielt werden, sonst im Steuerrecht auch nicht als relevant angesehen wird (…). Immerhin lässt sich sagen: Wenn es schon gerechtfertigt ist, Leistungseinkommen zu besteuern, ist es umso mehr angebracht (…) konsequenterweise geboten, auch leistungsloses Einkommen zu belasten. Zwar handelt es sich um Einkommen, das schon beim Erblasser (oder seinen Vorgängern) der Einkommensteuer unterlegen hat; die verschiedenen Steuersubjekte sind aber auseinanderzuhalten", vgl.*Tipke*, Die Steuerrechtsordnung Band 2, § 14, S. 747, Fn. 5, 6.

260 *Crezelius*, Erbschaft- und Schenkungsteuer in zivilrechtlicher Sicht, § 5, S. 27: „Berücksichtigung des individuellen Zuwachses an Leistungsvermögen".

261 Teils wird von einer besonderen Einkommensteuer gesprochen, die den Erwerber auf Grund seines aus einem steuerpflichtigen Vorgang hervorgehenden Zuwachses an wirtschaftlicher Leistungsfähigkeit besteuert, vgl. *Höninger*, Internationale Doppelbesteuerung im Erbschaft- und Schenkungsteuerrecht - Kollisionsbegründende und -auflösende Normen des ErbStG, S. 111.

ebendieser inländischen Ordnung erwirtschaftet hat. Zumindest unter diesem Blickwinkel könnte insofern eine Besteuerung gerechtfertigt werden.[262] Etwas anderes gilt aber mit Blick auf den inländischen Erben. Denn gerade im Gefüge des Erbrechts, mithin in grenzüberschreitenden Sachverhaltskonstellationen, nimmt dieser nicht unbedingt die inländische Rechtsordnung in Anspruch. In erbrechtlichen Konstellationen innerhalb der europäischen Mitgliedsstaaten kommt die inländische Rechtsordnung nämlich gemäß Art. 21 Abs. 1 EuErbVO Nr. 650/2012[263] grundsätzlich nur dann zur Anwendung, wenn der Erblasser im Zeitpunkt seines Todes seinen gewöhnlichen Aufenthalt im Inland hat. Sind diese Kriterien nicht erfüllt, vermag sich die Steuerpflicht des Erben somit einzig unter dem Aspekt des von ihm angesichts seines persönlichen oder sachlichen Inlandsbezugs in Anspruch genommenen global-staatlichen Leistungspakets zu erklären. Denn hierin kommt die Willensentscheidung des Erben zum Ausdruck, fester Bestandteil des Staates zu sein und als solcher dessen Leistungen in Anspruch nehmen zu wollen. Dies erlaubt dem Staat „ein Steueropfer nach (…) (dessen) gesamte(r) Leistungsfähigkeit“[264] zu erheben. Gleiches gilt im Übrigen für die Person des Erblassers, Schenkers sowie des Beschenkten.[265]

Vor diesem Hintergrund wird klar, dass die (mittelbare) territoriale Begrenzung des nationalen Steuerzugriffs nur auf die Inanspruchnahme der Gesamtstaatsleistung zurückgeführt werden kann. Nicht hingegen auf eine einzelsteuerlich festgemachte staatliche Leistung, die den nationalen Steuerzugriff auf diejenigen beschränkt, die in den Genuss der in den einzelnen Steuern (vermeintlich) verkörperten Staatsleistungen kommen.[266] Dass sich hierzulande Wohnsitz und

---

262 Dies ändert jedoch nichts daran, dass sich allein die wirtschaftliche Leistungsfähigkeit des Erwerbers durch den Erbanfall oder die Schenkung erhöht. Unter diesem Blickwinkel ist es deshalb schon nicht systemgerecht, in § 2 Abs. 1 Nr. 1 Satz 1 ErbStG für die Erbschaft- und Schenkungsteuer zusätzlich auf die Verhältnisse des Erblassers bzw. des Schenkers Bezug zu nehmen, vgl. *Seer*, in: Tipke/ Lang, Steuerrecht, § 15, Rn. 42.

263 Erbrechts VO/ VO (EU) Nr. 650/2012 v. 4.7.2012, L 201/ 107.

264 *Zuber*, Anknüpfungsmerkmale und Reichweite der internationalen Besteuerung: eine normative Analyse unter Berücksichtigung der Personensteuern in der BRD und in den USA, S. 85.

265 *Tipke*, Die Steuerrechtsordnung Band 2, § 14, S. 751; § 12, S. 558: „Sofern man in der einzelnen Steuer wirklich ein Äquivalent für staatliche Leistungen erblicken wollte, müsste dem Bürger zudem die Befugnis gewährt werden, die Steuer zu mindern, wenn sich staatliche Leistungen als minderwertig herausstellen“.

266 Andernfalls könnte man bspw. die Lohnsteuer damit rechtfertigen, dass der Staat Kündigungsschutz gewährt, das Tarifrecht etabliert hat sowie der Arbeitnehmerschaft Mitbestimmung ermöglicht. Weiter könnte eine Polizeisteuer implementiert werden,

gewöhnlicher Aufenthalt als nationale Anknüpfungsmerkmale der Besteuerung durchgesetzt haben folgt hieraus jedoch nicht zwingend. Auslöser hierfür ist vielmehr der Ruf der (inter-)nationalen Rechtsprechung nach einem genuine link-Erfordernis, das der territorialen Begrenzung des nationalen Steuerzugriffs Rechnung trägt, sowie die Frage, wie dieses konkret auszugestalten ist.

d. Zwischenergebnis

Obschon einer Besteuerung dem Grunde nach unter staats- und verfassungsrechtlichen Gesichtspunkten nichts entgegensteht, lässt sich hieraus noch nichts zur Frage nach dem räumlich zulässigen Ausmaß der Steuerhoheit entnehmen. Grundlage hierfür sind vielmehr staatsrechtliche und staatstheoretische Vorgaben, die eine räumlich beschränkte Reichweite des Steuerzugriffs fordern.

Im Fokus der staatsrechtlichen Vorgaben steht insbesondere das völkerrechtlich verstandene Territorialitätsprinzip. Zwar ist das Territorialitätsprinzip begrifflich sowohl im Steuer- als auch im Völkerrecht verankert und tritt hierbei mehrdimensional in Erscheinung. Gleichwohl ist dieses zur unmittelbaren Grundlage eines territorial begrenzten Steuerzugriffs geworden. Ungeachtet seiner Mehrdimensionalität beruht das völkerrechtlich verstandene Territorialitätsprinzip nämlich auf dem Verhältnis zwischen Territorium und Jurisdiktion. Also den drei Dimensionen klassischer Staatsgewalt. Hiervon ist auch der staatliche Regelungsbereich und damit die Gestaltung der Steuerrechtsordnung erfasst. Wurzel des Verhältnisses zwischen Territorium und Jurisdiktion ist die Herausbildung moderner Territorialstaaten. Zuvor fehlte es an einem raumbezogenen Staat, der an die Problematik einer territorial begrenzten staatlichen Herrschaftsmacht anknüpfen konnte. Das hierdurch ausgelöste Bedürfnis nach Abgrenzung von Herrschaftsmacht spiegelte sich zugleich im aufkommenden absolutistischen Staatsverständnis wider, das die Ausübung von Hoheitsgewalt an das eigene Territorium knüpfte. Auch in der Literatur fand der äußere Wandel hin zu einem Verständnis von territorial begrenzter Herrschaftsgewalt Einzug. Diese vollzog insbesondere unter dem Einfluss der *Huberschen* Axiomata einen Paradigmenwechsel bezüglich der Legitimation staatlicher Herrschaftsmacht. Weg von der Personalität als maßgebliches Anknüpfungskriterium für die Anwendbarkeit staatlicher Normen hin zum Verständnis einer territorial

---

weil der Staat die innere Sicherheit gewährleistet oder auch eine Wehrsteuer, weil der Staat um die äußere Sicherheit bemüht ist sowie eine Straßensteuer, weil der Staat Straßen baut, vgl. *Tipke*, Die Steuerrechtsordnung Band 1, § 8, S. 258.

verstandenen Regelungshoheit. Da der Staat nach damaligem Verständnis nicht nur hinsichtlich des Geltungsbereichs, sondern auch hinsichtlich des Regelungsbereichs der Rechtsordnung die umfassende und ausschließliche Souveränität über sein Staatsgebiet innehatte, war die nationale Steuerrechtsordnung damals allerdings noch auf reine Inlandssachverhalte zugeschnitten. An der Notwendigkeit der Inlandsansässigkeit des Steuerpflichtigen beziehungsweise der inländischen Einkunfts- und Vermögensquelle führte daher kein Weg vorbei. Dieses Verständnis ist gegen Ende des 19. Jahrhunderts zugunsten eines relativ verstandenen Territorialitätsprinzips aufgegeben worden. Hintergrund hierfür ist die aufkommende Globalisierung gewesen, die einen Umbruch in der Dimension staatlicher Jurisdiktion nach sich zog. An die Stelle eines strikt territorial begrenzten Steuerzugriffs trat vielmehr der Gedanke einer räumlich uneingeschränkten Regelungshoheit, die einen nationalen Steuerzugriff auch jenseits der Staatsgrenzen erlaubte. Wegweisend hierfür wurde das Lotus Urteil des StIGH. Die diesem zugrunde liegende räumlich weit verstandene Souveränität staatlicher Regelungshoheit findet sich sowohl in der damaligen nationalen Rechtsprechung als auch in der Lehre wieder. Teile der Lehre erblickten hierin allerdings einen Eingriff in die Rechtssphäre anderer Staaten. Dieser Gedanke entspricht dem völkergewohnheitsrechtlichen Interventionsverbot, das die staatlichen Souveränitätssphären mittels Anknüpfungsmerkmals voneinander abgrenzt. In Abkehr von dem ursprünglichen Verständnis einer räumlich uneingeschränkten Regelungshoheit wird diesen Grundsätzen mittlerweile durch das Erfordernis eines inländischen Anknüpfungsmerkmals Rechnung getragen. So wird eine „verbotene Einmischung" verhindert und im Interesse der souveränen Staatengleichheit ein erster Ausgleich gegebenenfalls konkurrierender Staatsinteressen erzielt. Gleichwohl birgt das Vordringen auf fremdes Terrain Konfliktpotential. Durch die Praxis einer extraterritorialen Steuergesetzgebung kommt es zwangsläufig zu Doppelbesteuerungen. Um dieses zwischenstaatliche Konfliktpotential nachhaltig einzudämmen wurden zahlreiche Doppelbesteuerungsabkommen abgeschlossen.

Auslöser für den im Bereich der Personensteuern geforderten Inlandsbezug des Steuerpflichtigen ist zudem der von Literatur und Rechtsprechung vertretene Ansatz einer global-äquivalenztheoretischen Rechtfertigung der Steuerpflicht. Diesem liegt die Frage zugrunde, in welchen Fällen und in welchem Umfang ein Staat berechtigt sein sollte eine Steuer zu erheben. Mithin ob und gegebenenfalls in welchem Ausmaß der nationale Steuerzugriff territorial begrenzt ist. Die Globaläquivalenztheorie folgt der hierzu ehedem vertretenen Äquivalenz- und Opfertheorie und versucht deren Schwächen auszugleichen. Sie erblickt in der Steuer die Globalgegenleistung für die Nutzung staatlicher Leistungen und impliziert angesichts der Gebietsbezogenheit des modernen Staates zwangsläufig ein territoriales Element, das den nationalen Steuerzugriff räumlich begrenzt. Daher ist ein Steuerzugriff auch nur denjenigen natürlichen Personen gegenüber gerechtfertigt, die einen Bezug zu seinem Territorium aufweisen und in den Genuss der Gesamtstaatsleistung kommen (können). Sei es in persönlicher oder sachlicher Hinsicht.

2. Umsetzung des staatsrechtlichen Gebots einer territorial relativ begrenzten Steuerhoheit mittels genuine links

a. Vage Ausgestaltung des genuine link-Erfordernisses durch das BVerfG - „Mindestmaß an Sachnähe"

Die frühere Annahme der (inter-)nationalen Rechtsprechung, nach der die Staaten völkerrechtlich ungebunden seien, die transnationale Geltung der Steuernormen nach eigenem Belieben abzustecken, hat vor dem Hintergrund des zwischenstaatlichen Interventionsverbots und dem hieraus abgeleiteten genuine link-Erfordernis derweil auch in der nationalen Rechtsprechung eine Korrektur gefunden.[267]

Lange Zeit fand sich für die Frage nach der grundsätzlichen Zulässigkeit extraterritorialer Gesetzgebung nur in der internationalen Rechtsprechung ein Hinweis auf das genuine link-Erfordernis.[268] Erst mit einer Entscheidung aus 1983 leitete das BVerfG[269] eine Trendwende in der bis dahin gegenüber völkerrechtlichen Begrenzungen verschlossenen Rechtsprechung der nationalen

267 *Menzel*, Internationales Öffentliches Recht: Verfassungs- und Verwaltungsgrenzrecht in Zeiten offener Staatlichkeit, S. 735; *Lehner/ Waldhoff*, in: K/S/M, § 1 EStG A 468: „Gerade im Steuerrecht wurde der völkerrechtlich verbindliche Rahmen des eingeschränkten Territorialitätsprinzips, d.h. des Erfordernisses eines hinreichenden sachlichen Anknüpfungspunkts (genuine link) lange Zeit nicht erkannt bzw. bestritten und von einer (…) unbeschränkten Zugriffshoheit des inländischen Fiskus ausgegangen".

268 So wurde im *Nottebohm-Fall* des IGH erstmals die Notwendigkeit eines inländischen Anknüpfungsmerkmals klargestellt (vgl. IGH, 6.4.1955, ICJ-Rep. 1955, S. 4). Demgegenüber wurde im *Lotus-Urteil* noch nicht auf die generelle Notwendigkeit eines inländischen Anknüpfungserfordernisses eingegangen. Hier heißt es lediglich: „Der Erfolg der strafbaren Handlung ist nämlich auf dem türkischen Schiff eingetreten, damit ist *auf jeden Fall ein Minimum inländischer Anknüpfung gegeben.*" (vgl. StIGH v. 7.9.1927, Deutsche Übersetzung, Entscheidungen des StIGH, Bd. 5 (1927), 71 (78)).

269 BVerfG, Beschl. v. 22.3.1983 - 2 BvR 475/78, BVerfGE 63, 361.

Finanzgerichtsbarkeit ein.[270] Die Entscheidung betraf allerdings einen steuerrechtlichen Fall, der nicht Fragen der (un-)beschränkten Steuerpflicht, sondern vielmehr die Vollstreckung österreichischer Abgabenbescheide in Deutschland zum Gegenstand hatte. Nichtsdestotrotz griff das BVerfG in diesem Kontext erstmals die in der Völkerrechtslehre und Völkerrechtspraxis zu diesem Zeitpunkt bereits vorherrschende Anschauung eines genuine link-Erfordernisses auf. Hierzu vermerkte das Gericht, dass es *„für die Auferlegung von Abgaben gegen einen im Ausland lebenden Ausländer, die an einen Sachverhalt anknüpft, der ganz oder teilweise im Ausland verwirklicht worden ist, (…) soll er nicht eine völkerrechtswidrige Einmischung in den Hoheitsbereich eines fremden Staates sein, hinreichender sachgerechter Anknüpfungsmomente für die Abgabenerhebung in dem Staat, der die Abgaben erhebt (bedarf) (…). Dieses Erfordernis bildet eine wesentliche tatbestandliche Einschränkung der zulässigerweise von einem Staat mit Regelungen seiner eigenen Rechtsordnung zu erfassenden Sachverhalte, eine Begrenzung seiner internationalen Regelungskompetenz. Der rechtlichen Möglichkeit, Ausländer zu Abgaben heranzuziehen, sind durch das Erfordernis der Anknüpfung etwa an die Staatsangehörigkeit, Niederlassung, Wohnsitz oder Aufenthalt im Inland, die Verwirklichung eines Abgabentatbestandes im Inland oder das Herbeiführen eines abgaberechtlich erheblichen Erfolges im Inland deutliche Grenzen gesetzt“*[271]. Im Ergebnis erkennt damit auch das BVerfG das völkerrechtlich etablierte genuine link-Erfordernis an.[272] Da deutsche Gerichte ebenso wie die deutsche Verwaltung und Gesetzgebung die allgemeinen Regeln des Völkerrechts angesichts Art. 25 GG von Amts wegen zu beachten haben, überrascht die hierin zum Ausdruck kommende Haltung des BVerfG jedoch nicht. Denn bei dem auf das zwischenstaatliche Interventionsverbot gründenden genuine link-Erfordernis handelt es sich um eine allgemeine Regel des Völkerrechts,[273] die als solche über

---

270 Im eingangs erläuterten *Schering-Urteil* hat der BFH die Antwort auf die Frage nach dem Erfordernis eines hinreichenden sachlichen Anknüpfungsmerkmals im Ergebnis nämlich noch offen gelassen, weil dieses Erfordernis im entscheidungserheblichen Fall ohne weiteres als erfüllt angesehen wurde. Hierzu heißt es: „ *Auch wenn man der Ansicht von Verdross… folgt, dass durch das innerstaatliche Recht nur Tatbestände erfasst werden dürfen, die eine hinreichende Anknüpfung zu dem regelnden Staat aufweisen*, so ist diese Voraussetzung hier durch die Tatsache erfüllt, dass die Bfin. Organ der inländischen AG ist“, vgl. *Lehner/ Waldhoff*, in: K/S/M, § 1 EStG A 466.

271 BVerfG, Beschl. v. 22.3.1983 - 2 BvR 475/78, BVerfGE 63, 361.

272 Bestätigt durch BVerfG, Nichtannahmebschluss v. 30.1.2008 - 2 BvR 793/07, BVerfGK 13, 246.

273 Vgl. BVerfG, Beschl. v. 30.10.1962 - 2 BvM 1/60, BVerfGE 15, 25: Eine Regel des Völkerrechts ist dann allgemein i.S.d. Art. 25 GG, *„wenn sie von der überwiegenden*

Art. 25 GG Bestandteil der deutschen Rechtsordnung ist, und damit eine „positive" Auseinandersetzung seitens des BVerfG geradezu notwendig gemacht hat.[274] Ebenso wenig verwundert es vor diesem Hintergrund, dass das vom BVerfG propagierte Erfordernis eines genuine links, das den nationalen Steuerzugriff zumindest relativ territorial begrenzt, seither auch in der Finanzgerichtsbarkeit nicht mehr angezweifelt wird.[275]

Schwierigkeiten treten jedoch bei der Konkretisierung des hierin anerkannten Anknüpfungsmerkmals auf.[276] Das BVerfG selbst äußert sich verhalten zur konkreten Ausgestaltung des genuine link-Erfordernisses. Es nennt lediglich exemplarisch eine Bandbreite an möglichen Anknüpfungsmerkmalen, ohne diese näher zu konturieren oder gar zu kategorisieren. Hinreichend deutlich wird allein die Prämisse, dass der nationale Steuerzugriff in Übereinstimmung mit dem völkerrechtlichen Grundsatz der souveränen Staatengleichheit stets eines

---

Mehrheit der Staaten anerkannt (wird) (...). Allgemeine Regeln des Völkerrechts sind Regeln des universell geltenden Völkergewohnheitsrechts (...). Ob eine Regel eine solche des Völkergewohnheitsrechts ist, ergibt sich aus dem Völkerrecht selbst, welches die Kriterien für die Völkerrechtsquellen vorgibt".

274 BVerfG, Nichtannahmebeschluss v. 30.1.2008 - 2 BvR 793/07, BVerfGK 13, 246: *„Das völkerrechtliche Nichteinmischungsgebot ist kein selbstständiger Grundsatz, sondern eine unmittelbare Folge der völkergewohnheitsrechtlichen Abgrenzung der staatlichen Souveränitäts- und damit Kompetenzsphären. Das Völkerrecht (...) verlangt zur Regelung eines Sachverhalts durch einen Staat einen legitimierenden Anknüpfungspunkt zu diesem Sachverhalt (...). Fehlt es an einem solchen Anknüpfungspunkt, ist ein Staat nach dem Völkergewohnheitsrecht nicht berechtigt, seine Hoheitsgewalt auszuüben (...) er verstößt gegen das (...) völkergewohnheitsrechtliche Nichteinmischungsgebot. Dieses ist über Art. 25 GG Bestandteil der deutschen Rechtsordnung"*; *Haase*, Internationales und Europäisches Steuerrecht, Rn. 19; *Herdegen*, in: Maunz/ Dürig, GG Kommentar, Art. 25, Rn. 50: „Das Völkergewohnheitsrecht setzt auch der Inanspruchnahme staatlicher Regelungsgewalt bei Sachverhalten mit Auslandsberührung gewisse, wenn auch weit gezogene Grenzen. Diese Schranken sind etwa im Steuerrecht (...) zu beachten. Die Ausübung von Regelungsgewalt mit extraterritorialer Wirkung bedarf eines hinreichenden Inlandsbezuges"; *Burmester*, JZ 1993, 698 (702).

275 Vgl. hierzu und insoweit unter ausdrücklicher Berufung auf den Beschl. des BVerfG v. 22.3.1983 - 2 BvR 475/78, BVerfGE 63, 361: FG Hamburg, Urt. v. 22.11.1985 - IV 141/83 N, EFG 1986, 369; FG Hamburg, Urt. v. 14.8.1987 - II 306/85, EFG 1988, 39.

276 *Crezelius*, DB 1984, 530 (534): „Es besteht eine Überzeugung der Staaten, daß die Erfassung ausländischer Sachverhalte nur dann gerechtfertigt ist, wenn irgendwelche, nicht zu fern liegende Inlandsbeziehungen vorhanden sind. Dieser Ausgangspunkt ist unproblematisch. Die Schwierigkeit liegt in der Konkretisierung der Binnenbeziehung".

inländischen Bezugs zwischen Steuerhoheit und Steuersubjekt beziehungsweise Steuerobjekt bedarf.[277]

b. *Konkretisierung des „Mindestmaßes an Sachnähe" - Theoretische Erörterung der Anknüpfungsmerkmale für die Besteuerung im (inter-)nationalen Recht*

ba. *Personenbezogene Anknüpfungsmerkmale - Inlandsbezug des Steuersubjekts*

Die Problematik, wie das genuine link-Erfordernis realiter ausgestaltet sein muss, beschäftigt die Steuerlehre seit jeher und nicht erst im Rahmen der jüngeren Entscheidung des BVerfG aus 1983. Bereits in Kontext mit der Diskussion, ob eine Steuer der Abgrenzung im Raum bedarf oder „theoretisch jeder Punkt des Erdballs für alle Abgabenhoheiten erreichbar (ist)"[278], wurde nach sinnvollen Anknüpfungsmerkmalen (auch) für die extraterritorialen Steuergesetze gesucht. Eine allgemeine Regel, wie die Inlandsbeziehung ausgestaltet sein muss, um einen völkerrechtskonformen Anknüpfungspunkt (auch) für eine extraterritoriale Anwendungserstreckung der Steuernorm zu geben, existiert jedoch nicht.[279] Hierzu gibt es vielmehr zahlreiche Vorschläge. Diese sind in Wechselwirkung zum jeweiligen Staatsverständnis zu sehen. Insbesondere zu den verschiedenen Ansätzen der Steuerrechtfertigung. Unterschieden wird hierbei im Wesentlichen zwischen personenbezogenen und sachbezogenen Anknüpfungsmerkmalen.

In Kontext mit den personenbezogenen Anknüpfungsmerkmalen hat *von Schanz* bereits 1892 vier denkbare Anknüpfungsmerkmale herausgearbeitet. Hierzu nennt er die Ortsanwesenheit, die Wohnbevölkerung, die Staatsangehörigkeit[280] sowie die wirtschaftliche Zugehörigkeit.[281] Letzterer räumte *von Schanz* den Vorrang ein.[282] Wenn auch unter einer teils abweichenden Terminologie wird die von ihm getroffene Differenzierung im Ansatz bis heute beibehalten.

Im Kreis dieser Anknüpfungsmerkmale kommt der Staatsangehörigkeit von vornherein eine Sonderstellung zu, da diese nicht zwingend auch einen territorialen Bezug zwischen Person und Staatsgebiet aufweist. Gleichwohl stellt die

---

277 *Wassermeyer*, in: Vogel, DStJG Band 8, S. 49 (53).

278 *Spitaler*, StuW 1948, 8 (25).

279 *Rudolf*, in: FS Bärmann, S. 769 (780); *Kluge*, Das Internationale Steuerrecht; Gemeinschaftsrecht, Außensteuerrecht, Abkommensrecht, D 7.

280 Teils wir diesbezüglich auch von rechtlicher Zugehörigkeit gesprochen.

281 *Lehner/ Waldhoff*, in: K/S/M, § 1 EStG B 70.

282 *Morgenthaler*, Die Lizenzgebühren im System des internationalen Steuerrechts, S. 69.

Fokussierung auf die Staatsangehörigkeit eine der ältesten Formen der Steueranknüpfung dar. Vor dem Hintergrund der im 19. Jahrhundert propagierten Opfertheorie erwies es sich als gerechtfertigt, Steuern von denjenigen zu erheben, die sich die „Vorteile aus dem Schutz des Staates und seine(r) sozialen Einrichtungen“ [283] zu eigen machten. Dies waren angesichts der damals noch fehlenden Mobilität der Bevölkerung überwiegend die „eigenen“ Staatsangehörigen. Eine Anknüpfung an die Staatsangehörigkeit erschien also seinerzeit zur Begrenzung des nationalen Steuerzugriffs noch naheliegend. Die Bedeutung dieses Anknüpfungsmerkmals trat jedoch in der Folgezeit immer mehr zurück.[284] Ursache hierfür ist der aufkommende global-äquivalenztheoretische Rechtfertigungsansatz der Steuerpflicht verbunden mit einem Wandel in der inländischen Bevölkerungsstruktur gewesen. Aufgrund der wachsenden Mobilität der Bevölkerung halten sich die „eigenen“ Staatsangehörigen seither auch jenseits „ihrer“ Staatsgrenzen auf. In diesen Fällen fehlt es daher regelmäßig[285] an einer die Steuerpflicht rechtfertigenden Inanspruchnahme des global-staatlichen Leistungspakets. Im Übrigen wäre es unmöglich, etwaige staatliche Steueransprüche gegenüber den im Ausland weilenden „eigenen“ Staatsangehörigen durchzusetzen. Nationalen Steuerbehörden ist es nämlich angesichts der strikten Territorialität des Geltungsbereichs des Rechts nicht gestattet zur Ermittlung, Festsetzung oder Durchsetzung von Steueransprüchen in fremdes Staatsgebiet einzudringen.[286] Die Feststellung des BFH, *dass „der Gesichtspunkt der staatsbürgerlichen Pflicht (…) in diesem Zusammenhang keine Rolle (mehr spielt); es kommt darum (…) auch nicht darauf an, ob der Steuerpflichtige ein deutscher Staatsbürger (…) ist“*[287], verwundert dementsprechend nicht.

Angesichts dieser Entwicklungen traten zunehmend die räumliche und später auch die wirtschaftliche Zugehörigkeit des Steuerpflichtigen als inländische Anknüpfungsmerkmale in den Mittelpunkt der Diskussion bezüglich einer

283 *Zuber*, Anknüpfungsmerkmale und Reichweite der internationalen Besteuerung: eine normative Analyse unter Berücksichtigung der Personensteuern in der BRD und in den USA, S. 84; *Lehner/ Waldhoff*, in: K/S/M, § 1 EStG A 469.

284 Die USA knüpfen jedoch in bestimmten Fällen - ebenso wie das deutsche ErbStG in § 2 Abs. 1 Nr. 1 Satz 2 b) ErbStG - nach wie vor an die Staatsangehörigkeit der Person als Voraussetzung für die Erhebung direkter Steuern an. (vgl. *Lehner/ Waldhoff*, in: K/S/M, § 1 EStG A 469).

285 Etwas anderes gilt nur, wenn der im Ausland Ansässige über inländische Einkunftsquellen verfügt.

286 *Weber-Fas*, RIW/AWD 1979, 585 (585).

287 BFH, Urt. v. 16.12.1960 - VI 166/60 U, BFHE 72, 169.

völkerrechtskonformen Umsetzung des genuine link-Erfordernisses. Die räumliche Zugehörigkeit kennt mit der vorübergehenden Ortsanwesenheit und der (dauerhaften) Begründung eines Wohnsitzes beziehungsweise gewöhnlichen Aufenthalts zwei Merkmalsausprägungen. Das Abstellen auf die bloße Ortsanwesenheit erscheint jedoch nicht nur unpraktikabel. Es ist vielmehr völkerrechtswidrig[288] und überdehnt die global-äquivalenztheoretische Rechtfertigung der Steuerpflicht.[289] Hierzu äußert *Mann*: „If a state imposes a tax on the whole of the income of its aliens who are temporary visitors (…), such a legislative would constitute an Excess of jurisdiction"[290]. Zu Recht haben sich daher im Rahmen der räumlichen Zugehörigkeit des Steuerpflichtigen die Begründung des Wohnsitzes beziehungsweise des gewöhnlichen Aufenthalts als räumliche Anknüpfungsmerkmale der Besteuerung durchgesetzt.[291] Im Unterschied zur bloßen Ortsanwesenheit verkörpert die hierin zum Ausdruck kommende (dauerhafte) räumliche Zugehörigkeit des Steuerpflichtigen das völkerrechtliche Gebot nach einer sachbereichsspezifischen Bestimmung des inländischen Anknüpfungsmerkmals und erweist sich insofern als völkerrechtskonform. Die sachbereichsspezifische Bestimmung des inländischen Anknüpfungsmerkmals fordert die für die jeweiligen Rechtsgebiete bestehenden Sachgesetzlichkeiten zu berücksichtigen. Im Bereich der Personensteuern also den global-äquivalenztheoretischen Rechtfertigungsansatz.[292] Das Anknüpfungsmerkmal der Inlandsansässigkeit

288 *Müller*, Deutsche Steuerhoheit über ausländische Tochtergesellschaften: eine völkerrechtliche Untersuchung zu § 15 Abs. II StAnpG, S. 118: „Es wäre damit völkerrechtswidrig, einen Durchreisenden im Inland für unbeschränkt einkommensteuerpflichtig zu erklären".

289 *Lehner/ Waldhoff*, in: K/S/M, § 1 EStG B 70.

290 *Mann*, The Doctrine of Jurisdiction, Recours des Cours, 1964, S. 1 (37).

291 *Schmitz*, Kommentar zum Internationalen Steuerrecht der Bundesrepublik Deutschland, S. 41: Beide werden durch den (dauerhaften) Aufenthalt innerhalb des Gebiets einer Abgabenhoheit begründet. Ein späterer Ortswechsel innerhalb desselben Gebiets ist unbeachtlich.

292 *Lehner/ Waldhoff*, in: K/S/M, § 1 EStG A 467; *Müller*, Deutsche Steuerhoheit über ausländische Tochtergesellschaften: eine völkerrechtliche Untersuchung zu § 15 Abs. II StAnpG, S. 104 f.: Dieser führt hierzu beispielhaft an, dass eine Überschreitung der „sachgemäßen" Grenzen der inländischen Steuerhoheit vorliegt, „wenn im Inland eine Grundsteuer von einem ausländischen Grundstück beansprucht wird". *Leibholz* hat den Gedanken nach einer sachbereichsspezifischen Bestimmung des inländischen Anknüpfungsmerkmals bereits 1929 klargestellt. Ihm zufolge muss die Steuerpflicht (un-)mittelbar an das Gebiet anknüpfen. „Werden andere Kriterien, wie etwa Rasse, Konfession, Spreche dem Steuertatbestand zugrunde gelegt, ist die

berücksichtigt diesen Ansatz. In der Inlandsansässigkeit kommt nämlich die Willensentscheidung des Steuerpflichtigen zum Ausdruck, fester Bestandteil des Staates zu sein und als solcher dessen Leistungen in Anspruch nehmen zu wollen beziehungsweise zu können. Dies erlaubt „dem Staat der räumlichen Zugehörigkeit (…) ein Steueropfer nach der gesamten Leistungsfähigkeit“[293] zu erheben. Die Anknüpfung an die Inlandsansässigkeit ermöglicht dabei richtigerweise auch Ausländer, die seit vielen Jahren im Inland verweilen und hier ihrer Erwerbstätigkeit nachgehen, trotz womöglich fehlender inländischer Staatsangehörigkeit als „Nutznießer“ des global-staatlichen Leistungspakets zu besteuern.[294] Dies gilt nicht nur für inländische, sondern ebenso für ausländische Einkünfte beziehungsweise den ausländischen Vermögensanfall. Davon, dass „die Gebietshoheit über den Wohnsitz (…) nicht notwendig auch den Steuerzugriff auf das von diesem Wohnsitz aus empfangene und verwendete Einkommen (beziehungsweise das so angefallene Vermögen rechtfertigt)“[295], kann nämlich keine Rede sein. Zum einen ist „ohne Domizil (…) kein geordnetes Wirtschaften denkbar“[296]. Zum anderen bietet erst die staatliche Rechts- und Wirtschaftsordnung die Basis für die weltweiten Erwerbsmöglichkeiten und muss den Staat daher dazu berechtigen, seinen Steuerzugriff über die Staatsgrenzen hinaus auszudehnen.[297]

Motivation des nationalen Steuergesetzgebers eine sachfremde, etwa eine politische, so ist die hierdurch bedingte Steuerpflicht (…) willkürlich, d.h. mit dem Völkerrecht nicht vereinbar“, vgl. *Leibholz*, ZaöRV Bd. 1 (1929), 77 (103).

293 *Zuber*, Anknüpfungsmerkmale und Reichweite der internationalen Besteuerung: eine normative Analyse unter Berücksichtigung der Personensteuern in der BRD und in den USA, S. 85.

294 *Weber-Fas*, RIW/AWD 1979, 585 (586); vgl. hierzu auch schon *Isay*, Internationales Finanzrecht: Eine Untersuchung über die äußeren Grenzen der staatlichen Finanzgewalt, S. 48: „Steuern dürfen einem Ausländer grundsätzlich nur auferlegt werden, soweit sie einen Gegenwert bilden für die Vorteile, die ihm aus der Berührung mit der inländischen Staatsordnung erwachsen“. Anders als *Isay* es ehedem formulierte stellt also die Besteuerung des im Inland ansässigen Ausländers keinen „Mitgliedsbeitrag für Nichtmitglieder“ dar, sondern ist vielmehr vor dem Hintergrund seiner staatlichen Leistungsinanspruchnahme gerechtfertigt, vgl. *Menzel*, Internationales Öffentliches Recht: Verfassungs- und Verwaltungsgrenzrecht in Zeiten offener Staatlichkeit, S. 429 m.V.a. *Isay*, Internationales Finanzrecht: Eine Untersuchung über die äußeren Grenzen der staatlichen Finanzgewalt, S. 47.

295 *Kluge*, Das internationale Steuerrecht; Gemeinschaftsrecht, Außensteuerrecht, Abkommensrecht, D 8.

296 *Lehner/ Waldhoff*, in: K/S/M, § 1 EStG A 177.

297 *Mössner*, in: FS für Ritter, S. 195 (213); zurückhaltender *Kirchhof*, HStR IV, § 88; Rn. 137: „Besteuern darf grundsätzlich nur der Staat, in dessen Gebiet sich der Erwerb

Zuweilen werden Wohnsitz und gewöhnlicher Aufenthalt auch als Ausdruck einer wirtschaftlichen Zugehörigkeit angesehen.[298] Hiernach genügt es für eine völkerrechtsgemäße Statuierung unbeschränkter Steuerpflicht, wenn die betroffene Person durch ihren Wohnsitz beziehungsweise gewöhnlichen Aufenthalt mit dem Staatsgebiet des nationalen Gesetzgebers wirtschaftlich verbunden ist.[299] Der Unterschied zur räumlichen Zugehörigkeit liegt allein darin, dass die wirtschaftliche Bedeutung der Inlandsansässigkeit im Zentrum steht und sich nicht bloß auf den dadurch entstehenden räumlichen Bezug fokussiert wird. Die Ansässigkeit wird hierbei zum Indiz für die Teilnahme am staatlichen Wirtschaftsprozess und verpflichtet den Steuerpflichtigen daher insoweit „zur Deckung des staatlichen Finanzbedarfs beizutragen, wie der Umfang seiner wirtschaftlichen Mitgliedschaft reicht“[300].

bb. Sachbezogenes Anknüpfungsmerkmal - Inlandsbezug des Steuerobjekts

Sofern der Steuerpflichtige den Mittelpunkt seiner Lebens- und Wirtschaftsinteressen nicht (mehr) im Inland hat, bestimmt sich seine inländische Besteuerung nach dem Grad seiner verbleibenden wirtschaftlichen Beziehungen zum Inland.[301] Auch in diesem Fall wird der Ansatz der wirtschaftlichen Zugehörigkeit zur Grundlage der persönlichen Steuerpflicht. Mithin zur Basis des genuine links zum Inland.

Maßgeblich für die Zulässigkeit des inländischen Steuerzugriffs ist hierbei ausschließlich die inländische Einkunftsquelle.[302] Zuweilen ist auch von der

---

ereignet, d.h. die Erwerbsgrundlage (Kapital, Arbeit, Fachwissen) genutzt wird. Soweit ein Einkommen nicht auf dem Binnenmarkt eines Staates, sondern auf dem Weltmarkt erzielt worden ist, schwächt sich die Legitimationswirkung des Wohnsitzprinzips für den Zugriff auf individuelle Einkommen wesentlich ab“.

298 *Zuber*, Anknüpfungsmerkmale und Reichweite der Internationalen Besteuerung: eine normative Analyse unter Berücksichtigung der Personensteuern in der BRD und in den USA, S. 86.

299 *Weber-Fas*, RIW/AWD 1979, 585 (586).

300 *Zuber*, Anknüpfungsmerkmale und Reichweite der internationalen Besteuerung: eine normative Analyse unter Berücksichtigung der Personensteuern in der BRD und in den USA, S. 88; ebenso: *Stahl*, Die Reichweite der erweiterten beschränkten Steuerpflicht nach § 2 AStG – Ein Beitrag zur Struktur der Steuerpflicht, S. 30.

301 *Müller*, Deutsche Steuerhoheit über ausländische Tochtergesellschaften: eine völkerrechtliche Untersuchung zu § 15 Abs. II StAnpG, S. 109.

302 Falsch insofern die eingangs dargestellte Entscheidung des FG BW, Urt. v. 7.10.2015 - 1 K 2833/12, EFG 2017, 411: *„Der Kläger ist als natürliche Person im Inland beschränkt*

„Lage" oder „Belegenheit" als Anknüpfungsmerkmal die Rede.[303] Denn als inländische Einkunftsquellen gelten nicht nur Gewinnausschüttungen einer inländischen Kapitalgesellschaft an ihre ausländischen Anteilseigner. Vielmehr werden auch alle auf dem Staatsgebiet belegenen Vermögensgegenstände zur Besteuerung herangezogen. Dies gilt insbesondere für Einkünfte aus inländischem Grundvermögen.[304]

Aufgrund der fehlenden Inlandsansässigkeit bildet die inländische „Einkunftsquelle" die einzige noch bestehende Verknüpfung zum steuererhebendem Staat und legitimiert so den Steuerzugriff.[305] Angesichts der Idee einer Besteuerung für die dem Bürger gegenüber erbrachte Gesamtstaatsleistung ist es nämlich gerechtfertigt auch einem Steuerausländer Steuern aufzuerlegen, „soweit sie einen Gegenwert (...) für die Vorteile (bilden), die ihm aus (s)einer Berührung mit der inländischen Staatsordnung erwachsen"[306] sind. Ein solcher Vorteil dürfte zum einen in Bezug auf die im Inland erzielten Einkünfte bestehen. Diesbezüglich nimmt der Steuerausländer staatliche Leistungen in Anspruch und hat partiell an der staatlichen Gemeinschaft teil.[307] Zum anderen in Bezug auf das im Inland belegene Vermögen. Dieses wird dem Steuerausländer unter dem „Deck- und Schutzmantel" der inländischen Rechtsordnung eingeräumt.

c. *Zwischenergebnis*

Die ursprüngliche Annahme der (inter-)nationalen Rechtsprechung, nach der die Staaten ungebunden sind, die transnationale Geltung der Steuernormen nach eigenem Belieben abzustecken, beansprucht mittlerweile keine Geltung mehr.

---

steuerpflichtig (...). Der Kläger verfügt zwar nach eigenem Vortrag über eine Wohnung (...), so dass er einen Wohnsitz i.S.d. § 8 Abgabenordnung - AO - im Inland hat. Grundsätzlich ist eine natürliche Person, die ihren Wohnsitz im Inland hat, gemäß § 1 Abs. 1 EStG unbeschränkt einkommensteuerpflichtig. Der Kläger hat jedoch auch einen Wohnsitz in Rumänien und dort seinen Lebensmittelpunkt, so dass er als in Rumänien ansässig gilt (...), und nicht im Inland unbeschränkt steuerpflichtig ist".

303 *Schmitz*, Kommentar zum Internationalen Steuerrecht der Bundesrepublik Deutschland, S. 41.

304 *Brähler*, Internationales Steuerrecht: Grundlagen für Studium und Steuerberaterprüfung, S. 4.

305 *Debatin*, FR 1969, 277 (279).

306 *Isay*, Internationales Finanzrecht: Eine Untersuchung über die äußeren Grenzen der staatlichen Finanzgewalt, S. 48, *Friedrich*, Gibt es eine völkerrechtliche Grenze für die Höhe der Besteuerung, S. 36.

307 *Salditt*, StuW 1972, 12 (18); *Lehner/ Waldhoff*, in: K/S/M, § 1 EStG A 177.

Vielmehr hat das BVerfG diesbezüglich in einer Entscheidung aus 1983 eine Kehrtwende eingeschlagen. Hierzu hat es sich ausdrücklich auf das Erfordernis eines inländischen Anknüpfungsmerkmals berufen und so dem völkerrechtlichen Grundsatz des zwischenstaatlichen Interventionsverbots Rechnung getragen. Als allgemeine Regel des Völkerrechts ist dieses über Art. 25 GG Bestandteil der deutschen Rechtsordnung. Daher ist eine diesbezüglich „positive" Akzeptanz seitens des BVerfG seinerzeit geradezu überfällig gewesen. Keine Klarheit hat die Entscheidung hingegen hinsichtlich der konkreten Umsetzung des genuine link-Erfordernisses gebracht. Hierzu sind jedoch nicht erst als Folge dieser Entscheidung zahlreiche Auffassungen in der Steuerlehre vertreten worden, wie der Inlandsbezug für einen national zulässigen Steuerzugriff ausgestaltet sein muss.

Unterschieden wird im Wesentlichen zwischen personen- und sachbezogenen Anknüpfungsmerkmalen. Im Bereich der personenbezogenen Anknüpfungsmerkmale werden vorwiegend eine räumliche und eine persönliche Betrachtungsweise des Inlandsbezugs diskutiert. Das hierbei lange Zeit propagierte Anknüpfungsmerkmal der Staatsangehörigkeit ist mittlerweile zugunsten einer räumlichen Zugehörigkeit gewichen. Ursache hierfür ist der aufkommende global-äquivalenztheoretische Rechtfertigungsansatz der Steuerpflicht verbunden mit einem Wandel in der inländischen Bevölkerungsstruktur. Aufgrund der wachsenden Mobilität der Bevölkerung halten sich die „eigenen" Staatsangehörigen seither auch jenseits „ihrer" Staatsgrenzen auf. Diese nehmen daher regelmäßig nicht (mehr) das die Steuerpflicht rechtfertigende global-staatliche Leistungspaket in Anspruch. Aber auch in Konstellationen fehlender Gebietsansässigkeit ist ein nationaler Steuerzugriff nicht ausgeschlossen. Jedenfalls nicht, sofern der nicht Gebietsansässige infolge seines inländischen Einkommens beziehungsweise seines inländischen Vermögens über einen wirtschaftlichen Nexus zum Staatsgebiet verfügt.

C. Umsetzung des genuine link-Erfordernisses durch den nationalen Gesetzgeber - Normgebung im Wechselspiel zwischen Fiskalinteressen und qualifizierter Umsetzung des Inlandsbezugs

I. Völkerrechtskonforme Anerkennung der territorialen Grenzen der Steuerhoheit in der gegenwärtigen Steuerrechtsordnung

1. Gegenwärtige Fokussierung auf das Ansässigkeitsprinzip

a. Qualifizierte und verfassungskonforme Verwirklichung des genuine link-Erfordernisses

Die allgemeine Völkerrechtsregel, wonach jeder Staat eine Steuerpflicht aufgrund seiner Steuergesetze nur dann begründen darf, wenn es hierfür persönliche oder räumliche Anknüpfungsmerkmale gibt,[308] wird von der geltenden Steuerrechtsordnung im Bereich der Personensteuern konsequent aufgegriffen.[309] Konsequent deshalb, weil der nationale Gesetzgeber zur territorialen Begrenzung der nationalen Steuerhoheit einen Inlandsbezug des Steuerpflichtigen fordert und damit die derzeitige Steuerrechtsordnung an der völkerrechtlich für verbindlich erklärten Notwendigkeit eines genuine links zum Inland ausrichtet. Hierdurch wird nicht nur einer willkürlichen Besteuerung in- und ausländischer Sachverhalte unter Verstoß gegen staatliche Souveränitätssphären Einhalt geboten.[310] Zugleich werden die verfassungsrechtlichen Vorgaben des Art. 25 GG gewahrt

308 BFH, Urt. v. 18.12.1963 - I 230/61 S, BStBl III 1964, 253; BFH, Urt. v. 16.12.1964 - II 154/61 U, BStBl III 1965, 134.

309 *Schaumburg*, Internationales Steuerrecht: Außensteuerrecht, Doppelbesteuerungsrecht, Rn. 5.1. f., 3.13.

310 *Reith*, Internationales Steuerrecht: Handbuch zum Doppelbesteuerungs- und Außensteuerrecht und zu Gestaltungen grenzüberschreitender Investitionen, Rn. 3.9.

und so im Bereich der Personensteuern verfassungsgemäße Besteuerungsnormen geschaffen.[311]

Nach Art. 25 GG sind die allgemeinen Regeln des Völkerrechts Bestandteil des Bundesrechts. Sie gehen den Gesetzen vor und erzeugen Rechte und Pflichten unmittelbar für die Bewohner des Bundesgebiets.[312] Hiervon erfasst sind sämtliche Regeln des allgemeinen Völkerrechts. Also völkerrechtliches Gewohnheitsrecht sowie die allgemeinen Rechtsgrundsätze des Völkerrechts.[313] Ihnen wird über Art. 25 GG eine umfassende Berücksichtigung durch innerstaatliche Rechtsorgane zugesichert. Umfassende Berücksichtigung meint, dass „sowohl bei der Gesetzgebung als auch bei der Anwendung deutschen Rechts durch nationale Staatsorgane Verstöße gegen das Völkerrecht vermieden und notfalls für eine Korrekturmöglichkeit gesorgt werden muss“[314]. Dementsprechend dürfen die allgemeinen Völkerrechtsregeln weder vom Bundes- noch vom Landesgesetzgeber „angetastet“[315] werden. Vielmehr sind sie bei der Schaffung der nationalen (Steuer-)Rechtsordnung nicht nur einzubeziehen, sondern auch zu wahren.

Diese Vorgaben gelten auch für das genuine link-Erfordernis. Dieses gründet auf der allgemeinen Völkerrechtsregel des zwischenstaatlichen Nichteinmischungsgebots. Als solches ist es über Art. 25 GG Bestandteil der innerstaatlichen Gesetzgebung und daher durch die innerstaatlichen Rechtsorgane zu berücksichtigen.[316] Hierzu heißt es von Seiten des BVerfG: „Das Völkerrecht (…) verlangt

---

311 *Weber-Fas*, RIW/AWD 1979, 585 (585); *Wernsmann*, in H/H/Sp, § 4 AO, Rn. 153: „Als Völkergewohnheitsrecht anerkannt ist die Notwendigkeit eines sog. **genuine link**, d.h. eines hinreichenden räumlichen oder persönlichen Anknüpfungspunkts der Steuerpflicht (…) für den besteuernden Staat“.

312 Da das Staatsrecht und das Völkerrecht zwei voneinander unabhängige und selbstständige Rechtsordnungen sind, muss das Völkerrecht zunächst in das jeweilige innerstaatliche Recht überführt und integriert werden. Nur so beansprucht es dort Geltung. Art. 25 Satz 1 GG räumt den „allgemeinen Regeln des Völkerrechts“ die Stellung von innerstaatlichem Recht ein, so dass die Regeln ohne weiteren staatlichen Transformationsakt in ihrem jeweiligen Geltungsbestand Bestandteil des geltenden objektiven Rechts werden, vgl. *von Busse*, Die Methoden der Rechtsvergleichung im öffentlichen Recht als richterliches Instrument der Interpretation von nationalem Recht, S. 267; BVerfG, Beschl. v. 13.12.1977 - 2 BvM 1/76, BVerfGE 46, 342.

313 *Herdegen*, Völkerrecht, S. 179.

314 BVerfG, Beschl. v. 26.10.2004 - 2 BvR, 955/00 BVerfGE 112, 1; *Herdegen*, in: Maunz/ Dürig, GG Kommentar, Art. 25 GG, Rn. 72.

315 *Herdegen*, in: Maunz/ Dürig, GG Kommentar, Art. 25 GG, Rn. 78.

316 Vgl. BVerfG, Beschl. v. 30.10.1962 - 2 BvM 1/60, BVerfGE 15, 25: *„Eine Regel des Völkerrechts ist dann allgemein i.S.d. Art. 25 GG, wenn sie von der überwiegenden Mehrheit*

zur Regelung eines Sachverhalts (...) einen legitimierenden Anknüpfungspunkt zu diesem Sachverhalt (...). Fehlt es an einem solchen Anknüpfungspunkt, ist ein Staat nicht berechtigt, seine Hoheitsgewalt auszuüben (...) er verstößt gegen das (...) völkergewohnheitsrechtliche Nichteinmischungsgebot. Dieses ist über Art. 25 GG Bestandteil der deutschen Rechtsordnung."[317]

Der nationale Gesetzgeber hat diesen Vorgaben durch eine zweidimensionale Ausgestaltung des genuine link-Erfordernisses qualifiziert Rechnung getragen. Zweidimensional deshalb, weil die derzeitige Steuerrechtsordnung zwischen zwei verschiedenen (Steuer-)Schuldverhältnissen differenziert.[318] Während im Rahmen der unbeschränkten Steuerpflicht auf den Inlandsbezug des Steuersubjekts abgestellt wird, kommt es im Rahmen der beschränkten Steuerpflicht auf den Inlandsbezug des Steuerobjekts an. Mit Blick auf die unbeschränkte Steuerpflicht wird dabei sowohl in § 1 Abs. 1 EStG als auch in § 2 Abs. 1 Nr. 1 Sätze 1, 2 a) ErbStG[319] nach dem international üblichen Wohnsitzprinzip[320] differenziert.[321] Für den umfassenden Zugriff auf das Welteinkommen beziehungsweise das Weltvermögen stellt der nationale Gesetzgeber so auf „die

---

der Staaten anerkannt wird (...). Allgemeine Regeln des Völkerrechts sind Regeln des universell geltenden Völkergewohnheitsrechts".

317 BVerfG, Nichtannahmebeschluss v. 30.1.2008- 2 BvR 793/07, BVerfGK 13, 246.

318 *Lang*, StuW 1974, 293 (303 f.). Insbesondere hebt § 1 Abs. 2 EStG den Dualismus der Steuerschuldnerschaft nicht auf. Denn dieser modifiziert lediglich die Geltung des Wohnsitzprinzips für die unbeschränkte Steuerpflicht, da bei Vorliegen der dortigen Tatbestandsvoraussetzungen an die Rechtsfolgen des § 1 Abs. 1 EStG angeknüpft wird; *Lehner/ Waldhoff*, in: K/S/M, § 1 EStG C 1.

319 Diese allgemeine Grundregel des Völkerrechts, wonach eine Besteuerung einen persönlichen oder sachlichen (räumlichen) Anknüpfungspunkt zum Gegenstand der Besteuerung voraussetzt, gilt auch für das Erbschaftsteuer- und Schenkungsteuerrecht, vgl. *Dürrschmidt*, IStR 2012, 410 (414); *Schaumburg*, Internationales Steuerrecht: Außensteuerrecht, Doppelbesteuerungsrecht, Rn. 7.1.

320 Eine Sonderrolle innerhalb des Kreises der westlichen Industriestaaten nimmt das Steuerrecht der USA ein. Amerikanische Staatsangehörige sind nämlich ungeachtet ihrer ökonomischen Gebietszugehörigkeit aufgrund ihres Wohnsitzes oder gewöhnlichen Aufenthalts unbeschränkt steuerpflichtig. Bei Personen ohne amerikanische Staatsbürgerschaft kommt allerdings das Ansässigkeitsprinzip zum Tragen. Diese sind demnach unbeschränkt steuerpflichtig, soweit sie ihren gewöhnlichen Aufenthalt in den USA haben, vgl. *Jacobs/ Endres/ Spengel*, in: Jacobs, Internationale Unternehmensbesteuerung: Deutsche Investitionen im Ausland, Ausländische Investitionen im Inland, 2. Kapitel, S. 7.

321 *Hey*, in: Tipke/ Lang, Steuerrecht, § 8, Rn. 25.

stärkste territoriale Verbindung“[322] des Steuersubjekts ab. Die Anknüpfung an den Wohnsitz beziehungsweise gewöhnlichen Aufenthalt ist damit mehr als ein bloß äußeres Merkmal. Es handelt sich um die folgerichtige Umsetzung eines Steuerkonzepts in die Form handhabbarer Normen. *Wehrhahn* hat diesbezüglich zutreffend geäußert: „Die Wohnsitzbestimmung (hat) den Zweck, den der (Steuer-)hoheit (…) unterliegenden Personenkreis zu umschreiben. (Sie ist insofern - wenn auch -) der Gestalt nach Norm (…) ihrem Wesen nach eine Kompetenzgrundlage allgemeiner Natur“[323]. Folgerichtig ist auch das Steuerkonzept des nationalen Gesetzgebers mit Blick auf die beschränkte Steuerpflicht. Zur Kompensation der fehlenden Inlandsansässigkeit wird dabei sowohl in § 1 Abs. 4 EStG als auch in § 2 Abs. 1 Nr. 3 ErbStG auf den inländischen Bezug des Steuerobjekts abgestellt. Also auf die inländischen Einkünfte beziehungsweise das Inlandsvermögen im Sinne des § 121 BewG. Gestützt auf das Ansässigkeitsprinzip beziehungsweise das Quellenprinzip gelingt es dem Gesetzgeber so den im genuine link-Erfordernis zum Ausdruck kommenden territorialen Bezug zwischen Steuerhoheit und Steuersubjekt beziehungsweise Steuerobjekt herzustellen.[324] Im Ergebnis wird daher die Ausübung der Steuerhoheit nicht nur bei Sachverhalten mit Auslandsberührung, sondern auch bei rein inlandsbezogenen Sachverhalten in völkerrechtskonformer Weise beschränkt.[325]

b. Zweidimensionale Ausgestaltung des genuine link-Erfordernisses

ba. Inlandsansässigkeit

(1) Konsequenz der unbeschränkten Steuerpflicht

Zur Begründung der unbeschränkten Steuerpflicht natürlicher Personen wird hierzulande an den Inlandsbezug des Steuersubjekts angeknüpft.[326] Hierzu wird

---

322 *Lehner/ Waldhoff*, in: K/S/M, § 1 EStG A 219.

323 *Wehrhahn*, Die Wohnsitzbestimmung im Internationalen Finanzrecht, S. 40: Weiter heißt es hierzu, dass dabei „der Ton auf „Grundlage“ (liegt); die Wohnsitznorm selber begründet keine Kompetenz“.

324 *Lehner/ Waldhoff*, in: K/S/M, § 1 EStG B 66.

325 *Tiedtke/ Langheim*, DStZ 2003, 10 (12); *Bayer*, Steuerlehre: Steuerverfassung, Steuergesetz, Steuergericht, Rn. 410.

326 *Oermann*, DStZ 1937, 253 (253); *Bayer*, in: FS Mosler, S. 59 (64 f.); Im Übrigen sind Alter, Familienstand, Rechtsfähigkeit i.S.d. § 1 BGB oder Geschäftsfähigkeit i.S.d. §§ 104 ff. BGB für die Qualifikation der unbeschränkten Steuerpflicht ebenso wenig von Relevanz wie das Vorhandensein von Einkünften, vgl. *Kußmaul/ Ruiner*, StuW 2009, 80 (83); *Niemeier/ Schlierenkämper/ Schnitter/ Nöcker/ Stuparu*, Einkommensteuer, S. 41; *Heining*, Besteuerung der Ausländer, S. 2.

auf den inländischen Wohnsitz beziehungsweise den gewöhnlichen Aufenthalt abgestellt.[327] Insofern vollzieht sich die Begründung der unbeschränkten Steuerpflicht gleichermaßen für Inländer und Ausländer sowie für Staatenlose.[328] *Heining* spricht daher zu Recht davon, dass „der „Ausländer" (steuerrechtlich) zum „Inländer" (wird), wenn er im Inland seinen Wohnsitz oder gewöhnlichen Aufenthalt nimmt"[329]. Für die Bestimmung der inländischen Ansässigkeit ist zudem unerheblich, ob angesichts eines zusätzlichen - „auch noch so herrschaftlich(en)"[330] - Wohnsitzes im Ausland ein weiterer genuine link zu einem anderen Staat besteht.[331] Denn der Wortlaut des § 1 Abs. 1 EStG sowie des § 2 Abs. 1 Nr. 1 Sätze 1, 2 a) ErbStG knüpft zur Begründung der unbeschränkten Steuerpflicht lediglich an *„einen"* inländischen Wohnsitz. Eine Person kann also sowohl mehrere Wohnsitze[332] im Inland als auch im Ausland unterhalten, solange sich nur einer der Wohnsitze im Inland befindet.[333] In diesem Fall ist

327 In diesem Kontext ist auch die Rede vom sog. „Wohnsitz- oder Ansässigkeitsprinzip", wobei der Steuerpflichtige partiell auch als Steuerinländer bezeichnet wird, vgl. *Lehner/ Waldhoff*, in: K/S/M, § 1 EStG B 67. Das nationale Steuerrecht kennt den Begriff des „Steuerinländers" hingegen nicht. In § 2 Abs. 1 Nr. 1 ErbStG ist lediglich die Rede vom „Inländer", nicht jedoch vom *Steuer*inländer. Auch der Begriff der „Ansässigkeit" findet sich lediglich in § 2 Abs. 1 AStG wieder, um die unterschiedlichen Dimensionen der territoriale Anknüpfungen fremder Staaten zu umfassen, vgl. *Stahl*, Die Reichweite der erweiterten beschränkten Steuerpflicht nach § 2 AStG – Ein Beitrag zur Struktur der Steuerpflicht, S. 30.

328 *Bayer*, in: FS Mosler, S. 59 (64 f.).

329 *Heining*, Besteuerung der Ausländer, S. 1.

330 *Olgemöller*, Stbg 2004, 468 (468).

331 BFH, Urt. v. 19.3.2002 – I R 15/01, BFH/NV 2002, 1411 (1412); *Wassermeyer*, in: Steffen, Die Wohnsitzverlegung in die Schweiz: Einführung für vermögende Personen und Unternehmen, S. 221 (224); *Noll*, in: Flick/ Piltz, Der Internationale Erbfall: Erbrecht, Internationales Privatrecht, Erbschaftsteuerrecht, Rn. 1221: „Auch wer einen „großen" Wohnsitz im Ausland und nur einen „kleinen" Wohnsitz (Nebenwohnsitz) im Inland hat, ist Steuerinländer".

332 Etwas anderes gilt für den gewöhnlichen Aufenthalt. Nach dem Wortlaut des § 1 Abs. 1 EStG, § 2 Abs. 1 Nr. 1 Sätze 1, 2 a) ErbStG i.V.m. § 9 Satz 1 AO kann der Steuerpflichtige nur *einen* gewöhnlichen Aufenthalt haben. Zur Begründung der unbeschränkten Steuerpflicht muss dieser im Inland liegen, vgl. *Land*, DStZ 1980, 472 (472); BFH, Urt. v. 9.2.1966 - I 244/63, BStBl III 1966, 522; BFH, Urt. v. 10.4.2013 - I R 50/12, BFH/NV 2013, 1909.

333 Vgl. BFH, Urt. v. 23.11.2000 - VI R 107/99, BStBl II 2001, 294: *„Im Einzelfall können auch zwei Wohnsitze nebeneinander bestehen"*; BFH, Urt. v. 16.12.1998 - I R 40/97, BStBl II 1999, 207; BFH, Urt. v. 23.11.1988 - II R 139/87, BStBl II 1989, 182 *Olgemöller*,

der Steuerpflichtige grundsätzlich in jedem Staat, in dem er über einen Wohnsitz verfügt, unbeschränkt steuerpflichtig.[334] Etwaige hieraus resultierende Besteuerungskonflikte werden regelmäßig über Doppelbesteuerungsabkommen gelöst.[335] Ob es sich jeweils um eine Haupt- oder Nebenwohnung handelt ist ebenso unbeachtlich. Insbesondere hat ein mehrfacher Wohnsitz im Inland seit Abschaffung der Bürgersteuer keinen Einfluss mehr auf die Höhe der inländischen Steuerlast.[336] Relevanz hat dies lediglich mit Blick auf die eventuelle Besteuerung des Innehabens einer Zweitwohnung[337] sowie die örtliche Zuständigkeit des Wohnsitzfinanzamts.[338]

Das derzeit geltende Ansässigkeitsprinzip mit der ausschließlichen Anknüpfung an den Wohnsitz beziehungsweise den gewöhnlichen Aufenthalt galt jedoch nicht immer. Ebenso wenig ist sicher, welchen Geltungsanspruch es zukünftig noch haben wird. Jüngst wurden vereinzelte Stimmen laut, die auf eine Reform des Steuerrechts abzielen und hierbei zur wirkungsvollen Vermeidung der Steuerflucht natürlicher Personen eine Abkehr vom gegenwärtigen Ansässigkeitsprinzip fordern. Zur Debatte steht die Begründung der unbeschränkten Steuerpflicht zukünftig nicht mehr wie bislang an den Wohnsitz beziehungsweise den gewöhnlichen Aufenthalt, sondern (wieder) an die deutsche Staatsangehörigkeit zu knüpfen.[339] Hierdurch käme es zu einer Rückkehr zum bereits Anfang

---

Stbg 2004, 468 (468); *Tiede*, in: H/H/R, § 1 EStG, Rn. 62; *Tiedtke/ Langheim*, DStZ 2003, 10 (10); *Zenthöfer*, Einkommensteuer, S. 7; *Blusz*, in: Kanzler/ Kraft/ Bäuml Einkommensteuergesetz Kommentar, § 1 EStG, Rn. 36.

334 *Tiedtke/ Langheim*, DStZ 2003, 10 (10); Mössner, Steuerrecht international tätiger Unternehmen, Rn. 2.32.

335 Vgl. hierzu: B.II.1.b.bb.(4), S. 48 ff.

336 *Musil*, in: H/H/Sp, § 8 AO, Rn. 14.

337 BFH, Urt. v. 24.1.2002 - I R 100/99, BFH/NV 2001, 1402; *Musil*, in H/H/Sp, § 8 AO, Rn. 14, Fn. 8: „Dieser knüpft jedoch regelmäßig nicht an den Wohnsitzbegrigff des § 8 an, sondern zumeist an die melderechtliche Nebenwohnung i.S. des § 12 Abs. 3 MRRG". Vgl. hierzu bspw. §§ 1, 2 Abs. 1 Satzung über die Erhebung einer Zweitwohnungsteuer in der Landeshauptstadt München.

338 Nach § 19 Abs. 1 Satz 2 AO ist in solchen Fällen der Wohnsitz maßgeblich, an dem sich der Steuerpflichtige vorwiegend aufhält. Bei mehrfachem Wohnsitz eines verheirateten Steuerpflichtigen, der von seinem Ehegatten nicht dauernd getrennt lebt, ist der Wohnsitz maßgebend, an dem sich die Familie vorwiegend aufhält.

339 Vgl. Deutscher Bundestag Antrag einzelner Abgeordneter und der Linken v. 4.3.2015, Drucks.: 18/4206. Diese begründen ihr Ansinnen vor allem mit dem Umstand, dass die geltenden Regelungen des AStG zur Verhinderung der Steuerflucht natürlicher Personen nahezu wirkungslos seien. Zudem hätten auch „Personen, die ihren Wohnsitz verlegen, zuvor öffentlich finanzierte Infrastruktur (...) in Anspruch genommen

des letzten Jahrhunderts im Bereich der Personensteuern praktizierten Nationalitätsprinzip. Mit Blick auf das Einkommensteuerrecht findet sich das Ansässigkeitsprinzip erstmals im EStG 1925[340] wieder.[341] Bis dahin wurde die inländische unbeschränkte Steuerpflicht natürlicher Personen teils ausschließlich auf das Nationalitätsprinzip gegründet[342] oder eine Kombination von Ansässigkeit und Staatsangehörigkeit zugrunde gelegt.[343] Demgegenüber ist aufgrund des gegenwärtigen Steuerkonzepts lediglich der (auch) in Deutschland Ansässige unbeschränkt einkommensteuerpflichtig. Unterliegt also vorbehaltlich unilateraler Maßnahmen und etwaiger Doppelbesteuerungsabkommen mit seinem Welteinkommen der Steuerpflicht.[344] Dies folgt sowohl aus § 2 Abs. 1 EStG und dem dortigen Fehlen entsprechend einschränkender Merkmale bei der Definition

(…). Darüber hinaus kommt die Bundesrepublik Deutschland auch gegenüber im Ausland lebenden Bürgerinnen und Bürgern mit deutscher Staatsbürgerschaft gerade in Notfällen wie Bürgerkriegen (…) (ihrer) Fürsorgepflicht nach".

340 § 2 EStG v. 10.06.1925, RGBl I 1925, 189: „*Mit dem gesamten Einkommen sind steuerpflichtig (unbeschränkt steuerpflichtig): alle natürlichen Personen, solange sie im deutschen Reiche einen Wohnsitz oder ihren gewöhnlichen Aufenthalt haben. Als gewöhnlich gilt (…).*" Auffällig ist, dass das EStG 1925 anders als die gegenwärtige Fassung des § 1 EStG selbst eine Definition des gewöhnlichen Aufenthalts bereithält.

341 Durch die hierdurch erzielte Gleichstellung von deutschen Staatsangehörigen und Ausländern hat der Gesetzgeber damals vor allem „eine Forderung der Wissenschaft (erfüllt), die in der Beziehung zwischen Steuergläubiger und Steuerschuldner das Rechtsband der Staatsangehörigkeit (…) durch das persönliche territoriale (Wohnsitz, Aufenthalt) (…) Rechtsband ersetzt sehen (wollte)", vgl. *Lehner/ Waldhoff*, in: K/S/M, § 1 EStG A 650.

342 *Bühler*, Prinzipien des Internationalen Steuerrechts IStR: ein systematischer Versuch, S. 161; *Kluge*, Das internationale Steuerrecht; Gemeinschaftsrecht, Außensteuerrecht, Abkommensrecht, M 2; *Schaumburg*, Internationales Steuerrecht: Außensteuerrecht, Doppelbesteuerungsrecht, Rn. 5.10: Das Nationalitätsprinzip wurde im preußischen EStG 1891 begründet, in dem die unbeschränkte Steuerpflicht ausschließlich an die preußische Staatsangehörigkeit anknüpfte. Mit dem EStG 1920 wurde das Nationalitätsprinzip durch das Wohnsitzprinzip insoweit modifiziert, als dass alle Deutschen unbeschränkt steuerpflichtig waren, sofern sie sich nicht länger als zwei Jahre im Ausland aufhielten, sowie Ausländer, soweit sie sich ständig oder länger als sechs Monate im Inland aufhielten. Mit dem EStG 1934 erfolgte dann die bis heute bestehende Unterscheidung entsprechend § 1 EStG.

343 *Lehner/ Waldhoff*, in: K/S/M, § 1 EStG A 650.

344 *Reimer*, in: Wegzugsbesteuerung, Wegzugsberatung: Zivilrecht, Steuerrecht, Soziale Sicherung, § 11, Rn. 95; *Hansch*, RIW/AWD 1984, 287 (287).

der Einkünfte[345] als auch argumentum e contrario aus der Beschränkung auf die inländischen Einkünfte bei der beschränkten Steuerpflicht.[346] Vergleichbares gilt im Erbschaft- und Schenkungsteuerrecht. Auch hier wird zur Begründung der unbeschränkten Steuerpflicht ausschließlich auf das Ansässigkeitsprinzip abgestellt und dabei der weltweite Vermögensanfall der inländischen Steuerpflicht unterstellt.[347] Im Unterschied zum Einkommensteuergesetz folgt dies jedoch unmittelbar aus dem Wortlaut des § 2 Abs. 1 Nr. 1 Satz 1 ErbStG. Dieser spricht eindeutig vom gesamten Vermögensanfall. Die Fokussierung auf das Ansässigkeitsprinzip ist jedoch auch mit Blick auf das Erbschaft- und Schenkungsteuerrecht ein „jüngeres" Phänomen. Ebenso wie im Einkommensteuergesetz war die Staatsangehörigkeit in diesem Bereich lange Zeit von Relevanz. § 24 Abs. 1 Nr. 1 ErbStG 1921[348] stellte zur Begründung der Erbschaft- beziehungsweise Schenkungsteuerpflicht (noch) auch auf die deutsche Staatsangehörigkeit ab. Erst im Zuge des Erbschaftsteueränderungsgesetzes 1951[349] wurde die Anknüpfung der Steuerpflicht an die Staatsangehörigkeit völlig abgeschafft. Maßgeblich für die unbeschränkte Steuerpflicht war nunmehr allein die Inlandsansässigkeit. Argumentiert wurde, dass der Steueranspruch im Falle der Auslandsansässigkeit des

---

345 *Kluge*, Das Internationale Steuerrecht; Gemeinschaftsrecht, Außensteuerrecht, Abkommensrecht, M 18: „So wie die §§ 13 ff. EStG den räumlichen Anwendungsbereich der Steuertatbestände nicht auf das Inland begrenzen, begrenzt § 49 EStG selbst durch seine Tatbestandsmerkmale den Anwendungsbereich der dort getrennten Tatbestände. (…) mit den Tatbeständen der sieben Einkunftsarten steht (daher) fest, daß es sich in der Tat um einen weltweiten Besteuerungsanspruch handelt".

346 *Lang*, StuW 1974, 293 (303), Fn. 106; *Kluge*, Das Internationale Steuerrecht, Gemeinschaftsrecht, Außensteuerrecht, Abkommensrecht, M 18; Im Bereich des Körperschaftsteuergesetzes wird hingegen ausdrücklich auf die Besteuerung des Welteinkommens Bezug genommen. Dort heißt es: „Die unbeschränkte Körperschaftssteuerpflicht erstreckt sich auf sämtliche Einkünfte", vgl. *Jakob*, Einkommensteuer, § 7, Rn. 1186.

347 *Flick*, DStR 1989, 623 (623): „Bei der Erbschaft-/ Schenkungsteuer kann der Wohnsitz als Anknüpfungspunkt unbeschränkter Steuerpflicht sogar unter zwei Aspekten in Betracht kommen: Hat der Erblasser/ Schenker deutschen Wohnsitz, so unterliegt der Übergang des Weltvermögens - unabhängig vom Wohnsitz der Erben/ Beschenkten - der unbeschränkten deutschen Erbschaftsteuerpflicht. Hat der Erbe/ Beschenkte deutschen Wohnsitz, so unterliegt der Übergang des Weltvermögens auf ihn - unabhängig vom Wohnsitz des Erblasers der unbeschränkten Erbschaftsteuerpflicht".

348 RGBl I 1922, 610 (612): *§ 24 Abs. 1 Nr. 1 ErbStG „Die Steuerpflicht tritt ein für den gesamten Erbanfall, wenn der Erblasser zur Zeit seines Todes oder der Erwerber zur Zeit des Eintritts der Steuerpflicht ein Inländer ist. Als Inländer gelten: Deutsche (…)"*.

349 Gesetz zur Änderung des Erbschaftsteuergesetzes v. 30.6.1951, BGBl 1951, 759 ff.

Erblassers beziehungsweise des Erben regelmäßig schwer zu realisieren sei.[350] Im Übrigen wurde hierdurch eine Angleichung der erbschaftsteuerrechtlichen Vorschriften an diejenigen des EStG und des damaligen VStG beabsichtigt.[351] Eine abermalige Kehrtwende zurück zur Anknüpfung an die Staatsangehörigkeit fand allerdings 1974 statt. Mit § 2 Abs. 1 Nr. 1 Satz 2 b) ErbStG wurde dabei eine dem heutigen § 2 Abs. 1 Nr. 1 Satz 2 b) ErbStG wortgleiche Norm geschaffen, die die Staatsangehörigkeit erneut zum Tatbestandsmerkmal erklärte. Seitdem kommt ihr wieder Bedeutung zu. Wenn auch nur noch im Rahmen der erweiterten unbeschränkten Steuerpflicht.

(2) Inkonsequenz in der Steuerschuldnerschaft

Die derzeit zur Begründung der unbeschränkten Steuerpflicht im Einkommensteuergesetz sowie im Erbschaft- und Schenkungsteuergesetz vorzufindende Fokussierung auf das Ansässigkeitsprinzip wird in punkto Steuerschuldnerschaft nicht konsequent durchgehalten. Unbeschränkte Steuerpflicht und Steuerschuldnerschaft fallen nicht zwingend zusammen.[352] An der konsequenten Umsetzung des genuine link-Erfordernisses bestehen daher gewisse Bedenken.

Lediglich im Einkommensteuerrecht ist das Ansässigkeitsprinzip steuersubjektbezogen. Allein die im Inland ansässigen natürlichen Personen unterliegen der unbeschränkten Steuerpflicht und schulden diese im Ergebnis entsprechend §§ 33, 43 Satz 1 AO i.V.m. § 36 Abs. 4 Satz 1 EStG. Etwas anderes gilt im Erbschaftsteuer- und Schenkungsteuergesetz. Nicht bei allen in § 20 ErbStG aufgeführten Steuerschuldnern[353] kommt es darauf an, ob diese im Inland ansässig sind.[354] Angesichts dessen besteht auch nicht zwingend eine Kongruenz zwischen Steuerschuldnerschaft und unbeschränkter Steuerpflicht. Dies verdeutlicht ein Vergleich zwischen der Steuerschuldnerschaft und der persönlichen Steuerpflicht infolge einer durch Schenkung unter

350 Vgl. hierzu: B.II.2.b.ba., S. 63 ff.

351 Vgl. *Höninger*, Internationale Doppelbesteuerung im Erbschaft- und Schenkungsteuerrecht – Kollisionsbegründende und –auflösende Normen des ErbStG, S. 124, Fn. 818.

352 *Rauch*, in: Blümich, § 1 EStG, Rn. 27.

353 Dies sind der Erwerber, bei einer Schenkung (auch) der Schenker, bei einer Zweckzuwendung der mit der Zuwendung Beschwerte sowie i.F.d. § 1 Abs. 1 Nr. 4 ErbStG die Familienstiftung und der Familienverein.

354 *Schaumburg*, Internationales Steuerrecht: Außensteuerrecht, Doppelbesteuerungsrecht, Rn. 7.11.

Lebenden[355] ausgelösten Begründung der unbeschränkten Steuerpflicht nach § 2 Abs. 1 Nr. 1 Sätze 1, 2 a) ErbStG. Der Kreis der in Betracht kommenden Steuerschuldner richtet sich hierbei nach § 20 Abs. 1 Satz 1 ErbStG. Hiernach sind *„Steuerschuldner (...) der Erwerber, bei einer Schenkung auch der Schenker"*[356]. Von der Notwendigkeit eines Inlandsbezugs ist hierin jedoch weder explizit noch implizit die Rede. Demgegenüber ist zur Begründung der unbeschränkten Steuerpflicht nach § 2 Abs. 1 Nr. 1 Sätze 1, 2 a) ErbStG zwingend erforderlich, dass entweder der Erwerber zur Zeit der Entstehung der Steuer nach § 9 ErbStG oder der Schenker zur Zeit der Ausführung der Schenkung im Inland ansässig sind. Angesichts des Alternativverhältnisses ist es hingegen unerheblich, wenn einer der beiden nicht im Inland ansässig ist. In diesem Fall muss allerdings die jeweils andere Person im Inland ansässig sein. Andernfalls fehlt es an der zur Begründung der unbeschränkten Steuerpflicht in § 2 Abs. 1 Nr. 1 Satz 1 ErbStG vorausgesetzten Inländereigenschaft. Da nach § 20 Abs. 1 Satz 1 ErbStG bei einer Schenkung unter Lebenden sowohl der Erwerber als auch der Schenker Gesamtschuldner im Sinne des § 44 AO sind,[357] kann die Steuerschuld insofern (auch) an diejenige Person anknüpfen, die nicht im Inland ansässig ist. Damit kann es im Einzelfall zu einem Auseinanderfallen zwischen derjenigen Person, die aufgrund ihrer Inlandsansässigkeit die unbeschränkte Steuerpflicht begründet und derjenigen Person, die die Steuer trotz Fehlens ihrer Inlandsansässigkeit im Ergebnis schuldet, kommen. Das inländische Anknüpfungserfordernis wird also aus Fiskalinteressen partiell[358] „aufgegeben", soweit es um die Realisierung des hierüber begründeten nationalen Steuerzugriffs geht.[359]

---

355 Dies ist ein steuerpflichtiger Vorgang nach § 1 Abs. 1 Nr. 2 i.V.m. § 7 ErbStG.

356 Hinweis: Originalzitate der Gesetzgebung werden auch im Folgenden durch kursive Schreibweise kenntlich gemacht.

357 *Seer*, in: Tipke/ Lang, Steuerrecht, § 15, Rn. 36 m.V.a. *dens.* in § 6, Rn. 58.

358 Demgegenüber ist die unbeschränkte Steuerpflicht i.S.d. § 2 Abs. 1 Satz 2 Nr. 2 ErbStG steuersubjektbezogen. Unbeschränkt steuerpflichtig sind hiernach inländische Familienstiftungen und Familienvereine i.S.d. § 1 Abs. 1 Nr. 4 ErbStG. Beide unterliegen der Erbschaftsteuerschuld nach § 20 Abs. 1 Satz 1 ErbStG. In diesem Fall besteht also eine Kongruenz zwischen Steuerschuldnerschaft und persönlicher Steuerpflicht.

359 Dass die Regelung des § 20 ErbStG lediglich der fiskalischen Sicherung des Steuersubstrats dient, folgt bereits daraus, dass das Erbschaftsteuer- und Schenkungsteuergesetz hierin auch den Schenker zum Steuerschuldner erklärt. Denn bereichert wird durch die Schenkung bzw. durch die Erbschaft allein der Erwerber. Nur bei ihm kommt es zu einem die Steuerpflicht rechtfertigenden Zuwachs an Leistungsfähigkeit. Deshalb ist es nicht systemgerecht in § 2 Abs. 1 Nr. 1 Satz 1 ErbStG für die Erbschaft- und Schenkungsteuer zusätzlich an die Verhältnisse des Erblassers (Schenkers) anzuknüpfen und

bb. Fehlende Inlandsansässigkeit

Die Entscheidung des Gesetzgebers zur Umsetzung des genuine link-Erfordernisses mittels Ansässigkeitsprinzips hat zur Konsequenz, dass sich ein nationaler Steuerzugriff bei fehlender Inlandsansässigkeit der natürlichen Person grundsätzlich verbietet. Diesem Umstand hat der Gesetzgeber jedoch nicht nur in § 1 Abs. 4 EStG und § 2 Abs. 1 Nr. 3 ErbStG durch Einführung der beschränkten Steuerpflicht vorgebeugt.[360] Regelmäßig wirkt sich der frühere Inlandswohnsitz eines deutschen Staatsangehörigen zur Vermeidung der Steuerflucht auch noch nach seinem späteren Wegzug aus.[361] Einerseits für zehn Jahre in einer erweiterten beschränkten Einkommensteuer- und Erbschaftsteuerpflicht im Sinne der §§ 2, 4 AStG.[362] Andererseits für den Erblasser (Schenker) beziehungsweise den Erben (Beschenkten) in einer erweiterten unbeschränkten Erbschaft- und Schenkungsteuerpflicht für fünf Jahre nach dem Wegzug. Die Begründung eines inländischen Wohnsitzes beziehungsweise eines gewöhnlichen Aufenthalts hat demnach „weitreichende steuerliche Folgen für die Zeit der Wohnsitznahme wie auch danach"[363].

---

letzteren noch zum Steuerschuldner zu erklären. Dieser ist nicht „Zurechnungssubjekt wirtschaftlicher Leistungsfähigkeit", vgl. *Höninger*, Internationale Doppelbesteuerung im Erbschaft- und Schenkungsteuerrecht – Kollisionsbegründende und –auflösende Normen des ErbStG, S. 119; *Seer*, in: Tipke/ Lang, Steuerrecht, § 15, Rn. 42.

360 *Haag*, DB 2018, 1303 (1305).

361 *Meng*, Extraterritoriale Jurisdiktion im öffentlichen Wirtschaftsrecht, S. 445.

362 Die in §§ 2, 4 AStG geregelte erweiterte beschränkte Steuerpflicht knüpft tatbestandlich an die fehlende Inlandsansässigkeit an. Allerdings als unmittelbare Rechtsfolge der hierdurch bedingten Steuerentstrickung. Diese Normen stellen somit eine Besonderheit im grundsätzlich zweidimensional ausgestalteten nationalen Steuerzugriff dar. Das AStG etabliert insofern eine Mischform aus Elementen der unbeschränkten und der beschränkten Steuerpflicht. Neben dem Umstand, dass die inländische Staatsangehörigkeit sowie der frühere Wohnsitz zur Tatbestandsvoraussetzung für einen nationalen Steuerzugriff gemacht werden, erweitern beide Normen den gesetzlichen Steueranspruch. Im Falle eines Wegzugs bestimmen sie nicht nur den Eintritt der beschränkten Steuerpflicht, sondern auch denjenigen der erweitert beschränkten Steuerpflicht. Also einen über §§ 49 ff. EStG hinausgehenden, alle inländischen Quellen erfassenden, Steuerzugriff. Es handelt sich jedoch anders als im Fall der (un-)beschränkten Steuerpflicht um eine von vornherein zeitlich begrenzte Steuerpflicht. Also eine Übergangsbesteuerung.

363 *Flick/ Flick-Pistorius*, DStR 1989, 623 (623); *Kluge*, Das internationale Steuerrecht; Gemeinschaftsrecht, Außensteuerrecht, Abkommensrecht, M 58 ff.

Die beschränkte Steuerpflicht wird im Bereich der Einkommensteuer erstmals in den Motiven zum Entwurf eines Gesetzes wegen Beseitigung der Doppelbesteuerung innerhalb des Norddeutschen Bundes vom 14.2.1870 erwähnt.[364] Zwar wurde dieser Entwurf niemals Gesetz. Gleichwohl enthält er Regelungen, in welchen Staaten die eigenen Staatsangehörigen mit ihrem Gesamteinkommen und in welchen sie lediglich mit ihrem inländischen Einkommen steuerpflichtig sind.[365] Eine dem heutigen § 1 Abs. 4 EStG entsprechende Regelung findet sich jedoch erstmals in § 2 Abs. 2 REStG 1920[366] und mit etwas erweitertem Inhalt in § 3 EStG 1925[367]. Seit 1934 wird dabei eine Unterteilung dahingehend vorgenommen, dass die beschränkte Steuerpflicht in § 1 EStG aufgeführt und in den §§ 49 ff. EStG näher erläutert wird.[368] Vergleichbares gilt im Erbschaft- und Schenkungsteuerrecht. § 2 Abs. 1 Nr. 3 Satz 1 ErbStG trifft eine Regelung der beschränkten Steuerpflicht. Bezüglich des hiervon erfassten Inlandsvermögens wird auf § 121 BewG verwiesen. Dabei verdeutlicht der Begriff der „beschränkten" Steuerpflicht, dass Steuerausländer nicht wie Steuerinländer uneingeschränkt der inländischen Steuerpflicht unterliegen.[369] Vielmehr sind sie bloß „territorial beschränkt" der nationalen Besteuerung unterworfen.[370] „Territorial

---

364 *Liedtke*, DB 1985, 671 (671).

365 *Schaumburg*, Internationales Steuerrecht: Außensteuerrecht, Doppelbesteuerungsrecht, Rn. 5.104.

366 § 2 Abs. 2 REStG 1920 v. 29.3.1920, RGBl I 1920, S. 359 ff.: „Einkommensteuerpflichtig sind mit ihrem Einkommen aus inländischem Grundbesitz (...): alle natürlichen Personen ohne Rücksicht auf Staatsangehörigkeit, Wohnsitz oder Aufenthalt".

367 § 3 Abs. 1 EStG 1925 v. 10.8.1925, RGBl I 1925, S. 189: „Mit Einkommen, das aus dem Inland bezogen wird (inländisches Einkommen), sind steuerpflichtig (beschränkt steuerpflichtig) alle natürlichen Personen, wenn sie nicht schon nach § 2 unbeschränkt steuerpflichtig sind".

368 *Wassermeyer*, in: Vogel, DStJG Band 8, S. 49 (51).

369 *Schaumburg*, Internationales Steuerrecht: Außensteuerrecht, Doppelbesteuerungsrecht, Rn. 5.104.

370 Da die beschränkte Steuerpflicht in §§ 1 Abs. 4 i.V.m. 49 EStG und §§ 2 Abs. 1 Nr. 3 Satz 1 ErbStG i.V.m. 121 BewG somit allein auf die inländische Quelle gerichtet ist und dabei die persönlichen Verhältnisse des Steuerpflichtigen weitgehend unberücksichtigt bleiben, hat sie objektsteuerartigen Charakter, vgl. *Jacob*, Einkommensteuer, § 7, Rn. 1187; *Schaumburg*, Internationales Steuerrecht: Außensteuerrecht, Doppelbesteuerungsrecht, Rn. 5.106; *Kluge*, Das Internationale Steuerrecht; Gemeinschaftsrecht, Außensteuerrecht, Abkommensrecht, M 28; *Lang*, StuW 1974, 293 (303): „Der Steuergegenstand wird auf die inländischen Einkünfte im Sinne des § 49 EStG beschränkt (objektive Reduktion der steuerlichen Leistungsfähigkeit), die persönlichen Verhältnisse des Steuerschuldners gemäß § 50 EStG weitgehend außer

beschränkt" deshalb, weil zur Begründung der beschränkten Steuerpflicht im Einkommensteuerrecht sowie im Erbschaft- und Schenkungsteuerrecht an den Inlandsbezug des Steuerobjekts angeknüpft wird. Also an die inländische Einkünfte im Sinne des § 49 EStG beziehungsweise an das Inlandsvermögen im Sinne des § 121 BewG.[371] Teils wird insofern auch vom Quellenprinzip im Sinne einer globalen Besteuerung der Inlandseinkünfte gesprochen.[372] Für die Besteuerung des beschränkt Steuerpflichtigen bildet damit die Quelle der Einkünfte beziehungsweise des Inlandsvermögens den nötigen aber auch ausreichenden genuine link zum Inland.[373]

Angesichts der gegenwärtigen Konzeption der nationalen Steuerrechtsordnung greift die beschränkte Steuerpflicht allerdings nicht zwingend bei Fehlen der Inlandsansässigkeit an. Selbst dann nicht, wenn der genuine link im Einzelfall über die inländische Einkunftsquelle oder das Inlandsvermögen hergestellt wäre. Dies gilt im Einkommensteuergesetz sowie im Erbschaft- und Schenkungsteuergesetz. Im Bereich des Erbschaftsteuergesetzes trifft nämlich auch den Abwanderer, also den nicht (mehr) im Inland Ansässigen, nach § 2 Abs. 1 Nr. 1 Satz 2 b) ErbStG womöglich noch die erweiterte unbeschränkte Steuerpflicht. § 2 Abs. 1 Nr. 3 Satz 1 ErbStG regelt insofern, dass erst *„in allen anderen Fällen"* die beschränkte Steuerpflicht eintritt. Also erst nach Ausschluss sowohl der an die Inlandsansässigkeit anknüpfenden unbeschränkten Steuerpflicht als auch der an die fehlende Inlandsansässigkeit anknüpfenden erweiterten unbeschränkten Steuerpflicht. Auch das Einkommensteuergesetz begründet bei fehlender

---

acht gelassen (subjektive Reduktion der steuerlichen Leistungsfähigkeit). Damit erhält die Besteuerung objektsteuerähnlichen Charakter".

371 Wegen der grundsätzlichen Abkehr vom Nationalitätsprinzip ist dabei unerheblich, ob es sich bei dem im Ausland Ansässigen um einen deutschen Staatsangehörigen handelt, vgl. *Rick/ Gunsenheimer/ Schneider/ Kremer*, Lehrbuch Einkommensteuer, Rn. 26; *Bayer*, in: FS Mosler, S. 59 (66): "Dem Umstand, daß jemand Steuerausländer ist, steht, um nur diesen einen Fall zu nehmen, also nicht entgegen, daß er staatsangehörigkeitsrechtlich gesehen, *Deutscher* ist". Hierin reiht sich letztlich auch die erweiterte beschränkte Steuerpflicht i.S.d. §§ 2, 4 AStG ein. Diese verlangt die vorherige „unbeschränkte Steuerpflicht nach § 1 Abs. 1 EStG als Deutscher". Nicht ausgeschlossen, andererseits aber auch nicht notwendig ist die deutsche Staatsangehörigkeit nach Wegzug.

372 *Lang*, StuW 1974, 293 (303); *Jacob*, Einkommensteuer, § 7, Rn. 1181.

373 *Müller*, Deutsche Steuerhoheit über ausländische Tochtergesellschaften: eine völkerrechtliche Untersuchung zu § 15 Abs. II StAnpG, S. 105; *Crezelius*, DB 1984, 530 (531); *Lampert*, NVwZ 2013, 195 (198).

Inlandsansässigkeit nicht unbedingt die beschränkte Steuerpflicht. Dies gilt zum einen wegen § 1 Abs. 2 EStG, der trotz fehlender Inlandsansässigkeit je nach Einzelfall gleichwohl die unbeschränkte Steuerpflicht auslöst. Zum anderen wegen § 1 Abs. 3 EStG, der bei fehlender Inlandsansässigkeit die Möglichkeit eines Antrags auf unbeschränkte Einkommenssteuerpflicht vorsieht und so ebenfalls dem Eintritt der beschränkten Steuerpflicht „vorgreift".

2. Gegenwärtiger Stellenwert des Nationalitätsprinzips - Schaffung einer dritten genuine link Kategorie

Die zwischenzeitliche Abkehr vom Nationalitätsprinzip zugunsten des Ansässigkeitsprinzips ist insbesondere unter global-äquivalenten Steuerrechtfertigungsgesichtspunkten konsequent.[374] Nichtsdestotrotz hat sich der nationale Gesetzgeber zwecks Begründung der Steuerpflicht nicht gänzlich von der Anknüpfung an die Staatsangehörigkeit gelöst.[375] Vielmehr findet sich das Nationalitätsprinzip gegenwärtig noch im Rahmen der erweiterten unbeschränkten Steuerpflicht sowohl in § 1 Abs. 2 EStG als auch in § 2 Abs. 1 Satz 2 Nr. 1 b) ErbStG wieder.[376] Damit erlangt neben der Inlandsansässigkeit sowie der inländischen Einkunftsquelle beziehungsweise des Inlandsvermögens eine dritte genuine link Kategorie Einzug in die nationale Steuerrechtsordnung. Als solche setzt (auch) sie der nationalen Steuerhoheit Grenzen. Anders als die beiden anderen genuine link Kategorien jedoch nicht in territorialer Hinsicht. Denn das Innehaben der deutschen Staatsangehörigkeit ist nicht an die Inlandsansässigkeit geknüpft. Ebenso wenig fordern § 1 Abs. 2 EStG und § 2 Abs. 1 Satz 2 Nr. 1 b) ErbStG mit Blick auf das Steuerobjekt einen Inlandsbezug. Vielmehr hängt der nationale Steuerzugriff aufgrund der Anknüpfung an die deutsche Staatsangehörigkeit vom Bestehen eines personalen Inlandsbezugs ab. Es bestehen jedoch Bedenken, ob die Durchbrechung des Ansässigkeitsprinzips

374 Vgl. hierzu: B.II.2.b.ba., S. 63 ff.

375 Die Anknüpfung an die Staatsangehörigkeit spielt zudem in zahlreichen DBA noch eine Rolle, vgl. *Endriss*, Wohnsitz- oder Ursprungsprinzip?: die Vermeidung der internationalen Doppelbesteuerung sowie der internationalen Steuerflucht durch Wohnsitzverlagerung bei ausschließlicher Anwendung des Ursprungsprinzips, S. 51.

376 Die Terminologie „erweitert unbeschränkte Steuerpflicht" ist jedoch missverständlich. Denn der Umfang der unbeschränkten Steuerpflicht wird nicht erweitert. Ebenso wie die unbeschränkte Steuerpflicht erfasst diese den gesamten Vermögensanfall, vgl. *Weinmann*, in: Moench/ Weinmann, ErbStG Kommentar, § 2, Rn. 12.

zugunsten des Nationalitätsprinzips eine unter verfassungsrechtlichen Aspekten sachgerechte (Steuer-)Anknüpfung darstellt.

§ 2 Abs. 1 Nr. 1 Satz 2 b) ErbStG regelt, dass die unbeschränkte Steuerpflicht auch dann eintritt, wenn der Erblasser zur Zeit seines Todes, der Schenker zur Zeit der Ausführung der Schenkung oder der Erwerber zur Zeit der Entstehung der Steuer Personen sind, die sich als deutsche Staatsangehörige, ohne im Inland einen Wohnsitz zu haben, nicht länger als fünf Jahre dauernd im Ausland aufhalten.[377] Diese Regelung diskriminiert deutsche Staatsangehörige unter Verstoß gegen Art. 3 Abs. 1 GG.[378] Die Erbschafts- und Schenkungsbesteuerung knüpft an den Zuwachs wirtschaftlicher Leistungsfähigkeit. Warum deutsche Staatsangehörige unter sonst gleichen Bedingungen „strenger" besteuert werden als nicht deutsche Staatsangehörige ist demnach fraglich.[379] Einer derartigen Ungleichbehandlung stünde nur dann nichts entgegen, wenn für die vorgesehene

377 Die Nennung des fehlenden inländischen Wohnsitzes als weiteres Tatbestandsmerkmal ist überflüssig. Denn bestünde ein solcher, wäre bereits die Voraussetzung der Inlandseigenschaft des § 2 Abs. 1 Nr. 1 Sätze 1, 2 a) ErbStG erfüllt, so dass es auf die Voraussetzungen der erweitert unbeschränkten Steuerpflicht nicht mehr ankäme, vgl. *Höninger*, Internationale Doppelbesteuerung im Erbschaft- und Schenkungsteuerrecht – Kollisionsbegründende und –auflösende Normen des ErbStG, S. 122, Fn. 807.

378 Zudem liegt hierin ein Verstoß gegen die Kapitalverkehrsfreiheit aus Art. 63 AEUV sowie die Niederlassungsfreiheit aus Art. 49 ff. AEUV. Zwar hat der EuGH in einer vergleichbaren niederländischen Regelung keinen Verstoß gegen die Kapitalverkehrsfreiheit gesehen. Allerdings nur unter der Prämisse, dass die Doppelbesteuerung durch ein System von Steuergutschriften vermieden werden kann (vgl. EuGH, Urt. v. 21.2.2006, C - 513/03, ECLI:EU:C:2006:131). Hierauf beruft sich auch *Schaumburg*: Er sieht in § 2 Abs. 1 Nr. 1 Satz 2 b) ErbStG einen Verstoß gegen die Kapitalverkehrsfreiheit sowie die Niederlassungsfreiheit. Denn der Abwanderer sieht sich sowohl im Zuzugsstaat (im Rahmen der unbeschränkten Steuerpflicht) als auch im Wegzugsstaat (im Rahmen der erweiterten unbeschränkten Steuerpflicht) mit seinem gesamten Weltvermögen der Erbschaft- und Schenkungsteuer konfrontiert. Diese Doppelbelastung wirkt sich hemmend auf einen grenzüberschreitenden Umzug aus, da sie nicht hinreichend durch ein System von Steuergutschriften vermieden werden kann. Ihm zufolge ist die Vermeidung der Doppelbesteuerung angesichts der geringen Zahl an deutschen Erbschaftsteuerabkommen und der die Doppelbesteuerung nur partiell vermeidenden Regelung des § 21 ErbStG derzeit nicht ausreichend gesichert, vgl. *Schaumburg*, Internationales Steuerrecht: Außensteuerrecht, Doppelbesteuerungsrecht, Rn. 7.24.

379 *Schaumburg*, RIW/AWD 2001, 161 (165); *Schaumburg*, Internationales Steuerrecht: Außensteuerrecht, Doppelbesteuerungsrecht, Rn. 7.24; *Seer*, in: Tipke/ Lang, Steuerrecht, § 15, Rn. 43.

Differenzierung Gründe von solcher Art und solchem Gewicht bestünden, die die ungleichen Rechtsfolgen rechtfertigen.[380] § 2 Abs. 1 Nr. 1 Satz 2 b) ErbStG soll die Umgehung der inländischen Besteuerung durch lediglich vorübergehende Wohnsitzverlegung in das Ausland verhindern.[381] Warum hierbei ausschließlich auf die deutsche Staatsangehörigkeit abgestellt wird, geht aus der Begründung der Gesetzesmaterialien jedoch nicht hervor. Offensichtlich unterstellte der Gesetzgeber den nichtdeutschen Staatsangehörigen eine weniger fiskalisch ausgerichtete Motivation zur Abwanderung als den deutschen Staatsangehörigen. Dabei wird jedoch außer Acht gelassen, dass auch die Motive deutscher Staatsangehöriger zur Abwanderung vielfältig sein können. Mitunter familiär oder beruflich bedingt. Eine pauschale Unterstellung rein fiskalischer Erwägungen verbietet sich somit. Die Steuerumgehung ist demnach „kein die unterschiedliche Behandlung der deutschen gegenüber den nichtdeutschen Staatsangehörigen rechtfertigender gewichtiger Grund“[382]. Im Übrigen steht der Regelung auch der global-äquivalenztheoretische Rechtfertigungsansatz entgegen. Denn die vormalige staatliche Leistungsinanspruchnahme durch den Abwanderer erfolgte allein aufgrund seiner Inlandsansässigkeit. Die Staatsangehörigkeit spielt hierbei keine Rolle. Daher wäre nicht nur eine erweiterte Besteuerung des deutschen, sondern auch des nicht deutschen Staatsangehörigen sachgerecht.[383] Die Staatsangehörigkeit stellt daher kein taugliches genuine link-Kriterium im Rahmen des § 2 Abs. 1 Nr. 1 Satz 2 b) ErbStG dar.

Vergleichbare Bedenken bestehen mit Blick auf § 1 Abs. 2 EStG. Dieser begründet die erweiterte unbeschränkte Steuerpflicht für deutsche Staatsangehörige

380 Vgl. grundlegend BVerfG, Beschl. 7.10.1980 - 1 BvL 50, 89/79, BVerfGE 55, 72; BVerfG, Beschl. v. 8.6.1993 - 1 BvL 20/85, BVerfGE 89, 15.

381 Vgl. zur Begründung: Regierungsvorlage zum 2. Steuerreformgesetz, BR-Drucks. 140/72, S. 44, 61 f. Bis zur Einführung dieser Regelung war die Steuerumgehung durch eine nur kurzfristige Begründung der Auslandsansässigkeit bei Aufgabe der Inlandsansässigkeit möglich. Denn die Steuerpflicht knüpfte bis dato lediglich an die Inlandsansässigkeit, vgl. *Höninger*, Internationale Doppelbesteuerung im Erbschaft- und Schenkungsteuerrecht – Kollisionsbegründende und –auflösende Normen des ErbStG, S. 126; *Schaumburg*, Internationales Steuerrecht: Außensteuerrecht, Doppelbesteuerungsrecht, Rn. 7.22.

382 *Höninger*, Internationale Doppelbesteuerung im Erbschaft- und Schenkungsteuerrecht – Kollisionsbegründende und – auflösende Normen des ErbStG, S. 128.

383 *Höninger*, Internationale Doppelbesteuerung im Erbschaft- und Schenkungsteuerrecht – Kollisionsbegründende und – auflösende Normen des ErbStG, S. 128.

und deren Angehörige,[384] bei denen der Wegzug ins Ausland auf einer Entsendung durch Behörden des Heimatstaats beruht.[385] Hiermit sollen Besteuerungslücken geschlossen werden.[386] Diese entstehen dadurch, dass diese Personen trotz ihrer an sich im Ausland bestehenden unbeschränkten Steuerpflicht zu keiner umfassenden Besteuerung herangezogen werden (können).[387] Ursache hierfür sind steuerrechtliche Privilegierungen aus multilateralen Völkerrechtsverträgen.[388] Nach den hierin getroffenen Privilegierungen werden Diplomaten und Berufskonsuln des Entsendestaats im Empfangsstaat lediglich mit den dort erzielten Einkünften einer Besteuerung unterworfen. Die Bezüge für ihre Tätigkeit ebenso wie andere Einkunftsquellen im Entsendestaat sowie aus Drittstaaten werden im Empfangsstaat von jeglicher Besteuerung freigestellt.[389] Da im Entsendestaat angesichts der fehlenden dortigen Ansässigkeit ebenfalls keine unbeschränkte Steuerpflicht begründet wird,[390] können diese Einkünfte

---

384 Auffällig ist, dass das Merkmal der deutschen Staatsangehörigkeit nur für die Auslandsbediensteten zwingendes Tatbestandsmerkmal ist, nicht jedoch für die „zu ihrem Haushalt gehörenden Angehörigen“, vgl. *Lehner/ Waldhoff*, in: K/S/M, § 1 EStG C 2.

385 *Reimer*, in: Wegzugsbesteuerung, Wegzugsberatung: Zivilrecht, Steuerrecht, Soziale Sicherung, § 11, Rn. 104.

386 Im Fokus steht hierbei allein die Vermeidung weißer Einkünfte durch völlige Nichtbesteuerung. Im Unterschied hierzu bezweckt § 2 Abs. 1 Nr. 1 Satz 2 b) ErbStG lediglich inländische Steuerausfälle aufzufangen. Denn der Abwanderer wird i.d.R. einer unbeschränkten ErbSt im Zuzugsstaat unterliegen, vgl. *Gosch*, in Kirchhof, EStG Kommentar, § 1, Rn. 9; *Lehner/ Reimer*, IStR 2005, 542 (543).

387 Anders als i.F.d. § 2 Abs. 1 Nr. 1 Satz 2 b) ErbStG beruht die Gefahr des hierdurch bedingten „Steuerausfalls“ jedoch nicht auf einer ggf. missbräuchlichen Gestaltung durch den Steuerpflichtigen. Denn i.d.R. hat der von § 1 Abs. 2 EStG erfasste Personenkreis wenig Einfluss auf den Ort der Arbeitsausübung und damit auf die steuerlich „günstigen“ Konsequenzen seines Auslandseinsatzes, vgl. *Lehner/ Waldhoff*, in: K/S/M, § 1 EStG C 5; *Schaumburg*, Internationales Steuerrecht: Außensteuerrecht, Doppelbesteuerungsrecht, Rn. 5.39; *Jacob*, Einkommensteuer, Rn. 1188.

388 Wiener Übereinkommen vom 18.4.1961 über diplomatische Beziehungen (*WÜD*) und Wiener Übereinkommen vom 24.4.1963 über konsularische Beziehungen (*WÜK*) (Gesetz vom 6.8.1964 zum WÜD vom 18.4.1961, BGBl II 1964, 957, BGBl II 1965,147; Gesetz vom 26.8.1969 zum WÜK vom 24.4.1963, BGBl II 1969, 1585, BGBl II 1971, 1285).

389 *Streck*, FR 1975, 261 (262); *Reimer*, in: Wegzugsbesteuerung, Wegzugsberatung: Zivilrecht, Steuerrecht, Soziale Sicherung, § 11, Rn. 107; *Schaumburg*, Intenationales Steuerrecht: Außensteuerrecht, Doppelbesteuerungsrecht, Rn. 5.39.

390 Möglich ist lediglich eine beschränkte Steuerpflicht im Entsendestaat, vgl. *Streck*, FR 1975, 261 (262); *Lehner/ Waldhoff*, in: K/ S/ M, § 1 EStG C 61.

nirgends einer umfassenden Besteuerung unterworfen werden. Daher sieht § 1 Abs. 2 EStG eine Abtretung der Besteuerungsansprüche vom Ansässigkeitsstaat an Deutschland vor. Bislang stößt die hierin getroffene Anknüpfung an die deutsche Staatsangehörigkeit nicht auf verfassungsrechtliche Bedenken. Dies dürfte sich allerdings zukünftig ändern. Ursprünglich war § 1 Abs. 2 EStG lediglich auf die diplomatisch und konsularisch tätigen Auslandsbeamten zugeschnitten, wobei der beamtenrechtliche Status noch mit der deutschen Staatsangehörigkeit verbunden war. Die tatbestandliche Anknüpfung an die deutsche Staatsangehörigkeit war somit geradezu konsequent und stellte letztlich nur eine Klarstellung der ohnehin für die Eigenschaft eines diplomatisch oder konsularisch tätigen Auslandsbeamten erforderlichen Voraussetzung dar. Dieser Grundsatz hat sich allerdings angesichts neuerer Entwicklungen im Beamtenrecht geändert. Damit bestehen zunehmend Zweifel, ob das in § 1 Abs. 2 EStG verankerte Nationalitätsprinzip unter verfassungsrechtlichen Aspekten zukünftig noch eine sachgerechte Anknüpfung darstellt. Zwar dürfte die Mehrheit der Auslandsbeamten gegenwärtig nach wie vor noch die deutsche Staatsangehörigkeit besitzen.[391] Gleichwohl wird der Gesetzgeber angesichts der jüngsten Entwicklungen im Beamtenrecht nicht umhin kommen zu überdenken, ob eine Anknüpfung an die deutsche Staatsangehörigkeit noch systemgerecht erscheint. Oder ob eine verfassungskonforme Umsetzung des genuine link-Erfordernisses zukünftig eher nach anderen Kriterien erfolgen sollte.

3. Zwischenergebnis

Die allgemeine Regel des Völkerrechts, wonach jeder Staat eine Steuerpflicht aufgrund seiner Steuergesetze nur dann begründen darf, wenn es hierfür persönliche oder räumliche Anknüpfungsmerkmale gibt, wird durch den nationalen Gesetzgeber im Bereich der Personensteuern konsequent aufgegriffen. Zur territorialen Begrenzung der nationalen Steuerhoheit fordert dieser einen Inlandsbezug des Steuerpflichtigen und richtet damit die Steuerrechtsordnung an der völkerrechtlich für verbindlich erklärten Notwendigkeit eines genuine links aus. Dabei wird das genuine link-Erfordernis in zweidimensionaler Form realisiert. Während im Rahmen der unbeschränkten Steuerpflicht auf den Inlandsbezug des Steuersubjekts abgestellt wird, kommt es im Rahmen der beschränkten Steuerpflicht auf den Inlandsbezug des Steuerobjekts an. Mittlerweile wird für den Inlandsbezug des Steuersubjekts nach dem international üblichen Ansässigkeitsprinzip

---

391 *Lehner/ Waldhoff*, in: K/S/M, § 1 EStG C 14.

abgegrenzt und so auf die stärkste territoriale Verbindung zwischen Steuerhoheit und Steuersubjekt abgestellt. Diese erlaubt einen umfassenden Zugriff auf das Welteinkommen beziehungsweise den weltweiten Vermögensanfall. Die Fokussierung auf das Ansässigkeitsprinzip wird allerdings in punkto Steuerschuldnerschaft nicht konsequent verfolgt. Unbeschränkte Steuerpflicht und Steuerschuld fallen nicht zwingend zusammen. Lediglich im Einkommensteuerrecht ist das Ansässigkeitsprinzip steuersubjektbezogen. Allein der im Inland Ansässige unterliegt der unbeschränkten Steuerpflicht und schuldet diese im Ergebnis auch. Etwas anderes gilt jedoch im Erbschaftsteuer- und Schenkungsteuergesetz. Zwar besteht auch hier in Gestalt des inländischen Ansässigkeitserfordernisses ein genuine link für die Begründung der unbeschränkten Steuerpflicht. Dieses inländische Anknüpfungserfordernis wird jedoch partiell aufgegeben, soweit es um die Realisierung des hierüber begründeten Steuerzugriffs geht. Bei den in § 20 ErbStG aufgeführten Steuerschuldnern kommt es nämlich nicht notwendig darauf an, wo diese ansässig sind.

Aus der Entscheidung des Gesetzgebers zur Umsetzung des genuine link-Erfordernisses mittels Ansässigkeitsprinzips folgt, dass sich ein nationaler Steuerzugriff bei fehlender Inlandsansässigkeit der natürlichen Person grundsätzlich verbietet. Diesem Umstand hat der Gesetzgeber jedoch nicht nur durch Einführung der beschränkten Steuerpflicht vorgebeugt. Regelmäßig wirkt sich der frühere Inlandswohnsitz eines deutschen Staatsangehörigen auch noch nach seinem späteren Wegzug aus. Einerseits für zehn Jahre in einer erweiterten beschränkten Einkommensteuer- und Erbschaftsteuerpflicht. Andererseits für den Erblasser (Schenker) beziehungsweise den Erben (Beschenkten) in einer erweiterten unbeschränkten Erbschaft- und Schenkungsteuerpflicht für fünf Jahre nach Wegzug.

Demgegenüber hat sich der Gesetzgeber sowohl mit Blick auf die unbeschränkte Steuerpflicht als auch auf die beschränkte Steuerpflicht grundsätzlich von der Anknüpfung an die Staatsangehörigkeit verabschiedet. Dies ist insbesondere unter global-äquivalenten Steuerrechtfertigungsgesichtspunkten konsequent. Nichtsdestotrotz findet sich das Nationalitätsprinzip gegenwärtig noch im Rahmen der erweiterten unbeschränkten Steuerpflicht in § 1 Abs. 2 EStG sowie in § 2 Abs. 1 Nr. 1 Satz 2 b) ErbStG. Beide Normen stellen jedoch eine unter verfassungsrechtlichen Aspekten nicht sachgerechte beziehungsweise bedenkliche Anknüpfung dar.

II. Wohnsitz als territoriales Anknüpfungsmerkmal der unbeschränkten Steuerpflicht natürlicher Personen

1. Konkretisierung mittels Legaldefinition in § 8 AO

a. *Eigenständige steuerliche Begriffsdefinition durch Schaffung eines verobjektivierten Wohnsitzbegriffs*

Der Begriff des Wohnsitzes ist weder im Einkommensteuergesetz noch im Erbschaft- und Schenkungsteuergesetz legaldefiniert.[392] Unter welchen Voraussetzungen und ob daher im Einzelfall ein inländischer Wohnsitz vorliegt, bestimmt sich allerdings nicht anhand der in zahlreichen Doppelbesteuerungsabkommen enthaltenen Begriffsbestimmungen zum Wohnsitz.[393] Vielmehr wird hierin entsprechend Art. 4 Abs. 1 Satz 1 OECD-MA 2017[394] auf den Wohnsitz im Sinne des jeweiligen innerstaatlichen Steuerrechts abgestellt.[395] Dies entspricht dem Grundsatz, wonach Doppelbesteuerungsabkommen lediglich der Verteilung der Besteuerungsrechte beider Vertragsstaaten dienen. Sie selbst begründen weder eine unmittelbare Steuerpflicht noch sperren sie diesbezüglich bestehende nationale Regelungen.[396] Nur für den Fall der Ansässigkeit in beiden Vertragsstaaten normieren die Doppelbesteuerungsabkommen entsprechend Art. 4 Abs. 2 OECD-MA 2017 eigenständig, in welchem Vertragsstaat die abkommensrechtliche Ansässigkeit besteht und wer daher die nach dem Abkommen dem Ansässigkeitsstaat zustehenden Besteuerungsrechte ausüben

---

392 *Teller*, in: Littmann/ Bitz/ Pust, § 1 EStG, Rn. 69; *Tiede*, in: H/H/R, § 1 EStG, Rn. 62; *Rauch*, in: Blümich, § 1 EStG, Rn. 106.

393 *Lüdicke*, in: Wassermeyer, Doppelbesteuerung: Festgabe Wassermeyer, S. 87 (93); *Drüen*, in: Tipke/ Kruse, § 8 AO, Rn. 19a: „Die Wohnsitzregelungen der DBA (dienen) nur dazu, Kollisionen zu vermeiden, die sich bei der Zuteilung der Steuergüter dadurch ergeben können, dass entweder ein Stpfl. in beiden Vertragsstaaten einen Wohnsitz hat (sog. **Doppelwohnsitz**) oder die jeweiligen Vertragsstaaten den Wohnsitzbegriff verschieden definieren".

394 Vgl. Art. 4 Abs. 1 Satz 1 OECD-MA 2017: *„Im Sinne dieses Abkommens bedeutet der Ausdruck „eine in einem Vertragsstaat ansässige Person" eine Person, die nach dem Recht dieses Staates dort auf Grund ihres Wohnsitzes, ihres ständigen Aufenthalts, des Ortes ihrer Geschäftsleitung oder eines anderen ähnlichen Merkmals steuerpflichtig ist"*.

395 BFH, Urt. v. 23.10.1985 - I R 274/82, BStBl II 1986, 133; *Tanzer*, in: FS Loukota, S. 521 (523).

396 *Schmidt*, Gesetz über die Besteuerung von Außenbeziehungen (Außensteuergesetz), § 1 AStG, Rn. 6; *Werth*, in: Kühn/ von Wedelstädt, § 8 AO, Rn. 1; BFH, Urt. v. 13.10.1965 - I 410/61 U, BFHE 83, 655.

kann.[397] Trotz Internationalität des Wirtschaftslebens richtet sich daher die Frage der Inlandsansässigkeit und damit der unbeschränkten Steuerpflicht nach wie vor allein nach innerstaatlichem Recht.[398]

Die Entscheidungsgründe des einleitend aufgeführten Urteils des FG Baden-Württemberg aus 2015 gehen insoweit fehl und sind daher zwischenzeitlich zurecht mit Urteil vom 23.10.2018 durch den BFH „kassiert" worden.[399] Diese führen das Nichtbestehen der unbeschränkten Steuerpflicht des Klägers trotz inländischen Wohnsitzes auf das Abkommensrecht zurück. Hierzu heißt es: „*Zwar verfüge (der Kläger) über eine zum dauerhaften Wohnen geeignete Wohnung, weshalb er einen Wohnsitz i.S.d. § 8 AO im Inland habe. Entgegen dem in § 1 Abs. 1 EStG angelegten Grundsatz der unbeschränkten Steuerpflicht in diesen Fällen habe der Kläger jedoch auch einen Wohnsitz in Rumänien und dort seinen Lebensmittelpunkt. Folglich gelte der Kläger nach Art. 4 Abs. 2 Buchst. a DBA -Rumänien als in Rumänien ansässig und sei nicht im Inland unbeschränkt steuerpflichtig.*"[400] Das Abkommensrecht kann die Entscheidungsgründe allerdings entsprechend obiger Grundsätze nicht stützen. Zum einen ist der Begriff der „Ansässigkeit" dem Abkommensrecht zuzuordnen, der autonom neben dem innerstaatlichen Recht steht.[401] Daher ist die Frage der „Ansässigkeit" - anders als vom Finanzgericht praktiziert - strikt vom Begriff der unbeschränkten Steuerpflicht zu trennen, der sich allein nach innerstaatlichem Recht richtet.[402] Zum anderen besteht der Zweck eines DBA lediglich darin festzulegen, in welchem Umfang die nach innerstaatlichem Recht bestehende Steuerpflicht entfallen soll. Dabei dient die „Tie-Breaker-Rule" des Art. 4 Abs. 2 OECD-MA 2017[403] dazu, die Verteilungsnormen anzuwenden, indem die Ansässigkeit einem Abkommensstaat zugeordnet wird. Nach der in der „Tie-Breaker-Rule" angelegten Fiktion gilt zwar nur ein Staat als Ansässigkeitsstaat im Sinne des Abkommens. Dies ändert allerdings nichts daran, dass auch der andere Staat nach wie vor nach Art. 4 Abs. 1 OECD-MA 2017 Ansässigkeitsstaat ist. Da dieser an die unbeschränkte Steuerpflicht nach innerstaatlichem Recht knüpft, führt die „Tie-Breaker-Rule" insofern nicht dazu, einen Steuerpflichtigen als nicht mehr unbeschränkt

397 *Lehner/ Waldhoff*, in: K/S/M, § 1 EStG B 73.

398 *Drüen*, in: Tipke/ Kruse, § 8 AO, Rn. 19.

399 Vgl. Fn. 4.

400 FG BW, Urt. v. 7.10.2015 - 1 K 2833/12, EFG 2017, 411.

401 *Gosch*, ISR 2013, 87 (87).

402 *Wassermeyer/ Kaeser*, in: Wassermeyer, DBA, Art. 4 OECD-MA, Rn. 2.

403 Art. 4 Abs. 2 Buchst. a DBA-Rumänien entspricht dieser Regelung.

steuerpflichtig anzusehen.[404] Vor diesem Hintergrund ist davon auszugehen, dass der BFH die Entscheidung der Vorinstanz aufheben wird. Hierzu dürfte das Gericht die Frage der unbeschränkten Steuerpflicht allein auf innerstaatliches Recht stützen.

Das innerstaatliche Recht[405] knüpft die Bestimmung der unbeschränkten Steuerpflicht[406] an den Wohnsitzbegriff des § 8 AO.[407] Hiernach *„hat jemand (seinen Wohnsitz) dort, wo er eine Wohnung unter Umständen innehat, die darauf schließen lassen, dass er die Wohnung beibehalten und benutzen wird"*. Der Wohnsitz wird damit tatbestandlich an vier Voraussetzungen geknüpft, von denen zwei mit dem gegenwärtigen Zustand und zwei mit hypothetischen Entwicklungen in der Zukunft verknüpft sind. Gegenwärtig muss eine „Wohnung" vorliegen, die „innegehabt" wird. Zukünftig muss diese „beibehalten" und „benutzt" werden.[408] § 8 AO stellt allerdings im nationalen Rechtsgefüge eine Ausnahmeregelung dar, da der Wohnsitzbegriff im nationalen Rechtssystem regelmäßig nicht legaldefiniert wird.[409] Nicht zuletzt tritt der Gesetzgeber durch die eigenständige

---

404 *Hagemann*, ISR 2017, 155 (156).

405 Im Übrigen knüpft das innerstaatliche Recht diesbezüglich an den gewöhnlichen Aufenthalt i.S.d. § 9 AO.

406 *von Bornhaupt*, in: FS Offerhaus, S. 419 (421); *Bußmann*, RIW 2010, 304 (306).

407 § 8 AO kommt als allgemeiner Begriffsbestimmung nicht nur Bedeutung in Zusammenhang mit § 1 EStG und § 2 Abs. 1 Nr. 1 Sätze 1, 2 a) ErbStG zu, sondern mitunter auch in Kontext mit § 62 Abs. 1 Satz 1 Nr. 1 EStG, § 35 Abs. 1 Satz 2 ErbStG, § 19 Abs. 1 AO und § 38 Abs. 2 FGO.

408 *Bußmann*, RIW 2010, 304 (306).

409 *Lehner/ Waldhoff*, in: K/S/M, § 1 EStG B 79. Durch dieses Vorgehen reiht sich der Gesetzgeber allerdings in die Gestaltung der Steuerrechtsordnung der angrenzenden Nachbarstaaten Österreich und Schweiz ein. Auch diese definieren den Begriff des steuerlichen Wohnsitzes autonom (vgl. *Loukota*, SWI 2004, 53 (53)). Österreich trifft hierzu in § 26 Abs. 1 BAO, die Schweiz in Art. 3 Abs. 2 DBG eine eigenständige Legaldefinition des Wohnsitzbegriffs. (Dies wird vor allem durch Hinzufügen des Adjektivs „steuerrechtlich" in Art. 3 Abs. 1 und 2 DBG deutlich, vgl. Richner, Handkommentar zum DBG: (Bundesgesetz über die direkte Bundessteuer) Art. 3, Rn. 3). § 26 Abs. 1 BAO geht ebenso wie § 8 AO auf § 13 StAnpG zurück und stimmt daher nahezu wortgetreu mit der deutschen Norm überein. Im Vergleich hierzu bildet Art. 3 Abs. 2 DBG einen Fremdkörper. Denn dieser stellt anders als der deutsche und österreichische Wohnsitzbegriff des Steuerrechts im Wortlaut auf die „Absicht" ab. Hierzu heißt es: „Einen steuerrechtlichen Wohnsitz in der Schweiz hat eine Person, wenn sie sich hier mit der *Absicht* dauernden Verbleibens aufhält oder wenn ihr das Bundesrecht hier einen besonderen gesetzlichen Wohnsitz zuweist". Hinweis: Kursive

Begriffsdefinition in Widerspruch zu seiner üblichen (Steuer-)Normsystematik. Obschon der geltenden Steuerrechtsordnung die Technik des Verweises auf Normen anderer Rechtsgebiete nicht fremd ist, machen § 1 Abs. 1 EStG und § 2 Abs. 1 Nr. 1 Sätze 1, 2 a) ErbStG hiervon keinen Gebrauch.[410] Anders als mitunter in § 3 Abs. 1 Nr. 1, 2 und §§ 4, 5 ErbStG, die zur Begriffserläuterung ausdrücklich auf Vorschriften des BGB verweisen, hat sich der Gesetzgeber durch Schaffung des für alle Steuergesetze einheitlich geltenden[411] § 8 AO gegen eine Anwendung des Wohnsitzbegriffs im Sinne der Legaldefinition des § 7 BGB entschieden.[412] Dies ändert jedoch nichts daran, dass bürgerlich-rechtlicher und steuerlicher Wohnsitz am selben Ort liegen können.[413] Zwingend ist dies allerdings nicht,[414] zumal § 8 AO an die Begründung des Wohnsitzes erheblich höhere Anforderungen stellt als das Zivilrecht.[415] Nach § 7 BGB ist ausreichend, dass sich jemand an einem Ort ständig niederlässt. Maßgeblich ist insoweit, dass „man sich an einem Ort ständig aufhält und zu erkennen gibt, dort nicht nur vorübergehend bleiben zu wollen“[416]. Im Unterschied zum steuerlichen Wohnsitzbegriff kann daher

---

Schreibweise im Nachhinein vorgenommen (vgl. *Tanzer*, in: Lang/ Jirousek/ Loukota, FS Loukota, S. 521 (524)).

410 Vgl. hierzu bspw. die Verweise in § 3 Abs. 1 Nr. 1, 2 und §§ 4, 5 ErbStG auf unterschiedliche Vorschriften des BGB sowie die Verweise in § 7 Nr. 1 AO auf die Legaldefinition des „Beamten bzw. Richters“ im StGB und in § 15 Abs. 1 Nr. 1 AO auf den „Verlobten, auch im Sinne des Lebenspartnerschaftsgesetzes“.

411 *Kruse*, StuW 2003, 344 (345): „Einmal definiert ist für immer und alle Fälle definiert. Verwendet irgendein Steuergesetz (…) (den Begriff) Wohnsitz (…), dann soll diese(r) Begriff wie ein Textbaustein in das jeweilige Gesetz hineingeschoben werden“; *Rick/ Gunsenheimer/ Schneider/ Kremer*, Lehrbuch Einkommensteuer, Rn. 27.

412 *Flick/ Flick-Pistorius,* DStR 1989, 623 (624); *Kammerer*, Wohnsitz (gewöhnlicher Aufenthalt) im Steuerrecht und das Doppelbesteuerungsproblem bei den direkten Steuern, S. 15 f.; *Noll*, in: Der Internationale Erbfall, Rn. 1222; *Mössner*, Steuerrecht international tätiger Unternehmen, Rn. 2.20; *Egly*, DStZ 1940, 627 (627); *Kammerer*, Wohnsitz (gewöhnlicher Aufenthalt) im Steuerrecht und das Doppelbesteuerungsproblem bei den direkten Steuern, S. 16.; vgl. auch schon RFH v. 24.6.1936 - IV A 40/ 36, RStBl 1936, 834: *„Der Wohnsitzbegriff ist hier für das Steuerrecht unabhängig vom Wohnsitzbegriff des bürgerlichen Rechts und anders als dieser letztere geregelt“*.

413 *Noll*, in: Piltz/ Wachter, Der Internationale Erbfall: Erbrecht, Internationales Privatrecht, Ernbschaftsteuerrecht, Rn. 1222.

414 *Lohmeyer*, DVR 1975, 21 (21).

415 *Zenthöfer*, Einkommensteuer, S. 8.

416 *Rick/ Gunsenheimer/ Schneider/ Kremer*, Lehrbuch Einkommensteuer, Rn. 27.

zivilrechtlich auch einen Wohnsitz begründen, wer keine Wohnung innehat und auch nicht die Absicht hat, demnächst eine solche zu beziehen.

Der unterlassene Verweis auf den bürgerlich-rechtlichen Wohnsitzbegriff ist jedoch kein Zufall. Anders als *Wehrhahn* verlautbart, ist es keinesfalls „nahezu bedeutungslos (…), wie (der Wohnsitzbegriff) in concreto formuliert wird“[417]. Zwar lässt sich der Gesetzesbegründung zu § 8 AO nicht entnehmen, warum der Gesetzgeber einen eigenständigen steuerlichen Wohnsitzbegriff geschaffen hat.[418] Allerdings gibt der von § 7 BGB abweichende Wortlaut des § 8 AO[419] diesbezüglich hinreichenden Aufschluss und stellt insofern das gezielte Vorgehen des Gesetzgebers unter Beweis. Im Unterschied zu dem in § 7 BGB verankerten (gewählten) Wohnsitzbegriff[420] knüpft § 8 AO zur Begründung und Beibehaltung des Wohnsitzes nicht (mehr) an subjektive Motive des Steuerpflichtigen an.[421] Entsprechend der Regierungsbegründung zu § 8 AO 1977[422] liegt der Fokus allein auf einem äußerlich in Erscheinung tretenden Raum-Zeit-Gefüge. Hierzu heißt es, dass „abweichend von der Regelung im bürgerlichen Recht (§§ 7, 8 BGB) für den steuerlichen Wohnsitzbegriff die tatsächliche Gestaltung der Verhältnisse und nicht eine Willenserklärung maßgeblich (ist)“[423]. Hierdurch wird augenscheinlich eine doppelte Zielsetzung verfolgt, die durch eine alternative Berufung auf den bürgerlich-rechtlichen Wohnsitzbegriff gerade

---

417 *Wehrhahn*, Die Wohnsitzbestimmung im Internationalen Finanzrecht – Zur Interpretation internationalrechtlicher Anknüpfungsbegriffe, S. 42.

418 Weder im Gesetzentwurf der Bundesregierung zum Entwurf einer Abgabenordnung (AO 1974) v. 19.3.1971 (BT-Drucks. VI/1982) noch im Gesetzentwurf der Fraktionen der SPD, FDP zum Entwurf einer Abgabenordnung (AO 1974) v. 25.1.1973 (BT-Drucks. 7/79) findet sich etwas zur diesbezüglichen Motivlage des Gesetzgebers.

419 Einzige Gemeinsamkeit beider Normen ist der Umstand, dass mehrere Wohnsitze bestehen können. Während § 7 Abs. 2 BGB dies ausdrücklich bestimmt („der Wohnsitz kann gleichzeitig an mehreren Orten bestehen“), lässt sich dies aus § 8 AO zumindest implizit folgen. Denn § 8 AO spricht von „einen“ Wohnsitz, ist also im Vergleich zu § 9 AO offener formuliert. Dort heißt es „den“ gewöhnlichen Aufenthalt i.S.v. den einzigen gewöhnlichen Aufenthalt, vgl. *Land*, DStZ 1980, 472 (472); *Gersch*, in: Klein, § 8 AO, Rn. 5; *Tiedtke/ Langheim*, DStZ 2003, 10 (11).

420 Der gewählte Wohnsitz unterscheidet sich vom gesetzlichen Wohnsitz in §§ 9, 11 BGB.

421 *Szymczak*, AO - eKommentar, § 8 AO, Rn. 5.

422 Vgl. Gesetzesentwurf der Bundesregierung, BT-Drucks. VI/1982, S. 102.

423 Vgl. BT-Drucks.VI/1982, S. 102: Dabei ist zu beachten, dass der Wohnsitz in dieser Erklärung noch unter § 7 AO erfasst ist. Erst in der finalen Fassung, sprich bei Veröffentlichung im Bundesgesetzblatt, wird der Wohnsitz von § 8 AO thematisiert, vgl. BGBl I 1976, Nr. 29, 613.

nicht realisierbar gewesen wäre. Doppelt deshalb, weil das Normgefüge des § 8 AO im Wechselspiel zwischen Fiskalinteressen und einer qualifizierten Umsetzung des völkerrechtlich und staatstheoretisch geforderten Inlandsbezugs des Steuerpflichtigen steht.

b. Bewusste Abgrenzung zum subjektiv ausgestalteten bürgerlich-rechtlichen Wohnsitzbegriff

ba. Nachhaltige Reduktion rechtsmissbräuchlicher Steuergestaltungen

Zum einen kann der Gesetzgeber angesichts eines verobjektivierten Wohnsitzverständnisses willkürlichen Steuergestaltungen durch den Steuerpflichtigen besser entgegenwirken.[424] Raum für derart willkürliche Steuergestaltungen bestünde, wenn zur Begründung beziehungsweise Beibehaltung des inländischen Wohnsitzes alternativ voluntative Elemente in den Mittelpunkt rückten. Diese entziehen sich bekanntlich der Feststellung durch den Rechtsanwender und erlauben so keinen sicheren Rückschluss auf die tatsächliche Inlandsansässigkeit oder müssen hiermit nicht zwingend kongruent sein.[425] So kann es sein, dass jemand zwar einen Willen zur Begründung eines inländischen Wohnsitzes hat, tatsächlich aber nicht im Inland ansässig ist. Umgekehrt kann es sein, dass jemand keinen Willen zur Begründung eines inländischen Wohnsitzes hat oder diesen aufgeben will, tatsächlich aber (nach wie vor) im Inland ansässig ist. Gerade in letzterem Fall soll (und darf) es der natürlichen Person nicht möglich sein, ihrer inländischen Steuerpflicht durch entgegenstehende bloß innere Absichten zu entgehen.[426] Dies gilt insbesondere auch unter globaläquivalenztheoretischen Rechtfertigungsgesichtspunkten. Angesichts dessen ist davon auszugehen, dass der Gesetzgeber im Rahmen des § 8 AO bewusst auf eine Formulierung, wie sie sich in § 7 Abs. 3 BGB findet, verzichtet hat. Dort heißt es, dass der (inländische) Wohnsitz schon dadurch aufgehoben wird, dass *„die Niederlassung mit dem Willen aufgehoben wird, sie aufzugeben“*. Bei § 7 BGB

---

424 So auch *Felix*, in: K/S/M, § 62 EStG B 15: „Nach dem Wortlaut des Gesetzes ist bei der Beurteilung des Sachverhalts - anders als im Zivilrecht - grundsätzlich auf die objektiven Umstände abzustellen (...). Diese Anknüpfung an objektive Umstände dient letztlich der Vermeidung von Manipulationen“.

425 *Mössner*, Steuerrecht international tätiger Unternehmen, Rn. 2.19.

426 *Lehner/ Waldhoff*, in: K/S/M, § 1 EStG B 148: „Wie immer (ist) beim steuerlichen Wohnsitz auf die tatsächliche Gestaltung abzustellen. Dies hat zur Folge, dass gewisse Anforderungen an die **Erkennbarkeit der Aufgabe** des Wohnsitzes gestellt werden müssen“.

tritt somit expressis verbis die Absicht als subjektive Voraussetzung neben das objektive Tatbestandsmerkmal der ständigen Niederlassung.[427] Demgegenüber spricht § 8 AO lediglich davon, dass jemand einen Wohnsitz dort hat, *„wo er eine Wohnung unter Umständen innehat, die darauf schließen lassen, dass er die Wohnung beibehalten und benutzen wird"*. Auch wenn im Tatbestandsmerkmal des „beibehaltens und benutzens der Wohnung" ein subjektives Element mitschwingt, stellt der Gesetzgeber anders als im Zivilrecht tatbestandlich gerade nicht auf die Absicht ab. Vielmehr verlangt der Gesetzeswortlaut das Vorliegen von Indizien, sprich „Umständen", die einen entsprechenden Rückschluss auf die Absicht des Betroffenen ermöglichen.[428] Der steuerliche Wohnsitz wird also allein durch ein faktisches, nach außen kommuniziertes Zustandsverhältnis zwischen Person und Inland begründet und beibehalten.[429] Der Domizilwille[430] spielt hingegen tatbestandlich ebenso wenig eine Rolle wie die Tatsache der polizeilichen (Nicht-)Meldung[431] im Inland.[432] Im Unterschied zum Zivilrecht[433] hat daher auch die Willensfähigkeit der handelnden Person keinen Einfluss auf die Begründung und Aufgabe des steuerlichen Wohnsitzes.[434] Damit

---

427 *Lehner/ Waldhoff*, in: K/S/M, § 1 EStG B 80; *Kammerer*, Wohnsitz (gewöhnlicher Aufenthalt) im Steuerrecht und das Doppelbesteuerungsproblem bei den direkten Steuern, S. 11.

428 *Mössner*, Steuerrecht international tätiger Unternehmen, Rn. 2.19.

429 *Lehner/ Waldhoff*, in: K/S/M, § 1 EStG B 80; *Noll*, in: Piltz/ Wachter, Der Internationale Erbfall: Erbrecht, Internationales Privatrecht, Erbschaftsteuerrecht, Rn. 1222; *Mössner*, Steuerrecht international tätiger Unternehmen, Rn. 2.20.

430 *Ellenberger*, in: Palandt, § 7 BGB, Rn. 7.

431 Die Meldung bei der Ordnungsbehörde stellt allenfalls ein Indiz für einen Wohnsitz dar, vgl. BFH v. 14.11.1969, III R 95/68, BStBl II 1970, 153; *Lehner/ Waldhoff*, in: K/S/M, § 1 EStG B 150: „Wie bei der Begründung des Wohnsitzes (…) kommt es auf die **melderechtliche Abmeldung** nicht an. Diese kann allenfalls Indizfunktion haben. Denkbar ist auch der Übergang von einem Wohnsitz zum gewöhnlichen Aufenthalt im Inland bei **Nichtsesshaftwerden der Person**".

432 *Mössner*, Steuerrecht international tätiger Unternehmen, Rn. 2.20; BFH v. 4.6.1964 – IV 29/64 U, BStBl III 1964, 535; BFH v. 14.11.1969 - III R 95/68, BStBl II 1970, 153; FG Bremen v. 27.7.1989 - II 246/85 K, EFG 1990, 93.

433 § 8 BGB bestimmt hingegen, dass *„wer geschäftsunfähig oder in der Geschäftsfähigkeit beschränkt ist, (…) ohne den Willen seines gesetzlichen Vertreters einen Wohnsitz weder begründen noch aufheben (kann)"*.

434 *Heining*, Besteuerung der Ausländer, S. 6; *Kammerer*, Wohnsitz (gewöhnlicher Aufenthalt) im Steuerrecht und das Doppelbesteuerungsproblem bei den direkten Steuern, S. 26; *Lehner/ Waldhoff*, in: K/S/M, § 1 EStG B 102.

ist es sogar Geschäftsunfähigen möglich allein durch ihre physische Präsenz im Inland, mithin losgelöst von einem etwaig anderslautenden Willen ihres gesetzlichen Vertreters, einen inländischen Wohnsitz zu begründen.[435] Letztlich ist es dem Steuerpflichtigen somit weder möglich die Begründung seines inländischen Wohnsitzes und damit den Eintritt seiner unbeschränkten Steuerpflicht noch dessen Aufgabe durch einen entgegenstehenden (bloß) inneren Vorbehalt (seines gesetzlichen Vertreters) zu verhindern beziehungsweise eintreten zu lassen. Jedenfalls nicht, ohne diesen zugleich durch entsprechendes eigenes Agieren nach außen kenntlich zu machen.[436] Hierdurch schafft der Gesetzgeber die Grundlage für eine nachhaltige Reduktion missbräuchlicher Steuergestaltungen, die durch einen bloßen Verweis auf den subjektiv ausgestalteten Wohnsitzbegriff in § 7 BGB gerade nicht möglich gewesen wäre.

bb. Qualifizierte Umsetzung des völkerrechtlich und staatstheoretisch geforderten Inlandsbezugs

Im Übrigen schafft der Gesetzgeber durch ein verobjektiviertes Wohnsitzverständnis die Basis für einen qualifizierten Inlandsbezug und setzt so die völkerrechtliche und staatstheoretische Prämisse des genuine link-Erfordernisses zum steuererhebenden Gemeinwesen gekonnt um.

Denn der Gesetzgeber stellt durch die Konzentration auf objektive Umstände, die den Fokus auf ein nach außen tretendes Raum-Zeit-Gefüge legen, einen qualifizierteren Bezug des Steuerpflichtigen zum Inland her als durch das Abstellen auf bloß subjektive Momente. Subjektive Momente stellen die Begründung der Inlandsansässigkeit, sprich des inländischen Wohnsitzes, stets in das Belieben des Steuerpflichtigen und richten so das Augenmerk weniger auf den tatsächlichen Inlandsbezug. Der territoriale Bezug einer Person zu einem Gebiet kann jedoch nicht (allein) hierauf gegründet werden. Insbesondere dann nicht, wenn subjektive Momente und tatsächliches Agieren des Steuerpflichtigen im Hinblick auf Begründung und Beibehaltung des inländischen Wohnsitzes

---

435 Vgl. bereits amtliche Begründung zum Steueranpassungsgesetz, RStBl 1934, 1407 (1407); *Koenig*, in: Koenig, § 8 AO, Rn. 4; *Musil*, in: H/H/Sp, § 8 AO, Rn. 12; BFH, Urt. v. 22.4.1994 - III R 22/92, BFHE 174, 523, BStBl. II 1994, 887: *„Im Gegensatz zum bürgerlichen Recht, nach dem Begründung, Beibehaltung und Aufgabe des Wohnsitzes rechtsgeschäftliche Willenserklärungen darstellen (...) knüpft § 8 AO 1977 an die tatsächliche Gestaltung an. Deshalb kann auch ein Minderjähriger - abweichend von § 11 BGB - einen steuerlichen Wohnsitz begründen; auf den Willen des gesetzlichen Vertreters kommt es nicht an"*.

436 *Koenig*, in: Koenig, § 8 AO, Rn. 4.

auseinanderfallen. Würde hier der gegenteiligen Absicht des Steuerpflichtigen Vorrang eingeräumt werden, wäre der inländische Bezug nicht mehr von einer im Einzelfall bestehenden tatsächlichen Anwesenheit abhängig. Gerade und nur durch die Abkehr von inneren zugunsten äußerer Momente schafft der Gesetzgeber so die Grundlage für eine unter völkerrechtlichen Aspekten gebotene qualifizierte Umsetzung des genuine link-Erfordernisses. Zu Recht sprechen *Lehner* und *Waldhoff* daher davon, dass sich die Dominanz tatsächlicher und nicht von Willensgesichtspunkten geleiteter Umstände als „konsequente Umsetzung der in der territorialen Radizierung der Einkommensteuer (…) angelegten Grundentscheidung dar(stellt)“[437].

Dieser Gedankengang lässt sich auch auf die staatstheoretischen Überlegungen zur territorialen Begrenzung des nationalen Steuerzugriffs übertragen. Konkret auf den global-äquivalenztheoretischen Rechtfertigungsansatz.[438] Dieser geht von einer Globalgegenleistung des Bürgers für die ihm gegenüber erbrachte Gesamtstaatsleistung aus und beinhaltet aufgrund „der Gebietsbezogenheit des modernen Staates (zwangsläufig) ein territoriales Element der Besteuerung“[439], das den nationalen Steuerzugriff (zumindest mittelbar) räumlich begrenzt. Die mit der Steuer abgegoltene Inanspruchnahme der staatlichen Globalgegenleistung ist jedoch nicht (allein) an subjektive Momente des Bürgers gebunden. Denn ob jemand in den Genuss des global-staatlichen Leistungspakets kommt beziehungsweise kommen kann, ist primär von seiner tatsächlichen Inlandsansässigkeit abhängig. Nicht hingegen davon, ob der Steuerpflichtige dort auch selbst ansässig sein will oder gar welche Absichten sein gesetzlicher Vertreter diesbezüglich verfolgt. Andernfalls könnten der Steuerpflichtige oder sein gesetzlicher Vertreter bereits durch gegenteilige Absichtsbekundung der eigenen Steuerpflicht beziehungsweise derjenigen seines Vertretenen entgehen. Auf diese Weise würde der nationale Steuerzugriff trotz tatsächlich erbrachter Gesamtstaatsleistung gegenüber dem im Inland Ansässigen verhindert und so die Bedarfsdeckung des öffentlichen Gemeinwesens nachhaltig gefährdet werden.[440] Nur eine Fokussierung auf äußerlich in Erscheinung tretende Umstände steht in Einklang mit dem global-äquivalenztheoretischen Rechtfertigungsansatz

---

437 *Lehner/ Waldhoff*, in: K/S/M, § 1 EStG B 88.

438 Vgl. hierzu: B.II.1.c., S. 51 ff.

439 *Lehner/ Waldhoff*, in: K/S/M, § 1 EStG A 173.

440 *Valta*, Das Internationale Steuerrecht zwischen Effizienz, Gerechtigkeit und Entwicklungshilfe, S. 24, 195.

und erscheint insofern nicht nur konsequent, sondern hierfür geradezu zwingend notwendig.

c. *Abkehr von subjektiven Momenten in der steuerrechtlichen Retrospektive*

Die gegenwärtige Abkehr von subjektiven Momenten in Zusammenhang mit der Begründung und Beibehaltung des steuerlichen Wohnsitzes bestand allerdings nicht immer, sondern geht auf § 13 StAnpG 1934 zurück. Seinerzeit war die Fokussierung auf ein verobjektiviertes Wohnsitzbegriffsverständnis primär fiskalisch motiviert und zielte darauf, dem nationalsozialistischen Unrechtsregime das Steueraufkommen an Reichsfluchtsteuer nachhaltig zu sichern. Angesichts der offensichtlich doppelten Intention des Gesetzgebers, sowohl missbräuchliche Gestaltungspraktiken durch den Steuerpflichtigen einzudämmen als auch einen qualifizierten Inlandsbezug des Steuerpflichtigen herzustellen, hat diese Norm jedoch nahezu wortlautgetreu Einzug in die zum 1.1.1977 in Kraft getretene Abgabenordnung gefunden und liegt daher auch der derzeitigen Fassung des § 8 AO zugrunde.[441]

Bis in die 30er Jahre des letzten Jahrhunderts hinein wurde zur Begründung des inländischen Wohnsitzes tatbestandlich an die Absicht des Betroffenen angeknüpft. Nach § 62 RAO 1919[442] hatte *„jemand einen Wohnsitz im Sinne der Steuergesetze da, wo er eine Wohnung unter Umständen inne hat, die auf die Absicht der Beibehaltung einer solchen schließen lassen“*[443]. Kurz nachdem diese Begriffsdefinition ohne inhaltliche Änderungen in § 80 Abs. 1 RAO 1931[444] übernommen worden war, ergaben sich jedoch unter dem Einfluss der Nationalsozialisten Zweifel, wann bei (jüdischen) Emigranten die „Absicht der Beibehaltung einer Wohnung“ noch bejaht werden konnte beziehungsweise sollte.[445] Besondere Relevanz gewannen diese Zweifel in Zusammenhang mit dem Reichsfluchtsteuergesetz.[446] Denn die Heranziehung zur Reichsfluchtsteuer

---

441 *Kruse*, StuW 2003, 344 (345): „Das Steueranpassungsgesetz (…) (sollte) in der Abgabenordnung aufgehen“.

442 Erstmals mit der RAO 1919 wurde die Definition des steuerlichen Wohnsitzes in ein „Mantelgesetz“ aufgenommen und dadurch für das Steuerrecht insgesamt vereinheitlicht, vgl. *Lehner/ Waldhoff*, in: K/S/M, § 1 EStG B 92.

443 § 62 RAO 1919 v. 13.12.1919, RGBl 1919, 1993 (2007).

444 § 80 RAO 1931 v. 22.5.1931, RGBl 1931, 161 (173).

445 Vgl. hierzu die amtliche Begründung zu § 13 StAnpG, RStBl 1934, 1398 (1406).

446 Reichsfluchtsteuergesetz (Kapitel III Erster Abschnitt §§ 1-13 des Siebenten Teils der Vierten Verordnung des Reichspräsidenten zur Sicherung von Wirtschaft und

setzte das Nichtbestehen des inländischen Wohnsitzes voraus. In § 1 Reichsfluchtsteuergesetz hieß es, dass *„Personen, die (...) ihren inländischen Wohnsitz oder ihren gewöhnlichen Aufenthalt im Inland aufgegeben haben oder aufgeben, (...) eine Reichsfluchtsteuer zu entrichten (haben)"*[447]. Da § 80 RAO 1931 auf die Absicht abstellte, musste somit regelmäßig vom Weiterbestand des Wohnsitzes ausgegangen werden. Um das Aufkommen der Reichsfluchtsteuer zu sichern, wurde daher der Wohnsitzbegriff in § 13 StAnpG[448] novelliert. Als geeignetes Mittel erschien es, nicht mehr wie bislang die Absicht als Merkmal des Wohnsitzbegriffs beizubehalten, sondern ein verobjektiviertes Verständnis zugrunde zu legen.[449] Nunmehr war in § 13 StAnpG allgemeiner die Rede davon, dass jemand einen Wohnsitz im Sinne der Steuergesetze dort hat, *„wo er eine Wohnung innehat unter Umständen, die darauf schließen lassen, daß er die Wohnung beibehalten und benutzen wird"*. Für den Fall der Aufgabe der inländischen Wohnung reichte also die bloße Absicht, später wieder die Wohnung im Inland zu nehmen, nicht ohne weiteres aus, um den inländischen Wohnsitz beizubehalten.[450] Diese Absicht musste fortan durch ein entsprechendes äußeres Verhalten in Erscheinung treten, um die Beibehaltung des inländischen Wohnsitzes zu bewirken und so erfolgreich aus dem sachlichen Anwendungsbereich des Reichsfluchtsteuergesetzes auszuscheiden.[451]

Auch wenn § 13 StAnpG im Ergebnis wegweisend für die derzeitige Fassung des steuerlichen Wohnsitzbegriffs geworden ist, darf nicht übersehen werden, dass die Motivation zur Abkehr von subjektiven Momenten 1934 grundsätzlich eine andere war als zur Zeit der Schaffung des § 8 AO 1977. Ging es zu Zeiten

---

Finanzen und zum Schutze des inneren Friedens v. 8.12.1931, RGBl 1931, 699 (731)). Dieses wurde durch § 1 des Gesetzes zur Aufhebung überholter steuerrechtlicher Vorschriften v. 23.7.1953, BGBl 1953, 689 aufgehoben.

447 Reichsfluchtsteuergesetz (Kapitel III Erster Abschnitt § 1 des Siebenten Teils der Vierten Verordnung des Reichspräsidenten zur Sicherung von Wirtschaft und Finanzen und zum Schutze des inneren Friedens v. 8.12.1931, RGBl 1931, 699 (731).

448 § 13 StAnpG v. 16.10.1934, RGBl I 1934, 925 (927).

449 *Lehner/ Waldhoff*, in: K/S/M, § 1 EStG B 92.

450 Vgl. RFH, Urt. v. 13.9.1934 - III A 283/34, RStBl 1934, 1104; RFH, Bescheid v. 20.9.1934 - III A 300/34, 1388: „Eine Scheinwohnung, daß heißt eine Wohnung, die der Inhaber nicht mehr benutzen will, sondern nur zu dem Zweck beibehält, um der Reichsfluchtsteuer zu entgehen, begründet keinen Wohnsitz".

451 Vgl. hierzu die amtliche Begründung zu § 13 StAnpG, RStBl 1934, 1406; *Kammerer*, Wohnsitz (gewöhnlicher Aufenthalt) im Steuerrecht und das Doppelbesteuerungsproblem bei den direkten Steuern, S. 17.

des nationalsozialistischen Unrechtsregimes vorwiegend darum, das Reichsfluchtsteueraufkommen durch einen verobjektivierten Wohnsitzbegriff sicherzustellen und so die Ausplünderung und Enteignung vor allem der jüdischen Bevölkerung weiter forcieren zu können, kann das seit Schaffung des § 8 AO 1977 bestehende Bekenntnis zu einem verobjektivierten Wohnsitzbegriff nicht allein auf fiskalische Interessen reduziert werden. Zwar soll hierdurch auch gegenwärtig verhindert werden, dass der Steuerpflichtige sowohl die Begründung des inländischen Wohnsitzes und damit den Eintritt seiner unbeschränkten Steuerpflicht als auch umgekehrt dessen Aufgabe und damit das Ende seiner unbeschränkten Steuerpflicht durch einen entgegenstehenden (bloß) inneren Vorbehalt vereiteln beziehungsweise eintreten lassen kann.[452] Anders als im Jahr 1934 steht dabei allerdings nicht mehr die willkürliche Sicherung des Steuersubstrats durch ein Unrechtsregime im Fokus, sondern die Sicherung des Steuersubstrats vor willkürlichen Gestaltungen durch den Steuerpflichtigen selbst. Im Übrigen soll beziehungsweise wird durch die Zentrierung auf äußere Umstände der „Nährboden" für einen qualifizierten Inlandsbezug geschaffen.[453] Hierzu hat der Gesetzgeber dem verobjektiviert aufgefassten Wohnsitzbegriff durch ein sich aus räumlichen und zeitlichen Elementen speisendes Tatbestandsgebilde hinreichend bestimmte Gestalt verliehen. Die Besonderheit besteht insofern darin, dass die Tatbestandsmerkmale des § 8 AO fließend ineinander übergehen und sich damit nicht nur wechselseitig ergänzen, sondern geradezu bedingen. Trotz beziehungsweise gerade wegen dieses komplexen Raum-Zeit-Gefüges hat der Gesetzgeber es geschafft, das abstrakte Fundament für eine qualifizierte Umsetzung des völkerrechtlich und staatstheoretisch begründeten genuine link-Erfordernisses (auch) durch den Rechtsanwender zu legen und hat damit offensichtlich seine Zielsetzung jenseits bloßer Fiskalinteressen ausgeweitet.[454]

---

452 Vgl. hierzu: C.II.1.b.ba, S. 92 ff.

453 Vgl. hierzu: C.II.1.b.bb, S. 94 ff.

454 *Mössner*, Steuerrecht international tätiger Unternehmen, Rn. 2.20: Dieser ist insoweit anderer Ansicht, als dass er angesichts der komplexen Struktur des § 8 AO davon ausgeht, dass Raum für „vielfältige Wertungen (besteht), die ein sicheres Urteil im Einzelfall schwierig machen können".

2. Abstrakte Verknüpfung von Raum-Zeit-Elementen als Systemvorgabe in § 8 AO und Basis eines qualifizierten Inlandsbezugs

a. *Räumlicher Stützpunkt angesichts Inlandsdomizils*

aa. *Wohnung als Fundament eines konkret-örtlichen Inlandsbezugs*

Mithilfe der Formulierung *„dort, wo er eine Wohnung (...) innehat"* begründet der Gesetzgeber die räumliche Dimension des Inlandsbezugs. Hierbei konstituiert er mithilfe des Tatbestandsmerkmals der „Wohnung" ein konkretes Inlandsdomizil und verleiht dem steuerlichen Wohnsitz so die einer „Seßhaftigkeit adäquate Festigkeit"[455]. Der Gesetzgeber hat sich also bei der Schaffung des Normtexts augenscheinlich von der Vorstellung leiten lassen, dass die Wahl des Wohnsitzes mitunter ein dauerhaftes und vor allem konkret-örtliches „Bekenntnis" zum inländischen Gemeinwesen voraussetzt.[456] Dieses „Bekenntnis" erscheint insbesondere vor dem Hintergrund, dass § 8 AO (auch) Tatbestandsmerkmal im Kontext mit der Begründung der unbeschränkten Steuerpflicht nach § 1 EStG sowie § 2 Abs. 1 Nr. 1 Sätze 1, 2 a) ErbStG ist, konsequent. Denn die unbeschränkte Steuerpflicht nach dem Welteinkommens- beziehungsweise Weltvermögensprinzip verlangt regelrecht nach einer konkreten Verbindung der Person zum Inland.[457] Demgegenüber würde ein weniger strikter Ortsbezug die hierdurch ausgelöste weitreichende Rechtsfolge nicht plausibel zu begründen vermögen. Dies gilt nicht zuletzt auch vor dem Hintergrund des global-äquivalenztheoretischen Rechtfertigungsansatzes, der die Ausübung der nationalen Steuerhoheit an die Inanspruchnahme des global-staatlichen Leistungspakets knüpft.[458] Eine derartige Inanspruchnahme staatlicher Leistungen dürfte nur im Falle einer nachhaltigen Inlandsverwurzelung bestehen.

Dass der Begriff der „Wohnung" in § 8 AO ebenso wenig wie im Einkommensteuergesetz konkretisiert wird,[459] steht allerdings weder einer hinreichend bestimmten Normierung entgegen noch schmälert dieser Umstand den hierin gleichwohl zum Ausdruck kommenden qualifizierten Inlandsbezug. Einer

---

455 *Halbeisen*, in: FS Blumenstein, S. 6 (84); *Mössner*, Steuerrecht international tätiger Unternehmen, Rn. 2.21: „Wesentlich ist eine räumliche Fixierung".

456 *Schön*, IStR 2004, 289 (290).

457 *Kluge*, Das Internationale Steuerrecht; Gemeinschaftsrecht, Außensteuerrecht, Abkommensrecht, M 7.

458 Vgl. hierzu: B.II.1.c., S. 52 ff.

459 Vgl. hierzu bspw.: § 9 Abs. 1 Satz 1 Nr. 4 und § 10e EStG.

Legaldefinition (auch) der Wohnung bedurfte es hierzu weder noch wäre eine solche vor dem Hintergrund des rechtsstaatlichen Zielkonflikts zwischen Rechtssicherheit und Einzelfallgerechtigkeit begründbar gewesen.[460] Dementsprechend spiegelt sich in der fehlenden Definition der Wohnung auch kein gesetzgeberisches Unvermögen wider, sondern die allgemeine Methodik der abstrakten Normsetzung.[461] Hierdurch trägt der Gesetzgeber geradezu exemplarisch dem auch von Seiten der höchstrichterlichen Rechtsprechung[462] anerkannten Umstand Rechnung, dass eine „geschriebene Norm mit Ausnahme reiner Zahlenangaben, nie eindeutig“[463] im Sinne „mathematische(r) Bestimmtheit“[464] sein kann.[465] Vollständige Rechtssicherheit, die sich aus einer jegliche Facette der Lebenswirklichkeit abbildenden detaillierten Begriffsbildung ableitet, kann es schon allein wegen des verfassungsrechtlichen Allgemeinheitsgebots des Art. 19 Abs. 1 Satz 1 GG nicht geben. Zudem ist der sprachliche Ausdruck stets auf einen Kreis von Zeichen beschränkt, die zu regelnde Wirklichkeit zeichnet sich hingegen naturgemäß durch ein hohes Maß an Diversität, also zahllose Einzelfälle, aus.[466] Im Übrigen würde eine „zu“ detaillierte Regelung nicht nur einseitig zulasten der Einzelfallgerechtigkeit gehen,[467] sondern den Gesetzestext

460 Das Streben nach materieller Einzelfallgerechtigkeit ist als notwendiges Element materialen Rechtsstaatsgedankens verfassungsrechtlich ebenso verwurzelt wie die Rechtssicherheit. Hinsichtlich des Prinzips der Rechtssicherheit bestehen lediglich Kontroversen was dessen dogmatische Herleitung angeht. Zum Teil wird es als wesentliches Element von Rechtsstaatlichkeit in Art. 20 Abs. 3 GG verortet. Andere führen es auf die Freiheitsgrundrechte zurück, vgl. *Jehke*, Bestimmtheit und Klarheit im Steuerrecht, S. 60 f.

461 *Jehke*, Bestimmtheit und Klarheit im Steuerrecht, S. 63.

462 Vgl. hierzu exemplarisch: BVerfG, Beschl. v. 14.3.1967 - 1 BvR 334/61, BVerfGE 21, 209; BVerfG, Urt. v. 18.12.1953 - 1 BvL 106/53, BVerfGE 3, 225.

463 *Voß*, Ungewißheit im Steuerrecht - Formen, Konsequenzen, Maßnahmen, S. 33; ebenso: *Mössner*, in: FS Kruse, S. 161 (163).

464 *Hilf*, in: Isensee/Kirchhof, HStR VII, § 161, Rn. 3.

465 *Kaiser*, Auslegungsgrundsätze im Steuerrecht: Zugl. ein Beitr. zur rechtstheoretischen Präzisierung der wirtschaftlichen Betrachtungsweise, S. 88; *von Busse*, Die Methoden der Rechtsvergleichung im öffentlichen Recht als richterliches Instrument der Interpretation von nationalem Recht, S. 102: „Die Gesetzgebung wird es nämlich nicht schaffen, „das Monopol der rechtlichen Regelungen an sich zu reißen, da sie unmöglich für jede Rechtsfrage eine Entscheidung enthalten kann“.

466 *Herzog*, NJW 1999, 25 (26).

467 Vgl. *Papier*, in: Friauf, DStJG Band 12, S. 61 (67): So geht nämlich die Steigerung der Bestimmtheit regelmäßig mit einem gesteigerten Maß an Formalisierung und Schematisierung der Tatbestände einher. Folge ist eine geringere Anpassung an die

zugleich überfrachten und damit der rechtsstaatlichen Prämisse nach Klarheit und Verständlichkeit zuwiderlaufen.[468] *Wernsmann* äußert insofern zu Recht, dass eine Regelung jeglicher Zweifelsfragen, sprich ein „verfassungsrechtliches Gebot größtmöglicher Vorhersehbarkeit durch größtmögliche Gesetzesbestimmtheit“[469], weder erwartet werden darf noch kann.[470] Auch wenn dies dem im Rechtsstaatsprinzip enthaltenen Rechtssicherheitsprinzip[471] sicherlich am ehesten entspräche. Ein solches Verlangen käme einer „unrealistische(n) Überforderung des Gesetzgebers“[472] gleich. Dies gilt insbesondere im Steuerrecht und der in diesem Bereich wesensmäßig anzutreffenden Komplexität der zu erfassenden Vorgänge.[473] Äußerst „tolerant“ hat das BVerfG hierbei festgehalten, dass *„die Grundsätze des Rechtsstaates (…) es dem Gesetzgeber nicht schlechthin (verwehren), Generalklauseln und unbestimmte Rechtsbegriffe zu verwenden. Gerade im Bereich des (…) Steuerrechts kommt der Gesetzgeber nicht ohne sie aus. (…) Der rechtsstaatliche Grundsatz der (…) Steuergerechtigkeit kann eher verwirklicht werden, wenn Steuerverwaltung und Finanzgerichte den Besonderheiten des Einzelfalls durch Anwendung eines unbestimmten Rechtsbegriffs gerecht werden können, als wenn sie gezwungen werden, jeden Fall in eine starre, enumerativ-kasuistisch gestaltete Norm zu pressen“*[474].

Vor diesem Hintergrund erstaunt die nicht näher illustrierte Formulierung des „Wohnungsbegriffs“ in § 8 AO keinesfalls. Insbesondere nicht die fehlenden Vorgaben zu Größe, Ausstattung, Zustand sowie Nutzungszweck der Wohnung.

Einzelheiten des Sachverhalts. Da es sich jedoch auch bei der Einzelfallgerechtigkeit um ein verfassungsrechtliches Postulat handelt, darf sich der Normgeber im Rahmen der Gestaltung seines Gesetzestexts nicht auf eines der beiden Prinzipien beschränken.

468 *Herzog*, NJW 1999, 25 (26); *Papier*, in: Friauf, DStJG Band 12, S. 61 (69).

469 *Wernsmann*, in: H/H/Sp, § 4 AO, Rn. 683.

470 *Vogel*, in: Isensee/Kirchhof, HStR IV, § 87, Rn. 72; *Vogel*, in: Tipke, DStJG Band 5, S. 137 (147): Es muss „nicht jede Verästelung des Steuertatbestandes im Gesetz beschrieben sein (…) dem Gesetzgeber die Regelung des Wesentlichen, Grundsätzlichen, auf Dauer Bedeutsamen vorbehalten wird“.

471 *Wernsmann*, in: H/H/Sp, § 4 AO, Rn. 683.

472 *Tipke*, StuW 1981, 189 (193).

473 *Tipke*, Die Steuerrechtsordnung Band 1, § 7, S. 172; *Hey*, in: Tipke/ Lang, Steuerrecht, § 3, Rn. 246: „Bei vielgestaltigen Sachverhalten ist eine solche Regelungstechnik (die Verwendung unbestimmter Rechtsbegriffe) verfassungsrechtlich grds. unbedenklich“.

474 BVerfG, Beschl. v. 10.10.1961 - 2 BvL 1/59, BVerfGE 13, 153; ebenso: BVerfG, Beschl. v. 30.11.1955 - 1 BvL 120/53, BVerfGE 4, 352; BVerfG, Beschl. v. 12.1.1967 - 1 BvR 169/63, BVerfGE 21, 73; *Vogel*, in: Tipke, DStJG Band 5, S.137 (147): „Auch das belastende Steuerrecht muß mit Generalklauseln arbeiten“.

Vielmehr spiegelt dieser bloß vermeintliche Verlust an Anschaulichkeit den allgemeinen Umstand wider, dass „Gesetzgebung (stets und nur als) (...) Abstrahierung im Sinne einer Beschränkung auf das Wesentliche“[475] verstanden werden kann beziehungsweise angesichts des gesetzgeberischen „Dilemmas“ zwischen Rechtssicherheit und Einzelfallgerechtigkeit werden muss.[476] Ungeachtet dessen hätte eine zu weitgehende Konkretisierung des Steuertextes Raum für Manipulationen durch den Steuerpflichtigen geschaffen. Da derartige rechtsmissbräuchliche Gestaltungspraktiken durch die gesetzgeberische Entscheidung zugunsten eines verobjektivierten Wohnsitzbegriffs jedoch augenscheinlich verhindert werden sollten, musste auf eine differenziertere Ausgestaltung des Wohnungsbegriffs verzichtet werden. Andernfalls wäre dieses Ansinnen konterkariert worden.

ab. Ambivalentes Vorgehen des parlamentarischen Gesetzgebers angesichts fehlender Konkretisierung des Wohnungsbegriffs?

Gleichwohl ruft gerade ein Blick jenseits der förmlichen Gesetzestexte[477] hinsichtlich der fehlenden Konkretisierung des „Wohnungsbegriffs“ Erstaunen hervor. Trotz des gesetzgeberischen „Dilemmas“ zwischen Rechtssicherheit und Einzelfallgerechtigkeit werden so Bedenken an der hinreichenden Bestimmtheit des steuerlichen „Wohnsitzbegriffs“ in § 8 AO und in der Folge auch an der hinreichend qualifizierten Umsetzung des genuine link-Erfordernisses geweckt.

Auffällig ist, dass dem nationalen Recht die Legaldefinition des „Wohnungsbegriffs“ nicht völlig fremd zu sein scheint. Dies zeigt nicht nur ein Blick auf

---

475 *Mössner*, in: FS Kruse, S. 161 (166).

476 *Mössner*, in: FS Kruse, S. 161 (166): „Der Gesetzgeber hat zwar zumeist als Regelungsanlaß eine konkrete Situation vor Augen, er muß aber von dieser abstrahieren und das Allgemeine, das Typische der Situation herausarbeiten“.

477 Steuertatbestände können nicht nur durch förmliches Gesetz, sondern auch durch die Satzung einer Gemeinde bzw. eines Gemeindeverbands auf der Grundlage eines Gesetzes festgelegt werden, vgl. *Vogel*, in: Isensee/Kirchhof, HStR IV, § 87, Rn. 72. Die ZwStS der Stadt München wie auch die ZwWStS der Stadt Nürnberg sind bspw. aufgrund des Art. 22 Abs. 2 (bayrische) GO und des Art. 2 Abs. 1 und Art. 3 Abs. 1 (bayrisches) KAG ergangen, nachdem das Verbot der Einführung einer Zweitwohnungsteuer im (bayrischen) KAG in 2004 gekippt wurde. Schon zuvor hatte bereits das BVerfG die Erhebung der Zweitwohnungsteuer als eine rechtlich zulässige örtliche Aufwandsteuer eingestuft, vgl. BVerfG, Beschl. v. 6.12.1983 - 2 BvR 1275/79, BVerfGE 65, 325.

§ 181 Abs. 9 Satz 1 BewG[478] und Art. 20 BMG[479], sondern auch auf die kommunale Zweitwohnungsteuerpraxis und die diesbezüglich ergangenen kommunalen Zweitwohnungsteuersatzungen. In zahlreichen Zweitwohnungsteuersatzungen[480] wird der Begriff der „Wohnung“ legaldefiniert und schafft so eine im Vergleich zu § 8 AO präziser ausgestaltete Grundlage für einen nationalen Steuerzugriff.[481] Für den Satzungsgeber überwiegt augenscheinlich das Gebot der Rechtssicherheit dasjenige der Einzelfallgerechtigkeit. Gleiches gilt in Teilen für den parlamentarischen Gesetzgeber. Denn durch die nähere Konkretisierung des „Wohnungsbegriffs“ kann der Betroffene die Rechtslage besser erkennen und sein Verhalten so gezielter darauf einrichten. Ergebnis ist ein erhöhtes Maß an Rechtssicherheit im Sinne einer erhöhten Vorhersehbarkeit des steuerlichen Eingriffs für den Einzelnen.[482] Allerdings gehen konkret gefasste Normen zulasten der Einzelfallgerechtigkeit und eröffnen Raum für rechtsmissbräuchliche Gestaltungen. Zum einen geht die Steigerung der Bestimmtheit regelmäßig mit einem gesteigerten Maß an Formalisierung und Schematisierung der Tatbestände einher. Folge ist eine „geringere Anpassung an die Einzelheiten

---

478 In § 181 Abs. 9 Satz 1 BewG heißt es insofern: „*Eine Wohnung ist die Zusammenfassung einer Mehrheit von Räumen, die in ihrer Gesamtheit so beschaffen sein müssen, dass die Führung eines selbstständigen Haushalts möglich ist*“. Demgegenüber hat der Gesetzgeber in § 75 Abs. 5 und 6 BewG auf eine Legaldefinition des Wohnungsbegriffs bzw. einen Verweis auf die entsprechende Legaldefinition in § 181 Abs. 9 Satz 1 BewG verzichtet.

479 Vgl. Bundesmeldegesetz v. 3.5.2013 (BGBl I, 1084). In Art. 20 BMG heißt es hierzu: „Wohnung im Sinne dieses Gesetzes ist jeder umschlossene Raum, der zum Wohnen oder Schlafen benutzt wird“.

480 *von Bornhaupt*, in: FS Offerhaus, S. 419 (424): „Viele Gemeinden (…) erheben eine sog. Zweitwohnungssteuer, d.h. eine besondere GrSt für eine sog. Zweitwohnung, die neben einer sog. Hauptwohnung besteht“.

481 Vgl. bspw. § 2 Abs. 1 ZwStS der Stadt München v. 22.12.2006 (MüABl S. 1): „Wohnung im Sinne dieser Satzung ist jeder umschlossene Raum, der zum Wohnen oder Schlafen benutzt werden kann. Als Wohnung gelten auch Mobilheime, Wohnmobile, Wohn- und Campingwagen, die nicht oder nur gelegentlich fortbewegt werden“ sowie § 2 Abs. 2 ZwWStS der Stadt Nürnberg v. 28.10.2004 (Amtsblatt S. 424): „Wohnung im Sinne dieser Satzung ist jeder umschlossene Raum, der zum Wohnen oder Schlafen benutzt wird (§ 20 BMG in der jeweils geltenden Fassung)“.

482 *Wernsmann*, in: H/H/Sp, § 4 AO, Rn. 683; *Tipke*, Die Steuerrechtsordnung Band 1, § 7, S. 171; *Voß*, Ungewißheit im Steuerrecht – Formen, Konsequenzen, Maßnahmen, S. 28; *Hey*, in: Tipke/ Lang, Steuerrecht, § 3, Rn. 247: „Bestimmtheit und Verständlichkeit des Gesetzes (sind) essentielle Voraussetzungen von Steuerplanungssicherheit“.

de(s) (...) Sachverhalts“[483]. Zum anderen können konkret gefasste Tatbestände im Unterschied zu einem abstrakt ausgestalteten Gesetzestext gezielter ausgeschaltet werden. Insofern ermöglichen sie dem Betroffenen eher, durch ein taktisches Vorgehen den (un-)mittelbaren Rechtsfolgen der jeweiligen Norm zu entgehen. In Kontext mit der unbeschränkten Steuerpflicht also der Besteuerung nach dem Welteinkommensprinzip beziehungsweise dem Weltvermögensprinzip. Die ständige Gestaltungspraxis der Zweitwohnungsteuersatzungen zeigt jedoch, dass der Satzungsgeber beide „Einbußen“ zugunsten der Rechtssicherheit in Kauf nimmt. Gleiches gilt in anderem Kontext für den parlamentarischen Gesetzgeber.

Diese unterschiedliche Handhabung erstaunt. Insbesondere in Bezug auf die Praxis der Zweitwohnungsteuersatzungen. Denn die Rechtsfolgen, die § 8 AO in Kontext mit § 1 Abs. 1 EStG sowie mit § 2 Abs. 1 Nr. 1 Sätze 1, 2 a) ErbStG auszulösen vermag,[484] sind ungleich einschneidender als diejenigen, die den jeweiligen Zweitwohnungsteuersatzungen zugrunde liegen. Letztere beschränken ihren Steuergegenstand ausschließlich auf das Innehaben einer Zweitwohnung.[485] Demgegenüber löst § 8 AO im Zusammenspiel mit § 1 Abs. 1 EStG und § 2 Abs. 1 Nr. 1 Sätze 1, 2 a) ErbStG die unbeschränkte Steuerpflicht aus. Also die Besteuerung des Welteinkommens beziehungsweise des Weltvermögens. Gerade unter dem Postulat der Rechtssicherheit wären angesichts der vergleichsweise größeren Intensität der Regelungsauswirkungen, sprich der erhöhten Eingriffsintensität, die von § 8 AO - wenn auch nur mittelbar - auszugehen vermag, eigentlich strengere Anforderungen an die Bestimmtheit zu stellen gewesen als im Rahmen der Zweitwohnungsteuersatzungen.[486] Zudem fragt sich, wie

483 Vgl. *Papier*, in: Friauf, DStJG Band 12, S. 61 (67).

484 *Musil*, in: H/H/Sp, § 8 AO, Rn. 6: „Zentrale Bedeutung hat § 8 vor allem für die **unbeschränkte Steuerpflicht natürlicher Personen** bei der Einkommen- (§ 1 Abs. 1 EStG) sowie der Erbschaft- und Schenkungsteuer (§ 2 Abs. 1 Nr. 1a ErbStG)“.

485 Vgl. bspw. §§ 2, 3 ZwWStS der Stadt Nürnberg und §§ 1, 2, 3 ZwStS der Stadt München.

486 Vgl. BVerfG, Urt. v. 8.1.1981 - 2 BvL 3/77, BVerfGE 56, 1: „*Welche Anforderungen an das Ausmaß der erforderlichen Bestimmtheit im Einzelfall zu stellen sind, läßt sich demnach nicht allgemein festlegen. Der Grad der jeweils zu fordernden Bestimmtheit einer Regelung hängt vielmehr von der Eigenart des geregelten Sachverhalts ab (...). Darüber hinaus ist auch auf die Intensität der Auswirkungen der Regelung für den Betroffenen Bedacht zu nehmen (...). Je schwerwiegender die Auswirkungen sind, desto höhere Anforderungen werden an die Bestimmtheit (...) zu stellen sein*“; BVerfG, Beschl. v. 14.3.1967 - 1 BvR 334/61, BVerfGE 21, 209: „*notwendige Bestimmtheit, die das Rechtsstaatsprinzip besonders bei belastenden Vorschriften verlangt*“; *Tipke*, Die Steuerrechtsordnung Band 1, § 7, S. 171.

qualifiziert die Umsetzung des Inlandsbezugs aufgrund der vergleichsweise offenen Normierung des „Wohnungsbegriffs“ in § 8 AO tatsächlich getroffen ist.

Diese Bedenken bestehen jedoch nur dem Anschein nach. Von einem ambivalenten Vorgehen des parlamentarischen Gesetzgebers gegenüber dem Satzungsgeber kann somit keine Rede sein.

ac. Methodischer Hintergrund der fehlenden Konkretisierung des Wohnungsbegriffs

Zwar hat der Gesetzgeber im Vergleich zum Satzungsgeber in § 8 AO nicht nur auf eine Legaldefinition der „Wohnung“ verzichtet, sondern zugleich einen unbestimmten Gesetzesbegriff beziehungsweise einen Typusbegriff geschaffen.[487] Gleichwohl gelingt es ihm, seinen Grundgedanken eines konkret-örtlichen Inlandsbezugs hinreichend bestimmt zu verdeutlichen und insofern die abstrakte Basis für ein ausreichendes Maß an Rechtssicherheit zu legen.

Der BFH hat den Begriff der „Wohnung“ in einer Entscheidung aus 1984[488] methodisch ausdrücklich als unbestimmten Rechtsbegriff bezeichnet. Weiter heißt es hierin, dass es sich beim Wohnungsbegriff in methodologischer Hinsicht nicht um einen Klassenbegriff, sondern um einen Typusbegriff handelt. Nach Auffassung der Literatur stellt der Typusbegriff einen unbestimmten Gesetzesbegriff dar.[489] Anders als die ebenfalls unbestimmten abstrakten Gesetzesbegriffe verkörpert dieser jedoch einen „offenen Begriff“[490]. Er kann damit nur umschrieben, aber nicht definiert werden. Dementsprechend mag im Rahmen der Zuordnung[491] unter Typusbegriffe anders als

---

487 Hinweis: Nach Fertigstellung der vorliegenden Arbeit hat *Drüen* in FS Lehner, S. 143 (156ff.) umfangreich zum Wohnsitz als steuerrechtlicher Typusbegriff Stellung bezogen.

488 BFH, Urt. v. 5.10.1984 - III R 192/83, BStBl. II 1985, 151.

489 *Drüen*, in: Tipke/ Kruse, § 4 AO, Rn. 395; auch von anderen wird der Typusbegriff mit dem unbestimmten Rechtsbegriff gleichgesetzt, vgl. *Mössner*, in: FS Kruse, S. 161 (168) m.V.a. *Wolff/ Bachhof/ Stober*, Verwaltungsrecht I, § 31, Rn. 12: „Als unbestimmte Rechts- oder Gesetzesbegriffe ieS versteht man Begriffe, die nicht örtlich und zeitlich genau bestimmte Klassen von Gegenständen umfassen, sondern **Typenbegriffe** sind, denen verschiedene, aber ähnliche Lebenssituationen als ihre „Ausprägungen unterfallen“.

490 Vgl. hierzu wenn auch in Zusammenhang mit der Frage der § 10e EStG-Begünstigung einer Eigentumswohnung: BFH, Urt. v. 27.10.1998 - X R 157/95, BStBl II 1999, 91 sowie BFH, Urt. v. 5.10.1984 - III R 192/83, BStBl II 1985, 151 (151).

491 *Mössner*, in: FS Kruse, S. 161 (170): Aus diesem Charakter folgt, dass der Typusbegriff „nicht der Subsumtion, sondern nur einer Zuordnung zugänglich sei“.

bei den durch abschließende Merkmale festgelegten abstrakt-deskriptiven (Klassen-)Begriffen im Einzelfall auch das ein oder andere Merkmal schwächer ausgeprägt sein oder sogar gänzlich fehlen.[492] Entscheidend ist nur, dass im Rahmen einer Gesamtschau die „typischen" Merkmale in solcher Zahl vorhanden sind, dass der Sachverhalt grosso modo mit dem Typus übereinstimmt.[493] Die Verwendung von Typusbegriffen ist umstritten. *Rönitz* äußert mitunter, dass mithilfe des Typusbegriffs „eine Nebelwand (…) (geschaffen wird), hinter der es sich prächtig arbeiten läßt, ohne der Kontrolle (…) ausgesetzt zu sein"[494]. *Meßmer* wirft die Frage auf, „ob es sich bei diesen (…) sogenannten „offenen Typus-Begriffen" nicht (um einen) Ersatztatbestand für die inhaltsleere Phrase (handelt), daß das Gesamtbild im Einzelfall (…) maßgebend sei"[495]. Diese Kritik stößt jedoch auf Grenzen. Nach Ansicht des BVerfG folgt nämlich allein aus der Auslegungsbedürftigkeit von Typusbegriffen beziehungsweise von unbestimmten Rechtsbegriffen noch nicht deren Verfassungswidrigkeit. Jedenfalls nicht solange diese auslegungsfähig sind.[496] Mithin die Grundsätze der Normenklarheit und Justitiabilität beachtet werden.[497] Hierzu führt das BVerfG aus, dass der Gesetzgeber *„wenigstens seine Grundgedanken, das Ziel seines gesetzgeberischen Wollens, vollkommen deutlich"*[498] machen soll. Speziell zum Steuerrecht heißt es, dass der Gesetzgeber *„die wesentlichen Bestimmungen über die Steuer (…) mit hinreichender Genauigkeit (treffen muss) (…) Eine solche Auslegungsbedürftigkeit nimmt einer gesetzlichen Regelung noch nicht die rechtsstaatlich gebotene Bestimmtheit"*[499]. Der Rechtsanwender darf also beim Prozess der

492 *Drüen*, in: Tipke/ Kruse, § 4 AO, Rn. 395; *Pahlke*, in: Schwarz/ Pahlke, § 4 AO, Rn. 156.

493 *Englisch*, in: Tipke/ Lang, Steuerrecht, § 5, Rn. 53; BFH, Urt. v. 28.10.2008 - VII R 32/07, BFH/NV 2009, 355; *Jehke*, Bestimmtheit und Klarheit im Steuerrecht, S. 40: „Beim Typus sind die Übergänge fließend, ein „Mehr oder Weniger" ist hier gängig, kein klares „Urteil des Ja oder Nein".

494 *Rönitz*, in: Söhn, Die Abgrenzung der Betriebs- oder Berufssphäre von der Privatsphäre im Einkommensteuerrecht, S. 297 (309).

495 *Meßmer*, StbJb 1979/1980, S. 163 (227).

496 *Drüen*, in: Tipke/ Kruse, § 4 AO, Rn. 398; *Jehke*, Bestimmtheit und Klarheit im Steuerrecht, S. 134, 137; *Wernsmann*, in: H/H/Sp, § 4 AO, Rn. 684; *Tipke*, Die Steuerrechtsordnung Band 1, § 7, S. 172.

497 BVerfG, Beschl. v. 31.5.1988 - 1 BvR 520/83, BVerfGE 78, 214; BVerfG, Beschl. v. 12.1.1967 - 1 BvR 169/63, BVerfGE 21, 73 (79); BVerfG, Kammerbeschl. v. 20.5.1996 - 1 BvR 21/96, NJW 1996, 2644; *Drüen*, in: Tipke/ Kruse, § 4 AO, Rn. 398.

498 St. Rspr., vgl. bspw.: BVerfG, Beschl. v. 7.6.1964 - 1 BvL 12/63, BVerfGE 17, 306.

499 BVerfG, Beschl. v. 14.3.1967 - 1 BvR 334/61, BVerfGE 21, 209.

Normauslegung keiner inhaltlichen Leitlinien entbehren.[500] Der im Interesse der Rechtssicherheit geforderte Bestimmtheitsgrad der inhaltlichen Leitlinien hängt dabei von der Eigenart des geregelten Sachverhalts ab. Maßgeblich sind sowohl der Umfang, in dem der zu regelnde Sachverhalt überhaupt einer begrifflichen Umschreibung zugänglich ist, als auch der durch die Norm ausgelöste Grad an rechtlichen Konsequenzen.[501] Hintergrund für diese Vorgaben ist nicht zuletzt der in Art. 20 Abs. 3 GG verankerte Grundsatz der Gewaltenteilung. Denn „Rechtserzeugung (gehört) primär zum Aufgaben- und Kompetenzbereich der (parlamentarischen) Gesetzgebung". Auch wenn sich nicht leugnen lässt, dass „der Rechtsanwender (immer) an der Herstellung der individuellen Norm beteiligt (ist); er wird stets normvollendend tätig"[502]. Die unterschiedlichen staatlichen Kompetenzsphären sind jedoch nur gewahrt, wenn der Gesetzgeber dem Rechtsanwender gegenüber seinen Grundgedanken mit hinreichender Genauigkeit deutlich macht und so einen (jedenfalls uneingeschränkten) Eingriff in den „Vorbehaltsbereich der Gesetzgebung"[503] aufgrund rechtsschöpferischen Agierens von Seiten des Rechtsanwenders verhindert. Nur dann ist das „für den gesunden Bestand unserer Steuerrechtsordnung lebensnotwendige Ventil für die richterliche Rechtsschöpfung unter Zuhilfenahme der dafür entwickelten (…) methodengerechten Erkenntnismittel (eröffnet)"[504].

§ 8 AO eröffnet eine solches „Ventil". Trotz offener Ausgestaltung des „Wohnungsbegriffs" gelingt es dem Gesetzgeber seinen Grundgedanken eines konkret-örtlichen Inlandsbezugs hinreichend bestimmt zu verdeutlichen. Also gerade nicht „dem Gutdünken des Auslegers"[505] zu überlassen. Dies geschieht sowohl in räumlicher als auch in zeitlicher Hinsicht durch die systematische Verquickung von räumlichen und zeitlichen Elementen sowie die gekonnt eingesetzte Wortwahl. Beide Faktoren verdeutlichen das Erfordernis einer konkret-örtlichen sowie nachhaltigen Inlandsverwurzelung und strukturieren so das

---

500 *Jehke*, Bestimmtheit und Klarheit im Steuerrecht, S. 135.

501 *Tipke*, Die Steuerrechtsordnung Band 1, § 7, S. 171.

502 *Barth*, Richterliche Rechtsfortbildung im Steuerrecht, S. 185.

503 *Barth*, Richterliche Rechtsfortbildung im Steuerrecht, S. 183. *Barth* versteht unter dem „Vorbehaltsbereich der Gesetzgebung" „denjenigen Aufgaben- und Kompetenzbereich, der einer Staatsgewalt durch die Zuteilung von Kompetenzen zugewiesen ist und den die Funktionsträger dieser Staatsgewalt nur selbst unter Ausschluß der anderen Staatsgewalten wahrnehmen dürfen" (vgl. ders., S. 182).

504 *Kaiser*, Auslegungsgrundsätze im Steuerrecht: Zugl. ein Beitr. zur rechtstheoretischen Präzisierung der wirtschaftlichen Betrachtungsweise, S. 91.

505 *Larenz*, Methodenlehre der Rechtswissenschaft, S. 319.

Normprogramm des § 8 AO im Wesentlichen vor. Hierdurch berücksichtigt der Gesetzgeber nicht nur die Vorgaben des BVerfG betreffend die Normenklarheit und Justitiabilitätt. Zugleich bringt er die Gebote der Rechtssicherheit und Einzelfallgerechtigkeit im Wege praktischer Konkordanz zu einem adäquaten Ausgleich.[506]

ad. Hinreichende Bestimmtheit des Wohnungsbegriffs

Zwar wäre der Wohnungsbegriff ohne weiteres einer näheren Beschreibung zugänglich gewesen. Eine solche ist allerdings nicht notwendig gewesen, um den Vorgaben an eine diesbezüglich hinreichend bestimmte Normierung gerecht zu werden. Auch nicht mit Blick auf die von § 8 AO jedenfalls mittelbar ausgehende Eingriffsintensität. Im Gegenteil hätte eine weitere Konkretisierung einen verfassungskonformen Ausgleich im Verhältnis zur Einzelfallgerechtigkeit unterlaufen und der Norm womöglich die erforderliche Klarheit[507] abgesprochen.[508] Die fehlende Notwendigkeit einer näheren Umschreibung des Wohnungsbegriffs folgt vor allem daraus, dass es sich hierbei um einen umgangssprachlichen Ausdruck und gerade keinen steuerlichen Fachterminus handelt.[509] Als solcher eröffnet er Raum für ein „Durchschnittsverständnis".[510] Der Wohnungsbegriff ist insofern nicht nur für einen fachkundigen Adressatenkreis zugänglich. Ebenso für steuerrechtliche Laien, zumal er die erforderlichen Kriterien zur Konkretisierung und Maßstabsbildung bereits in sich trägt. Der Gesetzgeber durfte dementsprechend davon ausgehen, gemeinhin auf ein „idealtypisches"[511] Wohnungsverständnis zu stoßen.[512] Also vom „(Bürger) verstanden zu werden"[513]. Denn im Normal- und Durchschnittsfall wird die Mehrheit der Menschen angesichts vergleichbarer Erfahrungen in der Vergangenheit mit einer Wohnung und dem

506 *Jehke*, Bestimmtheit und Klarheit im Steuerrecht, S. 63.

507 BVerfG, Beschl. v. 12.1.1967 - 1 BvR 169/63, BVerfGE 21, 73; BVerfG, Beschl. v. 17.9.2013 - 2 BvE 6/08, 2 BvR 2436/10, NVwZ 2013, 1468.

508 *Herzog*, NJW 1999, 25 (26); *Kaiser*, Auslegungsgrundsätze im Steuerrecht: Zugl. ein Beitr. zur rechtstheoretischen Präzisierung der wirtschaftlichen Betrachtungsweise, S. 88.

509 *Wehrhahn*, Die Wohnsitzbestimmung im Internationalen Finanzrecht – Zur Interpretation internationalrechtlicher Anknüpfungsbegriffe, S. 29.

510 Bezeichnend insofern *Binding*: "Das Gesetz denkt und will, was der vernünftig denkende Volksgeist aus ihm entnimmt", zitiert in *Tipke*, Die Steuerrechtsordnung Band 3, § 28, S. 1241.

511 BVerfG, Kammerbeschl. v. 20.5.1996 - 1 BvR 21/96, NJW 1996, 2644.

512 *Jehke*, Bestimmtheit und Klarheit im Steuerrecht, S. 35.

513 *Larenz*, Methodenlehre der Rechtswissenschaft, S. 320.

durch sie und in ihr ermöglichten Wohnen von vornherein etwas Beständiges und Nachhaltiges verbinden.[514] Insofern dürfte die Wohnung regelmäßig als Sinnbild einer „Bleibe", als eines „dauernde(n) Stützpunkt(s) für die persönliche Existenz"[515] und damit gar als heimatliche Anlaufstelle[516] aufgefasst werden. Also als eines Ortes, an dem man für immer sein kann.[517] Aus diesem „Idealbild" folgt zugleich, dass regelmäßig gewisse Mindestvoraussetzungen an Ausstattung und Zustand erfüllt sein müssen, damit von einer Wohnung im Sinne eines qualifizierten Inlandsbezugs die Rede sein kann.[518] Einer expliziten und illustrativen Darstellung, wie diese im Einzelnen auszusehen haben, bedurfte es damit nicht. Auch nicht unter dem Postulat der Rechtssicherheit beziehungsweise der Berechenbarkeit für den Steuerpflichtigen.[519] Zwar bleibt der Wohnungsbegriff angesichts der offenen Formulierung „zeitnah"[520]. Insbesondere was das Maß an Ausstattung und Zustand der Wohnung angeht.[521] Dies erlaubt dem

---

514 *Kluge*, Das Internationale Steuerrecht; Gemeinschaftsrecht, Außensteuerrecht, Abkommensrecht, M7; *Mössner*, Steuerrecht international tätiger Unternehmen, Rn. 2.27: „Im Begriff der Wohnung steckt ein Element der Beständigkeit, das auf übliche Wohnweisen verweist".

515 *Bayer*, in: FS Mosler, S. 59 (64), Fn. 26 m.V.a. *Georg Strutz*, Kommentar zum Einkommensteuergesetz v. 10.8.1925, Band 1 (1927), Anm. 21 zu § 2.

516 *Isay*, Internationales Finanzrecht: Eine Untersuchung über die äußeren Grenzen der staatlichen Finanzgewalt, S. 75 f.

517 *Halbeisen*, in: FS Blumenstein, S. 6 (84): „(...) sollen dem Wohnsitz die einer Seßhaftigkeit adäquate Festigkeit verleihen".

518 *Birkholz*, DStZ 1979, 247 (247); *Musil*, in: H/H/Sp, § 8 AO, Rn. 20.

519 *Pahlke*, in: Schwarz/ Pahlke, § 4 AO, Rn. 157 f.

520 *Kaiser*, Auslegungsgrundsätze im Steuerrecht: Zugl. ein Beitr. zur rechtstheoretischen Präzisierung der wirtschaftlichen Betrachtungsweise, S. 81.

521 So erklären sich auch folgende Äußerungen des BFH: BFH, Urt. v. 9.12.1970 - III R 3/69, BStBl II 1971, 230: „*Der Wohnungsbegriff ist entsprechend der Veränderung der Wohngepflogenheiten eine(m) gewissen Wandel unterworfen*"; BFH, Urt. v. 15.3.1974 - III R 11/73, BStBl II 1974, 403: „*An sich erfordert der Begriff der Wohnung (...). Der Senat hat es unter Berücksichtigung des zur Zeit vorhandenen Wohnungsbestandes aber für ausreichend angesehen (...)*"; BFH, Urt. v. 16.12.1955 - III 158/55 S, BStBl III 1956, 47: „*ist jedoch der Bundesfinanzhof zu dem Ergebnis gekommen, daß bei der Beantwortung der Frage, was als eine Wohnung anzusehen sei, die nach dem Ausgang des Krieges tatsächlich bestehenden örtlichen Wohnverhältnisse berücksichtigt werden müßten*"; BFH, Urt. v. 5.10.1984 - III R 192/83, BStBl II 1985, 151: „*Die Behandlung des Wohnungsbegriffs als eines offenen Typusbegriffs ließ es zu, daß besondere Umstände, wie die Wohnungssituation in der Kriegs- und Nachkriegszeit und die damit verbundene Änderung der Wohngepflogenheiten (...) berücksichtigt werden konnten*".

Rechtsanwender „die Verantwortung für die Entscheidung eines konkreten Falles (jedenfalls bis zu einem gewissen Grad selbst zu) übernehmen“[522]. Also flexibel auf dynamische Entwicklungen im Verständnis von Wohnung und Wohnen zu reagieren und so stets auf Neue zu entscheiden, ob eine Wohnung und damit ein die unbeschränkte Steuerpflicht auslösender Wohnsitz im Sinne des § 8 AO besteht.[523] Gleichwohl erfährt der Wohnungsbegriff durch die implizite Verweisung auf Standards und Wertungen in nicht-normativen Ordnungen der Gesellschaft hinreichende Aussagekraft.[524] Hierdurch gelingt es dem Gesetzgeber ohne nähere Konkretisierung, seinen Grundgedanken eines konkret-örtlichen Inlandsbezugs[525] hinreichend genau zu verdeutlichen und so eine „*gesetzesimmanente* Rechtsfortbildung“[526] durch den Rechtsanwender zu ermöglichen. Davon, dass der Rechtsanwender den Wohnungsbegriff schrankenlos zum Spielball für eigene Wertungen nutzen kann und so den grundgesetzlich verankerten Aspekt der Gewaltenteilung nachhaltig unterläuft, kann damit keine Rede sein. Dass der Rechtsanwender den Sinn der Wohnungsbegrifflichkeit auch im Verhältnis zum übrigen Normwortlaut sowie in Wechselwirkung zum ebenfalls hierin normierten Zeitfaktor erschließen muss, steht dem nicht entgegen. Im Gegenteil spiegelt dieser Umstand den „bekannten hermeneutischen Zirkel“ wider, wonach - wie *Mössner es* treffend formuliert - der „Sinn des einzelnen Wortes aus dem Gesamtzusammenhang und de(r) Gesamtzusammenhang aus dem Sinn des einzelnen Wortes (zu) ermitteln (ist)“[527]; verstärkt also den gesetzgeberischen Grundgedanken der Wohnung als eines konkret-örtlichen Inlandsbezugs, an dem sich der Rechtsanwender im Rahmen der Auslegung zu

---

522 *Fischer*, DStZ 2000, 885 (886); *Mössner*, in: FS Kruse, S. 161 (171).

523 Vgl. hierzu Leitsatz Nr. 1: BFH, Urt. v. 19.7.1951 - III 35/51 U, BStBl. III 1951, 176: „Bei der Beantwortung der Frage, was als eine Wohnung anzusehen ist, müssen die nach Ausgang des Krieges tatsächlich bestehenden örtlichen Wohnverhältnisse berücksichtigt werden“; *Hey*, in: Tipke/ Lang, Steuerrecht, § 3, Rn. 244: „Während unbestimmte Tatbestandsmerkmale zielgerichtet eingesetzt werden, um das Gesetz entwicklungsoffen zu halten (…)“; *Jehke*, Bestimmtheit und Klarheit im Steuerrecht, S. 40.

524 *Papier*, in: Friauf, DStJG Band 12, S. 61 (68).

525 *Wernsmann*, in H/H/Sp, § 4 AO, Rn. 684 m.V.a. BVerfG, Beschl. v. 7.4.1964 - 1 BvL 12/63, BVerfGE 17, 306: „Denn einen „Verstoß gegen den Bestimmtheitsgrundsatz wird man (…) erst dann annehmen können, wenn der Gesetzgeber nicht wenigstens seine Grundgedanken (…) vollkommen deutlich macht“.

526 *Tipke*, Die Steuerrechtsordnung Band 1, § 7, S. 203. Hinweis: Kursivschreibweise im Nachhinein vorgenommen.

527 *Mössner*, in: FS Kruse, S. 161 (163 f.).

orientieren hat.[528] Insgesamt entspricht § 8 AO damit in räumlicher Dimension der Vorstellung des BVerfG, wonach jeder Rechtssatz *„auf eine Willensentschließung der vom Volk bestellten Gesetzgebungsorgane (…) zurückgeführt werden"*[529] muss. Dem Rechtsanwender also nicht völlig freie Hand im Rahmen der Anwendung und Auslegung des Gesetzestexts zukommen darf.[530]

b. Qualifiziertes Zusammenspiel von Inlandsdomizil und Inlandsanwesenheit

ba. Fortführung des gesetzgeberischen Grundgedankens einer konkret-örtlichen Inlandsverwurzelung angesichts nachhaltiger Wohnungsnutzung

Die vom Gesetzgeber bereits durch die räumliche Anknüpfung an die Wohnung zum Ausdruck kommende konkret-örtliche Inlandsverwurzelung lebt in der Wechselbeziehung von räumlichen und zeitlichen Elementen fort.[531] Hierdurch wird erneut der dem Wohnungsbegriff unterstellte Charakter als „Bleibe" und damit als konkreter Inlandsverwurzelung betont. Wenn auch diesmal nicht bloß unter räumlichen Gesichtspunkten, sondern vielmehr unter dem Gesichtspunkt einer nachhaltigen Inlandsanwesenheit. Damit stellt der Gesetzgeber nicht nur die der Wohnung schon begrifflich innewohnende Relation zu einer zeitlich nachhaltigen Nutzung ebendieser her. Denn das durchschnittliche Verständnis von einer Wohnung als „Bleibe" beziehungsweise als „heimatlicher Anlaufstelle" deutet auf ein Mehr als das bloße Vorhandensein eines Inlandsdomizils hin. Vielmehr wird dieser Eindruck durch die in § 8 AO zugrunde gelegten Zeitelemente explizit aufgegriffen und so nochmals verstärkt. Dabei demonstriert der Gesetzgeber durch das Erfordernis einer tatsächlichen physischen Inlandsanwesenheit nicht nur erneut seinen Grundgedanken eines qualifizierten Inlandsbezugs, sondern führt diesen geradezu paradehaft zum Abschluss.

---

528 So auch *Larenz*, Methodenlehre der Rechtswissenschaft, S. 325: „Der Sinn des einzelnen Rechtssatzes erschließt sich zumeist erst dann, wenn man ihn als Teil der Regelung betrachtet, der er zugehört".

529 BVerfG, Beschl. v. 9.5.1972 - 1 BvR 518/62, 1 BvR 308/64; BVerfGE 33, 125.

530 a.A. insoweit *Mössner*, Steuerrecht international tätiger Unternehmen, Rn. 2.20: Dieser äußert, dass angesichts der komplexen Struktur des § 8 AO Raum für „vielfältige Wertungen (besteht), die ein sicheres Urteil (…) schwierig machen können (…). Angesichts der Unwägbarkeiten im Einzelfall wäre eine klarere Regelung wünschenswert".

531 Vgl. *Halbeisen*, in: FS Blumenstein, S. 6 (85): Denn erst eine Vereinigung beider Elemente begründet den Wohnsitz i.S.d. § 8 AO.

Hierzu ist in § 8 AO von „*Umstände(n) (die Rede), die darauf schließen lassen, dass (jemand) die Wohnung beibehalten und benutzen wird*". Die Begrifflichkeiten „Beibehalten" und „Benutzen" heben das Erfordernis einer nachhaltigen tatsächlichen Anwesenheit in der Wohnung hervor und betonen so den Charakter derselben als eines tatsächlich genutzten inländischen Stützpunkts.[532] Mithin als Sinnbild eines qualifizierten Inlandsbezugs.[533] Dieser Eindruck wird noch dadurch verstärkt, dass der Gesetzgeber mit Blick auf die Beurteilung des „Beibehaltens" und „Benutzens" der Wohnung allein äußerlich in Erscheinung tretende „Umstände" und keine inneren Motive des Steuerpflichtigen für ausschlaggebend erklärt. Denn das Abstellen auf innere Motive würde die gegenwärtige und zukünftige Nutzung des Inlandsdomizils stets in das Belieben des Steuerpflichtigen stellen und so das Augenmerk weniger auf den tatsächlich in Erscheinung tretenden Inlandsbezug als vielmehr auf eine hiermit nicht zwingend deckungsgleiche Intention des Steuerpflichtigen richten. Nur ersterer kann allerdings im Rahmen der Beurteilung der tatsächlichen Inlandsanwesenheit entscheidend sein. Andernfalls könnte der inländische Bezug einer natürlichen Person durch entgegenstehende Intentionen unterlaufen werden und würde sich im Ergebnis je nach Einzelfall womöglich nicht mehr als qualifiziert erweisen.[534] Am Charakter eines qualifizierten Inlandsbezugs ändert sich auch nichts dadurch, dass lediglich auf Umstände, die auf ein entsprechendes nachhaltiges und tatsächliches Nutzungsverhalten „*schließen lassen (müssen)*"[535], Bezug genommen

---

532 *Felix*, in: K/S/M, § 62 EStG B 20.

533 Mössner, Steuerrecht international tätiger Unternehmen, Rn. 2.25: „Das Gesetz verwendet hierfür die Begriffe des Beibehaltens und Benutzens, also Begriffe, die auf ein Element der Dauer hinweisen".

534 Vgl.hierzu: C.II.1.b.bb., S. 94 ff.

535 Im Unterschied hierzu ist in § 9 Satz 1 AO von „*Umständen (...), die erkennen lassen, dass er (...) nicht nur vorübergehend verweilt*" die Rede. Der abweichende Wortlaut lässt sich auf das unterschiedliche „Band" des Inlandsbezugs zurückführen. Während § 8 AO durch die Anknüpfung an den Wohnsitz ein vergleichsweise stärkeres Band zum Inland herstellt, ist dieses in § 9 AO durch die bloß körperliche Anwesenheit im Inland schwächer ausgeprägt. Gerade ein stärkeres Band erfordert jedoch zu seiner Begründung und Beibehaltung stärker fundierter Indizien. Damit wird in § 8 AO vergleichsweise „strenger" verlangt, dass der Rechtsanwender aus den äußeren Umständen auf das Beibehalten und Benutzen der Wohnung *"schließen lassen"* kann. Zudem lässt sich der gewöhnliche Aufenthalt in § 9 AO aufgrund des fehlenden *konkreten* Ortsbezugs vergleichsweise schwerer „prognostizieren", ist also weniger greifbar als der Wohnsitz als konkreter Ortsbezug. Auch unter diesem Gesichtspunkt erscheinen

wird. Davon, dass diese Umstände für den Rechtsanwender zur Annahme eines inländischen Wohnsitzes restlos „feststehen" müssen, ist keine Rede. Kann es allerdings auch nicht. Denn angesichts der gesetzgeberischen Prämisse eines verobjektivierten Wohnsitzbegriffs stützt sich die Subsumtion des Rechtsanwenders unter den Wortlaut des § 8 AO zwingend auf eine Prognoseentscheidung, wonach aus äußeren Tatsachen beziehungsweise „Umständen" Schlüsse auf ein künftiges Verhalten gezogen werden.[536] Einer solchen Prognoseentscheidung fehlt es allerdings bereits ihrer Natur nach an lückenloser Sicherheit. Ein „Feststehen" der Umstände verbietet sich damit denklogisch. Von einem gekünstelten Wohnsitzbegriff, der weniger am Bestehen eines qualifizierten Inlandsbezugs ausgerichtet ist, als vielmehr an der Schaffung einer an Fiskalinteressen ausgerichteten Auslegung,[537] kann daher nicht gesprochen werden. Vielmehr verlangt bereits der Wortsinn des *„darauf schließen lassen(s)"* nach einer starken Indizienlage hinsichtlich einer nachhaltigen Inlandsanwesenheit und steht dem Charakter eines qualifizierten Inlandsbezugs somit nicht entgegen.

Im Übrigen impliziert auch das Tatbestandsmerkmal des „Innehabens" einer Wohnung das Erfordernis einer tatsächlichen Nutzung des Inlandsdomizils. Das diesem Tatbestandsmerkmal zugrunde liegende allgemeine Begriffsverständnis beinhaltet sowohl eine räumliche als auch eine zeitliche Dimension. Weniger relevant ist dabei die rechtliche Beziehung zwischen Wohnungsinhaber und Wohnung. Vielmehr impliziert das „Innehaben" einer Wohnung etwas „Aktives" im Sinne einer tatsächlichen nachhaltigen Nutzung ebendieser.[538] Dies folgt daraus, dass dem Tatbestandsmerkmal des „Innehabens" nach allgemeinem Sprachverständnis eine eigene oder zumindest abgeleitete tatsächliche Verfügungsgewalt über die Wohnung innewohnt.[539] Eine tatsächliche Verfügungsgewalt ist allerdings nach allgemeinem Sprachverständnis an eine ständige oder zumindest regelmäßige Nutzung der Wohnung gekoppelt. Also eine nachhaltige Inlandsanwesenheit des Steuerpflichtigen. Hinweise auf eine bloß rechtliche Verfügungsmacht schwingen hingegen weder im Begriffsverständnis des „Innehabens" mit noch lassen sie sich dem Gesetzestext explizit entnehmen. Im Gegenteil stellt

---

die strengeren Maßstäbe nachvollziehbar, vgl.: *Musil*, in: H/H/Sp, § 8 AO, Rn. 10; *Lehner/ Waldhoff*, in: K/S/M, § 1 EStG B 175.

536 *Drüen*, in: Tipke/ Kruse, § 8 AO, Rn. 9; *Werth*, in: Kühn/ von Wedelstädt,§ 8 AO, Rn. 10; *Lehner/ Waldhoff*, in: K/S/M, § 1 EStG B 135.

537 *Englisch*, in: Tipke/ Lang, Steuerrecht, § 5, Rn. 70.

538 *Kußmaul/ Ruiner*, StuW 2009, 80 (83 f.); *Lehner/ Waldhoff*, in: K/S/M, § 1 EStG B 122.

539 *Schaumburg*, Internationales Steuerrecht: Außensteuerrecht, Doppelbesteuerungsrecht, Rn. 5.15; *Lehner/ Waldhoff*, in: K/S/M, § 1 EStG B 123.

der Gesetzeswortlaut statt auf das bloße Eigentum beziehungsweise den bloßen Besitz an einer Wohnung ausdrücklich auf das „Innehaben“ einer solchen ab.[540] Vor diesem Hintergrund muss dem „Innehaben“ insofern ein Mehr in Form einer tatsächlichen Verfügungsgewalt und damit einer nachhaltigen Inlandsanwesenheit innewohnen. So spricht *Drüen*[541] zu Recht davon, dass der bloße Besitz (aber wohl auch das bloße Eigentum[542]) einer Wohnung kein „Innehaben“ im Sinne des § 8 AO darstellen.[543] Beides und damit die Reduktion auf die ausnahmslos rechtliche Beziehung zur Wohnung schafft nämlich nur ein abstraktes Zustandsverhältnis zwischen Person und im Inland gelegener Wohnung. Ohne jedoch die in den Tatbestandsmerkmalen des „Beibehaltens“ und „Benutzens“ sowie des „Innehabens“ der Wohnung mitschwingende tatsächliche Wohnnutzung zu implizieren oder hiermit stets gleichgesetzt werden zu können.[544] Daran ändert auch das zivilrechtliche Verständnis von Besitz als tatsächlicher Sachherrschaft im Sinne der Legaldefinition in § 854 Abs. 1 BGB nichts. Zwar

---

540 Diese Auffassung vertritt ebenso (wenn auch ohne weitere Begründung): *Bußmann*, RIW 2010, 304 (307): „Der Steuerpflichtige muss die Wohnung „innehaben“. Damit ist die tatsächliche Verfügungsmacht angesprochen, was zugleich bedeutet, dass die zivilrechtlichen Verhältnisse an der Wohnung nicht maßgebend sind“.

541 *Drüen*, in: Tipke/ Kruse, § 8 AO, Rn. 6a; ebenso: *Blusz*, in: Kanzler/ Kraft/ Bäuml, Einkommensteuergesetz Kommentar, § 1 EStG, Rn. 38.

542 Vgl. insoweit auch: BFH, Urt. v. 19.3.2002 - I R 15/01, BFH/NV 2002, 1411: *„Auf die rechtliche Eigentümerstellung kommt es nicht an, wenn der Steuerpflichtige die Wohnung unter Duldung des Eigentümers <u>tatsächlich nutzen kann und auch über sie verfügt</u>“.* Hinweis: Unterstreichung im Nachhinein vorgenommen.

543 Vgl. auch *Mössner*, Steuerrecht international tätiger Unternehmen, Rn. 2.30. Auch dieser lässt das bloße Eigentum an Wohnraum zur Begründung bzw. Beibehaltung des steuerlichen Wohnsitzes offensichtlich nicht ausreichen: Im Rahmen seiner kritischen Würdigung des Urteils des FG Schleswig-Holstein v. 12.5.1981 - III 388/78, EFG 82, 5 äußert er sich wie folgt: „Eine solche Auslegung würde das bloße Eigentum an Wohnraum als Anknüpfungskriterium für die unbeschränkte Steuerpflicht ausreichen lassen. Demgegenüber erscheint es geboten, § 8 AO enger zu verstehen, als es der Wortlaut zulässt; denn zumindest die Nichtbenutzung einer Wohnung für über ein Jahr muss m.E. der unregelmäßigen Nutzung gleichgestellt werden.“ Letzteres, also die Schädlichkeit der unregelmäßigen Nutzung der inländischen Wohnung zur Begründung bzw. Beibehaltung des steuerlichen Wohnsitzes ist allerdings von der Rechtsprechung nicht (konseqent) anerkannt.

544 *Lehner/ Waldhoff*, in: K/S/M, § 1 EStG B 123; *Tiede*, in: H/H/R, § 1 EStG, Rn. 64: Vielmehr kann ein „Innehaben“ auch ohne rechtliche Verfügungsmacht i.S.v. Eigentum oder berechtigtem Fremdbesitz (Mietverhältnis) vorliegen, z.B. bei einem Hausbesetzer.

ist der (Unter-)Mieter einer Wohnung deren Besitzer im Sinne des § 854 Abs. 1 BGB. Dies bedeutet aber nicht unbedingt, dass der (Unter-)Mieter die Wohnung allein aufgrund seiner Rechtsposition auch tatsächlich nutzt. Denn obschon der Erwerb des Besitzes im Sinne des § 854 Abs. 1 BGB ein hinreichend enges räumliches Verhältnis zur Sache voraussetzt, muss dieses nicht ununterbrochen bestehen.[545] Eine tatsächliche Nutzung der Wohnung folgt also nicht unbedingt aus deren Besitz.[546] Im Übrigen ist die zivilrechtliche Besitzfiktion des § 857 BGB im Blick zu behalten. Hiernach geht der Besitz (an einer Wohnung) lediglich in dem Sinne auf den Erben über, dass die Rechtsfolgen des Besitzes in der Person des Erben bestehen. Tatsächlicher Besitz im Sinne einer tatsächlichen Nutzung der Wohnung entsteht hierdurch allerdings ebenso wenig. Hierfür ist das Innehaben der Wohnung und damit die Erlangung der tatsächlichen Verfügungsgewalt hierüber entscheidend.[547] Nur und erst ab diesem Zeitpunkt begründet der Erbe einen Wohnsitz im steuerlichen Sinn.[548] Zuvor fehlt es an der tatsächlichen Nutzung und damit an der konkret-örtlichen Inlandsverwurzelung des Erben. So erklärt sich auch eine Entscheidung des RFH aus 1936[549]. Hierin nahm das Gericht trotz Erbschaft einer inländischen Wohnung keinen steuerlichen Wohnsitz der Erbin an. Grund war, dass die Erbin sich im Ausland eine neue Lebensstellung geschaffen hatte und die geerbte inländische Wohnung daher nicht mehr als eigene nutzte. Anders ausgedrückt fehlte ihr trotz zivilrechtlicher Besitzfiktion die tatsächliche Sachherrschaft im Sinne der tatsächlichen Verfügungsgewalt hierüber.[550]

---

545 *Fritzsche*, in: Bamberger/ Roth/ Hau/ Poseck BeckOK BGB, § 854 BGB, Rn. 21.

546 *Lehner/ Waldhoff*, in: K/S/M, § 1 EStG B 123: „Bloßer Besitz einer Wohnung oder eines Hauses ist nicht gleichbedeutend mit dem Wohnen darin. Besitz kann beispielsweise gegeben sein an einem Haus oder einer Wohnung, die verkauft werden sollen, ohne dass sie genutzt werden oder an einer bloß vorrätig gehaltenen Wohnung".

547 *Joost*, in: Säcker/ Rixecker/ Oetker, Münchener Kommentar zum Bürgerlichen Gesetzbuch: BGB, § 857 BGB, Rn. 4, 8: „Damit wird dem Erben weder eine reale noch eine fiktive Sachherrschaft zuesprochen. Er wird lediglich zum Zurechnungssubjekt der Rechtsfolgen, die mit einem Besitztatbestand verbunden sind (…) Der Erbenbesitz ist mithin bloße **Rechtsfolgenzuordnung** und damit kein Besitz iSd § 854 BGB", ders. Rn. 10: „Obwohl § 857 nur eine Zurechnungsnorm ohne Übergang der tatsächlichen Sachherrschaft auf den Erben darstellt".

548 *Rick/ Gunsenheimer/ Schneider/ Kremer*, Lehrbuch Einkommensteuer, Rn. 27.

549 RFH v. 12.12.1935 - VI A 714/35, RStBl. 1936, 2.

550 Vgl. hierzu auch eine Entscheidung des BFH v. 9.2.1965 - I 421/62, HFR 1965, 317: *„Wie das FG zutreffend ausgeführt hat, reicht der Umstand, daß ein Stpfl., der den Mittelpunkt seiner persönlichen und berufl. Lebensinteressen im Ausland hat, nach*

bb. Hinreichend bestimmte Ausgestaltung des gesetzgeberischen Grundgedankens einer konkret-örtlichen Inlandsverwurzelung in zeitlicher Hinsicht

(1) Inlandsanwesenheiten

Zwar fehlt es in § 8 AO sowohl hinsichtlich der Dauer der geforderten Inlandsanwesenheit als auch hinsichtlich der generellen Zulässigkeit von Inlandsabwesenheiten an klaren Zeitvorgaben. Gleichwohl kommt der Gesetzgeber der in der Rechtsprechung[551] sowie in Literaturkreisen[552] ausnahmslos geäußerten Forderung nach einer hinreichend bestimmten Steuernorm auch in zeitlicher Dimension nach.

Trotz des Verzichts auf eine eigene Befristung der Wohnungsnutzung lässt sich der Formulierung *„unter Umständen, die darauf schließen lassen, dass (jemand) die Wohnung beibehalten und benutzen wird“* hinreichend bestimmt das Erfordernis einer bestimmten[553] Zeitspanne entnehmen.[554] Dabei bedurfte es jedoch auch unter dem Postulat der Rechtssicherheit keiner weitergehenden Konkretisierung der bestimmten Zeitspanne mehr. Eine diesbezüglich detaillierte Normierung hätte einen verfassungskonformen Ausgleich im Verhältnis zur Einzelfallgerechtigkeit unterlaufen und womöglich die erforderliche Klarheit der Norm negiert.[555]

Eintritt eines Erbfalls im Inland die ererbten Möbel in der bisherigen Wohnung des Erblassers „stehen lässt“, noch nicht zu der Annahme aus, daß er im Inland eine Wohnung iS des § 13 StAnpG innehat (...)“.

551 BVerfG, Beschl. 14.12.1965 - 1 BvR 571/60, BVerfGE 19, 253; BVerfG, Beschl. v. 28.2.1973 - 2 BvL 19/70, BVerfGE 34, 348; BVerfG, Beschl. v. 13.5.1969 - 1 BvR 25/65, BVerfGE 26, 1; BVerfG, Beschl. v. 23.10.1986 - 2 BvL 7/84, BVerfGE 73, 388.

552 *Tipke*, Die Steuerrechtsordnung Band 1, § 7, S. 176, *Luttermann*, FR 2007, 18 (21): „Gerade der staatliche (hier: steuerliche) Eingriff darf keine Lotterie sein, nicht unbestimmt erfolgen“; *Hilf*, in: Isensee/Kirchhof, HStR VII, § 161, Rn. 14: „Das Rechtsstaatsprinzip weist in unterschiedliche Richtungen (...). Der Bürger muß aber gleichzeitig in der Lage sein, dieses Recht zu verstehen. Verständlichkeit ist eine grundlegende Voraussetzung für die Wirksamkeit des Rechts“; *Tipke*, Die Steuerrechtsordnung Band 1, § 7, S. 176: „Auch der Steuergesetzgeber muß um möglichst klare, bestimmte, in sich schlüssige (...) verständliche (...) in ihren Folgen möglichst voraussehbare Normen bemüht sein“.

553 Nicht jedoch einer auf unbestimmte Zeit angelegten Inlandsanwesenheit.

554 *Tanzer*, in: FS Loukota, S. 521 (527); *Gersch*, in: Klein, § 8 AO, Rn. 4; *Felix*, in: K/S/M, § 62 EStG B 20: „Da sich die Festlegung einer bestimmten Zeitspanne, die als **Mindestfrist** für die Beibehaltung und Nutzung anzusehen wäre, dem Gesetz unmittelbar nicht entnehmen lässt (...)“.

Vielmehr vermittelt der Gesetzestext trotz fehlender Zeitvorgaben das dem Rechtssicherheitsprinzip inhärente und hierfür notwendige Maß an Orientierungssicherheit und überlässt so dem Ermessen des Rechtsanwenders keine allzu großen Spielräume.[556] Zum einen wird durch die Wortwahl des „Beibehaltens" und „Benutzens" und angesichts von Sinn und Zweck der Regelung hinreichend bestimmt deutlich, dass die Wohnung nicht von vornherein nur vorübergehend genutzt werden soll, sondern nachhaltig. Also entweder ständig oder jedenfalls mit einer gewissen Regelmäßigkeit. „Beibehalten" beinhaltet nämlich schon nach allgemeinem Begriffsverständnis etwas „Fortbestehendes" beziehungsweise „Fortdauerndes" und weist so auf eine zeitlich mehr als nur vorübergehende Inlandsanwesenheit und damit auf einen insgesamt starken Inlandsbezug hin. Zum anderen wird angesichts der systematischen Verknüpfung von räumlichen und zeitlichen Elementen und des allgemeinen assoziativen Verständnisses der Wohnung als „Bleibe" sowohl für den Rechtsanwender als auch für den Betroffenen hinreichend bestimmt erkennbar, dass die vom Gesetzgeber geforderte Zeitspanne denknotwendig eine gewisse Nachhaltigkeit in der Nutzung des Inlandsdomizils voraussetzt. Andenfalls würde sich das Durchschnittsverständnis der Wohnung als einer „Bleibe" regelmäßig verbieten. Hinzu kommt, dass die Angabe eines festen Zeitraumes die für § 8 AO erforderliche Bindung einer konkreten Person zum Inland kaum je zielgerichtet würde bestimmen können. Denn eine derartige Angabe ließe die hiervon im Einzelfall abweichenden individuellen Verhältnisse ebendieser Person zwangsläufig außer Acht.[557] Eine an den Grundsätzen der Einzelfallgerechtigkeit ausgerichtete Auslegung wäre somit nicht mehr möglich. Überdies würde sich der gesetzliche Tatbestand hierdurch allein in formalen, durch bloße Registrierung und Messung feststellbaren Merkmalen erschöpfen. Dies widerspräche allerdings dem seitens der Rechtsprechung anerkannten Umstand, dass eine „geschriebene Norm, mit Ausnahme reiner Zahlenangaben, nie eindeutig"[558] im Sinne „mathematische(r) Bestimmtheit"[559] sein kann.[560]

---

555 BVerfG, Beschl. v. 12.1.1967 - 1 BvR 169/63, BVerfGE 21, 73; BVerfG, Beschl. v. 17.9.2013 - 2 BvE 6/08, 2 BvR 2436/10, NVwZ 2013, 1468; *Herzog*, NJW 1999, 25 (26).

556 *Jehke*, Bestimmtheit und Klarheit im Steuerrecht, S. 59.

557 Vgl. zu diesem Gedankengang die hierzu parallel getroffenen Ausführungen zum gewöhnlichen Aufenthalt i.S.d. § 9 AO von *Deppe*, StuW 1982, 332 (334 f.).

558 *Voß*, Ungewißheit im Steuerrecht - Formen, Konsequenzen, Maßnahmen, S. 33; ebenso: *Mössner*, in: FS Kruse, S. 161 (163).

559 *Hilf*, in: Isensee/Kirchhof, HStR VII, § 161, Rn. 3.

560 Vgl. hierzu: C.II.2.a.aa., S. 98 ff.

An dieser Einschätzung ändert auch die hiervon abweichende Gestaltung in § 9 Satz 2 AO, die klare Zeitvorgaben hinsichtlich des gewöhnlichen Aufenthalts formuliert, nichts.[561] Hierin heißt es: *„Als gewöhnlicher Aufenthalt im Geltungsbereich dieses Gesetzes ist stets und von Beginn an ein zeitlich zusammenhängender Aufenthalt von mehr als sechs Monaten Dauer anzusehen"*. Die in § 9 AO verwandten Begriffsmerkmale „vorübergehender Aufenthalt" beziehungsweise „vorübergehendes Verweilen" sind im Unterschied zum „Beibehalten" und „Benutzen" im Sinne des § 8 AO begrifflich vergleichsweise unscharf gewählt.[562] Unter dem Postulat der Rechtssicherheit erscheint damit das unterschiedlich gehandhabte Maß an zeitlicher Konkretisierung nicht nur gerechtfertigt, sondern mit Blick auf § 9 AO geradezu notwendig. Notwendig deshalb, weil dem Rechtsanwender nur so die Abgrenzung der weit gefassten Begrifflichkeiten des § 9 AO ermöglicht und zugleich ein hinreichendes Maß an Orientierungssicherheit für den Steuerpflichtigen geschaffen wird.[563] Dieses Maß an Orientierungssicherheit besteht jedoch auch in Kontext mit § 9 AO nicht uneingeschränkt. Diesbezüglich darf nicht übersehen werden, dass die unwiderlegbare Vermutung des § 9 Satz 2 AO nur dann eine schnelle und eindeutige Konkretisierung darstellt, wenn eine natürliche Person mehr als sechs Monate ohne jede - jedenfalls mehr als kurzfristige -[564] Unterbrechung im Inland anwesend ist.[565] Andernfalls verliert die ex post Betrachtung des § 9 Satz 2 AO ihre Bedeutung. Seine Bedeutung verliert § 9 Satz 2 AO damit in all den Fällen, in denen der Aufenthalt

---

561 Hierbei handelt es sich um eine gesetzliche Fiktion: *Drüen*, in: Tipke/ Kruse, § 9 AO, Rn. 10; *Koenig*, in: Koenig, § 9 AO, Rn. 14; a.A.: *Musil*, in: H/H/Sp, § 9 AO, Rn. 29, Fn. 2: „Teilweise wird die Regelung des § 9 Satz 2, 3 auch als „Fiktion" bezeichnet (...). Das ist jedoch ungenau, da die Voraussetzungen des § 9 Satz 2 auch erfüllt sein können, wenn schon nach § 9 Satz 1 ein gewöhnlicher Aufenthalt im Inland vorliegt. In einem solchen Fall wird der gewöhnliche Aufenthalt durch § 9 Satz 2 nicht „fingiert"; *Lehner/ Waldhoff*, in: K/S/M, § 1 EStG B 189, Fn. 292: „Die gesetzlich verwendete Charakterisierung von Satz 2 als „Fiktion" statt als „unwiderlegbarer Vermutung" (...) ist nicht ganz exakt, da die tatbestandlichen Voraussetzungen des Satz 1 auch bei Erfüllung der Voraussetzungen von Satz 2 vorliegen können. Von einer Fiktion sollte nur gesprochen werden, wenn die festgesetzte Rechtsfolge anderweitig niemals eintreten könnte".

562 *Schaumburg*, Internationales Steuerrecht: Außensteuerrecht, Doppelbesteuerungsrecht, Rn. 5.24.

563 *Kußmaul/ Ruiner*, StuW 2009, 80 (84).

564 Kurzfristige Unterbrechungen bleiben nämlich gemäß § 9 Satz 2 2. Hs. AO unberücksichtigt. Offen bleibt allerdings, was hierunter zu verstehen ist.

565 *Deppe*, StuW 1982, 332 (334).

nach den äußerlich erkennbaren Umständen auf eine längere Zeitdauer als sechs Monate ausgerichtet war, jedoch vor Ablauf der maßgeblichen Frist abgebrochen wird. Dann kommt es auf den eigenständigen Tatbestand des § 9 Satz 1 AO an. Dieser verfügt allerdings ebenso wenig wie § 8 AO über eine zeitliche Konkretisierung der Inlandsanwesenheit.[566] In diesem Fall wird der Rechtsanwender also angesichts der anerkannten und durch das „Dilemma" zwischen Rechtssicherheit und Einzelfallgerechtigkeit notwendigen Methodik der abstrakten Normgebung grundsätzlich vor die gleichen Herausforderungen wie schon in § 8 AO gestellt.[567]

(2) Inlandabwesenheiten

Der Gesetzeswortlaut des § 8 AO hält sich allerdings nicht nur mit Blick auf die konkret geforderte Dauer der Inlandsanwesenheit bedeckt. Gleiches gilt hinsichtlich der generellen Zulässigkeit von Inlandsabwesenheiten beziehungsweise Inlandsunterbrechungen. Auch diesbezüglich fehlt es an einer expliziten Aussage dazu, ob und gegebenenfalls bis zu welchem zeitlichen Grad diese zulässig sind. Insofern weicht § 8 AO eindeutig vom Gesetzeswortlaut des § 9 Satz 2 2. Hs. AO ab. Dieser bestimmt explizit, dass *„kurzfristige Unterbrechungen (...) unberücksichtigt (bleiben)"*. Nichtsdestotrotz kann angesichts der Gesetzessystematik und des Gesetzeswortlauts in § 8 AO zumindest implizit davon ausgegangen werden, dass Inlandsabwesenheiten bis zu einem gewissen zeitlichen Grad mit Blick auf die Beibehaltung des inländischen Wohnsitzes unschädlich sind. Eine Aufgabe des steuerlichen Wohnsitzes dürfte hierdurch also nicht zwingend ausgelöst werden. Hierzu fehlt es an einer Formulierung, aus der sich die Unzulässigkeit von Inlandsabwesenheiten schlechterdings ableiten ließe. Insbesondere an Ausdrücken wie „ununterbrochen" oder „ständig" vor der Formulierung des „Beibehaltens" und „Benutzens" der Wohnung, die der Zulässigkeit einer Inlandsunterbrechung von vornherein entgegenstehen würden. Jedenfalls dann nicht, sofern die zeitweilig abwesende Person trotz Inlandsunterbrechung noch über einen verfestigten Inlandsbezug verfügt. Es sich also um eine bloß kurzzeitige Inlandsunterbrechung handelt. Denn angesichts der gesetzgeberischen Vorgabe des „Beibehaltens" und „Benutzens" im Sinne einer nachhaltigen tatsächlichen Nutzung der Wohnung kann denklogisch nur insoweit eine zeitliche Toleranzgrenze von Seiten des Gesetzgebers bestehen. Demgegenüber dürften längerfristige Inlandsabwesenheiten aus dessen Sicht keinesfalls als unschädlich

---

566 *Musil*, in: H/H/Sp, § 9 AO, Rn. 21, 31.

567 Vgl. hierzu: C.II.2.a.aa., S. 98 ff.

angesehen werden. Derart längerfristige Unterbrechungen schließen nämlich eine nachhaltige tatsächliche Nutzung des Inlandsdomizils zwingend aus und widersprechen somit dem Begriffsverständnis des „Beibehaltens“ und „Benutzens“. Von einem für § 8 AO maßgeblichen qualifizierten räumlichen Inlandsbezug könnte daher keine Rede mehr sein. Vielmehr würde dieses Verständnis konterkariert. Das bloß implizite Vorgehen des Gesetzgebers betreffend die generelle Zulässigkeit von Inlandsabwesenheiten ändert allerdings nichts an der hinreichenden Bestimmtheit des § 8 AO in zeitlicher Dimension. Denn der fließende Übergang von räumlichen und zeitlichen Elementen in Verbindung mit der Wortwahl trägt zu dessen Auslegungsfähigkeit entsprechend obiger Maximen bei. Hierdurch wird das Maß an Unbestimmtheit begrenzt und damit für die nötige Orientierungssicherheit auf Seiten des Rechtsanwenders sowie des Steuerpflichtigen gesorgt. Hieran ändert auch der Umstand nichts, dass der Gesetzgeber keine Kriterien dahingehend getroffen hat, welcher Zeitraum in § 8 AO noch als temporär beziehungsweise kurzzeitig angesehen werden kann. Angesichts der bloß implizit abgeleiteten Zulässigkeit von kurzzeitigen Inlandsunterbrechungen war es ihm gar nicht möglich, derartige Kriterien ausdrücklich festzulegen. Anders als in § 9 Satz 2 2. Hs. AO mangelt es in § 8 AO ja gerade an einer expliziten Anordnung, nach der *„kurzfristige Unterbrechungen (…) unberücksichtigt (bleiben)“*. Einer weitergehenden zeitlichen Konkretisierung fehlt damit jeglicher tatbestandliche Bezugspunkt.

Diese „offene“ Normierungstaktik dürfte gleichwohl kein Zufall sein. Im Gegenteil stellt der Gesetzgeber hierdurch sein Interesse rechtsmissbräuchliche Gestaltungen seitens des Steuerpflichtigen einzudämmen am ehesten sicher. Hätte er in Kontext mit der Begründung und Beibehaltung des Wohnsitzes explizit oder implizit die generelle Schädlichkeit von Inlandsunterbrechungen angeordnet, könnte sich der Steuerpflichtige bereits durch kurzfristige Inlandsunterbrechungen seines inländischen Wohnsitzes und damit seiner unbeschränkten Steuerpflicht entziehen. Einer dauerhaften Nichtnutzung der inländischen Wohnung bedürfte es hierfür nicht mehr. Dieser Aspekt erwiese sich insbesondere im Zeitalter „offener Staatlichkeit“[568] und der hierauf zurückzuführenden wachsenden „natürlichen Mobilität von Personen“[569] als eklatant. Gerade diese

568 *Menzel*, Internationales Öffentliches Recht: Verfassungs- und Verwaltungsgrenzrecht in Zeiten offener Staatlichkeit, S. 738.

569 *Burmester*, JZ 1993, 698 (698); *Kluge*, Das Internationale Steuerrecht; Gemeinschaftsrecht, Außensteuerrecht, Abkommensrecht, M 22; *Schön*, IStR 2004, 289 (290): Dieser spricht in diesem Kontext insbesondere auch von der „Geltung der Mobilitätsfreiheiten des Binnenmarkts“.

äußeren Faktoren könnten den Steuerpflichtigen vielfach dazu verleiten, seinen steuerlichen Wohnsitz durch gezielt eingesetzte Unterbrechungen der Wohnungsnutzung zu umgehen. Sei es unter dem Deckmantel von Geschäftsreisen oder auch nur kurzzeitigen Urlaubsabwesenheiten. Dies erschiene nicht zuletzt unter dem Gesichtspunkt des global-äquivalenztheoretischen Steuerrechtfertigungsansatzes mehr als fraglich.[570] Einer solchen Gestaltungspraxis kommt der Gesetzgeber in § 8 AO insofern zuvor, als dass er implizit jedenfalls kurzzeitige Inlandsunterbrechungen für das Vorliegen beziehungsweise die Beibehaltung des inländischen Wohnsitzes unberücksichtigt lässt. So können auch zeitweilig abwesende Personen steuerlich erfasst und mit tatsächlich anwesenden Personen gleichgestellt werden.

Insgesamt äußert *Bayer* daher zu Recht, dass sich jemand um den „Anforderungen (eines steuerlichen Wohnsitzes) zu genügen, im Einzelfall selbstverständlich nicht stets und ohne jede Unterbrechung innerhalb des Bundesgebietes zu bewegen braucht (sprich seine Wohnung ununterbrochen nutzen muss). Es steht ihm (vielmehr) frei, sich schon aus privaten und erst recht aus beruflichen Gründen in das Ausland zu begeben“[571].

3. Zwischenergebnis

Der Gesetzgeber hat in § 8 AO eine eigene Begriffsdefinition des steuerlichen Wohnsitzes geschaffen und sich so von der sonst auch im Steuerrecht üblichen Verweistechnik auf entsprechende Vorschriften anderer Gesetzestexte gelöst. Zwar lassen sich der nationalen Gesetzesbegründung keine Hinweise zur diesbezüglichen Motivlage entnehmen. Gleichwohl gibt ein Blick auf den von § 7 BGB abweichenden Wortlaut des § 8 AO hinreichenden Aufschluss über die hiermit verfolgte gesetzgeberische Intention. Anders als der in § 7 BGB

570 Denn auch unter dem Aspekt des territorial und global-äquivalenztheoretischen Steuerrechtfertigungsansatzes ändert sich durch eine kurzzeitige Inlandsabwesenheit (jedenfalls) solange nichts an einem dem Grunde nach gerechtfertigten nationalen Steuerzugriff wie insgesamt noch eine zeitlich nachhaltige Nutzung des Inlandsdomizils besteht. In diesem Fall weist der Steuerpflichtige nämlich nach wie vor einen besonderen Bezug zum Inland auf, durch den er in den - seine Steuerpflicht begründenden - Genuss der Gesamtstaatsleistung kommt bzw. zumindest kommen kann. Nur kurzzeitig Abwesende von der nationalen Besteuerung auszunehmen erschiene demnach als staatstheoretisch nicht gerechtfertigter Steuerverlust und ist angesichts der offenen Formulierung des § 8 AO von Seiten des Gesetzgebers scheinbar auch nicht vorgesehen gewesen.

571 *Bayer*, in: FS Mosler, 59 (64).

verankerte Wohnsitzbegriff knüpft § 8 AO zur Begründung und Beibehaltung des steuerlichen Wohnsitzes nicht mehr an subjektive Motive des Steuerpflichtigen an. Die Motivation hierfür scheint gleich eine doppelte zu sein. Einerseits lässt sich durch ein verobjektiviertes Begriffsverständnis willkürlichen Steuergestaltungen besser vorbeugen. Andererseits wird hierdurch die Basis für einen unter völkerrechtlichen und staatstheoretischen Gesichtspunkten geforderten qualifizierten Inlandsbezug des Steuerpflichtigen geschaffen. Hinzu kommt, dass eine Fokussierung auf subjektive Momente in Widerspruch zum global-äquivalenztheoretischen Rechtfertigungsansatz stünde. Dieser knüpft die Ausübung der nationalen Steuerhoheit an die Inanspruchnahme des globalstaatlichen Leistungspakets und steht damit in Wechselbeziehung zur tatsächlichen Inlandsansässigkeit und nicht zu eventuell gegenteiligen Absichten des Steuerpflichtigen.

Dem Gesetzgeber gelingt es im Rahmen des § 8 AO den völkerrechtlich und staatstheoretisch geforderten Inlandsbezug sowohl in räumlicher als auch in zeitlicher Hinsicht hinreichend bestimmt und qualifiziert umzusetzen. Hierdurch beweist er, dass er sich der weitreichenden Rechtsfolgen, die in Kontext mit der unbeschränkten Steuerpflicht nach dem Welteinkommensprinzip beziehungsweise nach dem Weltvermögensprinzip bestehen, hinreichend bewusst war. Grundlage hierfür ist ein komplexes Raum-Zeit-Gebilde. Dass der Begriff der Wohnung hierbei anders als in zahlreichen Zweitwohnungsteuersatzungen nicht näher konkretisiert wird, steht weder einer hinreichend bestimmten Normierung entgegen noch schmälert dieser Umstand den hierin gleichwohl zum Ausdruck kommenden qualifizierten Inlandsbezug. Einer detaillierten Regelung auch des Wohnungsbegriffs bedurfte es hierzu nicht, noch wäre eine solche vor dem Hintergrund des rechtsstaatlichen Zielkonflikts zwischen Rechtssicherheit und Einzelfallgerechtigkeit begründbar gewesen. Zwar wäre der Wohnungsbegriff einer näheren Beschreibung zugänglich gewesen. Dem Gebot der Normenklarheit wird jedoch auch ohne weitergehende Illustrierung ausreichend Beachtung zuteil. Denn der Wohnungsbegriff stellt einen umgangssprachlichen Begriff dar. Er ist also auch für steuerrechtliche Laien zugänglich, zumal er die erforderlichen Kriterien zur Konkretisierung in sich trägt. Der Gesetzgeber durfte dementsprechend davon ausgehen, auf ein idealtypisches „Wohnungsverständnis“ zu stoßen, demgemäß die Wohnung als „Bleibe“ aufgefasst wird. Also als räumlicher Stützpunkt einer konkret-örtlichen Inlandsverwurzelung. Dieses Verständnis lebt in der systematischen Verquickung von räumlichen und zeitlichen Elementen fort. Hierdurch wird erneut der dem Wohnungsbegriff unterstellte Charakter als „Bleibe“ und damit als konkreter Inlandsverwurzelung betont. Wenn auch diesmal nicht bloß unter räumlichen Gesichtspunkten, sondern mit Blick auf eine nachhaltige Inlandsanwesenheit. Hierzu ist von äußerlich erkennbaren Umständen des „Beibehaltens“ und „Benutzens“ sowie vom „Innehaben“ einer Wohnung die Rede. Obschon der Gesetzgeber anders als in § 9 AO weder hinsichtlich der Dauer der geforderten Inlandsanwesenheit noch hinsichtlich der Zulässigkeit von Inlandsabwesenheiten klare Aussagen trifft, ändert dies nichts an der auch in zeitlicher Hinsicht bestehenden hinreichenden Bestimmtheit der Wohnsitzbegrifflichkeit. Den Begrifflichkeiten des „Beibehaltens“ und „Benutzens“ lässt sich nämlich hinreichend bestimmt das Erfordernis einer bestimmten Zeitspanne entnehmen. Dies gilt nicht zuletzt auch angesichts des allgemeinen assoziativen Verständnisses der Wohnung als „Bleibe“. Inlandsabwesenheiten dürften dabei angesichts Gesetzessystematik und Gesetzeswortlaut nur bis zu einem bestimmten zeitlichen Grad unschädlich sind. Eine zeitliche Toleranzgrenze bezüglich längerfristiger Inlandsabwesenheiten kann bereits deshalb nicht bestehen, weil der Gesetzgeber sich andernfalls in Widerspruch zum „Beibehalten“ und „Benutzen“ der Wohnung setzen würde. Das Fehlen diesbezüglich konkreter Zeitvorgaben erstaunt nicht. Angesichts der bloß mittelbar abgeleiteten Zulässigkeit kurzzeitiger Inlandsunterbrechungen konnte der Gesetzgeber derartige Zeitvorgaben gar nicht treffen. Insoweit fehlt jeglicher tatbestandliche Bezugspunkt.

D. Kritische Analyse der Rechtsanwendung im Kontext des Ansässigkeitsbegriffs - Diskrepanz zwischen qualifizierter Konturierung des genuine link-Erfordernisses und ergebnisorientierter Auslegung

I. Einspeisung des genuine link-Erfordernisses in räumlicher Hinsicht

1. Wohnsitz als Spiegelbild des räumlichen Schwerpunkts der Lebensinteressen

a. Zur grundsätzlichen Problematik einer wechselhaften Auslegung des Wohnsitzbegriffs

Anders als dem Gesetzgeber ist es der Rechtsprechung bis heute nicht gelungen, sich in Zusammenhang mit der Begründung der unbeschränkten Steuerpflicht eindeutig im Sinne einer allgemeingültigen Leitlinie zum notwendigen Grad des durch den steuerlichen Wohnsitz vermittelten Inlandsbezugs zu erklären. Davon, dass - wie sich der BFH jüngst selbst noch ausgedrückt hat - *„die Grundsätze, nach denen sich bestimmt, ob jemand einen Wohnsitz (…) im Inland hat, (…) durch langjährige Rechtsprechung geklärt (sind)“*[572], kann insofern keine Rede sein. Vielmehr zeichnet sich die grenzenlose Fülle an Einzelfallrechtsprechung zu § 8 AO seit jeher durch eine wechselhafte Auslegung der Anknüpfungsmerkmale aus und scheint nicht immer frei von ergebnisorientierter und fiskalinteressen geleiteter Betrachtung gewesen zu sein.[573] Sprach sich die Rechtsprechung Anfang des letzten Jahrhunderts noch für einen weit aufgefassten steuerlichen Wohnsitzbegriff aus, tendierte sie mit Inkrafttreten des Reichsfluchtsteuergesetzes 1931 zu einer vergleichsweise engen Auslegung.[574] Mittlerweile geht sie in der Bejahung des steuerlichen Wohnsitzes je nach Kontext wieder recht weit.[575]

---

572 BFH, Beschl. v. 19.9.2013 - III B 53/13, BFH/NV 2014, 38.

573 *Drüen*, in: Tipke/ Kruse, Vor § 8 AO, Rn. 6, 6b; *Haag*, DB 2018,1303 (1303).

574 *Perwein,* IStR 2017, 1020 (1025); *Kruse*, StuW 2003, 344 (346).

575 Etwas anderes dürfte in Zusammenhang mit der Frage der Kindergeldberechtigung nach § 62 Abs. 1 Satz 1 Nr. 1 EStG i.V.m. § 8 AO gelten. Hier legt die Rechtsprechung

Die wechselhafte Auslegungspraxis ruft Handlungsbedarf hervor. Dies gilt insbesondere angesichts des genuine link-Erfordernisses, vor dessen Hintergrund die Wohnsitzrechtsprechung einzuordnen ist. Gerade das Bekenntnis der Rechtsprechung vom *„§ 1 EStG (…) zugrunde liegende(n) Territorialitätsprinzip“*[576] hätte Anlass genug zu einer ausdrücklichen und allgemeingültigen Leitlinie zur Qualität des steuerlichen Wohnsitzes gegeben. Dabei wäre es folgerichtig gewesen, dieses Bekenntnis durch eine ausnahmslose Qualifikation des Wohnsitzes als räumlicher Schwerpunkt der Lebensinteressen fortgeschrieben zu haben. So wäre die Rechtsprechung ihrer „Funktion, eine stetige richtungsweisende Linie (…) zu entwickeln“[577] konsequent nachgekommen. Dies gilt nicht zuletzt unter dem Blickwinkel der staatstheoretischen Vorgaben zur Begrenzung des nationalen Steuerzugriffs. Noch in einem in jüngerer Vergangenheit ergangenen Urteil des BFH heißt es diesbezüglich, dass *„die unbeschränkte Steuerpflicht und der damit verbundene steuerliche Zugriff auf das Welteinkommen eine Art „Gegenleistung“ für die Gewährung staatlicher Leistungen (sind)“*[578]. Diese Aussage ist als Anspielung auf den global-äquivalenztheoretischen Rechtfertigungsansatz[579] zu begreifen.[580] Hiernach konzentriert und erbringt ein Staat seine Leistungen überwiegend auf seinem Territorium. Daher ist ein Steuerzugriff nur denjenigen Personen gegenüber gerechtfertigt, die einen besonderen Bezug zu seinem Territorium aufweisen und so in den Genuss der Gesamtstaatsleistung kommen (können).[581] Warum die Notwendigkeit der hierin zum

---

zur Frage der Beibehaltung des inländischen Wohnsitzes tendenziell eher strengere Maßstäbe an.

576 BFH, Urt. v. 30.11.1973 - VI R 381/70, BFHE 111, 212; vgl. ebenso: BFH, Urt. v. 23.11.2000 - VI R 165/99, BStBl II 2001, 279: *„Da das Einkommensteuerrecht durch das Territorialitäts-Prinzip (§ 1 Abs. 1 Satz 1 EStG) geprägt ist“*; BFH, Urt. v. 7.4.2011 - III R 77/09, BFH/NV 2011, 1351.

577 *Drüen*, in: Tipke/ Kruse, § 4 AO, Rn. 307.

578 BFH, Urt. v. 24.1.2001 - I R 100/99, BFH/NV 2001, 1402.

579 Vgl. hierzu: B.II.1.c.cb., S. 54 ff.

580 Vgl. hierzu ebenso: *Becker*, StuW 1939, 553 (555): „Gesichtspunkt der engen wirtschaftlichen Verstrickung mit der Gemeinde des Wohnsitzes (…); er rechtfertigt die Beteiligung der Gemeinde an dem Steueraufkommen bei mehrfachem Wohnsitz“.

581 *Lehner/ Waldhoff*, in: K/S/M, § 1 EStG A 173; *Valta*, Das Internationale Steuerrecht zwischen Effizienz, Gerechtigkeit und Entwicklungshilfe, S. 195; *Höninger*, Internationale Doppelbesteuerung im Erbschaft- und Schenkungsteuerrecht – Kollisiosnbegründende und –auflösende Normen des ErbStG, S. 97: „Der die Steuer erhebende Staat darf das Steueraufkommen folglich nicht aus Steuerquellen ableiten, die keine Berührungspunkte zu den staatlichen Leistungen des besteuernden Staates aufweisen

Ausdruck kommenden besonderen territorialen Verstrickung des Steuerpflichtigen nicht durch ein ausdrückliches Bekenntnis zum Wohnsitz als räumlicher Schwerpunkt der Lebensinteressen untermauert wird, ist auch unter diesem Aspekt wenig nachvollziehbar. Hintergrund hierfür dürften auch Fiskalinteressen sein. So vermeidet die Rechtsprechung eine eindeutige Auslegungslinie und kann immer wieder pauschal darauf zurückkommen, dass *„alle Umstände des Einzelfalls herangezogen werden (müssen)"*[582]. Dies garantiert ihr eine variablere Handhabung des steuerlichen Wohnsitzbegriffs. Ob hierdurch allerdings immer die im Einzelfall am besten passende Entscheidung gefunden wird, ist fraglich. Fraglich ist auch, wie sich ein derartiges Vorgehen mit dem Gebot der Rechtsanwendungsgleichheit verträgt.[583] Klar ist nur, dass die Entscheidung, was am besten passt, bisweilen auch interessengetrieben gesucht und getroffen wird und so maßgeblich zur „vielfach beklagte(n) „umfangreiche(n) und kasuistische(n) Rechtsprechung" zum Wohnsitzbegriff"[584] beigetragen hat. Sowohl im Interesse der Rechtsanwendungsgleichheit, als auch unter Rechtssicherheitsaspekten wäre somit ein eindeutiges Bekenntnis zur Intensität des durch den steuerlichen Wohnsitz vermittelten Inlandsbezugs wünschenswert (gewesen).

Ein derartiger „Nachholbedarf" besteht allerdings nur mit Blick auf eine allgemeingültige Auslegungsleitlinie. Denn die Rechtsprechung hat sich zuweilen ausdrücklich zum diesbezüglich erforderlichen Grad des räumlichen Inlandsbezugs erklärt. Durch (un-)mittelbare Hinweise ist der Auslegung des steuerlichen Wohnsitzbegriffs immer wieder zu entnehmen gewesen, dass für die Begründung und Beibehaltung eines inländischen Wohnsitzes grundsätzlich ein starker räumlicher Inlandsbezug im Sinne eines räumlichen Schwerpunkts der Lebensinteressen gefordert wird; wenn auch nicht im Sinne eines alleinigen Schwerpunkts der gesamten Lebensinteressen.[585] Auf diese Weise wurde dem genuine

---

und auf Grund ihrer Einbindung in die Infrastruktur eines anderen Staatswesens vielmehr zur Deckung dessen Finanzbedarfes bestimmt sind".

582 BFH, Urt. v. 19.3.1997 - I R 69/96, BStBl II 1997, 447; BFH, Urt. v. 27.8.2008 - I R 81/07, BStBl II 2009, 632.

583 *Hey*, in: Tipke/ Lang, Steuerrecht, § 3, Rn. 111.

584 *Herlinghaus*, Anm. zum FG Köln, Urt. v. 27.6.2002 - 10 K 6348/97, EFG 2002, 1198 (1200).

585 So auch *Drüen*, in: Tipke/ Kruse, § 8 AO, Rn. 1: „Gemeint ist der Wohnsitz als **räumlicher Schwerpunkt der Lebensinteressen einer natürlichen Person**"; *Rick/ Gunsenheimer/ Schneider/ Kremer*, Lehrbuch Einkommensteuer, Rn. 20: "Dabei liegt es nahe, alle natürlichen Personen uneingeschränkt der Besteuerung zu unterwerfen, die ihren Lebensmittelpunkt im Inland des jeweiligen Staates haben".

link-Erfordernis in räumlicher Hinsicht grundsätzlich qualifiziert Rechnung getragen.

b. Wohnsitz als räumlicher Mittelpunkt der Lebensinteressen

Anders als die Frage nach dem räumlichen Schwerpunkt der Lebensinteressen wird der räumliche Mittelpunkt der Lebensinteressen von der Rechtsprechung seit jeher auch jenseits des Steuerrechts immer wieder aufgegriffen, um den Wohnsitz einer natürlichen Person und damit den Umfang ihrer Steuerpflicht zu bestimmen.[586] Relevanz hat diese Thematik überall dort gehabt, wo jemand mehr als eine Wohnung innehat beziehungsweise innehaben könnte.[587] Nicht immer hat dabei jedoch der räumliche Mittelpunkt der Lebensinteressen den entscheidenden Faktor für die Gewichtung der für die Rechtsanwendung maßgeblichen Wohnung gebildet.[588] Während der bürgerlich-rechtliche Wohnsitzbegriff in § 7 BGB von der herrschenden Meinung dahingehend ausgelegt wird, dass der Wohnsitz der Mittelpunkt des gesamten Lebens einer Person ist,[589] weicht die Finanzrechtsprechung hiervon grundsätzlich ab. Zwar geht der BFH in konsequenter Auslegung des insoweit offen formulierten § 8 AO durchaus davon aus, dass ein Steuerpflichtiger auch mehrere Wohnsitze haben kann.[590] Dies richtet sich allerdings abweichend von § 7 Abs. 2 BGB nicht zwingend danach, „ob dort jeweils ein Mittelpunkt der Lebensinteressen besteht“[591]. Im Gegenteil. Bis in die jüngste Vergangenheit hinein hat sich der BFH wiederholt dagegen ausgesprochen, dass *„nur derjenige Wohnsitz zur unbeschränkten Steuerpflicht führt, der zugleich den Mittelpunkt der Lebensinteressen der betreffenden Person darstellt“*. Wiederholt wurde insoweit entschieden, dass *„ein inländischer Wohnsitz auch dann zur unbeschränkten Einkommen- (bzw. Erbschaft)steuerpflicht eines Steuerpflichtigen führt, wenn der Mittelpunkt seiner Lebensinteressen sich im Ausland befindet“*[592]. Hierfür wurden insbesondere drei Argumente angeführt:

586 *Lederer*, RIW 1981, 463 (468).

587 *von Bornhaupt*, in: K/S/M, § 9 EStG F 150.

588 *von Bornhaupt*, in: FS Offerhaus, S. 419 (419).

589 *Kannowski*, in: Staudinger, Vor § 7-11 BGB, Rn. 7; § 7 BGB, Rn. 7.

590 Vgl. hierzu z.B.: BFH, Urt. v. 26.2.1986 - II R 200/82, BFH/NV 1987, 301: *„Deshalb geht auch das Steuerrecht - und damit das Erbschaftsteuerrecht - nicht davon aus, daß eine natürliche Person jeweils nur einen Wohnsitz haben könne“*.

591 *von Bornhaupt*, in: FS Offerhaus, S. 419 (421).

592 Vgl. hierzu z.B.: BFH, Urt. v. 28.1.2004 - I R 56/02, BFH/NV 2004, 917; BFH, Urt. v.19.3.1997 - I R 69/96, BStBl II 1997, 447; BFH, Urt. v. 19.3.2002 - I R 15/01, BFH/NV 2002, 1411; BFH, Urt. v. 24.1.2001 - I R 100/99, BFH/NV 2001, 1402; BFH, Urt.

Als erstes Argument wurde darauf verwiesen, dass sich aus dem Wortlaut des § 1 EStG nichts Gegenteiliges entnehmen lasse.[593] Auch wenn richtig ist, dass der Wortlaut des § 1 EStG sowie derjenige des § 2 Abs. 1 Nr. 1 Satz 2 a) ErbStG im Unterschied zu demjenigen des § 9 Abs. 1 Satz 3 Nr. 4 Satz 6 EStG keine diesbezüglichen Vorgaben enthält, ist dieses Argument wenig überzeugend. *Drüen* verweist zu Recht auf die von *Kruse* getroffene Aussage, wonach „die Auslegung der Steuergesetze (…) keineswegs ein wertneutraler Subsumtionsakt ist, der zielgenau durch das Dictum des Gesetzgebers determiniert ist. (Vielmehr fußt) jede Auslegung auf persönlicher Werteinsicht und Willensentscheidung des Rechtsanwenders“[594]. Der Richter ist also nicht bloß „la bouche qui prononce les paroles de la loi“[595] so wie ihn noch *Montesquieu* gesehen hat. Auch die höchstrichterliche Rechtsprechung spricht an anderer Stelle davon, dass *„der Wortlaut des Gesetzes (….) keine starre Auslegungsgrenze (nach sich ziehe) (…), denn zu den anerkannten Methoden der Gesetzesauslegung gehöre (selbst) die teleologische Reduktion des Wortlauts“*[596]. Eine auf die Notwendigkeit des inländischen Mittelpunkts beziehungsweise des Schwerpunkts der Lebensinteressen abstellende Auslegung des § 1 EStG sowie des § 2 Abs. 1 Nr. 1 Satz 2 a) ErbStG erscheint insofern zulässig.

Als zweites Argument hat der BFH hingegen zu Recht vorgetragen, dass *„§ 1 Abs. 1 Satz 1 EStG (…) erkennbar von der Gleichwertigkeit aller Wohnsitze einer bestimmten Person aus(geht)“*[597], ja das *„§ 8 AO 1977 keinen Anknüpfungspunkt für eine Differenzierung zwischen „Hauptwohnsitz“ und „Nebenwohnsitz“ (enthält). Vor diesem Hintergrund verbietet sich die Annahme, dass nur ein - in welcher Weise auch immer - „qualifizierter“ Wohnsitz zur unbeschränkten Einkommensteuerpflicht führt“*[598]. Diese Auffassung steht in Einklang mit einer vom RFH getroffenen Äußerung, nach der *„ein Pflichtiger einen mehrfachen Wohnsitz auch dann haben kann, wenn er an mehreren Orten Wohnungen unterhält, die einander nicht gleichwertig sind“*[599]. Ein *„qualifizierter“*

v. 25.9.2014 - III R 10/14, BFHE 247, 239, BStBl II 2015, 655; BFH, Urt. v. 9.11.2005 - I R 47/04, BStBl II 2006, 374; BFH, Urt. v. 22.8.2007 - III R 89/06, BFH/NV 2008, 351; BFH, Urt. v. 12.1.2001 - VI R 64/98, BFH/NV 2001, 1231.

593 BFH, Urt. v. 24.1.2001 - I R 100/99, BFH/NV 2001, 1402; BFH, Urt. v. 28.1.2004 - I R 56/02, BFH/NV 2004, 917.

594 *Drüen*, in: FS Kruse, S. 191 (205), Fn. 105 m.V.a. *Kruse*, Das Richterrecht als Rechtsquelle des innerstaatlichen Rechts 1971, S. 8 ff.

595 *de Montesquieu*, L'Esprit des Loix, Livre XI, Chapitre 6, p. 229.

596 BVerfG, Beschl. v. 23.5.2016 - 1 BvR 2230/15, NJW-RR 2016, 1366; ebenso: BVerfG, Beschl. v. 30.3.1993 - 1 BvR 1045/89, BVerfGE 88, 145; BVerfG, Beschl. v. 14.6.2007 - 2 BvR 1447/05, 2 BvR 136/05, BVerfGE 118, 212.

597 BFH, Urt. v. 22.8.2007 - III R 89/06, BFH/NV 2008, 351.

598 BFH, Urt. v. 28.1.2004 - I R 56/02, BFH/NV 2004, 917.

599 RFH v. 29.5.1940 - IV B 14/40, RStBl 1940, 578: Hintergrund dieser Entscheidung ist die Bürgersteuerberechtigung mehrerer Gemeinden gewesen. Streitig ist, ob der Pflichtige mit seiner Familie einen Zweitwohnsitz unterhält. Dies wurde bejaht. Nach Auffassung des beschwerdeführenden Oberbürgermeisters lasse die diesbezüglich

Wohnsitz ist hierfür also damals nicht zwingend[600] erforderlich gewesen.[601] Die sowohl vom BFH als auch vom RFH propagierte Gleichwertigkeit der Wohnsitze beziehungsweise das fehlende Erfordernis eines *„qualifizierten" Wohnsitzes* wäre jedoch durchbrochen, wenn der inländische Wohnsitz nur dann zur unbeschränkten Steuerpflicht führen könnte, sofern und solange er den Mittelpunkt der Lebensinteressen darstellt. Dann gäbe es eine hierarchische Abstufung zwischen den einzelnen in Betracht kommenden Wohnsitzen. Eine solche Qualifikation der Wohnsitze würde allerdings der

---

ergangene Entscheidung jedoch unberücksichtigt, dass *„nach dem Bürgersteuergesetz die Bürgersteuer bei Anerkennung eines mehrfachen Wohnsitzes gleichmäßig unter die verschiedenen Wohnsitzgemeinden zu verteilen sei. Dieser Verteilungsschlüssel erfordere, daß ein mehrfacher Wohnistz nur an den Orten angenommen werde, in denen ein Pflichtiger Wohnungen von etwa gleicher Beschaffenheit unterhalte und benutze."* Der RFH erklärte die Beschwerde des Oberbürgermeisters für unbegründet. Hierzu stütze sich das Gericht maßgeblich auf sein Verständnis vom steuerlichen Wohnsitzbegriff in § 13 StAnpG. Diesbezüglich hieß es: *„Wenn nun das Bürgersteuergesetz die Bürgersteuerberechtigung einer Gemeinde lediglich davon abhängig macht, daß ein Pflichtiger in dieser Gemeinde einen Wohnsitz im Sinn des § 13 StAnpG hat, so kann es nur darauf ankommen, ob der Pflichtige eine Wohnung dort unter den in § 13 StAnpG bezeichneten näheren Umständen innehat; es ist nicht ausschlaggebend, ob diese Wohnung einer etwaigen Wohnung in einem anderen Ort gleichwertig ist".*

600 Teils wurde jedoch auch schon damals auf die „Standesgemäßheit" der Wohnung abgestellt, vgl. RFH v. 8.1.1937 – III A 218/36, RStBl 1937, 108.

601 Anerkannt ist, dass die frühere Rechtsprechung zum Wohnsitzbegriff auch heute noch Bedeutung behält, sofern seither keine Änderungen erfolgten und die Entscheidungen nicht von nationalsozialistischem Geist geprägt und daher überholt sind, vgl. BFH, Urt. v. 14.11.1969 - III R 95/68, BStBl II 1970, 153: *„Diese Grundsätze sind nicht von nationalsozialistischem Gedankengut (…) beeinflußt (…). Sie gelten auch heute noch und sind nicht durch die Entwicklung der Verhältnisse überholt worden"*. Von einer Trendwende in der Rechtsprechungspraxis, die der damaligen Auslegung die heutige Gültigkeit absprechen würde, kann (jedenfalls) hinsichtlich der Anforderungen an einen mehrfachen bzw. (Zweit-)Wohnsitz keine Rede sein. Im Übrigen ist der Grundsatz, wonach ein mehrfacher Wohnsitz auch bei fehlender Gleichwertigkeit der Wohnungen bestehen kann, nicht von nationalsozialistischem Gedankengut geprägt. Dies gilt vor allem vor dem Hintergrund der am 8.12.1931 erlassenen Vorschriften über die „Reichsfluchtsteuer und sonstige Maßnahmen gegen die Kapital- und Steuerflucht" (vgl. hierzu: RGBl I 1931, 699 (731 ff.). Diese knüpfen an die Aufgabe der inländischen Wohnung. Die Aussage, dass Wohnungen nicht gleichwertig zu sein brauchen, um einen steuerlichen Wohnistz zu begründen (und vor allem auch beizubehalten) steht dem Gedanken des auf die Sicherung des Reichsfluchtsteueraufkommens abzielenden Reichsfluchtsteuergesetzes jedoch augenscheinlich entgegen und kann daher seinen Ursprung nicht in der Ideologie des Nationalsozialismus haben, vgl. hierzu: C.II.1.c., S. 96 ff.

auch gesetzlich vorgegebenen Gleichwertigkeit ebendieser entgegenstehen. Unter diesem Blickwinkel erscheint es nur folgerichtig, wenn die Rechtsprechung den Wohnsitz gerade nicht als Mittelpunkt der Lebensinteressen versteht.

Als drittes Argument hat sich der BFH darauf gestützt, dass es ebenso wenig *„einen „allgemeinen Grundsatz des internationalen Steuerrechts" (gebe), nach dem jede Person nur von demjenigen Staat als unbeschränkt steuerpflichtig behandelt werden dürfe, in dem sich der Mittelpunkt ihrer Lebensinteressen befindet"*. Vielmehr reiche schon *„ein (beliebiger) Wohnsitz im Inland"*[602] aus. Diese Wertung trifft jedenfalls mit Bezug auf das diesbezügliche Fehlen eines *„allgemeinen Grundsatzes des internationalen Steuerrechts"* zu. Die DBA unterstellen regelmäßig, dass eine Person kraft ihres Wohnsitzes auch dann in einem Staat unbeschränkt steuerpflichtig sein kann, wenn sie dort nicht ihren Lebensmittelpunkt hat. Denn die Ansässigkeit im abkommensrechtlichen Sinne ist entsprechend Art. 4 Abs. 1 Satz 1 OECD-MA zunächst an die Wohnsitzbestimmungen des innerstaatlichen Rechts der jeweiligen Vertragsstaaten gekoppelt.[603] Hintergrund hierfür ist, dass ein DBA ausschließlich der Verteilung der Besteuerungsrechte der jeweiligen Vertragsstaaten dient und selbst keine Steuerpflicht begründet. Also nationale Regelungen gerade nicht sperrt.[604] Der Mittelpunkt der Lebensinteressen kommt somit gemäß Art. 4 Abs. 2 a) OECD-MA erst als Kriterium in Betracht, sofern eine Ansässigkeit in beiden Vertragsstaaten festgestellt wurde und der Betroffene in beiden Vertragsstaaten über eine ständige Wohnstätte verfügt.[605] Eine solche Regelung kann nur auf der Vorstellung beruhen, dass eine die unbeschränkte Steuerpflicht nach innerstaatlichem Recht auslösende Ansässigkeit auch dort begründet werden kann, wo sich nicht der Mittelpunkt der Lebensinteressen befindet. Nicht zutreffend ist jedoch die in diesem Urteil ebenfalls getätigte Äußerung des BFH, wonach *„der innerstaatliche Gesetzgeber darüber zu entscheiden (hat), von welcher Art und Intensität dieser Bindung er die Anordnung einer umfassenden Besteuerung abhängig macht. Diese Entscheidung hat der deutsche Gesetzgeber in der Weise getroffen, dass hierfür nicht der Lebensmittelpunkt im Inland liegen muss, sondern schon ein (beliebiger) Wohnsitz im Inland ausreicht"*. Davon,

---

602 BFH, Urt. v. 24.1.2001 - I R 100/99, BFH/NV 2001, 1402: Weiter heißt es hierin, dass *„es (…) nicht Sache der Gerichte (ist), diese Wertung aus rechtspolitischen Gründen zu korrigieren. Sie könnte nur dann in Frage gestellt werden, wenn es einen allgemeinen Grundsatz des Völkerrechts (Art. 25 (…) GG) gäbe, der eine Anknüpfung der Welteinkommensbesteuerung an den „schlichten" Wohnsitz verbietet. Einen solchen Grundsatz vermag der Senat indessen nicht zu erkennen"*; vgl. ebenso: BFH, Urt. v. 28.1.2004 - I R 56/02, BFH/NV 2004, 917.

603 *Lederer*, RIW 1981, 463 (464); BFH, Urt. v. 13.10.1965 - I 410/61 U, BStBl III 1965, 738; BFH, Urt. v. 23.7.1971 - III R 60/70, BStBl II 1971, 758.

604 *Schmidt*, Gesetz über die Besteuerung bei Außenbeziehungen (Außensteuergesetz), § 1 AStG, Rn. 6.

605 *Lederer*, RIW 1981, 463 (467): „Der Grund hierfür liegt vermutlich darin, daß es unwahrscheinlich ist, daß der Mittelpunkt der Lebensinteressen in einem Staat gelegen ist, in dem der Steuerpflichtige nicht über eine ständige Wohnstätte verfügt".

dass der nationale Gesetzgeber schon einen „*beliebigen Wohnsitz im Inland*" ausreichen lässt, kann keine Rede sein. Im Gegenteil hat der Gesetzgeber durch den eigenständigen steuerlichen Wohnsitzbegriff die Grundlage für einen qualifizierten Inlandsbezug geschaffen.[606] Die gegenteilige Unterstellung seitens des Gerichts verbietet sich damit. Von einem derart beliebigen Wohnsitz im Inland geht allerdings auch die Rechtsprechung nicht aus. Vielmehr wird das genuine link-Erfordernis in räumlicher Hinsicht qualifiziert in der Auslegung des Wohnsitzbegriffs eingespeist.

c. *Zum Wohnsitz als räumlicher Schwerpunkt der Lebensinteressen*

ca. *Abgrenzung des räumlichen Schwerpunkts der Lebensinteressen vom räumlichen Mittelpunkt der Lebensinteressen*

Zwar erwecken die Schlussfolgerungen der Rechtsprechung in Kontext mit dem räumlichen Mittelpunkt der Lebensinteressen den Eindruck, diese würde grundsätzlich einen losen Inlandsbezug als Basis eines nationalen Steuerzugriffs ausreichen lassen. Dem genuine link-Erfordernis also in räumlicher Hinsicht nicht hinreichend qualifiziert Rechnung tragen. Die Auslegungspraxis knüpft die Begründung und Beibehaltung des steuerlichen Wohnsitzes allerdings seit jeher an das Bestehen eines räumlich qualifizierten Inlandsbezugs. „*Ein (beliebiger) Wohnsitz im Inland*"[607] reicht also weder von Gesetzes wegen noch von Seiten der Rechtsprechung für eine auf diesen gestützte Besteuerung des Welteinkommens beziehungsweise des Weltvermögens gemäß § 1 EStG sowie § 2 Abs. 1 Nr. 1 Satz 2 a) ErbStG aus.

Vielmehr ist die Rechtsprechung angesichts einer Vielzahl an teils mittelbar, teils unmittelbar getroffenen Bekundungen dahingehend zu begreifen, dass der steuerliche Wohnsitz den räumlichen Schwerpunkt der Lebensverhältnisse einer natürlichen Person abbildet. Was fehlt ist jedoch ein eindeutiges Bekenntnis im Sinne einer allgemeingültigen Leitlinie zum steuerlichen Wohnsitz als räumlicher Schwerpunkt der Lebensinteressen. Ein derartiges Bekenntnis sollte zugleich den Begriff des räumlichen Schwerpunkts der Lebensinteressen zu demjenigen des räumlichen Mittelpunkts der Lebensinteressen abgrenzen. So würde nachvollziehbar, warum es mit Blick auf den steuerlichen Wohnsitz sinnvoller ist vom räumlichen Schwerpunkt der Lebensinteressen zu sprechen und nicht vom räumlichen Mittelpunkt der Lebensinteressen.[608] Denn nur durch die

606 Vgl. hierzu: C.II.1.b.bb., S. 94 ff.
607 BFH, Urt. v. 24.1.2001 - I R 100/99, BFH/NV 2001, 1402.
608 Dies lässt sich auch aus nachfolgender Äußerung des BFH entnehmen: „*die Wohnung im Inland muss auch nicht den Mittelpunkt der Lebensinteressen des Steuerpflichtigen*

Bezugnahme auf den steuerlichen Wohnsitz als räumlicher Schwerpunkt der Lebensinteressen wird die im Wortlaut des § 8 AO angelegte Zulässigkeit des doppelten beziehungsweise mehrfachen steuerlichen Wohnsitzes gewahrt.[609] Demgegenüber ist die Möglichkeit des Innehabens mehrerer Wohnungen mit dem Begriff des räumlichen Mittelpunkts der Lebensinteressen schwerer vereinbar.[610] Auf diese Weise würde auch die treffende Argumentation der Rechtsprechung[611] zur Gleichwertigkeit aller Wohnsitze, mit der sie dem steuerlichen Wohnsitz den Charakter als räumlicher Mittelpunkt der Lebensinteressen abspricht, berücksichtigt.[612] Nicht zuletzt sollte dabei jedoch „nur" vom steuerlichen Wohnsitz als Spiegelbild des generellen räumlichen Schwerpunkts der Lebensinteressen gesprochen werden. Nicht hingegen vom steuerlichen Wohnsitz als Spiegelbild des alleinigen Schwerpunkts der gesamten Lebensinteressen.[613] Andernfalls wäre die durch die Rechtsprechung anerkannte Zulässigkeit mehrerer steuerlicher Wohnsitze sowie die in diesem Kontext propagierte Gleichrangigkeit ebendieser ad absurdum geführt. Denn zwei oder mehr alleinige räumliche Schwerpunkte

---

bilden. Er kann deshalb mehrere Wohnsitze haben", vgl. BFH, Urt. v. 12.1.2001 - VI R 64/98, BFH/NV 2001, 1231.

609 BFH, Urt. v. 10.8.1983 - I R 241/82, BStBl II 1984, 11; FG BW, Urt. v. 7.9.1990 - IX K 96/88, EFG 1991, 102.

610 Vgl. hierzu zutreffend die - wenn auch in Zusammenhang mit dem bürgerlichrechtlichen Wohnsitzbegriff – ergangene Äußerung *Kannowskis*, in: Staudinger, Vor §§ 7-11 BGB, Rn. 7.

611 Vgl. hierzu: D.I.1.b., S. 123 ff.

612 *Esser*, RIW 1976, 513 (513): „wird dieser Begriff von der herrschenden Meinung dahingehend ausgelegt, daß der Wohnsitz der „Mittelpunkt des gesamten Lebens einer Person" ist. Diese Auslegung kann jedoch wegen Absatz 2, wo es heißt: „Der Wohnsitz kann gleichzeitig an mehreren Orten bestehen" nur dann richtig sein, wenn die Definition so zu verstehen ist, daß es sich hierbei um „den räumlichen Schwerpunkt der Lebensverhältnisse einer Person" handeln soll"; *Fahse*, in: Soergel, Vor § 7 BGB, Rn. 2.

613 So auch *Drüen*, in: Tipke/ Kruse, § 8 AO, Rn. 1: „Gemeint ist der Wohnsitz als **räumlicher Schwerpunkt der Lebensinteressen einer natürlichen Person**"; *Kannowski*, in: Staudinger, § 7 BGB, Rn. 7: Dort heißt es - wenn auch in Zusammenhang mit dem bürgerlich-rechtlichen Wohnsitzbegriff: „Es ist nicht notwendig, dass *alle* Lebensverhältnisse des Betreffenden mit diesem Ort verknüpft sind"; a.A.: *Rabback*, Anm. zum BFH, Urt. v. 26.1.2001 - VI R 89/00, AO-StB 2001, 98 (98): „Denn Wohnsitz ist der räumliche Schwerpunkt der *gesamten* Lebensinteressen einer natürlichen Person."; Hinweis: Kursivschreibweise im Nachhinein vorgenommen.

der gesamten Lebensinteressen einer Person können nicht bestehen. Dies widerspräche bereits dem Wortsinn „alleinig".

cb. (Un-)Mittelbares Bekenntnis zu einem räumlich qualifizierten Inlandsbezug

(1) „Wohnung als Bleibe" versus „bloßes Aufenthaltnehmen"

Verschiedentlich hat sich die Rechtsprechung in Kontext mit der Qualität des steuerlichen Wohnsitzes zu dessen Wesen erklärt. Hierbei hat sie ausdrücklich die „Wohnung als Bleibe" vom „bloßen Aufenthaltnehmen" abgegrenzt. Das „bloße Aufenthaltnehmen", also ein „beliebiger" inländischer Aufenthalt in ebendieser, reicht nach ständiger Rechtsprechung des BFH nicht zur Begründung des steuerlichen Wohnsitzes aus. Vielmehr muss die Wohnung dem Steuerpflichtigen als *„Bleibe"* dienen. Hierzu heißt es, dass *„das Wesen eines Wohnsitzes im steuerrechtlichen Sinne somit darin (besteht), dass objektiv die Wohnung ihrem Inhaber jederzeit (wann immer er es wünscht) als Bleibe zur Verfügung steht und von ihm subjektiv zu entsprechender Nutzung auch bestimmt ist. In dieser zur objektiven Eignung hinzutretenden subjektiven Bestimmung liegt der Unterschied zwischen dem bloßen Aufenthaltnehmen in einer Wohnung und dem Wohnsitz"*[614]. Hieraus lässt sich jedenfalls mittelbar ableiten, dass die höchstrichterliche Rechtsprechung den steuerlichen Wohnsitz als räumlichen Schwerpunkt der Lebensinteressen verstanden wissen will und damit das genuine link-Erfordernis qualifiziert umsetzt. Dies gilt nicht nur angesichts des allgemeinen Verständnisses einer *„Bleibe"*, die gemeinhin einen Ort begreifen dürfte, an dem man für immer sein kann.[615] Also einen „dauernde(n) Stützpunkt für die persönliche Existenz"[616] im Sinne eines räumlichen Schwerpunkts der Lebensinteressen. Zudem wird diese Sichtweise durch die ausdrückliche Äußerung des Gerichts untermauert, nach der das *„bloße Aufenthaltnehmen in einer Wohnung"* für die Annahme eines steuerlichen Wohnsitzes gerade nicht ausreicht. Grund hierfür dürfte der jeweils unterschiedlich stark ausgeprägte Inlandsbezug sein. Anders als einer *„Bleibe"* fehlt es dem *„bloßen Aufenthaltnehmen in einer Wohnung"* schon assoziativ am

---

614 Vgl. u.a.: BFH, Urt. v. 23.11.2000 - VI R 107/99, BStBl II 2001, 294; BFH, Urt. v. 26.2.1986 - II R 200/82, BFH/NV 1987, 301; BFH, Urt. v. 22.4.1994 - III R 22/92, BFHE 174, 523; BFH, Urt. v. 10.4.2013 - I R 50/12, BFH/NV 2013, 1909; FG Köln, Urt. v. 15.5.2008 - 10 K 1610/06, EFG 2008, 1896.

615 Vgl. C.II.2.a.dd., S. 102 ff.

616 *Bayer*, in: FS Mosler, S. 59 (64), Fn. 26 m.V.a. *Georg Strutz*, Kommentar zum Einkommensteuergesetz v. 10.8.1925, Band I (1927), Anm. 21 zu § 2.

hinreichend starken Inlandsbezug im Sinne eines räumlichen Schwerpunkts der Lebensinteressen. Diesen scheint die Rechtsprechung im Rahmen des § 8 AO aber für notwendig zu erachten. Anders lässt sich ihre differenzierte Haltung zum Wohnungsbegriff, wonach das *„bloße Aufenthaltnehmen"* in ebendieser zur Begründung beziehungsweise Beibehaltung des steuerlichen Wohnsitzes gerade nicht ausreicht, nicht erklären.

Durch dieses ständige Bekenntnis setzt die Rechtsprechung nicht nur die dem steuerlichen Wohnsitz als nationales Anknüpfungsmerkmal der unbeschränkten Steuerpflicht zugrunde liegenden völkerrechtlichen und staatstheoretischen Überlegungen betreffend das genuine link-Erfordernis qualifiziert um. Zudem führt sie so die vom Gesetzgeber in § 8 AO abstrakt getroffene Leitlinie einer konkret-örtlichen Inlandsverwurzelung fort.[617] Denn das Verständnis einer Wohnung als *„Bleibe"* suggeriert gemeinhin etwas Beständiges und bildet damit zugleich die räumliche Grundlage für eine nachhaltige Wohnungsnutzung.[618] So wie sie der Gesetzgeber in § 8 AO mithilfe der Tatbestandsmerkmale des „Beibehaltens" und „Benutzens" einfordert. Verstärkt wird dieses Vorgehen dadurch, dass sowohl der BFH als auch der RFH in Kontext mit der Wohnung beziehungsweise dem Wohnsitz zuweilen den Begriff des *„Heims"* ins Spiel gebracht haben.[619] Hieraus lässt sich ein noch stärkerer Inlandsbezug im Sinne eines räumlichen Schwerpunkts der Lebensinteressen ableiten als aus dem Begriff der *„Bleibe"*. In der Literatur wurde teils von einer „privaten Atmosphäre"[620] als Voraussetzung für das Vorliegen einer Wohnung gesprochen. Dabei dürfte es sich

---

617 So auch: *Rick/ Gunsenheimer/ Schneider/ Kremer*, Lehrbuch Einkommensteuer, Rn. 28: „(…) § 8 AO (…) dessen Zweck, an den Lebensmittelpunkt anzuknüpfen".

618 Dem steht auch die Entscheidung der Rechtsprechung, wonach zuweilen sogar ein Hotelzimmer einen steuerlichen Wohnsitz begründen kann, nicht entgegen. Denn dies gilt - wie vom Gericht ausdrücklich klargestellt - nur, wenn es sich um ein auf Dauer angemietetes Hotelzimmer handelt, vgl. FG Rh.-Pf., Urt. v. 24.4.1998 - 4 K 2608/95, EFG 1998, 1182: *„diese Voraussetzungen erfüllen aber nicht nur die als Haupt- oder Untermieter bewohnten Wohnungen, sondern auch ein nicht nur für einen oder mehrere Tage, sondern auf längere Dauer angemietetes Hotel- bzw. Pensionszimmer. Auch solche Unterkünfte können jederzeit als Bleibe dienen"*.

619 Vgl. z.B.: BFH, Urt. v. 24.4.1964 - VI 236/62 U, BFHE 79, 626; BFH, Urt. v. 4.6.1964 - IV 29/64 U, BStBl III 1964, 535; BFH, Urt. v. 14.11.1969 - III R 95/68, BStBl II 1970, 153; FG Köln, Urt. v. 23.5.1982 - V (XII) 271/77 E, EFG 1982, 607; RFH, Beschl. v. 3.4.1941 - IV B 1/41; RFH, Beschl. v. 18.7.1924 - VIe B 229 und 241/24, Sammlung der Entscheidungen und Gutachten des RFH Bd. 14, S. 125.

620 *Buciek*, in: Beermann/ Gosch, § 8 AO, Rn. 16.

jedoch nur um eine Umschreibung der „*Heim*"-Redewendung handeln, die in der Sache auf einen ebenso starken Inlandsbezug hindeutet.

(2) Teils ausdrückliches Bekenntnis zum räumlichen Schwerpunkt der Lebensinteressen

In jüngerer Vergangenheit ist die Rechtsprechung mit Blick auf die Qualität des steuerlichen Wohnsitzes noch deutlicher geworden. Insbesondere in Zusammenhang mit der Frage der Kindergeldberechtigung nach §§ 62 Abs. 1, 63 Abs. 1 Satz 6 EStG i.V.m. § 8 AO bei einem ausbildungsbedingten Auslandsaufenthalt des Kindes. Obschon §§ 62 Abs. 1, 63 Abs. 1 Satz 6 EStG in der Sache auf denselben Wohnsitzbegriff wie § 1 EStG und § 2 Abs. 1 Nr. 1 Satz 2 a) ErbStG verweisen, hat die Rechtsprechung es in diesen Fällen nicht mehr dabei belassen, sich lediglich mittelbar zugunsten eines durch den Wohnsitz vermittelten starken Inlandsbezugs auszusprechen. Im Gegenteil wurden mit Blick auf den hierdurch vermittelten Inlandsbezug vergleichsweise strengere Maßstäbe gefordert. Teils ist explizit vom inländischen Wohnsitz als Spiegelbild des räumlichen Schwerpunkts der Lebensinteressen die Rede. Letzteres wurde gar zur Prämisse für die in diesen Fällen zur Begründung des Kindergeldanspruchs erforderliche Qualität des inländischen Wohnsitzes auserkoren. Hierzu heißt es, dass „*im Einzelfall (…) auch zwei Wohnsitze nebeneinander bestehen (können) (…), wenn nach den äußeren Umständen der Lebensmittelpunkt zeitlich und örtlich zwei Wohnungen in verschiedenen Orten zuzuordnenden ist und so zwei Schwerpunkte der Lebensverhältnisse gebildet worden sind*". Weiter, dass „*der Inlandswohnsitz (…) in solchen Fällen nur dann beibehalten (wird), wenn der Betroffene entweder seinen Lebensmittelpunkt weiterhin am bisherigen Wohnort hat (keine Wohnsitzbegründung am Orte des Auslandsaufenthalts) oder (…) zwar keinen einheitlichen Lebensmittelpunkt mehr hat, (…) aber nunmehr über zwei Schwerpunkte der Lebensverhältnisse (zwei Wohnsitze) verfügt, von denen einer am bisherigen (inländischen) Wohnort liegt*"[621]. An anderer Stelle: „*Im Einzelfall können auch zwei Wohnsitze nebeneinander bestehen (…), wenn nach den äußeren Umständen der Lebensmittelpunkt zeitlich und örtlich zwei Wohnungen in verschiedenen Orten zuzuordnen ist und so zwei Schwerpunkte der Lebensverhältnisse gebildet worden sind*"[622].

---

621 BFH, Urt. v. 23.11.2000 - VI R 107/99, BStBl II 2001, 294, vgl. diesbzgl. ebenso: FG BW, Urt. v. 16.1.2012 - 6 K 4588/09, EFG 2012, 1361; FG BW, Urt. v. 29.8.2006 - 14 K 239/04, EFG 2007, 202; FG Köln, Urt. v. 17.9.2009 - 10 K 3220/08. EFG 2012, 421.

622 FG München, Urt. v. 4.7.2016 - 7 K 2435/15 (juris); BFH, Urt. v. 23.11.2000 - VI R 107/99, BStBl II 2001, 294; BFH, Urt. v. 10.8.2983 - I R 241/82, BStBl II 1984, 11.

Im Unterschied zur Begründung der unbeschränkten Steuerpflicht in § 1 EStG und § 2 Abs. 1 Nr. 1 Satz 2 a) ErbStG erklärt die Rechtsprechung damit den Schwerpunkt der Lebensinteressen in Kindergeldangelegenheiten ausdrücklich und nicht mehr bloß mittelbar zur Voraussetzung für die Annahme eines inländischen steuerlichen Wohnsitzes. Grund hierfür dürften auch fiskalische Motive sein. Denn durch eine derart enge Auslegung des Wohnsitzbegriffs erhöht die Rechtsprechung die Hürde für die Beibehaltung des inländischen Wohnsitzes des Kindes und erschwert so die Möglichkeit zur Geltendmachung von Kindergeld. Raum für eine solch kontextabhängige Auslegungspraxis, in der die Deutlichkeit, mit der die Qualität des Wohnsitzes als räumlicher Schwerpunkt der Lebensinteressen ausgedrückt wird, offenbar nach fiskalischem Gutdünken variiert, besteht allerdings im Steuerrecht nicht. Im Gegenteil werden Rechtssicherheit und Gleichmäßigkeit der Besteuerung im Sinne einer Rechtsanwendungsgleichheit nur dann voll entfaltet, wenn sich der Rechtsanwender zur Ermittlung der maßgeblichen Wertungen „disziplinierender Methoden“[623] bedient.[624] Zwar hat die wirtschaftliche Betrachtungsweise, sprich eine am wirtschaftlichen Normzweck orientierte teleologische Gesetzesinterpretation, eine lange und teils kodifizierte Tradition im Steuerrecht.[625] Sie ist auch heute noch als allgemeine Auslegungsregel anerkannt.[626] Gleichwohl vermittelt der (allein)

623 *Englisch*, in: Tipke/ Lang, Steuerrecht, § 5, Rn. 55.

624 *Hey*, in: Tipke/ Lang, Steuerrecht, § 3, Rn. 111: „Steuergleichheit ist nur dann verwirklicht, wenn das gleichheitssatzkonforme Gesetz auch gleichmäßig angewendet wird“.

625 Die wirtschaftliche Betrachtungsweise ist bis 1977 ausdrücklich gesetzlich geregelt gewesen und findet sich erstmals in der durch *Enno Becker* geprägten Form des § 4 RAO 1919 als Anweisung für die Auslegung von Fiskalzwecknormen wieder, vgl. § 4 RAO v. 13.12.1919, RGBl 1919, S. 1993 (1994): „Bei Auslegung der Steuergesetze sind ihr Zweck, ihre wirtschaftliche Bedeutung und die Entwicklung der Verhältnisse zu berücksichtigen“. Die RAO 1931 übernahm in § 9 diese Fassung. Auch § 1 Abs. 2 StAnpG 1934 bestimmt: „Dabei sind die Volksanschauung, der Zweck und die Entwicklung der Verhältnisse zu berücksichtigen“, vgl. *Eibelshäuser*, DStR 2002, 1426 (1428).

626 Vgl. *Lehner*, in: FS Tipke, S. 237 (243): „Daß die geltende Abgabenordnung keine *allgemeine* Auslegungsanweisung nach dem Muster der historischen Kodifizierungen in § 4 RAO 1919, § 9 RAO 1931 und § 1 Abs. 2 StAnpG 1934 enthält, bedeutet nach der Begründung des Finanzausschusses des Deutschen Bundestages zu § 4 AO 1977 „nicht, daß diese Auslegungsregeln zukünftig nicht mehr gelten sollen“. Vielmehr war der Finanzausschuss der Meinung, „daß es sich hier um allgemein geltende Auslegungsregeln handelt, die im Steuerrecht ebensowenig der Kodifikation bedürfen wie im übrigen Recht“. Insofern hielt der BT-Ausschuss den Vorschlag des Bundesrats nach einer Kodifikation der wirtschaftlichen Betrachtungsweise für entbehrlich

auf die staatliche Einnahmeerzielung gerichtete Fiskalzweck keine Vorgabe für eine teleologische Auslegung. Andernfalls wäre in jedem Fall die „Auslegung richtig, die zu einer möglichst hohen Steuereinnahme (führt)“[627]. Ein solches Ergebnis wäre jedoch mit dem Verständnis von Rechtssicherheit sowie demjenigen von Steuergerechtigkeit beziehungsweise Steuergleichheit im Sinne einer Rechtsanwendungsgleichheit unvereinbar.[628] Vielmehr muss sich der zur Begründung eines Auslegungsergebnisses heranzuziehende Zweck einer Norm aus der ihr zugrundeliegenden gesetzgeberischen Interessenlage[629] und nicht aus dem „Metazweck der Staatsfinanzierung“[630] ergeben.[631] Diese Auffassung steht in Einklang mit der ständigen Rechtsprechung des BVerfG.[632] Dieses hat die rein fiskalisch begründete Durchbrechung einer gesetzgeberischen Grundentscheidung schon unter gleichheitsrechtlichen Gesichtspunkten für nicht gerechtfertigt erachtet und somit für die Auslegung als irrelevant eingestuft.[633] Diese Wertung muss auch im Rahmen des § 8 AO gelten. Hier beruht die gesetzgeberische Grundentscheidung unter Zugrundelegung des völkerrechtlich und staatstheoretisch geforderten genuine links auf einer konkret-örtlichen Inlandsverwurzelung.[634] Die Grundentscheidung zugunsten einer konkret-örtlichen Inlandsverwurzelung bildet somit die maßgebliche Auslegungsbasis. Und zwar angesichts des funktionellen Verständnisses des § 8 AO als Mantelgesetz, sprich als eines für alle Steuergesetze einheitlich geltenden Wohnsitzbegriffs,[635] nicht

---

und strich den hierzu vorgebrachten Entwurf in § 3 Abs. 2 AO, vgl. diesbzgl.: BR-Drucks. 23/71, S. 16 sowie BT-Drucks. 7/4292 v. 7.11.1975, III. Einzelbegründung zu § 4 AO 1977.

627 *Drüen*, in: Drenseck/ Seer, FS Kruse, S. 191 (207).

628 *Eibelshäuser*, DStR 2002, 1426 (1427).

629 *Eibelshäuser*, DStR 2002, 1426 (1430).

630 *Drüen*, in: FS Kruse, S. 191 (207).

631 Auch Fiskalzwecknormen sind der teleologischen Auslegung zugänglich, weil sie neben dem Fiskalzweck noch andere Zwecke verfolgen, vgl. *Tipke*, Die Steuerrechtsordnung Band 3, § 28, S. 1265 f.

632 Vgl. z.B.: BVerfG, Beschl.v. 17.1.1957 - 1 BvL 4/54, BVerfGE 6, 55 (80); BVerfG, Beschl. v. 1.6.1965 - 2 BvR 616/63, BVerfGE 19, 76 (84 f.)

633 *Drüen*, in: FS Kruse, S. 191 (207).

634 Vgl. hierzu: C.II.1.b.bb., S. 94 ff.

635 Vgl. hierzu: C.II.1.a., S. 88 ff; *Kruse*, StuW 2003, 344 (345): „Einmal definiert ist für immer und alle Fälle definiert. Verwendet irgendein Steuergesetz (den) Begriff Wohnsitz (...), dann soll diese(r) Begriff wie ein Textbaustein in das jeweilige Gesetz hineingeschoben werden“; *Rick/ Gunsenheimer/ Schneider/ Kremer*, Lehrbuch Einkommensteuer, Rn. 27.

nur in Zusammenhang mit der Begründung der unbeschränkten Steuerpflicht. Ebenso in Zusammenhang mit der Frage der Kindergeldberechtigung, die an denselben steuerlichen Wohnsitzbegriff anknüpft. Die teils anderweitig orientierte Auslegungspraxis geht daher insoweit fehl, als dass diese den durch den Wohnsitz vermittelten Inlandsbezug nicht durchgehend mit derselben Deutlichkeit als räumlichen Schwerpunkt der Lebensinteressen qualifiziert. Zwar unterstellt die Rechtsprechung den Wohnsitz als räumlichen Schwerpunkt der Lebensinteressen sowohl in Kontext mit § 1 EStG und § 2 Abs. 1 Nr. 1 Satz 2 a) ErbStG als auch mit §§ 62 Abs. 1, 63 Abs. 1 Satz 6 EStG. Allerdings entscheidet sie mit Blick auf das Ausmaß an Ausdrücklichkeit, mit dem sie dies kundtut regelmäßig danach, ob die Begründung der unbeschränkten Steuerpflicht oder Fragen der Kindergeldberechtigung im Raum stehen. Gerade hierdurch widerspricht sie sich aber in ihrer „Funktion, eine stetige richtungsweisende Linie der Rspr. zu entwickeln“[636].

(3) Scheinbar gespaltetes Verständnis vom räumlichen Mittelpunkt der Lebensinteressen

Diese Inkonsistenzen werden dadurch verstärkt, dass die Rechtsprechung teils sogar ausdrücklich vom Wohnsitz als räumlicher Mittelpunkt der Lebensinteressen spricht. Hierdurch wird der von der Rechtsprechung eingangs dargestellte strenge Kurs zum Mittelpunkt der Lebensinteressen relativiert. Diesbezüglich hat sich die Finanzgerichtsbarkeit zuweilen apodiktisch dagegen ausgesprochen, dass *„nur derjenige Wohnsitz zur unbeschränkten Steuerpflicht führt, der zugleich den Mittelpunkt der Lebensinteressen der betreffenden Person darstellt“*. Wiederholt wurde insoweit entschieden, dass *„ein inländischer Wohnsitz auch dann zur unbeschränkten Einkommen- (bzw. Erbschaft)steuerpflicht eines Steuerpflichtigen führt, wenn der Mittelpunkt seiner Lebensinteressen sich im Ausland befindet“*[637]. Zwar fragt sich, inwiefern die Rechtsprechung ihre „einmal gewählte Interpretation im Interesse größtmöglicher Stabilität“[638] vor diesem Hintergrund beibehält; also dem Auslegungsgesichtspunkt der Rechtssicherheit in der Praxis tatsächlich Rechnung trägt. Gleichwohl ist dieses Bekenntnis insoweit begrüßenswert, als dass hierdurch ausdrücklich die vom Gesetzgeber in § 8 AO abstrakt getroffene Leitlinie einer konkret-örtlichen Inlandsverwurzelung fortgeführt wird. Erneut wird so die qualifizierte Umsetzung des genuine link-Erfordernisses durch die

636 *Drüen*, in: Tipke/ Kruse, § 4 AO, Rn. 307.

637 Vgl. hierzu Rspr. in Fn. 606.

638 *Voß*, Ungewißheit im Steuerrecht - Formen, Konsequenzen, Maßnahmen, S. 14.

Rechtsprechung deutlich. Terminologisch sinnvoller wäre es allerdings gewesen, in diesen Fällen vom räumlichen Schwerpunkt der Lebensinteressen zu sprechen.[639] Dann würde auch die Äußerung des BFH, wonach *„ein inländischer Wohnsitz auch dann zur unbeschränkten Einkommen- (bzw. Erbschaft-)Steuerpflicht (...) führt, wenn der Mittelpunkt seiner Lebensinteressen sich im Ausland befindet“*[640] nicht widersprüchlich, sondern konsequent erscheinen. Denn die Qualität des steuerlichen Wohnsitzes als räumlicher Schwerpunkt der Lebensinteressen schließt nicht aus, dass der Mittelpunkt der Lebensinteressen im Falle mehrerer Wohnsitze bei demjenigen im Ausland liegt. Obiger Prämisse stünde somit nichts entgegen. Bei Qualifizierung des Wohnsitzes als räumlicher Mittelpunkt der Lebensinteressen gilt dies jedoch nicht. Sofern die Begründung des inländischen Wohnsitzes an das dortige Bestehen des räumlichen Mittelpunkts der Lebensinteressen knüpft, kann dieser nämlich denknotwendig nicht auch noch durch ein weiteres Domizil im Ausland vermittelt werden. Dies verbietet bereits der Wortsinn des „Mittelpunkts“. Gleichwohl hat die Rechtsprechung den steuerlichen Wohnsitz zuweilen als Mittelpunkt der Lebensinteressen qualifiziert. Teils verhalten und implizit; teils sogar explizit:

Lediglich verhalten hat sich der BFH diesbezüglich in einer Rechtssache aus 2007 geäußert. Im Streitfall ging es um die Voraussetzungen des Veranlagungswahlrechts von Ehegatten. Zur Diskussion stand dabei die unbeschränkte Einkommensteuerpflicht eines kanadischen Eishockey-Profis, der mit seiner Freundin und späteren Ehefrau, einer amerikanischen Staatsbürgerin, in den USA lebt. Während der festgelegten Spielzeiten hielten sich beide in der dem Kläger von seinem Arbeitgeber kostenlos zur Verfügung gestellten inländischen Wohnung auf. Im Übrigen jedoch in den USA. Im Rahmen der Entscheidungsgründe sprach der BFH davon, dass *„der Wohnsitz im Inland (...) nicht den Mittelpunkt der Interessen der Person darstellen (muss)“*[641]. Aus der offenen Formulierung lässt sich jedoch folgern, dass der Wohnsitz diesen durchaus darstellen kann. In die gleiche Richtung streitet eine Entscheidung des BFH aus 1997. Im Streitfall ging es um die Frage der unbeschränkten Steuerpflicht der Kläger. Konkret um die Beibehaltung eines inländischen Wohnsitzes trotz mehrjähriger Auslandstätigkeit des Klägers. In den Entscheidungsgründen nahm der Senat dabei ausdrücklich zur Frage des Mittelpunkts der Lebensinteressen Stellung. Allerdings befand dieser die Annahme der Vorinstanz, nach der der Mittelpunkt der Lebensinteressen der Kläger weiterhin im Inland sei, als untergeordnet. Hierzu hieß es: *„Ein feststellbarer Mittelpunkt der Lebensinteressen mag den Rückschluß erlauben, daß sich dort auch ein Wohnsitz des*

---

639 Vgl. hierzu: D.I.1.c.ca., S. 128 ff.
640 Vgl. hierzu Rspr. in Fn. 598.
641 BFH, Urt. v. 22.8.2007 - III R 89/06, BFH/NV 2008, 351.

Steuerpflichtigen befindet"[642]. Weiter, dass *„der gleiche Schluß (sprich die Begründung des steuerlichen Wohnsitzes) (…) aber schon dann gezogen werden (kann), wenn jemand eine Wohnung an einem Ort innehat, zu dem er intensive persönliche Beziehungen wie z.B. Verwandte, Freunde, Herkunft, Grundvermögen u.a.m. unterhält"*[643]. Für Verwunderung sorgt hierbei der Gedanke des Senats, wonach *„intensive persönliche Beziehungen"* nicht zwangsläufig auch den Mittelpunkt der Lebensinteressen vermitteln beziehungsweise mit diesem gleichgestellt werden können. Diese Sichtweise überzeugt nicht. Dem steht bereits das allgemeine Begriffsverständnis des Mittelpunkts der Lebensinteressen entgegen. Dieses spiegelt sich auch in der Finanzrechtsprechung wider. Zwar äußert sich diese verhalten zur Definition des Mittelpunkts der Lebensinteressen. Das Finanzgericht des Landes Sachsen-Anhalt hat diesbezüglich allerdings jüngst eine Begriffsbestimmung getroffen, die vom BFH bereits in anderem Kontext diskutiert wurde.[644] Hiernach hat jemand seinen Mittelpunkt der Lebensinteressen dort, *„wo er sich regelmäßig, abgesehen von Zeiten der Arbeitstätigkeit und ggf. Urlaubsfahrten, aufhält und von wo aus er sein Privatleben führt"*.[645] Also an dem Ort, zu dem er persönliche Beziehungen unterhält.[646] Damit dürften hiervon auch *„intensive persönliche Beziehungen wie z.B. Verwandte, Freunde, Herkunft, Grundvermögen u.a.m."* erfasst sein. So wie vom BFH in seinem Urteil aus 1997 formuliert.[647] Die diesem Urteil vorangegangene Aussage des

642 BFH, Urt. v. 19.3.1997 - I R 69/96, BFHE 182, 296, BStBl II 1997, 447. Dies entspricht der - wenn auch in Zusammenhang mit der österreichischen Auslegungspraxis - getätigten Äußerung *Schuchs*: „Daß die Wohnung den Mittelpunkt der Lebensinteressen bildet, ist aber für den Begriff des Wohnsitzes im Inland nicht erforderlich (…), doch wird das ständige Wohnen im Inland und der damit verbundene Wohnsitzbegriff umgekehrt für das Bestehen des Mittelpunktes der Lebensinteressen von ausschlaggebender Bedeutung sein", vgl. *Schuch*, ÖStZ 1972, 43 (43).

643 BFH, Urt. v. 19.3.1997 - I R 69/96, BFHE 182, 296, BStBl II 1997, 447.

644 BFH, Urt. v. 31.10.1990 - I R 24/89, BStBl II 1991, 562: *„Im DBA-Großbritannien (…) wird der Mittelpunkt der Lebensinteressen als das Gebiet definiert, zu dem die betroffene Person die engeren persönlichen und wirtschaftlichen Beziehungen hat (…). Das Innehaben von persönlichen und wirtschaftlichen Beziehungen ist nur an objektiven Kriterien zu messen. Die persönlichen Beziehungen umfassen die gesamte private Lebensführung. Dazu gehören familiäre, gesellschaftliche, politische und kulturelle Beziehungen (…)"*.

645 FG des Landes Sachsen-Anhalt, Urt. v. 7.7.2015 - 4 K 62/13 (juris).

646 *Lechner*, in: Gassner, Besteuerung und Bilanzierung internatinal tätiger Unternehmen: 30 Jahre Steuerrecht an der Wirtschaftsuniversität Wien, S. 251 (260): „der Mittelpunkt der Lebensinteressen (konkretisiert) das Element der besonderen persönlichen Bindung der Person an die Wohnstätte".

647 So hat sich die höchstrichterliche Rechtsprechung auch in Kontext mit den sog. Grenzgängerfällen geäußert. Insoweit ist zur Begründung des inländischen gewöhnlichen Aufenthalts i.S.d. § 9 AO grds. unbeachtlich, dass sich die wirtschaftliche Existenzgrundlage (Arbeitsplatz, Unternehmen) in Deutschland befindet. Ihre Bedeutung tritt hinter die engere Familienbindung im Ausland zurück. Selbst wenn neben beruflichen

FG Nürnberg[648], die den Mittelpunkt der Lebensinteressen als von Bedeutung für die Bewertung des steuerlichen Wohnsitzes erklärte, wird damit nicht sinnvoll entkräftet.

In anderen Entscheidungen hat sich die Finanzgerichtsbarkeit teils explizit zum räumlichen Mittelpunkt der Lebensinteressen bekannt. Dies gilt sowohl in Zusammenhang mit Fragen der unbeschränkten Steuerpflicht als auch in anderem steuerlichen Kontext. Jenseits der unbeschränkten Steuerpflicht finden sich derartige Bekundungen vor allem in Kontext mit der Steuerermäßigung für Berliner Einkünfte gemäß § 1 Abs. 1 StErlG 1955[649]. Voraussetzung für eine derartige Steuerermäßigung war das Bestehen eines (ausschließlichen) Wohnsitzes im Sinne des § 13 StAnpG[650] beziehungsweise des gewöhnlichen Aufenthalts in Berlin-West.[651] In einer Rechtssache aus 1969 war dabei streitig, ob der Steuerpflichtige mit Familienwohnsitz an einem anderen Ort an seinem Arbeitsort in Berlin-West einen Wohnsitz begründet, wenn er sich während des Aufenthalts an diesem Ort in der Wohnung seines Bruders aufhält, ohne dort ein ihm ständig zur Verfügung stehendes eigenes Zimmer benutzen zu können, und so in den Genuss der Steuerermäßigung gelangt. Der BFH hat dies mangels Wohnsitzbegründung in Berlin-West abgelehnt. Denn durch die Besuche in der Wohnung seines Bruders habe der Steuerpflichtige dort keinen *„Mittelpunkt (seines) privaten und sonstigen Lebens“* begründet. Laut Gericht fehle es hierfür an einer *„hinreichend intensiven Verknüpfung des Lebens des Steuerpflichtigen (…) (mit Berlin-West)“*[652]. Eine inhaltlich vergleichbare Diskussion wurde vor

---

und wirtschaftlichen Beziehungen noch gesellschaftliche und verwandtschaftliche Beziehungen in Deutschland bestehen, gehen die Beziehungen zur engeren Familie nach ständiger Rechtsprechung bei der Gewichtung und Abwägung vor, vgl. BFH, Urt. 6.2.1985 - I R 23/82, BStBl II 1985, 331; BFH, Urt. v. 20.4.1988 - I R 219/82, BStBl II 1990, 701.

648 FG Nürnberg, Urt. v. 16.7.1996 - I 291/95, EFG 1997, 190.

649 Erstes Gesetz zur Änderung des Einkommensteuergesetzes in der Fassung vom 21.12.1954 (BGBl I, S. 441), des Körperschaftsteuergesetzes in der Fassung vom 21.12.1954 (BGBl I, S. 467) und des Gesetzes zur Erhebung einer Abgabe „Notopfer Berlin“ v. 4.7.1955 (BGBl I 1955, 384 - StErlG 1955).

650 Dieser entspricht dem heutigen § 8 AO.

651 Denn in § 1 Abs. 1 StErlG 1955 heißt es: „Bei natürlichen Personen, die seit mindestens vier Monaten vor dem Ende des Veranlagungszeitraums ihren ausschließlichen Wohnsitz oder - in Ermangelung eines Wohnsitzes im Geltungsbereich dieses Gesetzes - ihren gewöhnlichen Aufenthalt in Berlin (West) haben, ermäßigt sich die veranlagte Einkommensteuer (…) um 20 vom Hundert“.

652 BFH, Urt. v. 24.10.1969 - IV 290/64, BStBl II 1970, 109.

dem BFH bereits kurze Zeit zuvor geführt. Auch hierin ging es um das Bestehen einer Steuervergünstigung nach § 1 Abs. 1 Sätze 1 und 2 des Berliner Steuerpräferenzgesetzes. Diese wurde dem Steuerpflichtigen vom Gericht mangels (Zweit-)Wohnsitzes in Bayern zugesprochen. Ein solcher fehlte laut Senat, weil das dortige Ferienhaus *„nicht zu einem zweiten Mittelpunkt der Lebensbeziehung (des Steuerpflichtigen) in familiärer oder in beruflicher Hinsicht“*[653] gemacht worden sei. Ungeachtet fiskalischer Motive hat sich der BFH somit in beiden Fällen ausdrücklich auf den Wohnsitz als räumlicher Mittelpunkt des Steuerpflichtigen fokussiert.[654] Im Übrigen hat sich der BFH auch in einer Rechtssache aus 1951 explizit zur Wohnung als Mittelpunkt der Lebensinteressen bekannt. Diesmal in Kontext mit der Art- und Wertfortschreibung der der Beschwerdegegnerin gehörigen bebauten Grundstücke. Auch hier war der Wohnungsbegriff klärungsbedürftig. Hierbei hat der BFH unter Bezugnahme auf eine ältere Rechtsprechung des RFH[655] darauf hingewiesen, dass *„jemand dort seine Wohnung hat, wo sich der Mittelpunkt seines familiären und geselligen Lebens befindet“*[656]. Ungeachtet dessen hat sich die Finanzgerichtsbarkeit bisweilen aber auch in Zusammenhang mit der unbeschränkten Steuerpflicht explizit zur Wohnung als Mittelpunkt der Lebensinteressen bekannt. In den 70er Jahren des letzten Jahrhunderts hat sich das Hessische FG in Kontext mit der Frage der Beibehaltung des inländischen Wohnsitzes trotz Auslandsaufenthalts für einen qualifizierten Inlandsbezug ausgesprochen. Hierzu hat das Gericht den steuerlichen Wohnsitz ausdrücklich mit dem inländischen Mittelpunkt der Lebensinteressen gleichgesetzt. Insofern hieß es: Der Kläger hat *„mit der Fortsetzung des Mietvertrags über seine bisherige Wohnung (…) zu erkennen gegeben, daß er auch nach*

653 BFH, Urt. v. 24.4.1964 - VI 236/62 U, BStBl III 1964, 462. So auch noch später in einem Urteil des FG BW v. 3.5.1985 - II (III) 271/82, EFG 1985, 483: „Denn für die Wohnsitzbegründung im Inland würde es ausreichen, wenn sie dort einen *zweiten Mittelpunkt ihres privaten und sonstigen Lebens* gehabt hätte“.

654 Beide Entscheidungen wirken sich mit Blick auf fiskalische Interessen unterschiedlich „günstig“ aus. Im ersten Fall zog das Gericht diese Argumentation heran, um eine Ermäßigung der veranlagten Einkommensteuer nach § 1 Abs. 1 StErlG 1955 abzulehnen. Im zweiten Fall konnte die Begünstigung nach dem Berliner Steuerpräferenzgesetz angesichts eines hierauf gestützten ausschließlichen Wohnsitzes in Berlin-West hingegen zugesprochen werden. Dennoch blieb das Gericht auch in diesem Fall dabei, den Wohnsitz im Sinne des damaligen § 13 StAnpG als räumlichen Mittelpunkt der Lebensinteressen aufzufassen.

655 RFH, Urt. v. 30.7.1942 - III 89/42, RStBl 1942, 963.

656 BFH, Urt. v. 19.7.1951 - III 35/51 U, BStBl III 1951, 176.

seiner (...) Rückkehr aus dem Ausland den bisherigen Mittelpunkt seiner Lebensinteressen beibehalten und seinen inländischen Wohnsitz nicht aufgeben wollte. An der unbeschränkten Steuerpflicht des Kl. hat sich demnach auch durch seinen Auslandsaufenthalt nichts geändert."[657] In die gleiche Richtung streitet das Urteil des FG Baden Württemberg aus 1985. Hierin hieß es: „*Dem FA kann zwar nicht darin gefolgt werden, wenn es meint, es komme wesentlich darauf an, daß die Klin. seit ihrer Heirat im Jahr 1961 den Mittelpunkt ihrer familiären und gesellschaftlichen Beziehungen in Madrid habe. Denn für eine Wohnsitzbegründung im Inland würde es ausreichen, wenn sie dort einen zweiten Mittelpunkt ihres privaten und sonstigen Lebens gehabt hätte (...)*"[658]. Jüngst hat sich auch das FG München im Sinne eines räumlich qualifizierten Inlandsbezugs des Steuerpflichtigen ausgesprochen. In Zusammenhang mit der Frage, ob der inländische (Familien-) Wohnsitz einem im Ausland arbeitenden und nicht von seiner Familie dauernd getrennt lebenden Ehegatten als Teil der Familie zugerechnet werden kann, wurde insofern für maßgeblich erklärt, ob „*die Wohnung von der Familie zum Mittelpunkt ihrer persönlichen Lebensführung auserkoren (worden) ist*"[659]. Es bleibt abzuwarten, ob sich hieran und vor allem an der Qualifikation der Wohnung als „*Mittelpunkt (der) persönlichen Lebensführung*" durch das derzeit noch anhängige Revisionsverfahren zukünftig etwas ändern wird.[660]

Mössners Kritik, wonach der BFH „*nicht in seine Erwägungen (ein-) bezieht (...), dass der Wohnsitz in § 1 Abs. 1 EStG Ausdruck der hinreichenden Inlandsbeziehung ist*"[661], kann daher in seiner Absolutheit nicht gefolgt werden. Zwar fehlt es an einem eindeutigen Bekenntnis im Sinne einer allgemeingültigen Leitlinie zum steuerlichen Wohnsitz als räumlicher Schwerpunkt der Lebensinteressen. Gleichwohl gibt die Rechtsprechung seit jeher durch (un-)mittelbare Hinweise zu verstehen, dass der inländische Wohnsitz an einen starken räumlichen Inlandsbezug im Sinne eines generellen räumlichen Schwerpunkts der Lebensinteressen gekoppelt ist. Dem genuine link-Erfordernis wird so in räumlicher Hinsicht hinreichend qualifiziert Rechnung getragen. Hieran ändert auch das ambivalente Verständnis der (Wohn-)Nutzungsgegebenheiten nichts. Im Gegenteil.

---

657 Hessisches FG, Urt. v. 15.12.1976 - I 179/75, EFG 1977, 267.

658 FG BW, Urt. v. 3.5.1985 - II (III) 271/82, EFG 1985, 483.

659 FG München, Urt. v. 29.7.2015 - 1 K 1016/14, EFG 2016, 268.

660 Anhängiges Verfahren vor dem BFH, Mitteilungsdatum 18.11.2016 - I R 58/16.

661 *Mössner*, Steuerrecht international tätiger Unternehmen, Rn. 2.20.

2. Ambivalentes Verständnis der (Wohn-) Nutzungsgegebenheiten

a. *Zur „Standesgemäßheit" der Wohnverhältnisse*

aa. *Heterogene Anforderungen an die Qualität der Wohnungsgegebenheiten*

In Zusammenhang mit der Ausgestaltung der Wohnungsgegebenheiten äußern sich die Finanzgerichte sowie der BFH in ständiger Rechtsprechung dahingehend, dass der Wohnsitzbegriff *„zum (dauerhaften) Wohnen geeignete Räumlichkeiten"*[662] voraussetzt. Die hierin anklingende Eigenschaft der Wohnung als einer zum dauerhaften Wohnen geeigneten Unterkunft impliziert etwas Beständiges und steht daher nicht nur in Einklang mit der wiederholt von Seiten der Rechtsprechung getroffenen Charakterisierung der Wohnung als „Bleibe". Ein solches Begriffsverständnis drückt zudem die Befürwortung eines starken räumlichen Inlandsbezugs im Sinne eines räumlichen Schwerpunkts der Lebensinteressen aus. Auch unter diesem Blickwinkel wird so der vom Gesetzgeber in § 8 AO abstrakt getroffenen Leitlinie einer konkret-örtlichen Inlandsverwurzelung Rechnung getragen und damit dem genuine link-Erfordernis qualifiziert „gehuldigt".

Dies ändert jedoch nichts daran, dass die Rechtsprechung seit jeher mit Blick auf die qualitativen Anforderungen an die Wohnungsgegebenheiten, sprich die Eignung der Räumlichkeiten zum dauerhaften Wohnen, unterschiedliche Maßstäbe anlegt. Zwar erscheint die standardisierte Formel der Rechtsprechung von *„zum dauerhaften Wohnen geeignete(n) Räumlichkeiten"* zeitlos. Allerdings sind die von der Rechtsprechung diesbezüglich aufgestellten Anforderungen je nach Einzelfall äußerst facettenreich, bisweilen sogar widersprüchlich gewesen und lassen insgesamt eine klare Auslegungslinie vermissen.[663] Hintergrund hierfür ist, dass die Wohnung nach der - von Teilen der Literatur[664] geteilten - Auffassung

---

662 Vgl. hierzu z.B.: BFH, Urt. v. 23.11.1988 - II R 139/87, BStBl II 1989, 182; BFH, Urt. v. 19.3.1997 - I R 63/96, BStBl II 1997, 447; BFH, Urt. v. 23.11.2000 - VI R 107/99, BStBl II 2001, 294; FG Köln, Urt. v. 27.6.2002 - 10 K 6348/97, EFG 2002, 1198; FG Köln, Urt. v. 15.5.2008 - 10 K 1610/06, EFG 2008, 1896; Hessisches FG, Urt. v. 13.12.2010 - 3 K 1060/09, EFG 2011, 1133; FG Münster, Urt. v. 12.7.2012 - 13 K 2675/10 Kg, EFG 2012, 2125; FG München, Urt. v. 7.8.2012 - 12 K 1488/11, EFG 2012, 2214. Teils wurde hierbei auf das Erfordernis der „Dauerhaftigkeit" abgestellt.

663 *Mössner*, Steuerrecht international tätiger Unternehmen, Rn. 2.21.

664 *Birkholz*, DStZ 1979, 247 (247), *Egly*, DStZ 1940, 627 (628); *Lohmeyer*, DVR 1975, 21 (21); *Kammerer*, Wohnsitz (gewöhnlicher Aufenthalt) im Steuerrecht und das Doppelbesteuerungsproblem bei den direkten Steuern, S. 20; a.A.: *Drüen*, in: Tipke/ Kruse, § 8 AO, Rn. 5; *Mössner*, Steuerrecht international tätiger Unternehmen, Rn. 2.22;

der Rechtsprechung über die objektive Eignung zum Wohnen hinaus eine *„angemessene, den persönlichen und wirtschaftlichen Verhältnissen des Stpfl. entsprechende Bleibe“*[665] darstellen muss.[666] Teils heißt es, dass *„Räume, die dem Steuerpflichtigen nur vorübergehend eine seinen Verhältnissen nicht entsprechende Unterkunft bieten können (...) grundsätzlich keine „Wohnung“ (sind)“*[667]. Bislang ist allerdings offen geblieben, was hierunter im Einzelnen zu verstehen ist.[668] Teils ist in der Rechtsprechung sogar ausdrücklich vom Erfordernis der *„Standesgemäßheit“*[669] der Wohnung die Rede gewesen. Vereinzelt sogar schon in Entscheidungen des RFH. Anders als von Teilen der Literatur[670] vertreten, verlangte der RFH dabei aber stellenweise schon vor dem NS-Regime und dem Bestehen des Reichsfluchtsteuergesetzes eine den Verhältnissen des Steuerpflichtigen angemessene Bleibe.[671] Dies ändert allerdings nichts daran, dass das Kriterium der Standesgemäßheit dem RFH zu Zeiten des NS-Regimes regelrecht in die Hände spielte. Insbesondere in Kontext mit dem Reichsfluchtsteuergesetz. Der Steuertatbestand des Reichsfluchtsteuergesetzes knüpfte nämlich in

Schaumburg, Internationales Steuerrecht: Außensteuerrecht, Doppelbesteuerungsrecht, Rn. 5.14.

665 Vgl. hierzu z.B.: RFH v. 18.7.1924 - VI B 241/24, RFHE 14, 125; RFH v. 19.11.1936 - III A 135/36, RStBl 1937, 66; RFH v. 8.1.1937 - III 202/36, RStBl 1937, 336; RFH v. 10.3.1937 – VI A 631/36, RStBl 1937, 498; BFH, Urt. v. 4.6.1964 - IV 29/64 U, BStBl III 1964, 535; BFH, Urt. v. 14.11.1969 - R 95/68, BStBl II 1970, 153; FG Köln, Urt. v. 23.5.1982 - V (XII) 271/77 E, EFG 1982, 607; FG BW, Urt. v. 3.5.1985 - II (III) 271/82, EFG 1985, 483; BFH, Urt. v. 19.3.1997 - I R 63/96, BStBl II 1997, 447; FG Köln, Urt. v. 27.6.2002 - 10 K 6348/97, EFG 2002, 1198.

666 Hierzu heißt es bspw. in einem Urteil des BFH v. 24.4.1964 - VI 236/62 U, BFHE 79, 626: *„Für einen Arzt, dessen Einkünfte im Streitjahr 1959 über 83.000 DM betragen haben, war das Haus eine verhältnismäßig primitive und nicht seiner wirtschaftlichen Lage entsprechende Bleibe“*. In die gleiche Richtung geht die Auslegung der Vorinstanz, auf die der BFH in seinem Urteil v. 6.3.1968 - I 38/65, BStBl II 1968, 439 ausdrücklich verweist: *„Das FG geht zunächst davon aus, dass es schon zweifelhaft sein könne, ob das bescheiden eingerichtete Haus für einen Kaufmann, dessen Einkünfte im Streitjahr über 198.000 DM betragen haben, überhaupt eine Wohnung darstelle, wie sie den Vorstellungen und dem Lebenszuschnitt des Steuerpflichtigen und seiner Ehefrau entspreche“*.

667 BFH, Urt. v. 24.4.1964 - VI 236/62 U, BFHE 79, 626.

668 Vgl. hierzu die von Seiten *Drüens*, in: Tipke/ Kruse, § 8 AO, Rn. 5 geäußerte Kritik, wonach „auch diese Formulierung (...) interpretationsbedürftig (ist)“.

669 RFH v. 8.1.1937 – III A 218/36, RStBl 1937, 108.

670 *Tiede*, in: H/H/R, § 1 EStG, Rn. 63.

671 Vgl. hierzu z.B.: RFH v. 18.7.1924 - VI B 241/24, RFHE 14, 125.

§ 1 an die Aufgabe des inländischen Wohnsitzes an.[672] Hierbei auf das Kriterium der „Standesgemäßheit" abzustellen eignete sich trefflich dazu, eine schnellere Aufgabe des Wohnsitzes aussprechen zu können. Ersatzwohnsitze also gerade nicht ausreichen zu lassen. So erklärt sich die damalige Tendenz, den Begriff des Wohnsitzes und damit denjenigen der Wohnung vergleichsweise eng auszulegen.[673] Nach Ende des NS-Regimes hat sich die seinerzeit bisweilen konsequent praktizierte Haltung der Gerichte in der Streitfrage, ob die Wohnung insgesamt eine den persönlichen und wirtschaftlichen Verhältnissen des Steuerpflichtigen angemessene Unterkunft darstellen muss, allerdings wieder aufgeweicht. Eine durchgängige Rechtsprechungslinie sucht man seither vergeblich. Grundsätzlich geht die Rechtsprechung davon aus, dass *„Räume, die nur vorübergehend und notdürftig Unterkunft gewähren"*[674] nicht unter den steuerlichen Wohnsitzbegriff des § 8 AO subsumiert werden können.[675] Da solche Räumlichkeiten ungeachtet des konkreten finanziellen Lebenszuschnitts per definitionem keine den persönlichen und wirtschaftlichen Verhältnissen des Steuerpflichtigen angemessene Unterkunft darstellen dürften, entspricht dieses Vorgehen der strengen Rechtsprechungspraxis zur Standesgemäßheit der Wohnung. Einklang herrscht insofern auch mit Blick auf den Umstand, dass derartige Räumlichkeiten nicht zum dauerhaften Wohnen und damit nicht als „Bleibe" im Sinne der standardisierten Formel des BFH geeignet sein dürften. Hiermit endet aber auch schon die Durchgängigkeit der Auslegungspraxis. Im Unterschied zur Finanzverwaltung[676] und entsprechenden Stimmen in der Literatur[677], die diesbezüglich eine

672 Vgl. hierzu: C.II.1.c., S.96 ff.

673 *Lehner/ Waldhoff*, in: K/S/M, § 1 EStG B 115.

674 BFH, Urt. v. 4.6.1964 - IV 29/64 U, BFHE 80, 169; BFH, Urt. v. 8.5.2014 - III R 21/12, BStBl II 2015, 135; so auch schon RFH v. 24.6.1936 - IV A 40/36, RStBl 1936, 834; RFH v. 8.1.1937 - III A 218/36, RStBl 1937, 198; RFH, Urt. v. 28.1.1937 - III A 202/36, RStBl 1937, 336.

675 Erstaunen ruft insofern eine Entscheidung des BFH aus 1989 hervor. Hier wurde der steuerliche Wohnsitz ausweislich der Entscheidungsgründe nicht schon deshalb verneint, weil der Betroffene in einer Baracke untergekommen ist, sondern (lediglich) weil die Absicht der Nutzung ebendieser für die Dauer von weniger als sechs Monaten bestand. Hätte der BFH seine Grundlinie, nach der eine notdürftige Wohnung für die Annahme eines steuerlichen Wohnsitzes nicht ausreicht, konsequent verfolgt, hätte er sich (wenn auch bloß ergänzend) ebenso hierauf berufen müssen, vgl. BFH, Urt. v. 30.8.1989 - I R 215/85, BStBl II 1989, 956 (957).

676 BMF-Schreiben v. 7.8.2017 - IV A 3-S 0062/17/10001, AEAO zu § 8 AO, Rn. 2.

677 *Ax/ Große/ Melchior/ Lotz/ Ziegler*, Abgabenordnung und Finanzgerichtsordnung, Rn. 110: „Die Räumlichkeiten müssen nicht standesgemäß sein"; *Blusz*, in: Kanzler/

„bescheidene Bleibe“ genügen lassen, stellt die Rechtsprechung bislang vielfach auf die tatsächlichen Verhältnisse im Einzelfall ab. Tendenziell handhabt sie dabei jedoch die Anforderungen an die Wohnverhältnisse streng. Allerdings hat sich die Rechtsprechung gerade in jüngerer Vergangenheit zuweilen von dieser strengen Prämisse verabschiedet. So hat sie in Zusammenhang mit der Thematik, ob eine Stand-by Wohnung eines Piloten einen steuerlichen Wohnsitz begründet, ein weites und damit weniger strenges Begriffsverständnis zugrunde gelegt. Hierin wurde ausdrücklich von einer Wohnung *„im Sinne einer bescheidenen Bleibe“*[678] gesprochen. Auch das FG Düsseldorf hat in einem Urteil aus 1999 davon gesprochen, dass *„der Begriff der Wohnung i.S.v. § 8 AO weit auszulegen (ist) i.S.v. Räumlichkeiten, die zum Wohnen geeignet sind.“*[679] Nicht mehr notwendig erscheint insofern, dass die Wohnung ein den Umständen und persönlichen Verhältnissen entsprechendes Heim darstellt.[680] Gleiches gilt seit jeher bei der Frage, ob durch eine inländische Ferienwohnung ein steuerlicher Wohnsitz begründet wird. Auch in diesen Fällen relativiert sich nach nationaler Rechtsauffassung das Kriterium der wirtschaftlichen Angemessenheit beziehungsweise der Standesgemäßheit.[681] Hierzu hieß es bisweilen: *„Handelt es sich jedoch um eine zweite Wohnung, so ist es nicht erforderlich, daß diese ausstattungsmäßig der ersten Wohnung in jeder Beziehung gleichrangig ist, so daß auch ein Ferien- und Wochenendhaus, ein Jagdhaus Wohnung im Sinne des § 13 StAnpG sein kann“*[682]. Argumentiert wird teils damit, dass *„solche Wohnungen (…) einen ausgiebigen Aufenthalt im Freien (ermöglichen) und (…) tagsüber nur bei ungünstiger Witterung benutzt werden (sollen)“*[683]. Teils damit, dass beim Besitz mehrerer Wohnungen auf den *„regelmäßig eingeschränkten Verwendungszweck der einen oder*

Kraft/ Bäuml, Einkommensteuergesetz Kommentar, § 1 EStG, Rn. 37: „Die Räumlichkeiten müssen eine gewisse Mindestausstattung aufweisen, wobei eine Ausstattung mit einfachsten Mitteln (…) ausreichend ist“.

678 BFH, Urt. v. 13.11.2013 - I R 38/13, BFH/NV 2014, 1046. Nichtsdestotrotz hat der BFH das Vorliegen eines steuerlichen Wohnsitzes i.S.d. § 8 AO im Streitfall aus anderem Grund verneint, vgl. hierzu: D.I.2.b.bb, S. 154 ff.

679 FG Düsseldorf, Urt. v. 28.4.1999 - 14 K 613/98 Kg, EFG 1999, 716.

680 *Böhmer*, Anm. zum BFH Urt. v. 13.11.201 - I R 38/13, ISR 2014, 234 (234).

681 *Tanzer*, in: FS Loukota, S. 521 (525).

682 RFH v. 14.11.1940 – IV B 32/40, RStBl 1940, 972; BFH, Urt. v. 4.6.1964 - IV 29/640, BFHE 80, 169, BStBl III 64, 535 m.V.a. RFH, Urt. v. 24.6.1936 - IV A 29/36, RStBl 1936, 796; RFH, Urt. v. 24.6.1936 - IV A 39/36, RStBl 1936, 762; RFH, Urt. v. 29.5.1940 - IV B 14/40, RStBl 1940, 578; RFH, Urt. v. 3.4.1941 - IV B 1/41, RStBl 1941, 290.

683 RFH v. 14.11.1940 – IV B 32/40, RStBl 1940, 972.

anderen Wohnung Rücksicht zu nehmen"[684] ist. Für derartige Unterscheidungen bietet § 8 AO allerdings keinen Raum. Vielmehr müssen Räumlichkeiten, die objektiv zum dauerhaften Wohnen geeignet sind, unabhängig von den persönlichen Bedürfnissen und dem Lebenszuschnitt des Betroffenen zur Begründung beziehungsweise zur Beibehaltung des steuerlichen Wohnsitzes ausreichen.[685]

ab. „Standesgemäßheit" der Wohnverhältnisse als ungeeignetes Abgrenzungskriterium

Zwar ändert die Rechtsprechung durch die partielle Berufung auf die Angemessenheit beziehungsweise Standesgemäßheit der Wohnverhältnisse nichts an ihrem steuerlichen Wohnsitzverständnis vom Spiegelbild des räumlichen Schwerpunkts der Lebensinteressen. Im Gegenteil wird dieses Verständnis hierdurch noch begünstigt und spricht ebenfalls für eine qualifizierte Umsetzung des genuine link-Erfordernisses. Denn eine Wohnung seinen Verhältnissen entsprechend angemessen beziehungsweise standesgemäß zu möblieren, dürfte im Grundsatz immer auch Ausdruck eines besonders engen Bezugs zu ebendiesem Ort bedeuten. Mithin ein Bekenntnis, die Wohnung als „Bleibe" beziehungsweise als „Heim" und damit als eines Ortes, an dem man für immer sein kann, anzuerkennen.[686] Dennoch sollte die Rechtsprechungspraxis von dieser qualitativen Anforderung Abstand nehmen. Wünschenswert, aber auch erforderlich wäre, sich diesbezüglich auf eine einheitliche Auslegungslinie zu besinnen, nach der die (Wohn-)Räumlichkeiten lediglich objektiv zum dauerhaften Wohnen geeignet sein müssen. Ohne jedoch bei dieser Beurteilung auf die persönlichen Verhältnisse des Steuerpflichtigen abzustellen.[687]

Hierfür lassen sich die unterschiedlichsten Argumente heranziehen. Zum einen der Umstand, dass es „ureigenste Entscheidung"[688] jedes Steuerpflichtigen ist, ob er für sein Wohnen beziehungsweise seine Wohnung mehr oder weniger Geld aufwendet. Andernfalls könnte wie *Lehner* und *Waldhoff* zu Recht anmerken „die Freiheit der persönlichen Lebensgestaltung (…) durch steuerliche

---

684 RFH v. 24.6.1936 - IV A 40/36, RStBl 1936, 834: *„Das gilt insbesondere für den Hauptfall des Innehabens mehrerer Wohnungen, für die Landhäuser und Sommerwohnungen"*.

685 So auch *Musil*, in: H/H/Sp, § 8 AO, Rn. 27.

686 Vgl. diesbezüglich FG München, Urt. v. 10.12.2002 - 2 K 2483/99 (juris): *„Da Art und Umfang der Einrichtung und Möblierung meistens Rückschlüsse auf ein Beibehalten und Benutzen der Wohnung zulassen, kommt aber gerade der Einrichtung der Wohnung besondere Bedeutung zu"*.

687 Ebenso: *Lehner/ Waldhoff*, in: K/S/M, § 1 EStG B 118.

688 *Birkholz*, DStZ 1979, 247 (247).

Wertungen tangiert werden“[689]. Denn auch derjenige, der sonst in „verschwenderische(n) Verhältnisse(n)“ lebt, mag seine Wohnung nicht zwingend luxuriös einrichten wollen. Dieser „mag andere Schwerpunkte setzen oder überhaupt aus einem ihm zusagenden Umfeld heraus an einer sogar „spartanischen“ Bleibe festhalten“[690]. Auf diese „Freiheit der persönlichen Lebensgestaltung“ hat der BFH in einer Entscheidung aus 1967 selbst Bezug genommen. Wenn auch in Zusammenhang mit § 9 Abs. 1 Satz 2 Nr. 4 EStG 1961. Hierzu heißt es: *„Für Ledige, die in einem möblierten Zimmer wohnen, ist in der Regel dieses Zimmer die „Wohnung“, gleichviel, ob das Zimmer besser oder weniger gut eingerichtet ist. Denn das hängt vor allem von der Entscheidung des Arbeitnehmers ab, vor allem davon, welche Miete er aufzuwenden bereit ist"*[691]. Insofern verwundert, dass sich die Rechtsprechung diesen Grundsatz nicht auch in Zusammenhang mit der Begründung der unbeschränkten Steuerpflicht zum Vorbild genommen hat. Dies gilt nicht zuletzt deshalb, weil der Steuerpflichtige gerade bei der Innehabung mehrerer Wohnsitze im Einzelfall unterschiedliche Maßstäbe an die Qualität der jeweiligen Einrichtung anlegen mag. Im Übrigen wird die Frage, was überhaupt angemessen beziehungsweise standesgemäß ist, kaum je objektivierbar sein. Dies dürfte vielmehr von Fall zu Fall subjektiv und vor allem dem jeweiligen Wandel der Zeit geschuldet unterschiedlich empfunden werden.[692] Dies verdeutlicht ein Blick auf die Rechtsprechungspraxis der Nachkriegszeit. In einem Urteil aus 1951 hat der BFH eingeräumt, dass *„nach den Zerstörungen von Wohnraum durch den Krieg, nach der durch den Ausgang des Krieges geschaffenen Lage, nach dem Hereinströmen von Millionen von Deutschen aus den Ostgebieten in das Gebiet der Bundesrepublik (...) eine Situation entstanden (ist), die sich weitgehend von den in früheren Zeiten bestehenden Auffassungen darüber, was als Wohnung zu gelten hat, unterscheidet. Der Bundesfinanzhof kann an dieser Entwicklung nicht vorübergehen“*[693]. Im Übrigen ist die Fokussierung auf eine angemessene beziehungsweise standesgemäße Wohnung missbrauchsanfällig.[694] So

---

689 *Lehner/ Waldhoff*, in: K/S/M, § 1 EStG B 116.

690 *Tanzer*, in: FS Loukota, S. 521 (526); *Lehner/ Waldhoff*, in: K/S/M, § 1 EStG B 116.

691 BFH, Urt. v. 4.8.1967 - VI R 261/66, BStBl III 1967, 727.

692 *Tipke*, Die Steuerrechtsordnung Band 3, § 28, S. 1243: „So müssen zeit- und gesellschaftsbedingt wertende Begriffe (...) zeitgemäß, d.h. nach den Wertvorstellungen der Gegenwart, beurteilt werden, da ihr Inhalt nicht apriorisch, absolut und definitiv feststeht, jedenfalls gerade von einem demokratischen Gesetzgeber nicht so gedacht ist. **Wertausfüllungsbedürftige Begriffe sind offen für eine zeitgerechte Anpassung**“.

693 BFH, Urt. v. 19.7.1951 - III 35/51 U, BStBl III 1951, 176.

694 *Tiede*, in: H/H/R, § 1 EStG, Rn. 63.

könnten gerade Besserverdiener der Begründung beziehungsweise Beibehaltung eines inländischen steuerlichen Wohnsitzes dadurch entgehen, dass sie ihre (Wohn-)Räumlichkeiten äußerst bescheiden und insofern weniger aufwendig als ihren übrigen Lebensstil gestalten.[695] Hiermit verknüpft ist auch der Umstand, dass eine Orientierung an den wirtschaftlichen Verhältnissen des Steuerpflichtigen, subjektiven Motiven Raum zuspricht. Dies widerspricht allerdings dem verobjektiviert aufgefassten Wohnsitzverständnis des Gesetzgebers, das mitunter rechtsmissbräuchlichen Steuergestaltungen vorbeugen sollte. Hierüber setzt sich die Rechtsprechung hinweg, wenn sie sich zur Begründung des steuerlichen Wohnsitzes auf eine den wirtschaftlichen Verhältnissen des Steuerpflichtigen entsprechende Wohnung beruft. Denn in die Beurteilung der Angemessenheit beziehungsweise der Standesgemäßheit fließen zwingend subjektive Momente des Steuerpflichtigen ein. Zugleich setzt sich die Rechtsprechung hierdurch in Widerspruch zu ihrer eigenen Urteilsfindung. In Kontext mit § 8 AO hat sie sich nämlich teils ausdrücklich für ein verobjektiviertes Wohnsitzverständnis ausgesprochen. Hierzu heißt es, dass *„das Anknüpfen an objektive Merkmale (…) im Hinblick auf § 38 AO geboten (ist). Nach dieser Vorschrift entsteht der Steueranspruch allein dadurch, dass der gesetzliche Tatbestand verwirklicht wird ohne Rücksicht auf subjektive Momente“*[696]. Auch der für die Erbschaftsteuer zuständige zweite Senat des BFH hat sich in diese Richtung bekannt. Hierzu heißt es, dass *„im Gegensatz zum bürgerlichen Recht (…) der steuerrechtliche Wohnsitzbegriff objektiviert (ist); (…) ohne subjektiven Momenten oder Absichten Raum zu geben“*[697]. Nicht zuletzt entspräche eine Abkehr vom Kriterium der Standesgemäßheit beziehungsweise der Angemessenheit dem global-äquivalenztheoretischen Rechtfertigungsansatz. Hierzu sei auf die Äußerung des BFH verwiesen, wonach *„die unbeschränkte Steuerpflicht und der damit verbundene steuerliche Zugriff auf das Welteinkommen eine Art „Gegenleistung“ für die Gewährung staatlicher Leistungen (sind)“*[698]. Die Inanspruchnahme staatlicher Leistungen hängt von der tatsächlichen Inlandsansässigkeit des Betroffenen als „ausreichendes Indiz für eine wirtschaftliche Eingliederung in das Inland“[699] ab. Sie ist jedoch unabhängig davon, ob diese von einer den

695 *Musil*, in: H/H/Sp, § 8 AO, Rn. 27.

696 Hessisches FG, Urt. v. 13.12.2010 - 3 K 1060/09, EFG 2011, 1133.

697 BFH, Urt. v. 23.11.1988 - II R 139/87, BStBl II 1989, 182.

698 BFH, Urt. v. 24.1.2001 - I R 100/99, BFH/NV 2001, 1402.

699 *Kluge*, Das Internationale Steuerrecht; Gemeinschaftsrecht, Außensteuerrecht, Abkommensrecht, M 7; *Mössner*, in: FS Ritter, S. 195 (213).

persönlichen Lebensverhältnissen entsprechenden Bleibe aus erfolgt oder nicht. Dies gilt umso mehr, als dass es sich bei staatlichen Leistungen regelmäßig um solche handeln dürfte, die erst außerhalb des eigenen (Wohn-)Raums bedeutsam werden.

Zukünftig sollte daher die Auslegung des Wohnungsbegriffs konsequent an einen objektiven Beurteilungsmaßstab geknüpft werden. So wie zuletzt in der Entscheidung zur Stand-by Wohnung eines Piloten angeklungen.[700] Einem solchen Vorgehen stehen weder Wortlaut noch ratio des § 8 AO entgegen. Gerade angesichts der offenen Formulierung des Wohnungsbegriffs besteht kein Anlass erhöhte Qualitätsanforderungen im Sinne einer standesgemäßen Bleibe anzustellen. Vielmehr sind schon objektiv zum dauerhaften Wohnen geeignete Räume ausreichend, um dem gesetzgeberischen Willen nach einem qualifizierten Inlandsbezug im Sinne eines räumlichen Schwerpunkts der Lebensinteressen gerecht zu werden. In der Literatur wurde sogar explizit gefordert, „den Wohnungsbegriff nach § 8 AO (…) weit auszulegen, weil dessen Zweck, an den Lebensmittelpunkt anzuknüpfen, andernfalls nicht erreicht werden kann“[701]. Zwar kann dem insofern nicht zugestimmt werden kann, als dass der „Zweck, an den Lebensmittelpunkt anzuknüpfen“ durch das Abstellen auf angemessene beziehungsweise standesgemäße Wohnverhältnisse, sprich eine enge Auslegung, sogar noch begünstigt wird.[702] Dennoch sollte zukünftig vor dem Hintergrund obiger Ausführungen an der in jüngster Zeit anklingenden „Trendwende“ festgehalten und somit ein weites Begriffsverständnis zugrunde gelegt werden. Insbesondere in Anbetracht der ständigen österreichischen Auslegungspraxis.

ac. Wünschenswerte Orientierung an österreichischer Auslegungspraxis zum fehlenden Erfordernis der „Standesgemäßheit“

Ein Blick auf die österreichische Auslegungspraxis zeigt, dass diese keine Anforderungen an eine Standesgemäßheit im wirtschaftlichen Sinne erhebt.[703] Im Gegenteil hat sich der österreichische VwGH seit jeher ausdrücklich dazu

700 So auch: *Lehner/ Waldhoff*, in: K/S/M, § 1 EStG B 118.

701 *Rick/ Gunsenheimer/ Schneider/ Kremer*, Lehrbuch Einkommensteuer, Rn. 28. Besser wäre es gewesen, an dieser Stelle vom räumlichen Schwerpunkt der Lebensinteressen zu sprechen, vgl. hierzu: D.I.1.c.ca, S. 128 ff.

702 Vgl. hierzu: D.I.2.a.ab., S. 143 f.

703 *Tanzer*, in: FS Loukota, S. 521 (525); *Lechner*, in: Gassner, Besteuerung und Bilanzierung international tätiger Unternehmen: 30 Jahre Steuerrecht an der Wirtschaftsuniversität Wien, S. 251 (254).

bekannt, dass *„§ 26 BAO keineswegs das Vorhandensein einer standesgemäßen Wohnung voraus(setzt)“*[704]. Vielmehr sind *„unter einer Wohnung (...) zum Wohnen bestimmte Räume zu verstehen. Ob eine Wohnung standesgemäß ist, ist nicht entscheidend“*[705]. Angesichts obiger Bedenken sollte sich die nationale Rechtsprechungspraxis zum Wohnungsbegriff hieran künftig ein Vorbild nehmen. Die nötige Grundlage hierfür schafft die von *Häberle* in Zusammenhang mit der Begründung und Zulässigkeit der Verfassungsrechtsvergleichung ins Leben gerufene „Rechtsvergleichung als fünftes Auslegungsmittel“[706]. Diese Auslegungsmethodik gründet auf der allgemeinen Vorstellung, dass nationale Gerichte bei der Auslegung des anwendbaren nationalen Rechts aus den Regelungen ausländischen Rechts sowie aus ausländischer Rechtsprechung und Lehre Inspiration beziehen können.[707] Damit tritt sie neben die „klassischen Auslegungscanones“[708] sowie die verfassungs- und gemeinschaftskonforme Auslegung.[709] Gerade im Steuerrecht genießt diese Methodik wachsende Relevanz.[710] Zwar sprechen auf den ersten Blick eine Reihe von Argumenten gegen den Einsatz der durch *Häberle* begrifflich geprägten Rechtsvergleichung. Dies gilt insbesondere vor dem Hintergrund des strikten Territorialstaatsgedankens und der in diesem Kontext erstmals ergangenen territorialstaatlichen Gesetzgebung, die eine alleinige Bindungswirkung des Richters an das nationale Recht[711]

---

704 VwGH v. 7.7.1967, 1860/66; VwGH v. 28.2.1973, 1356/72.

705 VwGH v. 3.11.2005, 2002/15/0102.

706 *Häberle*, JZ 1997, 914 (916 f): In der derzeitigen verfassungsrechtlichen Auslegungslehre muss die rechtsvergleichende Methode mindestens einen „fünften“, wenn nicht vorderen Platz einnehmen. Teils wird auch von der Rechtsvergleichung als einem „Element der Teleologie“ gesprochen. In der Sache geht es den Autoren jedoch um dasselbe, vgl. *Starck*, JZ 1997, 1023 (1024). Fünftes Auslegungsmittel deshalb, weil es neben die ursprünglich durch *von Savigny* entwickelten vier „klassischen“ Auslegungsmethoden zur Aufdeckung von Inhalt und Zweck des Gesetzes tritt, vgl. *Kersten*, JuS 2015, 481 (483).

707 *Graziano*, RIW 2014, 473 (473).

708 *Starck*, JZ 1997, 1021 (1024).

709 *Graziano*, RIW 2014, 473 (486).

710 *Drüen*, in: Tipke/ Kruse, § 4 AO, Rn. 313.

711 Im Laufe der Zeit hat sich das Ausmaß der Bindungswirkung allerdings über das nationale Recht hinaus insoweit erweitert, als dass hierunter auch Gemeinschaftsrecht sowie ggf. im Inland geltendes internationales Recht fallen. Hierzu sei nur auf die Vorrangstellung völkerrechtlicher Vereinbarungen i.S.d. § 2 AO verwiesen, vgl. auch *Starck*, JZ 1997, 1021 (1024).

begründet.[712] Ist der nationale Gesetzestext eindeutig und besteht kein Auslegungsspielraum, ist der Richter demnach gebunden und kann hiervon auch nicht mittels rechtsvergleichender Methodik abweichen. Sofern das Gesetz jedoch einen Auslegungsspielraum eröffnet, darf nicht an der pauschalen Aussage, dass die *„Rechtswissenschaft (…) eine national geprägte Wissenschaft (ist)“*[713] festgehalten werden.[714] Vielmehr muss auf die in der Vergangenheit verstärkt geäußerte Ansicht zurückgegriffen werden, wonach „all forms of higher knowledge consist of comparison“[715]. Alles andere wäre „nationaldogmatische(r) Autismus“[716] und widerspräche zudem der diesbezüglich offenen Haltung des BVerfG. Diese schreibt dem Richter nicht vor, wie er im Einzelnen zu seiner Erkenntnis gelangt. In seinen Urteilen aus den 90er Jahren des vergangenen Jahrhunderts betont das BVerfG vielmehr: *„Art. 20 Abs. 3 GG verpflichtet die Gerichte, „nach Gesetz und Recht“ zu entscheiden. Eine bestimmte Auslegungsmethode (oder gar eine reine Wortinterpretation) schreibt die Verfassung nicht vor“*[717]. Sowie: *„Die Gerichte (sind) nur dem Gesetz unterworfen und (müssen) bei der Auslegung und Anwendung von Normen weder einer vorherrschenden Meinung folgen noch den von einem übergeordneten Gericht vertretenen Standpunkt zugrunde legen (…), sondern (können) ihre eigene Rechtsauffassung vertreten (…).“*[718]

Ein derartiger „nationaldogmatische(r) Autismus“[719] wäre gerade in Kontext mit § 8 AO verfehlt, zumal mit Blick auf das österreichische Nachbarland keine „Sprachbarrieren“ bestehen oder es an einer Vergleichbarkeit des „soziokulturellen und wirtschaftlichen Kontextes“[720] fehlt. Vielmehr lässt sich die Legitimität der Rechtsvergleichung diesbezüglich gleich auf zwei Argumente stützen. Besondere Bedeutung wird dabei der engen Verknüpfung zwischen Gesetzgebung und Rechtsanwendung zuteil. Bezieht der Gesetzgeber bei der Schaffung seiner Normen Inspiration aus ausländischem Recht, so muss ihm der Rechtsanwender

---

712 *Graziano*, RIW 2014, 473 (479); *Starck*, JZ 1997, 1023 (1023 f.): Ihm zufolge ist die Auffassung *Häberles*, wonach Rechtsvergleichung die „fünfte Auslegungsmethode“ ist, aufgrund der Bindung des Richters an das Gesetz daher missverständlich. Vielmehr handele es sich um ein „Element der Teleologie“.

713 BVerwG, Urt. v. 30.6.1992 - 9 C 5/91, BVerwGE 90, 271.

714 *Starck*, JZ 1997, 1023 (1024).

715 *Graziano*, RIW 2014, 473 (475).

716 *Tschentscher*, JZ 2007, 807 (808).

717 BVerfG, Beschl. v. 30.3.1993 - 1 BvR 1045/89, BVerfGE 88, 145.

718 BVerfG, Beschl. v. 19.7.1995 – 1 BvR 1506/93, NJW 1995, 2911.

719 Vgl. *Tschentscher*, JZ 2007, 807 (808).

720 *Graziano*, RIW 2014, 473 (474 f.).

hierin bei der Auslegung des Rechts folgen können. Er muss mithin dieselben Inspirationsquellen wie der Gesetzgeber und damit auch die Rechtsvergleichung nutzen dürfen.[721] Gemeinsame Wurzel der steuerlichen Wohnsitzbegriffe der § 26 Abs. 1 BAO und des § 8 AO ist § 13 StAnpG 1934. Beide Normen sind hieraus nahezu wortlautidentisch hervorgegangen. Zwar dürfte es für den nationalen Gesetzgeber somit bei Schaffung des § 8 AO nicht notwendig gewesen sein, sich am österreichischen Wohnsitzpendant zu inspirieren. Nichtsdestotrotz dürfte die gemeinsame Wurzel für den nationalen Rechtsanwender eine vergleichsweise noch größere Orientierungsquelle für eine rechtsvergleichende Auslegung darstellen. Denn einer gemeinsamen Wurzel, die nahezu wortlautgetreu von beiden Rechtsordnungen übernommen wurde, kann nur dadurch Rechnung getragen werden, dass beide Normen mittels Auslegung im Wege des Rechtsvergleichs aneinander angeglichen werden. Nur so wird eine wechselseitige Harmonisierung erreicht. Gerade das Argument, wonach die Methodik der Rechtsvergleichung die Gefahr berge, „die Systematik des nationalen Rechts zu missachten, zu gefährden oder gar zu untergraben“[722] verfängt somit in Kontext mit § 8 AO nicht. Daneben lässt sich die Legitimität der Rechtsvergleichung aus Art. 25 Satz 1 GG ableiten. Dieser erklärt die allgemeinen Regeln des Völkerrechts zum Bestandteil des Bundesrechts, räumt diesen eine Vorrangstellung ein und impliziert so im Ergebnis eine Aufforderung zur Anwendung der Rechtsvergleichung.[723] Allgemeine Regeln des Völkerrechts und des Völkergewohnheitsrechts sind solche, die von *„der überwiegenden Mehrheit der Staaten“*[724] anerkannt werden.[725] Das genuine link-Erfordernis gründet auf der allgemeinen Völkerrechtsregel des zwischenstaatlichen Nichteinmischungsgebots.[726] Als

721 *Graziano*, RIW 2014, 473 (478 f.).

722 *Graziano*, RIW 2014, 473 (474).

723 *von Busse*, Die Methoden der Rechtsvergleichung im öffentlichen Recht als richterliches Instrument der Interpretation von nationalem Recht, S. 269.

724 Vgl. BVerfG v. 30.10.1962 - 2 BvM 1/60, BVerfGE 15, 25: *„Eine Regel des Völkerrechts ist dann allgemein i.S.d. Art. 25 GG, wenn sie von der überwiegenden Mehrheit der Staaten anerkannt wird (...). Allgemeine Regeln des Völkerrechts sind Regeln des universell geltenden Völkergewohnheitsrechts“*.

725 Dies herauszufinden ist nur durch eine Auseinandersetzung mit den Rechtsansichten und Rechtsgewohnheiten anderer Staaten möglich und schließt somit schon im Ansatz eine diesbezüglich rechtsvergleichende Beschäftigung ein, vgl. *von Busse*, Die Methoden der Rechtsvergleichung im öffentlichen Recht als richterliches Instrument der Interpretation von nationalem Recht, S. 269 f.

726 BVerfG v. 30.1.2008 - 2 BvR 793/07, BVerfGK 13, 246: *„Das Völkerrecht (...) verlangt zur Regelung eines Sachverhalts (...) einen legitimierenden Anknüpfungspunkt*

solches ist es über Art. 25 GG Bestandteil der innerstaatlichen Gesetzgebung und daher sowohl vom nationalen Gesetzgeber als auch vom nationalen Rechtsanwender zu berücksichtigen. Der nationale Gesetzgeber ist dieser Vorgabe über die Begründung des Wohnsitzes als nationales Anknüpfungsmerkmal der Besteuerung nachgekommen. Aufgabe der nationalen Gerichte ist es, das derart geschaffene Recht so auszulegen, dass es mit den allgemeinen Regeln des Völkerrechts in Einklang steht. Dies gelingt nur durch rechtsvergleichende Auslegung. Nur so wird sichergestellt, dass die allgemeinen Regeln des Völkerrechts gleichlaufend und umfassend gewahrt werden. Konkret heißt dies, die in Kontext zum genuine link-Erfordernis beziehungsweise zum steuerlichen Wohnsitz ergangene Rechtsprechung anderer Staaten im Blick zu behalten und solcherart im Rahmen der Auslegung des „eigenen" Rechts zu berücksichtigen. Vorliegend also die Rechtsprechung des österreichischen VwGH zum fehlenden Erfordernis der Standesgemäßheit der Wohnung bei der Auslegung des § 8 AO einzubeziehen. Nur dann wird der steuerliche Wohnsitz sowohl auf Ebene des Gesetzgebers als auch des Rechtsanwenders zur nationalen Inkarnation des globalen genuine link-Erfordernisses.

Vor diesem Hintergrund kann und sollte daher zukünftig der wechselhaften nationalen Auslegungspraxis mithilfe der vergleichenden Methode Einhalt geboten werden. Also das im Stand-by Fall verlautbarte fehlende Erfordernis einer den persönlichen Verhältnissen entsprechenden Wohnungsqualität beibehalten werden. Dem steht nicht entgegen, dass von einer „festeingewurzelten Rspr."[727] aus Gründen der Rechtssicherheit und der hieraus abgeleiteten Rechtsstabilität grundsätzlich nur aufgrund besonders schwerwiegender Gründe abgewichen werden soll.[728] Zum einen ist fraglich, ob angesichts der wechselhaften Auslegungspraxis zu den qualitativen Anforderungen an die Wohnung überhaupt von einer derart „festeingewurzelten (nationalen) Rspr." die Rede sein kann. Zum anderen äußert der BFH, dass eine ständige Rechtsprechung nur

---

zu diesem Sachverhalt (...). Fehlt es an einem solchen Anknüpfungspunkt, ist ein Staat nicht berechtigt, seine Hoheitsgewalt auszuüben (...) er verstößt gegen das (...) völkergewohnheitsrechtliche Nichteinmischungsgebot. Dieses ist über Art. 25 GG Bestandteil der deutschen Rechtsordnung".

727 *Drüen*, in: Tipke/ Kruse, § 4 AO, Rn. 307.

728 BFH, Urt. v. 17.7.1959 - VI 154/57 U, BStBl III 1959, 345; BFH, Urt. v. 1.8.1958 - VI 13/57 U, BStBl III 1958, 390.

solange überzeugt, wie die sie tragenden Gründe überzeugen.[729] Anders ausgedrückt kann „eine ständige Rechtsprechung (...) (auch) ein ständiger Irrtum sein“[730]. Ein solcher Irrtum ist vorliegend nicht von der Hand zu weisen. Denn das Erfordernis einer standesgemäßen Wohnung überzeugt selbst vor dem Hintergrund eines durch den Wohnsitz vermittelten räumlichen Schwerpunkts der Lebensinteressen nicht. Vielmehr sprechen tragenden Gründe dagegen. Erst eine konsequente Trendwende der nationalen Rechtsprechung durch Orientierung an der österreichischen Rechtsprechung zum fehlenden Erfordernis der Standesgemäßheit würde diese ausräumen ohne dabei etwas an der qualifizieren Umsetzung des genuine link-Erfordernisses zu ändern.

b. Wohnung als abstrakt-geeigneter Ausgangspunkt einer dauerhaften und berechenbaren (Wohnungs-) Nutzungsmöglichkeit

ba. „Innehaben“ einer Wohnung - Tatsächliche vs. rechtliche Verfügungsmöglichkeit

Ein derartiger Irrtum besteht hingegen nicht mit Blick auf die Auslegungspraxis zum „Innehaben“ einer Wohnung. Im Gegenteil gelingt es der Rechtsprechung die hierin zum Ausdruck kommende uneingeschränkte räumliche Verfügungsmöglichkeit nachvollziehbar und konsequent umzusetzen. Dies gilt sowohl mit Blick auf eine diesbezüglich an tatsächlichen Verhältnissen ausgerichtete Auslegungspraxis als auch mit Blick auf die Kongruenz dessen, was hierunter im Einzelnen verstanden wird.

Sowohl die Rechtsprechung als auch die Literatur legen das Tatbestandsmerkmal des “Innehabens“ einer Wohnung zweidimensional aus.[731] Zweidimensional deshalb, weil hiervon sowohl eine räumliche als auch eine zeitliche Dimension erfasst wird. Zum einen geht es um die abstrakte Nutzungsmöglichkeit der Wohnung als solche.[732] Zum anderen um die konkrete Nutzung derselben, also das tatsächliche Wohnen in ebendieser.[733] Was die räumliche Dimension anbelangt

---

729 BFH, Vorlagebeschluss v. 7.12.2010 - IX R 70/07, BFHE 232, 121, BStBl II 2011, 346: *„Ihr Geltungsanspruch über den Einzelfall hinaus beruht auf der Überzeugungskraft der Gründe“*. Gemeint ist der Geltungsanspruch der Entscheidungen des BFH.

730 *Stein*, DStZ 2011, 443 (457).

731 *Lehner/ Waldhoff*, in: K/S/M, § 1 EStG B 122, 127.

732 BFH, Urt. v. 22.4.1994 - III R 22/92, BStBl II 1994, 887: *„Der Wohnsitzbegriff setzt (...) das Innehaben der Wohnung in dem Sinne voraus, daß der Steuerpflichtige tatsächlich über sie verfügen kann (...)“*.

733 FG BW, Urt. v. 7.9.1990 - IX K 96/88, EFG 1991, 102: *„Das Innehaben einer Wohnung i.S.d. § 8 AO drückt dabei auch ein Zeitmoment aus, das sich auf die in Betracht*

fokussiert sich die Rechtsprechung auf das Verständnis der Wohnung als eines abstrakt-geeigneten Ausgangspunkts einer dauerhaften Wohnnutzung und begründet so die Plattform zur Begründung des räumlichen Schwerpunkts der Lebensinteressen. Auf diese Weise spricht sie sich erneut für eine qualifizierte Umsetzung des genuine link-Erfordernisses aus. Wiederholt hat sie hierzu in Zusammenhang mit der Auslegung des Tatbestandsmerkmals des „Innehabens einer Wohnung" betont, dass *„der Begriff des Wohnsitzes (…) nach ständiger Rechtsprechung ferner voraus(setzt), dass der Steuerpflichtige die Wohnung innehat. Danach muss die Wohnung (…) dem Steuerpflichtigen jederzeit (wann immer er es wünscht) als Bleibe zur Verfügung stehen (…), d.h. für einen jederzeitigen Wohnaufenthalt bestimmt sein"*[734].

Mittlerweile umfasst das „Innehaben" einer Wohnung in den Augen der Rechtsprechung weniger eine rechtliche[735] als vielmehr eine tatsächliche Verfügungsmöglichkeit über die Wohnung.[736] Die (zivil-)rechtlichen Verhältnisse an der Wohnung sind nicht länger ausschlaggebend.[737] Auch nicht mehr alternativ so wie es noch die Rechtsprechungspraxis des RFH nahe legt: *„Im Sinne von § 13 StAnpG 1934 hat eine Wohnung „inne", wer über sie rechtlich oder tatsächlich verfügen, sie also insbesondere für seinen Wohnbedarf jederzeit benutzen kann"*[738]. Im Gegenteil hat der BFH in zwei Grundsatzurteilen aus dem Jahr 1964[739] und 1968[740] die Möglichkeit, tatsächlich über die Wohnung verfügen zu können, als diesbezüglich ausreichend anerkannt. Dies verdeutlicht auch ein Blick auf eine

---

kommende Wohnsitzbegründung bezieht und von dort aus in die Zukunft gerichtet ist"; BFH, Urt. v. 30.8.1989 - I R 215/85, BStBl II 1989, 956; *Tiede*, in: H/H/R, § 1 EStG, Rn. 64.

734 BFH, Urt. v. 13.11.2013 - I R 38/13, BFH/NV 2014, 1046; BFH, Urt. v. 26.2.1986 - II R 200/82, BFH/NV 1987, 310; BFH, Urt. v. 22.4.1994 - III R 22/92, BStBl II 1994, 887; BFH, Urt. v. 23.11.2000 - VI R 107/99, BStBl II 2001, 294.

735 Das FG Hamburg hat die rechtlich relevante Verfügungsgewalt wie folgt definiert: *„Eine rechtlich relevante Verfügungsmöglichkeit über die Räumlichkeiten hatte der Kläger nicht, denn er war unstreitig weder Vertragspartei des Mietvertrages noch hatte er einen Untermietvertrag mit seiner Mutter geschlossen. Der Senat hat auch nicht erkennen können, dass er sich, (…) mit einer gewissen Stetigkeit an den Mietkosten beteiligt hätte"*, vgl. FG Hamburg, Urt. v. 28.2.2006 - VI 351/03, EFG 2006, 1565.

736 *Lechner*, in Gassner: Besteuerung und Bilanzierung international tätiger Unternehmen: 30 Jahre Steuerrecht an der Wirtschaftsuniversität Wien, S. 251 (255).

737 *Bußmann*, RIW 2010, 304 (307).

738 RFH v. 24.6.1936 - V A 40/36, RStBl 1936, 834.

739 BFH, Urt. v. 24.4.1964 - VI 236/62 U, BFHE 79, 626.

740 BFH, Urt. v. 6.3.1968 - I 38/65, BFHE 92, 5, BStBl II 1968, 439.

- wenn auch in Kontext mit § 9 Abs. 1 Nr. 4 EStG - ergangene Entscheidung des BFH aus 1978. Hierin hat das Gericht nicht nur betont, dass sich die Frage der Wohnsitzbegründung nach tatsächlichen Gesichtspunkten beurteilt. Vielmehr wurde hierin ausdrücklich geurteilt: *„Darauf, daß es dem Kläger (privatrechtlich) untersagt war, das gepachtete Laubengrundstück zu Wohnzwecken zu benutzen, kommt es für die steuerrechtliche Beurteilung nicht an“*[741].

Teile der Literatur weichen hiervon ab. Teils wird vergleichsweise strenger darauf verwiesen, dass der „tatsächliche Besitz, ohne rechtliche Ansprüche (...) nicht aus(reicht)“[742] beziehungsweise dass „die tatsächliche und rechtliche Verfügungsmacht über die Wohnung bestehen muss“[743]. An anderer Stelle ist von einer „tatsächliche(n) Herrschaft über die Wohnung in Verbindung mit dem Hausrecht“[744] die Rede. Differenzierter äußert sich *Blusz*. Demnach komme es auf die „rechtliche Eigentümerstellung (...) nicht an, wenn der Steuerpflichtige die Wohnung unter Duldung des Eigentümers tatsächlich nutzen kann und auch über sie verfügt“[745]. In die gleiche Richtung geht *Mössner*. Ihm zufolge kann sich die Verfügungsmacht „auch bloß aus den tatsächlichen Umständen ergeben, z.B. wenn der Mieter dem Steuerpflichtigen einen Schlüssel zur jederzeitigen Benutzung ausgehändigt hat. In jedem Fall muss der Gebrauch der Wohnung aber rechtmäßig sein“[746]. Im Ergebnis ist jedoch der an tatsächlichen Verhältnissen ausgerichteten Auslegung der Rechtsprechung zuzustimmen. Denn gerade in Fällen, in denen die fehlende (zivil-)rechtliche Berechtigung zum Benutzen einer Wohnung gar nicht bemerkt wird muss ein steuerlicher Wohnsitz begründet werden können.[747] Gleiches muss gelten, wenn gegen sie - wie im Fall von Hausbesetzungen - nicht eingeschritten wird. Jedenfalls dann, wenn die Wohnräumlichkeiten dem Hausbesetzer tatsächlich zu dauernden eigenen

741 BFH, Urt. v. 10.11.1978 - VI R 127/76, BFHE 127, 6, BStBl II 1979, 335.

742 *Ax/ Große/* Melchior, Abgabenordnung und Finanzgerichtsordnung, Rn. 111; a.A. u.a.: *Lohmeyer*, DVR 1975, 21 (22); *Musil*, in: H/H/Sp, § 8 AO, Rn. 11.

743 *Rick/ Gunsenheimer/ Schneider/ Kremer*, Lehrbuch Einkommensteuer, Rn. 29.

744 *Rick/ Gunsenheimer/ Schneider/ Kremer*, Lehrbuch Einkommensteuer, Rn. 29; *Egly*, DStZ 1940, 627 (628). Dass der Wohnungsinhaber in den Räumen das „Hausrecht“ haben muss, bestimmte schon die im Entwurf der Reichsabgabenordnung enthaltene, aber als nicht unbedingt nötig im Gesetz fortgelassene Zusatzbestimmung, vgl. RFH v. 19.10.1940 - GrS D 3/40, RStBl 1940, 925 (926).

745 *Blusz*, in: Kanzler/ Kraft/ Bäuml, Einkommensteuergesetz Kommentar, § 1 EStG, Rn. 38.

746 *Mössner*, Steuerrecht international tätiger Unternehmen, Rn. 2.23.

747 *Lehner/ Waldhoff*, in: K/S/M, § 1 EStG B 124.

Wohnzwecken dienen. Er also de facto im Inland ansässig ist. Andernfalls wäre nicht nur Rechtsmissbrauch Tür und Tor geöffnet, wodurch der Rechtsbruch des Bürgers noch weitere positive Effekte zur Folge haben würde.[748] Gleichzeitig widerspräche eine solcherart tatsächliche Verhältnisse vernachlässigende Sichtweise der wiederholt in Erscheinung getretenen qualifizierten Umsetzung des genuine link-Erfordernisses durch die Rechtsprechung. Nicht zuletzt ließe sich sonst kaum je ein steuerlicher Wohnsitz minderjähriger Kinder oder anderer Geschäftsunfähiger im Sinne des § 105 Abs. 1 BGB beziehungsweise beschränkt Geschäftsfähiger im Sinne der §§ 106, 2 BGB begründen. Dies widerspricht der Ausrichtung des § 8 AO an den tatsächlichen Verhältnissen.[749] Denn im Unterschied zum Zivilrecht hat die Willensfähigkeit der handelnden Person im Steuerrecht keinen Einfluss auf die Begründung und Aufgabe des Wohnsitzes.[750] Nur so erklärt sich, warum Minderjährige nicht zwangsläufig den Wohnsitz der Eltern teilen müssen, sondern abweichend von § 11 BGB auch einen eigenständigen steuerlichen Wohnsitz begründen können.[751] Eine Ausrichtung (auch) an den rechtlichen Verhältnissen würde diese Rechtsprechungspraxis konterkarieren, da Geschäftsunfähigen und beschränkt Geschäftsfähigen die alleinige Begründung des steuerlichen Wohnsitzes nicht mehr möglich wäre. Die tatsächliche Ausrichtung des Wohnsitzbegriffs darf hierdurch allerdings nicht relativiert werden. Denn die Existenz der für § 8 AO maßgeblichen konkretörtlichen Inlandsverwurzelung hängt allein von der tatsächlichen Verfügungsmöglichkeit über die Wohnräumlichkeiten ab. Diesbezüglich irrelevant sind

---

748 *Lehner/ Waldhoff*, in: K/S/M, § 1 EStG B 124.

749 *Felix*, in: K/S/M, § 62 EStG B 13.

750 Anschaulich hierzu: FG Nürnberg, Urt. v. 30.4.2014 - 5 K 531/13 (juris): *„Bei der Entscheidung über das Innehaben des nach § 8 AO maßgeblichen steuerlichen Wohnsitzes eines Minderjährigen (ist) auf dessen „natürlichen" Willen (abzustellen), der unabhängig von der Wirksamkeit einer rechtsgeschäftlichen Willensklärung und unabhängig vom Willen des gesetzlichen Vertreters zu bestimmen ist"*.

751 RFH v. 16.11.1939 - III R 252/39, RStBl 1939, 1209; BFH, Urt. v. 22.4.1994 - III R 22/92, BStBl II 1994, 887: *„Im Gegensatz zum bürgerlichen Recht, nach dem Begründung, Beibehaltung und Aufgabe des Wohnsitzes rechtsgeschäftliche Willenserklärungen darstellen (…) knüpft § 8 AO 1977 an die tatsächliche Gestaltung an. Deshalb kann auch ein Minderjähriger - abweichend von § 11 BGB - einen steuerlichen Wohnsitz begründen; auf den Willen des gesetzlichen Vertreters kommt es nicht an"*. So auch FG Düsseldorf, Urt. v. 28.4.1999 - 14 K 613/98 Kg, EFG 1999, 716.

hingegen das Bestehen oder Nichtbestehen der rechtlichen Verhältnisse an den Wohnräumlichkeiten.[752]

Vor diesem Hintergrund sprechen *Lehner* und *Waldhoff* daher zu Recht davon, dass sich die von Gesetzes wegen vorgegebene „objektiv-fiskalische Ausrichtung der territorialen Anknüpfung"[753] durchsetzen muss. Nichts anderes schafft die Auslegungspraxis jedoch mithilfe einer allein nach tatsächlichen Maßstäben zu beurteilenden räumlich uneingeschränkten Verfügungsmöglichkeit, die erneut das Verständnis eines qualifizierten genuine links zum Inland bestätigt. Skepsis besteht nur an der Kongruenz dessen, was hierunter im Einzelnen verstanden wird. Mithin unter welchen Umständen eine tatsächliche Verfügungsmöglichkeit (noch) besteht.

bb. „Schlüsselgewalt" vs. „Untervermietung" - Widersprüchliche Auslegungsgrundsätze zum „Innehaben" einer Wohnung?

Anlass zur Diskussion bietet insbesondere das in diesem Kontext für maßgeblich erklärte Kriterium der Berechenbarkeit. Dies spiegelt sich im Verhältnis von „Schlüsselgewalt" und „Untervermietung" wider. Einerseits geht es um die Begründung des steuerlichen Wohnsitzes durch eine Stand-by Wohnung. Andererseits um die Frage der Aufgabe eines solchen infolge Untervermietung.

Relevanz hat das Kriterium der Berechenbarkeit zuletzt in einer Entscheidung des BFH zur Stand-by Wohnung eines Piloten erlangt. Im Rahmen der Beurteilung, ob eine solche Wohnung einen inländischen Wohnsitz begründet, hat das Gericht auf seine hierzu in ständiger Auslegungspraxis entwickelten Kriterien zurückgegriffen. Bezüglich des „Innehabens" der Wohnung wurde insofern wiederholt darauf abgestellt, ob dem Steuerpflichtigen die Wohnung *„jederzeit (wann immer er es wünscht) als Bleibe zur Verfügung (steht) und zudem in subjektiver Hinsicht von ihm zu einer entsprechenden Nutzung, d.h. für einen jederzeitigen Wohnaufenthalt bestimmt (ist)"*[754]. In den Augen des Gerichts lagen diese Voraussetzungen im Streitfall nicht vor. Nach der unter den Piloten getroffenen Vereinbarung durften jeweils nur drei Piloten gleichzeitig in der Wohnung übernachten. Gesichert wurde diese Nutzungsbeschränkung durch die Vergabe der zentral am Flughafen deponierten Schlüssel. Für den Fall, dass die drei dort deponierten Schlüssel vergriffen waren, mussten die weiteren Interessenten

752 Gleiches gilt für die Frage der tatsächlichen Wohnnutzung und damit die zeitliche Dimension des „Innehabens" der Wohnung, vgl. hierzu: C.II.2.b.ba, S. 109 ff.

753 *Lehner/ Waldhoff*, in: K/S/M, § 1 EStG B 124.

754 BFH, Urt. v. 13.11.2013 - I R 38/13, BFH/NV 2014, 1046.

auf eine andere Übernachtungsmöglichkeit ausweichen. Vor diesem Hintergrund stand die Wohnung den an der Abrede beteiligten Piloten weder jederzeit tatsächlich als „Bleibe" zur Verfügung noch hatten diese die Wohnung dazu bestimmt, sie jederzeit für einen Wohnaufenthalt zu nutzen. Von einer berechenbaren „Schlüsselgewalt" konnte in diesem Fall also keine Rede sein.[755] Wenn überhaupt nur von einer potentiellen „Schlüsselgewalt". Wie sich aus den Entscheidungsgründen ergibt ist diese allerdings für das tatsächliche „Innehaben" einer Wohnung und damit die Begründung des steuerlichen Wohnsitzes nicht ausreichend gewesen. Anders wäre es nur bei einer Nutzungsbeschränkung gewesen, bei der dem *„Vermieter (oder dessen Bekannten, Verwandten, etc.) die Nutzung nur in wenigen und in jeder Hinsicht vernachlässigbaren Ausnahmefällen verbleiben soll (Unschädlichkeitsgrenze)"*. Angesichts der Vereinbarung einer *„wunschgemäßen"*[756], also einer von vornherein begrenzten und absehbaren Nutzungsbeschränkung hätte dann nicht nur eine potentielle „Schlüsselgewalt", sondern vielmehr eine berechenbare tatsächliche Verfügungsmöglichkeit über die Wohnräumlichkeiten bestanden. Eine solche hätte für die Begründung des inländischen Wohnsitzes ausgereicht.

Diese Beurteilung erweist sich in Anbetracht der ständigen Auslegungspraxis zum „Innehaben" einer Wohnung als konsequent. Dies gilt insbesondere mit Blick auf die Rechtsprechung zum Hotel- beziehungsweise Pensionszimmer. Ein solches Zimmer hat der Einzelne grundsätzlich ebenso wenig inne. Regelmäßig fehlt es dem Betroffenen nämlich an der Möglichkeit, hierauf jederzeit und berechenbar Zugriff nehmen zu können.[757] Etwas anderes gilt nur, wenn das jeweilige Hotel- beziehungsweise Pensionszimmer *„nicht nur für einen oder mehrere Tage, sondern auf längere Dauer angemietet (wird)"* und damit so ausgestattet ist, dass es *„jederzeit als Bleibe dienen kann"*[758]. Also mehr als nur eine potentielle „Schlüsselgewalt" hierüber besteht. An der Überzeugungskraft des Stand-by Urteils ändert auch die Auslegungspraxis zum Themenfeld „Untervermietung" nichts. Relevanz hat diese Problematik regelmäßig in Konstellationen gehabt, in denen der Betroffene zeitweilig abwesend war. Fraglich ist dann gewesen, ob

---

755 Dies hat auch das FG München entschieden, wonach die tatsächliche Verfügungsmacht fehlt, wenn der Steuerpflichtige keinen Schlüssel für die Wohnung hat, vgl. FG München, Urt. v. 10.12.2002 - 2 K 2483/99 (juris): *„(...) ist zur Begründung der für das Innehaben erforderlichen Verfügungsmacht ein eigener Schlüssel für das Haus (...) unabdingbar"*.

756 BFH, Urt. v. 10.4.2013 - I R 50/12, BFH/NV 2013, 1909.

757 *Böhmer*, Anm. zum BFH Urt. v. 13.11.2013 - I R 38/13, ISR 2014, 234 (235).

758 FG Rh.-Pf., Urt. v. 24.4.1998 - 4 K 2608/95, EFG 1998, 1182.

noch von einem „Innehaben" der Wohnung im Sinne einer berechenbaren räumlichen Verfügungsmöglichkeit hierüber gesprochen werden kann. Oder ob der steuerliche Wohnsitz infolge der Untervermietung aufgegeben wurde. Ungeachtet zeitlicher Aspekte ist dies immer dann unproblematisch gewesen, wenn die inländische Wohnung eingerichtet und unvermietet zurückgelassen wurde.[759] Denn in diesen Fällen verbleibt die „Schlüsselgewalt" und damit die berechenbare tatsächliche Zugriffsmöglichkeit, beim Wohnungsinhaber. Etwas anderes gilt jedoch in Fällen, in denen die Wohnung im Zeitraum der Abwesenheit des ehemaligen Wohnungsinhabers ganz oder teilweise (möbliert) untervermietet wird. Hier dürfte die „Schlüsselgewalt" des bisherigen Wohnungsinhabers regelmäßig enden. Und damit auch dessen berechenbare tatsächliche Zugriffsmöglichkeit. Denn Untervermietung bedeutet grundsätzlich Aufgabe der bisherigen „Schlüsselgewalt". In der Regel allein zugunsten des Untermieters. In einer Entscheidung des BFH aus 1995 heißt es insofern: *„Als Umstand, der z.B. gegen eine künftige regelmäßige Benutzung durch den Bediensteten spricht, ist die (Unter-) Vermietung der Wohnung anzusehen"*.[760] Allerdings hat sich die Rechtsprechung

---

759 BFH, Urt. v. 17.5.1995 - I R 8/94, BStBl II 1996, 2: *„Die gleiche Vermutung gilt, wenn der vom Inland ins Ausland versetzte Bedienstete eine Wohnung im Inland beibehält, deren Benutzung ihm jederzeit möglich ist und die dergestalt ausgestattet ist, daß sie jederzeit als Bleibe dienen kann"*; BFH, Urt. v. 19.3.1997 - I R 69/96, BStBl II 1997, 447: *"Nach der Lebenserfahrung spricht es für die Beibehaltung eines Wohnsitzes i.S. des § 8 AO 1977, wenn jemand eine Wohnung, die er vor und nach einem Auslandsaufenthalt als einzige ständig nutzt, während desselben unverändert und in einem ständig nutzungsbereiten Zustand beibehält"*; FG Hessen, Urt. v. 15.12.1976 - I 179/75, EFG 1977, 267: *„Hält ein Steuerpflichtiger das Mietverhältnis über seine Wohnung im Inland auch für die Zeit eines Auslandsaufenthalts von etwas weniger als einem Jahr aufrecht, so behält er seinen inländischen Wohnsitz iS des § 13 StAnpG bei."*; FG München, Urt. v. 26.5.1982 - IX 137/80 E 2, EFG 1982, 628: *„Läßt ein Steuerpflichtiger seine Eigentumswohnung im Inland voll eingerichtet und unvermietet zurück, um nach Beurlaubung durch seinen bisherigen inländischen Arbeitgeber im Ausland einen von Anfang an auf 2 Jahre befristeten Arbeitsvertrag zu erfüllen, so behält er seinen inländischen Wohnsitz bei und ist weiterhin unbeschränkt einkommensteuerpflichtig."*; FG Schl.-Holst., Urt. v. 15.12.1995 - I 824/94, EFG 1996, 553; Niedersächsisches Finanzgerichts, Urt. v. 17.1.2017 - 8 K 50/16, EFG 217, 544.

760 BFH, Urt. v. 17.5.1995 - I R 8/94, BFHE 178, 294, BStBl II 1996, 2. Hierauf verweist das Urteil des Niedersächsischen Finanzgerichts v. 17.1.2017 - 8 K 50/16, EFG 217, 546: *„Gegen einen inländischen Wohnsitz spricht bei einem zeitlich begrenzten Auslandsaufenthalt hingegen etwa, wenn die vor und nach dem Auslandsaufenthalt genutzte bzw. mit hoher Wahrscheinlichkeit wieder genutzte Wohnung während des Auslandsaufenthalts (unter)vermietet wird."*; so ebenso: *Tiede*, in: H/H/R, § 1 EStG, Rn. 70.

zuweilen auch dahingehend geäußert, dass „*die jederzeitige Möglichkeit, die Wohnung selbst zu bewohnen (…) für die Beibehaltung einer Wohnung i.S.d. § 8 AO nicht erforderlich (ist). So liegt eine Aufgabe des Wohnsitzes nicht vor, wenn bei vorübergehendem Auslandsaufenthalt die Wohnung für die Dauer der Abwesenheit mit allen Einrichtungsgegenständen vermietet wird*“[761]. Mithin wird die (Unter-) Vermietung und damit die fehlende Schlüsselgewalt als für die Beibehaltung des inländischen Wohnsitzes unschädlich erklärt. Gleichwohl geht dieser Gedanke Hand in Hand mit der Stand-by Entscheidung und den hierin aufgestellten Grundsätzen zur berechenbaren tatsächlichen räumlichen Verfügungsmöglichkeit. Zwar besteht in den Fällen der (Unter-)Vermietung für die Dauer des Untermietverhältnisses regelmäßig ebenso wenig eine berechenbare tatsächliche Verfügungsmöglichkeit über die Wohnung wie im Stand-by Fall. Die Annahme eines inländischen Wohnsitzes verbietet sich somit grundsätzlich auch in diesen Konstellationen. Etwas anderes gilt jedoch soweit es sich um eine bloß befristete und vorübergehende Untervermietung handelt.[762] Dies gilt umso mehr „*wenn lediglich eine vorübergehende und von vornherein befristete räumliche Trennung vom Wohnort (…) erfolgt und bei einer vorzeitigen Beendigung des Auslandsaufenthaltes vor Ablauf des Untermietvertrags die Möglichkeit einer außerordentlichen Kündigung des Untermietvertrags besteht*“[763]. Dann liegt ein berechenbarer zukünftiger Zugriff des Untervermieters beziehungsweise des bisherigen Wohnungsinhabers auf die Wohnung vor.[764] Wenn auch regelmäßig aufschiebend

Unterstellt die (Unter-)Vermietung ist regelmäßig mit einer Aufgabe der „Schlüsselgewalt“ zugunsten des Untermieters verbunden, steht dieser Gedanke auch der Rechtsprechung des FG München, Urt. v. 10.12.2002 - 2 K 2483/99 (juris) entgegen: „*(…) zur Begründung der für das Innehaben erforderlichen Verfügungsmacht (ist) ein eigener Schlüssel für das Haus (unabdingbar)*“.

761 FG Hamburg, Urt. v. 12.9.1991 - III 47/90, EFG 1992, 277; FG München, Urt. v. 4.7.2016 - 7 K 2435/15, (juris); so auch schon der RFH, der in der Vermietung, also in der nur vorübergehenden Einschränkung der Verfügungsgewalt, nicht in jedem Fall die Aufgabe des Wohnsitzes erblickte, vgl. RFH v. 25.11.1931 - VI A 500/31, RStBl 1932, 166.

762 Im Falle einer längerfristigen Vermietung gilt: Der Wegzug ins Ausland bedeutet die Aufgabe der (Eigentums-)Wohnung, wenn diese für mehrere Jahre an einen Dritten vermietet wird und die Möbel eingelagert werden, vgl. BFH, Urt. v. 17.5.1995 - I R 8/94, BStBl II 1996, 2.

763 FG München, Urt. v. 4.7.2016 - 7 K 2435/15, (juris).

764 Daher wurde bei einer (Unter-)Vermietung mit Einrichtungsgegenständen für die Zeit des Auslandsaufenthalts (zwecks Sicherstellung der Wohnugsbeaufsichtigung)

bedingt im Sinne des § 158 Abs. 1 BGB auf den Zeitraum nach Beendigung des jeweils befristeten Untermietverhältnisses. Zu Recht führt das FG Hamburg insofern an, dass *„(die Kläger hierdurch) anders als bei längerfristiger oder unbefristeter Vermietung (...) nicht die Verfügungsbefugnis über die Wohnung (verlieren).“*[765] Nicht zuletzt besteht auch insoweit Kongruenz zwischen den Fällen der Untervermietung und dem Stand-by Fall als dass es grundsätzlich Sache des jeweiligen Untervermieters ist, die jederzeitige Verfügungsmöglichkeit über die Wohnung zeitweilig zu unterbrechen. Anders stellt sich die Sachlage hingegen im Stand-by Fall dar. Während der Betroffene hierin keinen Einfluss auf die Gestaltung der Dienstzeiten seiner Kollegen und in der Folge ebenso wenig auf das zukünftige (Wohnungs-)Nutzungsverhalten der anderen Piloten und damit seine eigene räumliche Verfügungsmöglichkeit hat, resultieren Abschluss und Ausgestaltung des Untermietverhältnisses aus der Einfluss- und Interessensphäre des Untervermieters. Dieser entscheidet grundsätzlich allein, ob und inwiefern er wieder über die (Wohn-)Räumlichkeiten verfügen wird. Also seinen räumlichen Anknüpfungspunkt wieder „belebt“. Auf Seiten des Untervermieters handelt es sich insofern grundsätzlich um eine *„wunschgemäße“*[766] Nutzungsbeschränkung, an der es dem Piloten hingegen regelmäßig fehlt.

Im Ergebnis verfolgt die Rechtsprechung daher eine kongruente Auslegungspraxis hinsichtlich des „Innehabens“ einer Wohnung und die in diesem Zusammenhang ergangene Problematik der (Unter-)Vermietung. Insbesondere wird und wurde diese nicht durch die Entscheidung zur Stand-by Wohnung eines Piloten ad absurdum geführt. Ebenso wenig steht die Problematik der (Unter-)Vermietung der Schlüssigkeit der Stand-by Entscheidung entgegen. Wünschenswert wäre allerdings, die in beiden Fällen zugrunde gelegte Berechenbarkeit der zukünftigen (Wohn-)Nutzungsmöglichkeit ausdrücklich(er) zu kommunizieren und solcherart zum Auslegungsmaßstab des „Innehabens“ einer Wohnung zu erklären. Nicht zuletzt ist die Ausgestaltung der Berechenbarkeit bislang in den Fällen der (Unter-)Vermietung unzureichend geklärt. Also die Frage, welcher Zeitraum im Rahmen der (Unter-)Vermietung noch *„vorübergehend“* ist. Klar ist insofern

---

keine Aufgabe des inländischen Wohnsitzes angenommen, vgl. FG Schl.-Holst., Urt. v. 12.5.1981 - III 388/78, EFG 1982, 5.

765 FG Hamburg, Urt. v. 12.9.1991 - III 47/90, EFG 1992, 277; Missverständlich insofern die Ansicht *Kluges*, demzufolge der Steuerpflichtige den nutzungsbereiten Zustand der Wohnung und damit seinen steuerlichen Wohnsitz durch Vermietung widerlegen kann, vgl. *Kluge*, Das Internationale Steuerrecht; Gemeinschaftsrecht, Außensteuerrecht, Abkommensrecht, M 7.

766 BFH, Urt. v. 10.4.2013 - I R 50/12, BFH/NV 2013, 1909.

nur, dass jede zeitliche Begrenzung einmal vorübergeht.[767] Nicht klar ist hingegen, ab wann nicht mehr von einer nur „vorübergehenden" Unterbrechung in dem Sinne gesprochen werden kann, dass noch eine berechenbare zukünftige (Wohn-)Nutzungsmöglichkeit unterstellt werden kann.

3. Zwischenergebnis

Anders als dem Gesetzgeber ist es der Rechtsprechung bis heute nicht gelungen, sich in Zusammenhang mit der Begründung der unbeschränkten Steuerpflicht eindeutig im Sinne einer allgemeingültigen Leitlinie zum notwendigen Grad des durch den steuerlichen Wohnsitz vermittelten Inlandsbezugs zu erklären. Vielmehr zeichnet sich die grenzenlose Fülle an Einzelfallrechtsprechung zu § 8 AO seit jeher durch eine wechselhafte Auslegung der Anknüpfungsmerkmale aus. Insbesondere scheint sie nicht immer frei von ergebnisorientierter Betrachtung gewesen zu sein. Gleichwohl kann nicht geleugnet werden, dass für die Begründung und Beibehaltung des steuerlichen Wohnsitzes ein starker räumlicher Inlandsbezug im Sinne eines räumlichen Schwerpunkts der Lebensinteressen gefordert wird. Dem genuine link-Erfordernis wird insofern in räumlicher Hinsicht qualifiziert Rechnung getragen. Daran ändert auch die teils ambivalente Auslegungspraxis des BFH hinsichtlich des räumlichen Mittelpunkts der Lebensinteressen nichts. Vielmehr ist die Rechtsprechung angesichts einer Vielzahl an teils mittelbar, teils unmittelbar getroffenen Bekundungen dahingehend zu begreifen, dass der steuerliche Wohnsitz den räumlichen Schwerpunkt der Lebensverhältnisse einer natürlichen Person abbildet. Dies folgt bereits daraus, dass der BFH die Wohnung in ständiger Auslegungspraxis als „Bleibe" qualifiziert und dabei ausdrücklich vom „bloßen Aufenthaltnehmen" abgrenzt. In jüngerer Vergangenheit ist die Rechtsprechung mit Blick auf die Qualität des steuerlichen Wohnsitzes noch deutlicher geworden. Insbesondere in Kontext mit der Frage der Kindergeldberechtigung. Obschon §§ 62 Abs. 1, 63 Abs. 1 Satz 6 EStG in der Sache auf denselben Wohnsitzbegriff wie § 1 EStG und § 2 Abs. 1 Nr. 1 Satz 2 a) ErbStG verweisen, hat die Rechtsprechung bezüglich des hierdurch vermittelten Inlandsbezugs vergleichsweise strengere Maßstäbe angelegt. Teils ist explizit vom inländischen Wohnsitz als Spiegelbild des räumlichen Schwerpunkts der Lebensinteressen die Rede. Aber auch jenseits der Kindergeldfälle hat sich die Rechtsprechung ausdrücklich für einen qualifizierten Inlandsbezug

767 *Mössner*, Steuerrecht international tätiger Unternehmen, Rn. 2.24.

ausgesprochen. Hierzu hat sie den räumlichen Mittelpunkt der Lebensinteressen ins Spiel gebracht.

Diese Inkonsistenzen werden dadurch verstärkt, dass die Rechtsprechung seit jeher mit Blick auf die qualitativen Anforderungen an die Wohnung unterschiedliche Maßstäbe anlegt. Gerade in der Vergangenheit wurden standesgemäße beziehungsweise den persönlichen und wirtschaftlichen Verhältnissen des Steuerpflichtigen entsprechende (Wohn-)Räumlichkeiten verlangt. Zwar ändert die Rechtsprechung durch die Berufung auf die Standesgemäßheit nichts an ihrem steuerlichen Wohnsitzverständnis vom Spiegelbild des räumlichen Schwerpunkts der Lebensinteressen. Im Gegenteil wird dieses Verständnis hierdurch noch begünstigt und spricht erneut für eine qualifizierte Umsetzung des genuine link-Erfordernisses. Dennoch sollte die Rechtsprechung von dieser qualitativen Anforderung Abstand nehmen und künftig (Wohn-)Räumlichkeiten, die objektiv zum dauerhaften Wohnen geeignet sind, ausreichen lassen. Dies gilt nicht zuletzt, weil die Fokussierung auf eine standesgemäße Wohnung missbrauchsanfällig ist und subjektiven Motiven Raum zuspricht. Eine Trendwende erscheint somit mehr als überfällig. Vor allem in Anbetracht der österreichischen Auslegungspraxis, die keine Anforderungen an eine Standesgemäßheit stellt. Hieran sollte sich die nationale Rechtsprechung künftig auf Grundlage der von *Häberle* ins Leben gerufenen Rechtsvergleichung als fünftes Auslegungsmittel orientieren. Dieses Vorgehen erscheint insbesondere vor dem Hintergrund der gemeinsamen Wurzel der deutschen und österreichischen Wohnsitzbegriffe in § 13 StAnpG 1934 begrüßenswert. Diese verlangt geradezu nach einer Angleichung beider Normen im Wege des Rechtsvergleichs. Gleiches gilt angesichts Art. 25 Satz 1 GG. Hiernach sind die Gerichte gehalten, das innerstaatliche Recht so auszulegen, dass es mit den allgemeinen Regeln des Völkerrechts in Einklang steht. Dies gelingt nur durch rechtsvergleichende Auslegung, da nur so eine gleichlaufende Wahrung ebendieser Regeln sichergestellt wird. Konkret heißt dies, die in Kontext zum genuine link-Erfordernis beziehungsweise zum steuerlichen Wohnsitz ergangene österreichische Rechtsprechung bei der Auslegung des „eigenen" Rechts im Blick zu behalten.

Demgegenüber legt die Rechtsprechung das Tatbestandsmerkmal des „Innehabens" einer Wohnung konsequent aus. Anders als Teile der Literatur fordert die Rechtsprechung diesbezüglich eine nach tatsächlichen Maßstäben zu beurteilende räumlich uneingeschränkte Verfügungsmöglichkeit. Das „Innehaben" der Wohnung wird in räumlicher Dimension als abstrakt-geeigneter Ausgangspunkt einer dauerhaften Wohnnutzung aufgefasst. Im Ergebnis also als Plattform zur Begründung des räumlichen Schwerpunkts der Lebensinteressen. Auf diese Weise wird erneut die qualifizierte Umsetzung des genuine link-Erfordernisses zum Ausdruck gebracht. Maßgeblich ist dabei, dass die räumliche Verfügungsmöglichkeit berechenbar ist. Dies hat der BFH noch jüngst in seiner Entscheidung zur Stand-by Wohnung eines Piloten betont. Aufgrund fehlender „Schlüsselgewalt" im Sinne eines berechenbaren Zugriffs auf die Wohnung wurde hierin ein inländischer Wohnsitz abgelehnt. Die Problematik der (Unter-)Vermietung steht der Schlüssigkeit dieser Entscheidung nicht entgegen. Zwar besteht bei (Unter-)Vermietung für die Dauer des Untermietverhältnisses grundsätzlich ebenso wenig eine berechenbare Verfügungsmöglichkeit über die Wohnung wie im Stand-by Fall. Etwas anderes gilt jedoch soweit es sich um eine bloß befristete und vorübergehende (Unter-)Vermietung handelt. Dann liegt ein berechenbarer zukünftiger Zugriff des bisherigen Wohnungsinhabers auf die Wohnung vor. Wenn auch regelmäßig aufschiebend bedingt im Sinne des § 158 Abs. 1 BGB auf den Zeitraum nach Beendigung des jeweils befristeten Untermietverhältnisses.

II. Einspeisung des genuine link-Erfordernisses in zeitlicher Hinsicht

1. Praktizieren des räumlichen Schwerpunkts der Lebensinteressen in entsprechend nachhaltiger Nutzung der inländischen Wohnung - Konformität zwischen räumlichem und zeitlichem Inlandsbezug?

a. Fehlen konkreter Zeitvorgaben bezüglich Nutzungsverhaltens der inländischen Wohnung - Inlandsbezug zwischen Realität und Fiktion

aa. Zur grundsätzlichen Problematik einer wechselhaften Auslegungspraxis der Inlandszeiten

Das Ausmaß des zeitlich „gelebten" Inlandsbezugs unterliegt einem stetigen Auslegungswandel. In jüngerer Vergangenheit haben diesbezüglich insbesondere die Mobilitätsfreiheiten natürlicher Personen Aufmerksamkeit erregt. *Schön* hat davon gesprochen, dass „es immer weniger möglich (ist), in der Wahl eines Wohnsitzes ein dauerhaftes Bekenntnis zu einem bestimmten öffentlichen Gemeinwesen zu finden; (ja, dass) die Ansässigkeit (…) bei natürlichen Personen zu einem flüchtigen Kriterium (geworden ist)"[768]. Hierbei handelt es sich jedoch nicht erst um ein jüngeres Phänomen. Vielmehr stellt sich seit jeher angesichts einer wechselhaften Auslegungspraxis die Frage, ob der vom BFH in

---

768 *Schön*, IStR 2004, 289 (290).

Kontext mit dem steuerlichen Wohnsitz verwandte Begriff der „Bleibe“ in zeitlicher Hinsicht überstrapaziert wird. Respektive, ob das Verständnis des steuerlichen Wohnsitzes als räumlicher Schwerpunkt der Lebensinteressen durch ein entsprechend nachhaltiges Nutzungsverhalten weitergeführt beziehungsweise getragen wird. Nur dann hätte das genuine link-Erfordernis auch in zeitlicher Dimension hinreichend qualifizierten Niederschlag in der Rechtsprechung gefunden. Der Inlandsbezug wäre mithin Realität und keine Fiktion.

Auslöser der flexiblen Auslegungspraxis ist der Gesetzeswortlaut des § 8 AO. Anders als § 9 Satz 2 AO enthält dieser keine konkreten Zeitvorgaben.[769] Im Normwortlaut, insbesondere im „Beibehalten“ und „Benutzen“ der Wohnung, schwingt lediglich ein zeitlicher Mindestumfang mit.[770] Von Gesetzes wegen ist also zur Begründung des steuerlichen Wohnsitzes weder eine ständige Nutzung erforderlich noch reicht eine beliebig kurzfristige Nutzung während des Jahres aus.[771] Entsprechend variabel erweist sich auch die Auslegungspraxis zum (Wohn-)Nutzungsverhalten. Wiederholt hat die Rechtsprechung diesbezüglich klargestellt, dass *„das Wesen eines Wohnsitzes im steuerrechtlichen Sinne (...) darin (besteht), dass objektiv die Wohnung ihrem Inhaber jederzeit (...) als Bleibe zur Verfügung steht und von ihm subjektiv zu entsprechender Nutzung auch bestimmt ist.“*[772]. Eine ständige Anwesenheit und damit eine ausnahmslose Wohnungsnutzung sind daher im Grunde nicht erforderlich.[773] Vielmehr genügt ein potentielles zukünftiges Nutzungsverhalten um der zeitlichen Dimension des „Innehabens“ der Wohnung gerecht zu werden. Zwar ist dies insoweit konsequent, als dass erst und nur hierdurch das von Gesetzes wegen angelegte Innehaben mehrerer Wohnsitze gewährleistet werden kann.[774] Nicht zuletzt wäre

769 BFH, Urt. v. 30.8.1989 - I R 215/85, BStBl II 1989, 956: *„Zwar sagt § 8 AO 1977 nichts darüber, für welche Zeitdauer bei Wohnsitzbegründung die Absicht bestehen muß, die Wohnung beizubehalten und zu benutzen“*.

770 *Dehner*, Anm. zu BFH, Urt. v. 23.11.1988 - II R 139/87, DStZ 1989, 282 (283).

771 Vgl. hierzu: C.II.2.b.bb.(1), S. 114 ff.

772 Vgl. z.B.: BFH, Urt. v. 23.11.2000 - VI R 107/99, BStBl II 2001, 294; BFH, Urt. v. 26.2.1986 - II R 200/82, BFH/NV 1987, 301; BFH, Urt. v. 22.4.1994 - III R 22/92, BFHE 174, 523; BFH, Urt. v. 10.4.2013 - I R 50/12, BFH/NV 2013, 1909; FG Köln, Urt. v. 15.5.2008 - 10 K 1610/06, EFG 2008, 1896.

773 BFH, Urt. v. 10.4.2013 - I R 50/12, BFH/NV 2013, 1909.

774 BFH, Urt. v. 26.2.1986 - II R 200/82, BFH/NV 1987, 301: *„Andererseits setzt der steuerliche Wohnsitzbegriff nicht voraus, daß die Wohnung dauernd durch ihren Inhaber genutzt wird, er sich dort ständig oder während einer Mindestzeit aufhält. Deshalb geht auch das Steuerrecht - und damit das Erbschaftsteuerrecht - nicht davon aus, daß eine natürliche Person jeweils nur einen Wohnsitz haben könne“*; BFH, Urt. v. 23.11.2000

die Notwendigkeit einer ständigen Wohnungsnutzung nicht mit berufsbedingten Auslandsaufenthalten „vereinbar“, die angesichts der Mobilitätsfreiheiten zunehmend an Relevanz gewonnen haben.[775] Zu leicht könnte andernfalls der inländische Wohnsitz aufgegeben werden. Gleichwohl fragt sich, wie qualifiziert und konsequent dem genuine link-Erfordernis hiermit Rechnung getragen wird. Gleiches gilt für die Umsetzung des Gebots der Rechtssicherheit. Bedenken bestehen diesbezüglich nicht zuletzt, weil es seit jeher an einer einheitlichen Konkretisierung dessen, was das Nutzungsverhalten in zeitlicher Hinsicht ausmacht, fehlt.

Dies veranschaulicht insbesondere die Auslegungspraxis in Kontext mit der Begründung eines inländischen (Zweit-)Wohnsitzes sowie der Beibehaltung eines inländischen Wohnsitzes während ausbildungs- beziehungsweise berufsbedingter Auslandsaufenthalte.[776] In diesen Fällen hat die Abgrenzung einer regelmäßigen von einer unregelmäßigen Wohnungsnutzung sowie deren zeitliche Konkretisierung Relevanz erlangt und dabei Raum für ein breites Spektrum an „zeitlichen“ Auslegungsalternativen eröffnet.

ab. Ursprüngliche Prämisse einer regelmäßigen Nutzung der inländischen Wohnung

Lange Zeit hat sich die Rechtsprechung mit Blick auf das zeitliche Ausmaß der Inlandsanwesenheit auf das Erfordernis einer regelmäßigen Wohnungsnutzung fokussiert und damit offenbar einer qualifizierten Umsetzung des genuine link-Erfordernisses den Weg geebnet.

Allerdings hat sie sich mit einer positiven Konkretisierung dessen, was als regelmäßige Wohnungsnutzung gilt, auf Kosten des Gebots der Rechtssicherheit zurückgehalten. Zwar hat der BFH in Kontext mit der Begründung eines inländischen (Zweit-)Wohnsitzes und unter Verweis auf die vormalige Rechtsprechung des RFH[777] schon früh klargestellt, dass *„die Beibehaltung der Wohnung*

- VI R 107/99, BStBl II 2001, 294: *„Im Einzelfall können auch zwei Wohnsitze nebeneinander bestehen (vgl. auch § 19 Abs. 1 Satz 2 AO 1977).*

775 *Kälin*, in: Steffen, Die Wohnsitzverlegung in die Schweiz: Einführung für vermögende Personen und Unternehmer, S. 15 (15).

776 *Jahn*, PIStB 2003, 59 (61).

777 RFH v. 24.6.1936 - IV A 40/36, RStBl 1936, 997: *„Daß das Gesetz eine gewisse Ständigkeit der Benutzung der Wohnung voraussetzt, ist in dem Sinn richtig, daß die Umstände ergeben müssen, der Wohnungsinhaber werde die Wohnung auch in Zukunft noch benutzen“*, Unterstreichung durch Verfasserin; RFH v. 10.3.1937 - VI A 631/36, RStBl 1937, 498.

für längere Zeit (...) erkennbar sein (ja, dass) die Wohnung (...) dem Steuerpflichtigen dadurch als Bleibe dienen (muß), daß er sie ständig oder doch mit einer gewissen Regelmäßigkeit und Gewohnheit benutzt"[778]. Allerdings finden sich seit jeher überwiegend negative Bekundungen dazu, welche Zeitgrenzen noch nicht das für eine derartige Wohnungsnutzung erforderliche Maß an „*gewisse(r) Regelmäßigkeit und Gewohnheit*" überschreiten. Zuweilen hieß es hierzu in Kontext mit dem Steuerpräferenzgesetz[779], dass „*kurze Aufenthalte während (der) Schulferien*"[780], sprich Aufenthalte von vier Wochen in den Sommerferien und etwa zehn Tagen in den Herbstferien, nicht ausreichend sind, um im Streitjahr einen inländischen (Zweit-)Wohnsitz zu begründen. Welche Zeitgrenze für die Annahme einer „*gewissen Regelmäßigkeit*" erforderlich gewesen wäre, lässt das Gericht im Streitfall jedoch offen. Diesbezügliche Klarheit lässt auch eine in diesem Rahmen wenig später ergangene Entscheidung vermissen. Hierin wurde ebenfalls ohne nähere Erläuterung eine jährliche Benutzung für fünf bis sechs Wochen als nicht ausreichend angesehen, um einen inländischen (Zweit-)Wohnsitz zu begründen. Ein solches Nutzungsverhalten reiche gerade nicht für ein „*mit einer gewissen Regelmäßigkeit*" praktiziertes Aufsuchen der Wohnung aus. Vielmehr handele es sich hierbei um ein „*nur gelegentlich(es) während unregelmäßig aufeinanderfolgender kurzer Zeiträume zu Erholungszwecken*"[781] gehandhabtes Verweilen.[782] Auch in jüngerer Vergangenheit hat die Frage, was unter einem regelmäßigen Nutzungsverhalten zu verstehen ist, nicht an Aktualität verloren; insbesondere nicht in Kontext mit Kindergeldangelegenheiten. In einer Entscheidung aus 2001 ging es um den inländischen Kindergeldanspruch einer auf Griechenland mit ihren drei Kindern lebenden Mutter. In den Entscheidungsgründen wurde lediglich festgehalten, dass kurzzeitige Besuche im Inland für einen zum Bezug von Kindergeld berechtigenden Wohnsitz im Sinne des § 8 AO nicht ausreichen.[783] Vorliegend hielt sich die Klägerin regelmäßig im April zwei Wochen, im August drei Wochen sowie gelegentlich in den

778 BFH, Urt. v. 24.4.1964 - VI 236/62 U, BStBl III 1964, 462; ebenso: BFH, Urt. v. 16.12.1998 - I R 40/97, BStBl II 1999, 207; BFH, Urt. v. 22.4.1994 - III R 22/92, BStBl II 1994, 887; BFH, Urt. v. 23.11.2000 - VI R 197/99, BStBl II 2001, 294.

779 Vgl. hierzu: D.I.1.c.cb.(3), S. 137.

780 BFH, Urt. v. 24.4.1964 - VI 236/62 U, BStBl III 1964, 462.

781 BFH, Urt. v. 6.3.1968 - I 38/65, BStBl II 1968, 439.

782 Nähere Erläuterungen dazu, was eine für die Begründung eines steuerlichen Wohnsitzes offenbar schädliche Nutzung zu bloßen „Erholungszwecken" ausmacht und insofern von einer (Wohn-)Nutzung abzugrenzen ist, fehlen ebenfalls.

783 BFH, Urt. v. 12.1.2001 - VI R 64/98, BFH/NV 2001, 1231.

Weihnachtsferien zu Besuchszwecken bei ihren Eltern im Inland auf. Insgesamt also etwa fünf Wochen. Vor diesem Hintergrund ging der BFH von einem bloß kurzfristigen Aufenthalt im Inland aus und verneinte folglich einen inländischen Wohnsitz der Klägerin.[784] Dabei hielt es der Senat jedoch erneut nicht für nötig Stellung dazu zu beziehen, warum gerade die Zeitgrenze von fünf Wochen nicht für das in § 8 AO vorausgesetzte Nutzungsverhalten ausreicht.

Lediglich in zwei Entscheidungen hat der BFH bislang das Erfordernis des regelmäßigen Nutzungsverhaltens konkretisiert und insoweit positiv beschieden, welche Zeitgrenze er zur Begründung beziehungsweise zur Beibehaltung des steuerlichen Wohnsitzes für nötig erachtet. In einer Entscheidung aus 1988, in der die Beteiligten über die unbeschränkte Erbschaftsteuerpflicht für einen Erwerb von Todes wegen stritten, wurde eine jährliche Benutzung von acht bis zwölf Wochen für ausreichend erklärt. Es entbehrt allerdings jeglicher Begründung, warum gerade dieses Zeitfenster genügt. Ebenso wie schon die Frage, warum die Zeitfenster von im Schnitt fünf bis sechs Wochen in den zuvor ergangenen Urteilen nicht ausreichten. In den Entscheidungsgründen aus 1988 wird lediglich rudimentär darauf hingewiesen, dass „*die Klägerin (...) die Doppelhaushälfte über Jahre hinweg (...) jährlich regelmäßig zweimal zu bestimmten Zeiten (nämlich während der Rehwildjagd) über einige Wochen benutzt (hat). Das Haus diente ihr derart als Bleibe.*“[785] Vor diesem Hintergrund ging der Senat davon aus, dass die Klägerin im Zeitpunkt der Entstehung der Steuer im Inland einen Wohnsitz hatte und unterlegte daher den Erwerb durch Erbanfall im Sinne des § 3 Abs. 1 Nr. 1 ErbStG hinsichtlich des gesamten Vermögensanfalls der Erbschaftsteuer. Hintergrund dafür, die jährliche Benutzung von acht bis zwölf Wochen im Streitfall als ausreichendes Nutzungsverhalten im Sinne des § 8 AO anzuerkennen, dürften insofern auch Fiskalinteressen gewesen sein. Fraglich ist allerdings, inwiefern diese Entscheidung darüber hinaus noch Berechtigung beansprucht. Insbesondere mit Blick auf das Verständnis der Finanzgerichtsbarkeit vom Wohnsitz als räumlich qualifizierter Inlandsbezug. In jedem Fall dürfte

784 Vor diesem Hintergrund hat der Senat daher die Revision des Beklagten (Arbeitsamt - Familienkasse) für begründet erachtet. Dabei hat er die Vorentscheidung, die diesbezüglich von anderen Rechtsgrundsätzen ausgegangen ist, aufgehoben und die Sache gemäß § 126 Abs. 3 Nr. 2 FGO zur erneuten Verhandlung und Entscheidung an das FG zurückverwiesen. Denn der Senat vermochte aufgrund der bisherigen Feststellungen der Vorinstanz nicht abschließend zu entscheiden, ob der Klägerin Kindergeld für den umstrittenen Zeitraum zwar nicht nach § 62 Abs. 1 Nr. 1 EStG, wohl aber nach § 62 Abs. 1 Nr. 2b EStG zusteht.

785 BFH, Urt. v. 23.11.1988 - II R 139/87, BStBl II 1989, 182.

das hierin zugrunde gelegte Zeitfenster die unterste Zeitgrenze der in Kontext mit § 8 AO ausreichenden regelmäßigen Inlandsanwesenheit bilden.[786] Und zwar sowohl mit Blick auf die unterjährige Anzahl der Inlandsanwesenheiten als auch die auf jeden einzelnen Aufenthalt entfallende Zeitdauer. Andernfalls würde sich die Rechtsprechung in Widerspruch zur ständigen Qualifikation der Wohnung als „Bleibe" setzen. Jedenfalls dann, wenn nicht weitere „Besonderheiten" bestehen. Derartige „Besonderheiten" hat der BFH offenbar in einer Entscheidung aus 1997 betreffend eines berufsbedingten Auslandsaufenthalts des Klägers unterstellt und daher vergleichsweise noch lockererer Maßstäbe an die Dauer der Inlandsanwesenheit aufgestellt. Hierzu heißt es: *„Nach der Lebenserfahrung spricht es (...) für die Beibehaltung eines Wohnsitzes i. S. des § 8 AO 1977, wenn jemand eine Wohnung, die er vor und nach einem Auslandsaufenthalt als einzige ständig nutzt, während desselben unverändert und in einem ständig nutzungsbereiten Zustand beibehält. Dies gilt dann umso mehr, wenn der Stpfl. die Wohnung jährlich mit einer gewissen Regelmäßigkeit auf die Dauer von zwischen drei bis acht Wochen nutzt"*[787]. Zwar bleibt auch hierin offen, warum der BFH diese Mindestaufenthaltsdauer als positiv für Zwecke der Inlandsanwesenheit auserkoren hat. Ein Mehr an Rechtssicherheit im Sinne einer verlässlichen Aussage dazu, welche zeitlichen Anforderungen an eine regelmäßige Wohnungsnutzung zukünftig gestellt werden, wurde dementsprechend auch hierdurch nicht geschaffen. Gleichwohl hat der BFH anhand dieses Falls klargestellt, dass die zeitlichen Anforderungen maßgeblich davon abhängen, ob es sich um das Vorhalten eines inländischen (Zweit-)Wohnsitzes oder dasjenige einer inländischen Wohnung anlässlich berufsbedingter Auslandsaufenthalte, die *„vor und nach einem Auslandsaufenthalt des Stpfl. dessen einzigen Wohnsitz bildet"*[788] handelt. Laut Entscheidungsgründen weichen beide Fälle insofern voneinander ab, als dass im Streitfall *„eine Wohnung unverändert beibehalten wird, die vor und nach einem Auslandsaufenthalt des Steuerpflichtigen dessen einzigen Wohnsitz bildete"*. Hieran fehlt es hingegen in Zweitwohnsitzfällen kraft Natur der Sache.[789]

786 So auch: *Lehner/ Waldhoff*, in: K/S/M, § 1 EStG, B 127.

787 BFH, Urt. v. 19.3.1997 - I R 69/96, BFHE 182, 296, BStBl II 1997, 447.

788 BFH, Urt. v. 19.3.1997 - I R 69/96, BFHE 182, 296, BStBl II 1997, 447.

789 *„In den Entscheidungen wurde von der jährlichen Aufenthaltsdauer von fünf bis sechs Wochen auf den Charakter eines „Ferienhauses" (also gerade nicht auf denjenigen eines Wohnsitzes i.S.d. § 8 AO) geschlossen. Ein solcher Rückschluß ist jedoch dann nicht mehr möglich, wenn eine Wohnung unverändert beibehalten wird, die vor und nach einem Auslandsaufenthalt des Steuerpflichtigen dessen einzigen Wohnsitz bildete"*, vgl. BFH, Urt. v. 19.3.1997 - I R 69/96, BStBl II 1997, 447.

Auch wenn der BFH dies nicht ausdrücklich kommuniziert, scheint er die in den Zweitwohnsitzfällen positiv wie negativ bekundeten strengeren Anforderungen für nötig zu halten, um den Inlandsbezug unter Beweis zu stellen. Gleichwohl bestehen in der Rechtssache aus 1997 Bedenken hinsichtlich einer qualifizierten Umsetzung des genuine link-Erfordernisses. Fraglich ist insoweit, ob es einem berufsbedingt Abwesenden gelingt, seinen einzigen Inlandsbezug dadurch hinreichend qualifiziert unter Beweis zu stellen, dass er bei einer auf fast sechs Jahre angelegten Abberufung ins Ausland seine inländische Wohnung *„jährlich mit einer gewissen Regelmäßigkeit auf die Dauer von zwischen drei bis acht Wochen nutzt"*. Oder ob nicht vielmehr die Qualifikation der Wohnung als „Bleibe" und damit der genuine link zum Inland trotz der „Besonderheiten" des Falls überstrapaziert worden sind. Jedenfalls entsteht der Eindruck, dass hier - ebenso wie in der Rechtssache aus 1988 - auch Fiskalinteressen von Relevanz gewesen sind. Denn angesichts der hierin getroffenen Wertung sprach sich das Gericht für die Beibehaltung des inländischen Wohnsitzes und damit für die unbeschränkte Steuerpflicht der Kläger aus. So konnten diese auch mit den Einkünften, die der Kläger für seine in Saudi Arabien ausgeübte Tätigkeit erzielt hatte, veranlagt werden.

ac. Bloße Illusion von Rechtssicherheit angesichts Übertragung der Sechsmonatsfrist aus § 9 Satz 2 AO

(1) Zulässigkeit und Notwendigkeit der Übertragung des Rechtsgedankens aus § 9 Satz 2 AO zur Auflösung von Wertungswidersprüchen

Das breite Spektrum an „zeitlichen" Auslegungsalternativen kommt noch unter einem anderen Blickwinkel zum Tragen. Schon früh hat sich die Finanzgerichtsbarkeit hinsichtlich des erforderlichen Umfangs der Wohnungsnutzung auf die Sechsmonatsfrist des § 9 Satz 2 AO berufen und so die Dauerhaftigkeit des Innehabens der Wohnung konkretisiert.[790] In einem Grundsatzurteil aus 1989 hat der BFH insofern erstmals erklärt,[791] dass *„§ 8 AO 1977 (zwar) nichts darüber (aussagt), für welche Zeitdauer bei Wohnsitzbegründung die Absicht bestehen*

---

790 *Bußmann*, RIW 2010, 304 (307); *Tiede*, in: H/H/R, § 1 EStG, Rn. 64: *„Benutzt die Person die Wohnung zeitlich zusammenhängend mindestens sechs Monate*, kann man in Anlehnung an § 9 Satz 2 AO von einer Regelmäßigkeit der Benutzung ausgehen, weil dann keine nur vorübergehende Nutzung vorliegt".

791 *erl*, Anm. zum BFH Urt.v. 30.8.1989 - I R 215/85, BStBl II 1989, 956, IWB, 1990/8 Fach 3a, Gruppe 1, 160.

muß, die Wohnung beizubehalten und zu benutzen. Revisionsrechtlich ist es jedoch nicht zu beanstanden, wenn als Anhaltspunkt auf die Sechsmonatsfrist des § 9 Satz 2 AO 1977 zurückgegriffenen wird. Die Frist drückt aus, ab welcher Zeitdauer ein Aufenthalt nicht mehr nur ein vorübergehender ist (…). Dieser Gedanke liegt auch dem § 8 AO 1977 zugrunde, weil die Absicht einer von vornherein nur vorübergehenden Innehabung einer Wohnung keinen Wohnsitz i.S. der Vorschrift begründet"[792]. Zwar hat dieses Vorgehen im Ergebnis nicht zu mehr Rechtssicherheit geführt. Gleichwohl drückt dieser Rückgriff ebenso wie der anderweitig ausgesprochene Grundsatz einer regelmäßigen Wohnungsnutzung ein zeitlich qualifiziertes Verständnis des genuine links zum Inland aus. Zudem ist es dem Rechtsanwender auf diese Weise gelungen aufgrund der vergleichbaren Interessen- und Wertungslage bei § 8 AO und § 9 AO die Grundlage für einen Gleichlauf zum gewöhnlichen Aufenthalt als alternativem nationalem Anknüpfungsmerkmal der Besteuerung zu schaffen und auf diese Weise Wertungswidersprüchen vorzubeugen.[793] Lediglich weitergehende Ausführungen dazu wie die Übertragung des Rechtsgedankens aus § 9 Satz 2 AO methodisch einzuordnen und warum ein derartiger Gleichlauf begründet ist, fehlen bis heute.

Methodisch dürfte es sich hierbei um eine Analogie handeln. Zwar hat die Rechtsprechung hiervon in den diesbezüglich ergangenen Entscheidungsgründen nie explizit gesprochen. Die Rede war immer nur von einem „*Anhaltspunkt*"[794] oder „*in Anlehnung an § 9 Satz 2 AO*"[795]. Gleichwohl dürfte hinter dieser Vorgehensweise der Gedanke der Analogie als „Hauptanwendungsfall der Lückenschließung durch (richterliche) Rechtsfortbildung"[796] stehen. *Tipke* hat diese Methodik treffend dahingehend umschrieben, dass der Rechtsanwender auf einen „vom möglichen Wortverständnis nicht mehr erfaßten Fall ein Prinzip an(wendet), das einem einzelnen Rechtssatz zugrunde liegt, der einen

792 BFH, Urt. v. 30.8.1989 - I R 215/85, BStBl II 1989, 956; ebenso: BFH, Urt. v. 22.8.2007 - III R 89/06, BFH/NV 2008, 351: „*Der Rückgriff auf § 9 Satz 2 AO als Anhaltspunkt für eine Beibehaltung und Nutzung der Wohnung ist gerechtfertigt, weil die Frist des § 9 Satz 2 AO bestimmt, ab welcher Zeitdauer ein Aufenthalt nicht mehr nur ein vorübergehender ist*"; BFH, Urt. v. 28.1.2004 - I R 56/02, BFH/NV 2004, 917; BFH, Urt. v. 20.11.2008 - III R 53/05, BFH/NV 2009, 564; BFH, Beschl. v. 19.9.2013 - III B 53/13, BFH/NV 2014, 38.

793 *Lehner/ Waldhoff*, in: K/S/M, § 1 EStG, B 128.

794 BFH, Urt. v. 20.11.2008 - III R 53/05, BFH/NV 2009, 564.

795 BFH, Urt. v. 22.8.2007 - III R 89/06, BFH/NV 2008, 351.

796 *Englisch*, in: Tipke/ Lang, Steuerrecht, § 5, Rn. 75.

ähnlichen Fall erfaßt."[797] Auslöser hierfür ist eine planwidrige Regelungslücke. Mithin die gemessen an dem zugrunde liegenden gesetzgeberischen Plan beziehungsweise den zugrunde liegenden Wertungen bestehende Lückenhaftigkeit des Gesetzes. Dabei darf der Rechtsanwender jedoch nicht an die Stelle des demokratisch legitimierten Gesetzgebers treten. Ihm wird lediglich erlaubt, die eigentlich bestehenden gesetzgeberischen Wertungen zur Geltung zu bringen. Im Fokus steht also nicht ein Angriff gegen die Kompetenz des Gesetzgebers, sondern ein „Nachbessern" im Sinne der Wertungen des Gesetzgebers.[798] Vor diesem Hintergrund bestünde vorliegend nur dann eine planwidrige Regelungslücke im Sinne einer „Unvollständigkeit", wenn der Gesetzgeber mit seiner ursprünglichen Absicht, auch mit Blick auf § 8 AO eine feste Zeitgrenze zu etablieren bei Schaffung des Gesetzestexts gescheitert wäre. Dies lässt sich allerdings durch Rückgriff auf den Gesetzesentwurf der Bundesregierung sowie der involvierten Fraktionen zum Entwurf einer Abgabenordnung nicht mehr zuverlässig klären.[799] § 8 AO könnte insofern auch bloß „rechtspolitisch verfehlt" sein. In diesem Fall käme nach *Larenz* keine Lückenfüllung im eigentlichen Sinn, sondern „nur" eine „gesetzesübersteigende Rechtsfortbildung"[800] in Betracht. Nach Auffassung von *Englisch* kann eine planwidrige Regelungslücke jedoch nicht nur aufgrund subjektiv-teleologischer Analyse in Betracht zu ziehen sein, „wenn die im Gesetzgebungsverfahren ausdrücklich geäußerten Vorstellungen zum Anwendungsbereich einer Norm (...) im Gesetzeswortlaut keinen hinreichenden Niederschlag gefunden haben". Vielmehr kann eine solche nach objektiv-teleologischen Kriterien auch dann „naheliegen, wenn die Vermeidung von Wertungswidersprüchen eine Gleichbehandlung von gesetzlich geregelten Fallkonstellationen und dem ungeregelten Sachverhalt erfordert"[801].

---

797 *Tipke*, in: Die Steuerrechtsordnung Band 3, § 28, S. 1303; Dem steht (jedenfalls mittlerweile) auch nicht mehr das Verbot steuerverschärfender Analogie entgegen, vgl. *Englisch*, in: Tipke/ Lang, Steuerrecht, § 5, Rn. 78.

798 *Englisch*, in: Tipke/ Lang, Steuerrecht, § 5, Rn. 79.

799 Weder im Gesetzentwurf der Bundesregierung zum Entwurf einer Abgabenordnung (AO 1974) v. 19.3.1971 (BT-Drucks. VI/1982) noch im Gesetzentwurf der Fraktionen der SPD, FDP zum Entwurf einer Abgabenordnung (AO 1974) v. 25.1.1973 (BT-Drucks. 7/79) findet sich etwas zur Motivlage des Gesetzgebers.

800 *Larenz*, Methodenlehre der Rechtswissenschaft, S. 374.

801 *Englisch*, in: Tipke/ Lang, Steuerrecht, § 5, Rn. 81; strenger insoweit BFH, Urt. v. 18.4.2012 - X R 7/10, BFH/NV 2012, 1636: *„Eine teleologische Extension zielt darauf ab, den zu engen Wortlaut eines Gesetzes auf dessen weitergehenden Zweck auszudehnen (...). Allerdings ist sie nicht bereits dann gerechtfertigt, wenn die vom Gesetzgeber getroffene Entscheidung rechtspolitisch fehlerhaft erscheint. Vielmehr muss die auf den*

Von diesem Erfordernis ist vorliegend auszugehen, da § 8 AO und § 9 Satz 2 AO das gleiche Prinzip zugrunde liegt. § 9 Satz 2 AO schafft eine Sonderregelung für das Bestehen eines gewöhnlichen Aufenthalts, die im Unterschied zu § 8 AO eine feste Zeitgrenze anordnet: *„Als gewöhnlicher Aufenthalt im Geltungsbereich dieses Gesetzes ist stets und von Beginn an ein zeitlich zusammenhängender Aufenthalt von mehr als sechs Monaten Dauer anzusehen"*. Dies ändert jedoch nichts daran, dass beiden Normen die gleiche gesetzgeberische Vorstellung zugrunde liegt. Nämlich, dass eine bloß „vorübergehende" Ansässigkeit im Inland nicht das zur Umsetzung des genuine links erforderliche Maß an Inlandsbezug widerspiegelt. Einmal direkt aufgrund des Wortlauts in § 9 Sätze 1 und 2 AO. Einmal indirekt durch das Erfordernis des „Beibehaltens" und „Benutzens" der Wohnung. Diese gesetzgeberische Wertungsparallelität verwundert nicht. Denn der gewöhnliche Aufenthalt bildet das im Verhältnis zum Wohnsitz alternative nationale Anknüpfungsmerkmal der unbeschränkten Steuerpflicht.[802] Alternativ deshalb, weil Wohnsitz und gewöhnlicher Aufenthalt von Gesetzes wegen selbstständig und gleichberechtigt nebeneinander (be-)stehen.[803]. Dies gilt sowohl

Wortlaut abstellende Auslegung zu einem sinnwidrigen Ergebnis (…) führen, das vom Gesetzgeber nicht gewollt sein kann". Ebenfalls streng: BVerfG, Beschl. v. 23.5.2016 - 1 BvR 2230/15, 1 BvR 2231/15.

802 Auch wenn der Wohnsitz in der Praxis stets „primäres räumliches Anknüpfungsmerkmal" gewesen ist, vgl. *Ax/ Große/ Melchior*, Abgabenordnung und Finanzgerichtsordnung, Rn. 109. „Der **„Vorrang" der Wohnsitzprüfung in der steuerlichen Praxis** erklärt sich daraus, dass der Begriff des Wohnsitzes greifbarer und in Zweifelsfällen einfacher zu konkretisieren ist, rechtlich zwingend ist er aber nicht", vgl. *Musil*, in: H/H/Sp, § 9 AO, Rn. 11; *Lohmeyer*, DVR 1975, 21 (24); RFH v. 15.12.1932 - III A 302/32, RStBl 1933, 92, RFH v. 1.3.1934 - VI A 964, 965/33, RStBl 1934, 341: *„Solange das festere Band des Wohnsitzes den Stpfl. mit dem deutschen Steuergebiet verknüpft, fragt die Rechtsordnung nicht danach, ob ihn auch das losere Band des gewöhnlichen Aufenthalts mit diesem Gebiet verbindet. Das ändert sich aber mit der Aufgabe des Wohnsitzes. Behält dann der Stpfl. noch seinen Aufenthalt im Inland bei, so beginnt das bis dahin unbeachtet geblieben losere Band des gewöhnlichen Aufenthalts seine Rechtswirksamkeit auszuüben"*.

803 *Drüen*, in: Tipke/ Kruse, § 9 AO, Rn. 1; *Gersch*, in: Klein, § 8 AO, Rn. 1: „Der gewöhnliche Aufenthalt ist aber nicht ein „Wohnsitz minderer Qualität", sondern ein eigenständiger Anknüpfungspunkt"; *Musil*, in: H/H/Sp, § 9 AO, Rn. 10: „§ 9 ist eine Parallelvorschrift zu § 8 (…). Sind die Voraussetzungen für die Annahme eines gewöhnlichen Aufenthalts erfüllt, so löst dies in den Einzelsteuergesetzen grds. die gleichen Rechtsformen aus, wie das Vorhandensein eines Wohnsitzes (…) Es ist i.Erg. also gleichgültig, ob jemand aufgrund eines inländischen Wohnsitzes (§ 8) oder

in Zusammenhang mit der Begründung der unbeschränkten Steuerpflicht im Sinne des § 1 EStG und § 2 Abs. 1 Nr. 1 Sätze 1 und 2 a) ErbStG, als auch in Zusammenhang mit Kindergeldangelegenheiten gemäß §§ 62 Abs. 1 Satz 1 Nr. 1, 63 Abs. 1 Satz 6 EStG. Diesbezüglich sind die Tatbestandsmerkmale des Wohnsitzes und gewöhnlichen Aufenthalts jeweils durch das Wort „oder" voneinander abgegrenzt. Durch die alternative Form der Verknüpfung wird deren „gleichberechtigten" Status signalisiert. Hätte der Gesetzgeber ein hierarchisches Verhältnis schaffen wollen, hätte er eine Formulierung wie in Zusammenhang mit der Zuständigkeit des Wohnsitzfinanzamts in § 19 Abs. 1 Satz 1 AO wählen müssen. Dementsprechend hätte er hierzu die Begründung der unbeschränkten Steuerpflicht an die Inlandsansässigkeit, also an den Ort, wo *„der Steuerpflichtige seinen Wohnsitz oder in Ermangelung eines Wohnsitzes seinen gewöhnlichen Aufenthalt hat"* knüpfen müssen. An einer solchen Formulierung fehlt es jedoch in Kontext mit § 1 EStG und § 2 Abs. 1 Nr. 1 Sätze 1 und 2 a) ErbStG sowie §§ 62 Abs. 1 Satz 1 Nr. 1, 63 Abs. 1 Satz 6 EStG. Um dieser Parallelität gerecht zu werden, insbesondere Wertungswidersprüche zu vermeiden, hat der BFH somit zu Recht ausgeführt, dass zur Bestimmung des Zeitmoments in § 8 AO auf die Sechsmonatsfrist des § 9 Satz 2 AO zurückgegriffen werden kann, weil diese Frist ausdrückt, ab wann ein Aufenthalt nicht mehr *„nur ein vorübergehender"* ist.[804]

So sehr dieses Vorgehen insofern mit Blick auf die Schaffung einer Wertungsparallelität überzeugt, so sehr steht der Erfolg dieses Vorgehens allerdings mit Blick auf ein „Mehr" an hierdurch geschaffener „temporärer" Rechtssicherheit in Frage.

(2) Flexible Handhabung von Inlandszeiten angesichts (partieller) Fokussierung auf subjektive Momente des Steuerpflichtigen

Ein Mehr an Rechtssicherheit wurde durch dieses „Projekt" offensichtlich nicht geschaffen. Zum einen zeigt ein Blick auf die weitere Auslegungspraxis, dass die Rechtsprechung durch die vormalige Übertragung des Rechtsgedankens aus § 9 Satz 2 AO keine allgemeingültige Konkretisierung der regelmäßigen Inlandsanwesenheit geschaffen hat. Insbesondere ist es falsch vor diesem Hintergrund davon auszugehen, dass erst eine zumindest sechsmonatige Wohnungsnutzung den Eintritt der unbeschränkten Steuerpflicht begründet beziehungsweise diesen aufrechterhält. Dies wird bereits dadurch deutlich, dass sich die

---

eines gewöhnlichen Aufenthalts im Inland (§ 9) unbeschränkt steuerpflichtig oder kindergeldberechtigt ist".

804 *Musil*, in: H/H/Sp, § 9 AO, Rn. 11.

Gerichtsbarkeit in der Folgezeit nicht in jedem insoweit relevanten Einzelfall auf die Sechsmonatsfrist des § 9 Satz 2 AO berufen hat.[805] Gerade in Kontext mit der Begründung beziehungsweise Beibehaltung des inländischen (Zweit-)Wohnsitzes ist auch eine deutlich kürzere inländische Anwesenheit für ausreichend erklärt worden.[806] Gleiches gilt, wenn betriebliche Abläufe die regelmäßig wiederkehrende Inlandsanwesenheit erfordern. Stehen dem Betroffenen während dieser Zeiten entsprechende Räumlichkeiten zur Verfügung, wird auch dann ein inländischer Wohnsitz begründet, wenn die Gesamtdauer der Inlandsaufenthalte pro Jahr wesentlich unter der Sechsmonatsfrist liegt.[807] Zum anderen birgt bereits das Grundsatzurteil aus 1989 Handlungsspielraum für eine flexible Handhabung von Inlandszeiten und steht damit unumschränkter „temporärer" Rechtssicherheit von Vornherein entgegen. Hierin fokussiert sich die Rechtsprechung vor allem auf die Absicht des Steuerpflichtigen und weniger auf die tatsächliche Inlandsanwesenheit. Hierzu heißt es: *„Zwar sagt § 8 AO 1977 nichts darüber, für welche Zeitdauer bei Wohnsitzbegründung die Absicht bestehen muß, die Wohnung beizubehalten und zu benutzen. (…) es (ist) jedoch nicht zu beanstanden, wenn als Anhaltspunkt auf die Sechsmonatsfrist des § 9 Satz 2 AO 1977 zurückgegriffenen wird. Die Frist drückt aus, ab welcher Zeitdauer ein Aufenthalt nicht mehr nur ein vorübergehender ist (…). Dieser Gedanke liegt auch dem § 8 AO 1977 zugrunde, weil die Absicht einer von vornherein nur vorübergehenden Innehabung einer Wohnung keinen Wohnsitz im Sinne der Vorschrift begründet. Vor diesem Hintergrund ist es nicht zu beanstanden, daß das FG die Absicht der Nutzung der Barackenunterkunft für die Dauer von weniger als sechs Monaten zur Annahme eines Wohnsitzes nicht genügen ließ"*[808]. Hierdurch wird die Grundlage für eine flexiblere Handhabung von Inlandszeiten geschaffen. So kann die Rechtsprechung selbst bei nur vorübergehender Inlandsanwesenheit von weniger als

---

805 Vgl. insoweit das entsprechende Bekenntnis des FG Niedersachsen im Urteil v. 28.5.1997 - IX 173/94, DStRE 1997, 652: *„Das Gericht hat hier nicht zu entscheiden, ob in jedem Fall des § 8 AO die Sechsmonatsfrist des § 9 Satz 2 AO eingehalten werden muß"*.

806 Vgl. hierzu: D.II.1.a.aa., S. 161 ff.

807 Vgl. FG Hamburg, Urt. v. 12.9.1991 - III 47/90, EFG 1992, 277: *„Verlegt der Steuerpflichtige seinen Wohnsitz in das Ausland und vermietet er seine inländische Wohnung jeweils befristet, so entfällt die unbeschränkte Steuerpflicht nicht, wenn der Steuerpflichtige mit einer gewissen Regelmäßigkeit die inländische Wohnung jeweils für 2 bis 3 Monate im Jahr (berufsbedingt) bewohnt"*; *Mössner*, Steuerrecht international tätiger Unternehmen, Rn. 2.29.

808 BFH, Urt. v. 30.8.1989 - I R 215/85, BStBl II 1989, 956.

sechs Monaten einen steuerlichen Wohnsitz bejahen, sofern sich die ursprüngliche Absicht auf einen längeren Inlandsaufenthalt bezogen hat. Auf diese Weise wird ein zweites „temporäres Standbein" geschaffen. Fiskalinteressen scheinen dabei nicht völlig von der Hand zu weisen zu sein. Mehr Rechtssicherheit ist hiermit jedenfalls nicht verbunden, zumal die Absichten des Steuerpflichtigen im Einzelfall schwierig nachzuweisen sein dürften. Ebenso bedenklich erscheint die Qualität des hierdurch vermittelten tatsächlichen Inlandsbezugs. Fraglich ist insofern, ob die Rechtsprechung das im zeitlichen Ausmaß von sechs Monaten an sich zum Ausdruck kommende Verständnis von einem qualifizierten Inlandsbezug hierdurch wieder relativiert. Gleichwohl hält die Finanzverwaltung an diesen Grundsätzen bis heute fest. Noch im jüngsten AEAO stellt sie unter Verweis auf ebendieses Urteil maßgeblich auf die Absicht des Steuerpflichtigen ab. Dementsprechend heißt es in § 8 AEAO: „Im Einzelfall kann daher auch ein tatsächlicher Aufenthalt von bis zu sechs Monaten als ein nicht nur vorübergehender anzusehen sein. Dann muss sich jedoch die ursprüngliche Absicht auf einen längeren Aufenthalt bezogen haben"[809]. Anders ausgedrückt ist eine tatsächliche Inlandsanwesenheit von mindestens sechs Monaten nicht zwingend zur Begründung beziehungsweise zur Beibehaltung des inländischen Wohnsitzes erforderlich.[810]

Die Fokussierung sowohl der Rechtsprechung als auch der Finanzverwaltung auf die Absicht des Steuerpflichtigen ist nicht sachgerecht. Insbesondere lässt sie sich nicht dadurch rechtfertigen, dass ein derartiges Vorgehen nicht neu ist.[811]

---

809 BMF-Schreiben v. 7.8.2017 - IV A 3-S 0062/17/10001, BStBl I 2017, 1257, Tz. 4.2.2.

810 Umgekehrt wird bei einer Absicht zur Wohnungsnutzung von lediglich bis zu sechs Monaten kein steuerlicher Wohnsitz begründet. Jedenfalls, wenn die tatsächliche Inlandsanwesenheit weniger als sechs Monate beträgt. Ob dies auch dann gilt, wenn die Inlandsanwesenheit tatsächlich länger als sechs Monate andauert, wird nicht thematisiert. Dies verwundert gleich unter zwei Aspekten. Zum einen wäre es vor dem Hintergrund des propagierten Rückgriffs auf § 9 Satz 2 AO nur konsequent (gewesen), in diesem Fall einen steuerlichen Wohnsitz anzunehmen. Denn hiernach erfüllt jeder tatsächliche Aufenthalt mit dem Überschreiten der Sechsmonatsfrist unabhängig von ggf. bei Beginn der Inlandsanwesenheit gehegten abweichenden Absichten rückwirkend die diesbezüglichen Tatbestandsvoraussetzungen (vgl. *Werth*, in: Kühn/ von Wedelstädt, § 9 AO, Rn. 11). Zum anderen stünde ein derartiges Bekenntnis mit der qualifiziert praktizierten Umsetzung des völkerrechtlich und staatstheoretisch geforderten Inlandsbezugs des Gesetzgebers in Einklang.

811 Seit langem bezieht die Rechtsprechung die Absicht des Steuerpflichtigen insoweit in ihre Auslegungspraxis mit ein, als dass *„das Wesen eines Wohnsitzes im steuerrechtlichen Sinne somit darin (besteht), dass objektiv die Wohnung ihrem Inhaber jederzeit (…)*

Denn die Fokussierung auf subjektive Momente ruft nicht nur mit Blick auf eine flexible und Fiskalinteressen gesteuerte Auslegungspolitik Bedenken hervor. Sie widerspricht zudem den in § 8 AO zum Ausdruck gekommenen gesetzgeberischen Zielvorstellungen. Der Wortlaut des § 8 AO ist verobjektiviert und stellt anders als der bürgerlich-rechtliche Wohnsitzbegriff in § 7 BGB gerade nicht auf subjektive Motive des Steuerpflichtigen ab. Insbesondere widerspricht ein solches Vorgehen dem gesetzgeberischen Ansinnen mittels objektiver Umstände den völkerrechtlich und staatstheoretisch geforderten Inlandsbezug qualifiziert herzustellen. Wie qualifiziert der Inlandsbezug in diesen Fallkonstellationen tatsächlich ist, dürfte nämlich fraglich sein. Zudem hat nicht nur die Finanzverwaltung[812], sondern auch die Rechtsprechung trotz ihrer teils abweichenden Auslegungspraxis bis zuletzt betont, dass *„die Voraussetzungen des § 8 AO (...) nach den objektiv erkennbaren Umständen zu beurteilen (sind)“*[813]. Weiter, dass *„das Anknüpfen an objektive Merkmale (...) im Hinblick auf § 38 AO geboten (ist). Nach dieser Vorschrift entsteht der Steueranspruch allein dadurch, dass der gesetzliche Tatbestand verwirklicht wird ohne Rücksicht auf subjektive Momente“*[814]. Oder auch, dass der steuerliche Wohnsitzbegriff *„im Gegensatz zum bürgerlichen Recht (...) objektiviert (ist); (...) ohne subjektiven Momenten oder Absichten*

als Bleibe zur Verfügung steht und von ihm subjektiv zu entsprechender Nutzung auch bestimmt ist“ (vgl. z.B.: BFH, Urt. v. 23.11.2000 - VI R 107/99, BStBl II 2001, 294; BFH, Urt. v. 26.2.1986 - II R 200/82, BFH/NV 1987, 301; BFH, Urt. v. 22.4.1994 - III R 22/92, BFHE 174, 523; BFH, Urt. v. 10.4.2013 - I R 50/12, BFH/NV 2013, 1909; FG Köln, Urt. v. 15.5.2008 - 10 K 1610/06, EFG 2008, 1896). Zu Recht äußern *Lehner* und *Waldhoff* insofern kritisch, dass eine derartige Auslegung am Wortlaut von § 8 AO vorbeigeht, da „sie bei der Auslegung der Begleitumstände des Innehabens der Wohnung eine im Text nicht genannte Absicht einführt. Die im Wortlaut der Vorschrift erwähnten „Umstände“ sollen nicht eine Absicht des Wohnungsinhabers, sondern lediglich das rein tatsächlich zu verstehende Faktum des Beibehaltens und Benutzens der Wohnung indizieren. Dies könnte etwa auch entgegen einer ursprünglich - gefassten - Absicht erfolgen“, vgl. *Lehner/ Waldhoff*, in: K/S/M, § 1 EStG, B 87.

812 Vgl. BMF-Schreiben v. 7.8.2017 - IV A 3-S 0062/17/10001, BStBl I 2017, 1257, Tz. 1.2 (unter Verweis auf die diesbezüglich entsprechend ergangene Rechtsprechung): „Die bloße Absicht, einen Wohnsitz zu begründen oder aufzugeben (...) entfalte(t) allein keine unmittelbare steuerliche Wirkung (...). Maßgeblich sind alleine die tatsächlichen Lebensverhältnisse (...)“.

813 BFH, Urt. v. 22.8.2007 - III R 89/06, BFH/NV 2008, 351; BFH, Urt. v. 19.3.1997 - I R 69/96, BStBl II 1997, 447.

814 Hessisches FG, Urt. v. 13.12.2010 - 3 K 1060/09, EFG 2011, 1133.

Raum zu geben“[815]. Auch in Zusammenhang mit dem „Innehaben“ einer Wohnung wurde die Maßgeblichkeit objektiver Umstände hervorgehoben. Diesbezüglich äußerte der BFH, dass *„die Beurteilung der Umstände des „Innehabens“ einer Wohnung (...) weit gehend auf tatsächlichem Gebiet (liegt)“*.[816] Durch die Fokussierung auf die Absichten des Steuerpflichtigen setzt sich die Gerichtsbarkeit insofern über die von ihr in ständiger Rechtsprechung bestätigte gesetzgeberische Prämisse eines verobjektivierten Wohnsitzverständnisses hinweg. Wieder stellt sich die Frage, inwiefern die Rechtsprechung ihre „einmal gewählte Interpretation im Interesse größtmöglicher Stabilität“[817] beibehält. Zwischenzeitlich scheint dieses „Spannungsverhältnis“ zwischen einem zumindest weitgehend verobjektivierten Wohnsitzverständnis und der Betonung subjektiver Momente jedoch an Bedeutung verloren zu haben. Jedenfalls was Teile der Finanzgerichtsbarkeit angeht kann insofern von einer Rückkehr zur „einmal gewählte(n) Interpretation“ gesprochen werden. „Positiv“ fällt insoweit auf, dass der BFH nicht mehr ausdrücklich von den Absichten des Steuerpflichtigen spricht.[818] Vielmehr ist die entsprechende „Passage“ aus der im Jahr 1989 ergangenen Entscheidung bisweilen ersatzlos weggefallen. Anstatt: *„Dieser Gedanke liegt auch dem § 8 AO 1977 zugrunde, weil die Absicht einer von vornherein nur vorübergehenden*

815 *Perwein*, IStR 2017, 1020 (1024) m.V.a. BFH, Urt. v. 23.11.1988 - II R 139/87, BStBl II 1989, 182 sowie auf *Daragan/ Halaczinsky/ Riedel*, in: ErbStG/ BewG, § 2 ErbStG, Rn. 7:„vornehmlich auf objektive Merkmale im Besteuerungszeitraum abzustellen; subjektive Elemente spielen insofern keine entscheidende Rolle“; BFH, Urt. v. 26.2.1986 - II R 200/82, BFH/NV 1987, 301: Hierin wurde festgehalten, dass bei Divergenz zwischen Willen und äußeren Umständen stets Letztere den Ausschlag geben.

816 BFH, Urt. v. 28.1.2004 - I R 56/02, BFH/NV 2004, 917; Urt. v. 20.11.2008 - III R 53/05, BFH/NV 2009, 564. Ähnlich: FG München, Urt. v. 29.7.2015 - 1 K 1016/14: *„Nach der Rechtsprechung des BFH ist der steuerrechtliche Wohnsitz objektiviert. Er stellt auf die tatsächlichen Gegebenheiten ab und knüpft in erster Linie an äußere Merkmale, nicht an subjektive Momente und Absichten“*. Insoweit strenger: BFH, Urt. v. 3.12.1964 - I 364/61, HFR 1965, 268: *„Steuerlich ist der Wohnsitz nur nach tatsächlichen Gesichtspunkten zu beurteilen“*. Hinweis: Unterstreichung im Nachhinein vorgenommen.

817 *Voß*, Ungewißheit im Steuerrecht - Formen, Konsequenzen, Maßnahmen, S. 14.

818 Anders noch: FG München, Urt. v. 4.4.2003 - 12 K 2867/96 (juris) unter Verweis auf das BFH Urt. v. 30.8.1989 - I R 215/85, BStBl I 11989, 956: *„Da es auf die Absichten des Steuerpflichtigen ankommt, schließt die Betrachtungsweise es nicht aus, im Einzelfall auch einen tatsächlichen Aufenthalt von weniger als sechs Monaten als einen nicht nur vorübergehenden anzusehen. Dann muss sich jedoch die ursprüngliche Absicht auf einen längeren Aufenthalt bezogen haben“*. Hinweis: Unterstreichung im Nachhinein vorgenommen.

Innehabung einer Wohnung keinen Wohnsitz im Sinne der Vorschrift begründet" heißt es diesbezüglich nur noch: *„Dies ist auch für § 8 AO maßgebend, weil eine nur vorübergehende Nutzung einer Wohnung keinen Wohnsitz begründet."*[819] Ob die höchstrichterliche Rechtsprechung hierdurch endgültig von ihrer ehedem zum Ausdruck gebrachten Zentrierung auf die Absichten des Steuerpflichtigen Abstand genommen hat, bleibt abzuwarten. Denn in Kontext mit dem Bekenntnis zu einem verobjektivierten Wohnsitzbegriffsverständnis ist seitens der Rechtsprechung regelmäßig von *„weitgehend"* die Rede. Dies impliziert ein einschränkendes Momentum, das neben der Berücksichtigung tatsächlicher Umstände noch Raum für subjektive Motive belässt. Eine erneute Berücksichtigung ebendieser und damit eine Rückkehr zu den „fehlgeschlagenen" Wertungen aus 1989 lässt sich damit auch zukünftig nicht ausschließen.

ad. (Partielle) Trendwende hin zur Unerheblichkeit einer zeitlichen Mindestaufenthaltsdauer

In der Zwischenzeit hat die höchstrichterliche Rechtsprechung ihren Katalog an „zeitlicher" Auslegungsvielfalt durch ein weiteres Novum fortgeschrieben. Hierzu ist sie von ihrem ehedem propagierten Erfordernis einer regelmäßigen Wohnungsnutzung zugunsten einer bloß unregelmäßigen Wohnungsnutzung abgerückt.[820] So heißt es, *„dass auch unregelmäßige Aufenthalte in einer Wohnung zur Aufrechterhaltung des dortigen Wohnsitzes führen können"*[821] oder auch, dass *„in Bezug auf andere als Besuchs- und Ferienaufenthalte (...) indessen durch die BFH-Rechtsprechung geklärt (ist), daß auch bei zeitlich unregelmäßigen Aufenthalten in einer inländischen Wohnung dort ein Wohnsitz begründet werden kann."*[822] Also Aufenthalte, die keine Mindestzahl von Tagen oder Wochen im Inland

---

819 BFH, Urt. v. 22.8.2007 - III R 89/06, BFH/NV 2008, 351; FG München, Urt. v. 2.9.2016 - 7 K 869/15 (juris). 1989 hieß es demgegenüber noch: *„Dieser Gedanke liegt auch dem § 8 AO 1977 zugrunde, weil die Absicht einer von vornherein nur vorübergehenden Innehabung einer Wohnung keinen Wohnsitz im Sinne dieser Vorschrift begründet"*. Hinweis: Unterstreichung im Nachhinein vorgenommen.

820 Vgl. *Herlinghaus*, Anm. zu FG Köln, Urt. v. 27.6.2002 - 10 K 6348/97, EFG 2002, 1198 (1200).

821 BFH, Beschl. v. 31.5.2006 - I B 79/05, NV.; BFH, Urt. v. 28.1.2004 - I R 56/02, BFH/NV 2004, 917; BFH, Urt. v. 19.3.2002 - I R 15/01, BFH/NV 2002, 1411; BFH, Beschl. v. 27.9.1999 - I B 83/98, BFH/NV 2000, 673.

822 BFH, Beschl. v. 27.9.1999 - I B 83/98, BFH/NV 2000, 673.

voraussetzen.[823] Hierdurch hat sich der BFH von seiner ursprünglichen Vorstellung, nach der ein *„nur gelegentlich(es) während unregelmäßig aufeinanderfolgender kurzer Zeiträume“*[824] erfolgendes Verweilen im Inland nicht die Annahme beziehungsweise Beibehaltung des steuerlichen Wohnsitzes rechtfertigt, verabschiedet. Jedenfalls bezüglich anderer als Besuchs- und Ferienaufenthalte.[825]

Diese Trendwende erweist sich vor dem Hintergrund der offensichtlichen „Schwächen“ der regelmäßigen Nutzung der inländischen Wohnung sowie der bloßen Illusion von Rechtssicherheit angesichts der Übertragung der Sechsmonatsfrist aus § 9 Satz 2 AO als sachgerecht. Zum einen steht die Fokussierung auf eine bloß unregelmäßige Wohnungsnutzung der völkerrechtlich und staatstheoretisch formulierten Prämisse eines genuine links zum Inland nicht zwingend entgegen. Davon, dass der Inlandsbezug angesichts der neuen Auslegungspraxis in zeitlicher Dimension zu einer Fiktion „verkommen“ ist, kann keine Rede sein. Eine unregelmäßige Inlandsanwesenheit widerspricht nämlich nicht zwingend der Praxis des räumlichen Schwerpunkts der Lebensinteressen. Also einem qualifizierten Verständnis des genuine link-Erfordernisses. Jedenfalls nicht solange wie aufgrund des kumulativ zu erfüllenden Tatbestandsmerkmals der „Beibehaltung“ eine gewisse Nachhaltigkeit der Inlandsanwesenheit gewährleistet ist.[826] Zum anderen gibt es keinen Grund an der ursprünglichen Prämisse einer regelmäßigen Wohnungsnutzung festzuhalten; insbesondere nicht unter dem Gebot der Rechtssicherheit. Schon mit Blick auf das ursprüngliche Erfordernis der regelmäßigen Nutzung der inländischen Wohnung fehlt es bislang an einer allgemeingültigen Konkretisierung dessen, was diese auszeichnet. Aber auch eine künftige Konkretisierung der regelmäßigen Nutzung erscheint bedenklich und kann daher nicht als überzeugendes Argument pro „Regelmäßigkeit“ herangezogen werden. Zwar würde hierdurch auf Seiten des Steuerpflichtigen ein

---

823 *Jahn*, PIStB 2003, 59 (60); FG Köln, Urt. v. 27.6.2002 - 10 K 6348/97 (juris); FG Münster, Urt. v. 4.4.1991 - 1 K 172/91 l (juris); Hessisches FG, Urt. v. 20.2.2018 - 3 K 572/15 (juris).

824 BFH, Urt. v. 6.3.1968 - I 38/65, BStBl II 1968, 439.

825 BFH, Beschl. v. 27.9.1999 - I B 83/98, BFH/NV 2000, 673; vgl. hierzu auch die Auffassung der Finanzverwaltung, BMF-Schreiben v. 7.8.2017 - IV A 3-S 0062/17/10001, AEAO zu § 8 AO, Rn. 4.1: „Die Wohnnutzung muss weder regelmäßig noch über eine längere Zeit erfolgen; erforderlich ist aber eine Nutzung, die über bloße Besuche, kurzfristige Ferienaufenthalte bzw. unregelmäßige kurze Aufenthalte zu Erholungszwecken oder zu Verwaltungszwecken hinausgeht“.

826 Vgl. hierzu *Lechner*, in: Gassner, Besteuerung und Bilanzierung international tätiger Unternehmen: 30 Jahre Steuerrecht an der Wirtschaftsuniversität Wien, S. 251 (256).

Mehr an Rechtssicherheit geschaffen. Insbesondere im Vergleich zur unregelmäßigen Inlandsanwesenheit, bei der das Maß an Rechtssicherheit, durch welches Nutzungsverhalten der Steuerpflichtige eine inländischen Wohnsitz begründet beziehungsweise noch aufrechterhält noch weiter abnimmt. Etwas anderes gilt jedoch mit Blick auf das Gebot der Einzelfallgerechtigkeit. Diesbezüglich käme es zu einem Weniger. Denn jegliche zeitliche Grenzziehung wäre willkürlich und ließe insofern die individuellen Verhältnisse des Betroffenen innerhalb eines konkreten Zeitraums unberücksichtigt. Dies gilt sowohl mit Blick auf die unterjährige Anzahl der Inlandsanwesenheiten als auch die auf jeden einzelnen Aufenthalt entfallende Zeitdauer. Mithin ist eine Aufenthaltsdauer von acht bis zwölf Wochen beziehungsweise von drei bis acht Wochen so wie in den Rechtssachen aus 1988 und 1997 beschieden ebenso wenig zwingend ableitbar wie eine vergleichsweise kürzere oder längere Mindestaufenthaltsdauer. Gleiches gilt für eine zeitliche Fixierung der unterjährigen Anzahl der Inlandsanwesenheiten. Im Ergebnis erwiese sich eine derartige Grenzziehung also als willkürlich.[827] Vor diesem Hintergrund erscheint es sachgerecht, dass sich die höchstrichterliche Rechtsprechung zugunsten der Einzelfallgerechtigkeit auf das Erfordernis einer bloß unregelmäßigen Inlandsanwesenheit fokussiert hat. Nicht zuletzt würde eine Konkretisierung der regelmäßigen Inlandsanwesenheit Raum für Manipulationen durch den Steuerpflichtigen schaffen. *Tanzer* äußert hierzu zu Recht, dass das Novum einer unregelmäßigen Inlandsanwesenheit vor dem „Hintergrund sonst möglicher planvoller Ausweichgestaltungen, die die Unregelmäßigkeit der Benützung einer Wohnstätte zur Regel erheben und solcherart die ratio legis des Wohnsitzbegriffes schlichtweg unterlaufen“[828] insgesamt sachgerechter erscheint.

Vor diesem Hintergrund ist unverständlich, dass ein Teil der Finanzgerichte auch in jüngerer Vergangenheit am strikten Erfordernis einer regelmäßigen Inlandsanwesenheit festhält und sich damit ausdrücklich gegen die Trendwende des BFH stellt. So hat das FG Baden-Württemberg geäußert, dass die *„Dauer*

---

827 *Paus*, DStZ 1989, 282 (283), Anmerkung zu BFH, Urt. v. 23.11.1988 - II R 139/87. Dies hat auch schon der RFH - wenn auch in Sachen gewöhnlicher Aufenthalt - erkannt: *„an diesem Ort oder in diesem Land „nicht nur vorübergehend“ zu verweilen. Bei dieser dehnbaren Fassung kann es zweifelhaft sein, wo das Vorübergehende aufhört und ein gewisser Dauerzustand anfängt. Allgemein gültige Richtlinien dafür lassen sich nicht geben, es wäre willkürlich zu sagen, bei 90 oder 60 Tagen hört das Vorübergehende auf und ein Dauerzustand beginnt. Hier müssen die gesamten Umstände des einzelnen Falls entscheiden“*, vgl. RFH v. 17.10.1935 - III A 206/35.

828 *Tanzer*, in: FS Loukota, S. 521 (526).

von jährlich etwa sechs bis acht Wochen in der Wohnung (zu nicht näher bestimmten Zeiten)"[829] nicht ausreicht, um einen inländischen Wohnsitz zu begründen und beizubehalten. Ähnlich hat sich auch das FG Rheinland-Pfalz geäußert, demzufolge „*ein nur gelegentliches Verweilen während unregelmäßig aufeinander folgender Zeiträume (...) nicht aus(reicht)*"[830]. Weder der Gesichtspunkt der Rechtssicherheit noch derjenige eines anderweitig fehlenden qualifizierten Inlandsbezugs im Sinne eines räumlichen Schwerpunkts der Lebensinteressen dürften hierzu Veranlassung geboten haben. Nicht zuletzt führt die Rechtsprechung seit jeher durch das Erfordernis eines nachhaltig gelebten (Wohn-)Nutzungskonzepts konsequent das Bild vom steuerlichen Wohnsitz als räumlicher Schwerpunkt der Lebensinteressen fort. Dies gilt auch im Rahmen der unregelmäßigen Wohnungsnutzung. Veranlassung dazu den Inlandsbezug in zeitlicher Hinsicht an eine regelmäßige Nutzung der inländischen Wohnung zu knüpfen besteht somit auch unter diesem Blickwinkel nicht.

b. *Nachhaltiges (Wohn-)Nutzungskonzept als Indikator des erforderlichen Nutzungsverhaltens*

ba. *Konsequente Weiterführung des räumlichen Schwerpunkts der Lebensinteressen*

Der Rechtsanwender fordert seit jeher ein nachhaltiges (Wohn-)Nutzungskonzept. Und zwar unabhängig davon, ob sich das Nutzungsverhalten als regelmäßig oder unregelmäßig erweist. Damit bilden nicht allein temporäre, sondern vor allem zweckgebundene Aspekte den entscheidenden Indikator hinsichtlich des für § 8 AO erforderlichen Nutzungsverhaltens.[831] Schon der RFH hat das Vorliegen eines steuerlichen Wohnsitzes mitunter damit begründet, dass „*das Haus (...) unbestritten für Wohnzwecke eingerichtet (ist)*"[832]. Auch in der Folgezeit hat die Rechtsprechung wiederholt geäußert: „*Die Wohnung muss dem Steuerpflichtigen jederzeit (wann immer er es wünscht) als Bleibe zur Verfügung stehen*

829 FG BW, Urt. v. 29.10.2008 - 2 K 1986/07, EFG 2009, 139.

830 FG Rh.-Pf., Urt. v. 15.10.2008 - 1 K 2694/07(juris); jüngst ebenfalls noch: FG München, Urt. v. 4.7.2016 - 7 K 2435/15 (juris).

831 *Mössner*, Besteuerung internationaler Unternehmen, Rn. 2.25.

832 RFH v. 24.6.1936 - IV A 40/36; in einem anderen Urteil hat der RFH ausdrücklich hervorgehoben, dass „*Räume, die vorwiegend für geschäftliche oder betriebliche Zwecke benutzt werden (...) keine Wohnung i.S. des § 13 StAnpG (sind)*", vgl. RFH v. 9.4.1940 - IV B 4/40, RStBl 1940, 562.

(...), d.h. für einen jederzeitigen Wohnaufenthalt bestimmt sein“[833]. In einer anderen Entscheidung beruft sich der BFH darauf, „*ob objektiv erkennbare Umstände dafür sprechen, dass der Stpfl. die Wohnung für Zwecke des eigenen Wohnens beibehält*“[834]. Und weiter: „*Erforderlich ist (...) eine Nutzung, die über bloße Besuche, kurzfristige Ferienaufenthalte und das Aufsuchen der Wohnung zu Verwaltungszwecken hinausgeht*“[835]. Entscheidend ist ein „*Aufenthalt mit Wohncharakter (der auch bei vorübergehender Abwesenheit) (...) „zwischenzeitliches Wohnen“ in der bisherigen Wohnung bedeute(t)*“[836]. Diesem Ansatz hat sich bis zuletzt auch die Finanzverwaltung angeschlossen.[837]

Hierdurch wird nicht nur ein Mehr an Rechtssicherheit erzielt, das sowohl dem Erfordernis der regelmäßigen, als auch der unregelmäßigen Inlandsanwesenheit abgeht. Im Übrigen trägt die Rechtsprechung hiermit zu einem substantiierten Verständnis vom genuine link-Erfordernis auch in zeitlicher Dimension bei. Auf diese Weise werden die Bedenken an einer konsequenten und qualifizierten Umsetzung des genuine links ausgeräumt, die nicht nur die fehlende einheitliche Konkretisierung der regelmäßigen Inlandsanwesenheit, sondern auch der zeitliche Auslegungsspielraum der unregelmäßigen Inlandsanwesenheit auslösen; im Ergebnis also die nötige Konformität zwischen räumlichem und zeitlichem Inlandsbezug hergestellt. Durch die doppelte Dimension aus temporären und zweckgebundenen Aspekten schafft der Rechtsanwender nämlich mit Blick auf Begründung und Beibehaltung des steuerlichen Wohnsitzes einen qualifizierteren Inlandsbezug als er es durch das bloße Abstellen auf rein temporäre Aspekte getan hätte. Durch die Fokussierung auf ein entsprechend nachhaltiges (Wohn-)Nutzungskonzept gelingt es, das Verständnis vom steuerlichen Wohnsitz als räumlicher Schwerpunkt der Lebensinteressen insoweit konsequent weiterzuführen, als dass der Wohnzweck das inhaltliche Pendant hierzu bildet. Denn nach allgemeiner Lebenserfahrung befindet sich der räumliche Schwerpunkt der Lebensinteressen einer Person grundsätzlich nur in der Wohnung, die den „dauernde(n) Stützpunkt für die persönliche Existenz“[838]

833 BFH, Urt. v. 13.11.2013 - I R 38/13, BFH/NV 2014, 1046.

834 Vgl. u.a.: BFH, Urt. v. 19.3.1997 - I R 69/96, BStBl III 97, 447; BFH, Urt. v. 19.3.2002 - I R 15/01, BFH/NV 2002, 1411.

835 BFH, Urt. v. 10.4.2013 - I R 50/12, BFH/NV 2013, 1909.

836 BFH, Urt. v. 20.11.2008 - III R 53/05, BFH/NV 2009, 564.

837 Vgl. BMF-Schreiben v. 7.8.2017 - IV A 3-S 0062/17/10001, BStBl I 2017, 1257, Tz. 4.1: „Die Nutzung muss zu Wohnzwecken erfolgen“.

838 *Bayer*, in: FS Mosler, S. 59 (64), Fn. 26 m.V.a. *Georg Strutz*, Kommentar zum Einkommensteuergesetz v. 10.8.1925, Band 1 (1927), Anm. 21 zu § 2. Vgl. zutreffend

bildet. Also den Schwerpunkt des *„familiären und geselligen Lebens“*[839]. Ein derartiger „Hauptstützpunkt“ dürfte sich der Natur der Sache nach nur an dem Ort befinden, der zugleich einen Aufenthalt zu Wohnzwecken ermöglicht. Wohnzweck und räumlicher Schwerpunkt der Lebensinteressen gehen insofern Hand in Hand.[840] So erklärt sich auch, warum die Nutzung der Wohnung zu bloßen Besuchs- beziehungsweise Erholungszwecken nicht zur Begründung beziehungsweise zur Beibehaltung des steuerlichen Wohnsitzes ausreicht.[841] In diesen Konstellationen bildet der Aufenthalt in einer Wohnung nämlich lediglich das Mittel, die Besuchs- und Erholungszwecke zu realisieren. Dem Wohncharakter kommt hingegen wenn überhaupt nur eine untergeordnete Rolle zu.[842] *"Bloße(m) Aufenthaltnehmen in einer Wohnung“*[843] fehlt damit nicht nur unter

---

die - wenn auch in Zusammenhang mit dem bürgerlich-rechtlichen Wohnsitzbegriff - getätigte Äußerung von *Kannowski*, in: Staudinger, § 7 BGB, Rn. 7.

839 BFH, Urt. v. 19.7.1951 - III 35/51 U, BStBl III 1951, 176.

840 Dabei erlauben Aufenthaltsdauer sowie Ausstattung der Wohnung einen Rückschluss auf das subjektive Merkmal der Zweckbestimmung, vgl. BFH, Urt. v. 19.3.2002 - I R 15/01, BFH/NV 2002, 1411; BFH, Urt. v. 19.3.1997 - I R 69/96, BStBl II 1997, 447: *„Die Ausstattung (…) (ist ein) geeignete(r) Umstand, um wiederzugeben, zu welchem Zweck die Kläger die Wohnung hielten“*; *Jaros/ law Nabia/lek*, BB 2005, 1194 (1194) m.V.a. FG BW, Urt. v. 30.4.1998 - 11 K 88/96 (juris): „Anhaltspunkte dafür können z.B. Ausstattung und Einrichtung (z.B. Wasserversorgung) (…) sein (…). Als weitere Nachweise für die Nutzung einer Wohnung (zu Wohnzwecken) kommen objektive Indizien jeder Art in Betracht, wie z.B. gezahlte Mietnebenkosten, ein hoher Stromverbrauch sowie hohe Kosten des entsprechenden Telefonanschlusses“. Dies dürfte mitunter einer der Gründe gewesen sein, warum der BFH die regelmäßig zweimal zu bestimmten Zeiten (…) über einige Wochen praktizierte Nutzung des Hauses zur Annahme eines steuerlichen Wohnsitzes hat genügen lassen: *„Das Haus diente ihr derart als Bleibe. Das zum ständigen Bewohnen geeignete Haus war teilweise mit antiken Möbeln ausgestattet“*, vgl. BFH, Urt. v. 23.11.1988 - II R 139/87, BStBl II 1989, 182.

841 Für die Annahme eines steuerlichen Wohnsitzes ist *„eine Nutzung (erforderlich), die über bloße Besuche, kurzfristige Ferienaufenthalte und das Aufsuchen der Wohnung zu Verwaltungszwecken hinausgeht“*, vgl. u.a.: BFH, Urt. v. 20.11.2008 – III R 53/05, BFH/NV 2009, 564; Hessisches FG, Urt. v. 20.2.2018 - 3 K 572/15 (juris). So auch: BMF-Schreiben v. 7.8.2017 - IV A 3-S 0062/17/10001, BStBl. I 2017, 1257, Tz. 4.1.

842 FG München, Urt. v. 21.10.2010 - 5 K 3492/09 (juris): Von *„zwischenzeitlichem Wohnen“* kann regelmäßig keine Rede sein. Im Übrigen dürfte es an der für § 8 AO vorausgesetzten jederzeitigen Verfügungsmöglichkeit über die Wohnung i.S.e. dies bezüglichen Berechenbarkeit fehlen, vgl. hierzu: D.I.2.b.bb, S. 157 ff.

843 Vgl. z.B.: BFH, Urt. v. 23.11.2000 - VI R 107/99, BStBl. II 2001, 294; BFH, Urt. v. 26.2.1986 - II R 200/82, BFH/NV 1987, 301; BFH, Urt. v. 22.4.1994 - III R 22/92, BFHE 174, 523; BFH, Urt. v. 10.4.2013 - I R 50/12, BFH/NV 2013, 1909.

temporären Aspekten, sondern auch angesichts der fehlenden Qualität der Wohnung als „dauernde(r) Stützpunkt für die persönliche Existenz“[844] der § 8 AO zugrunde liegende qualifizierte Inlandsbezug.[845] Von der Bildung eines räumlichen Schwerpunkts der Lebensinteressen - so wie ihn die Rechtsprechung seit jeher durch (un-)mittelbare Hinweise fordert - kann in diesen Fällen somit keine Rede sein.

bb. „Wertungsparallelität“ zum gewöhnlichen Aufenthalt als alternativem Anknüpfungsmerkmal der Besteuerung

Im Übrigen schafft die Finanzgerichtsbarkeit durch die Berufung auf ein nachhaltiges (Wohn-)Nutzungskonzept einen Gleichklang zum gewöhnlichen Aufenthalt als alternativem nationalem Anknüpfungsmerkmal der Besteuerung. „Wertungswidersprüchen“ wird somit erneut vorgebeugt.

Zum einen nähert sich die Rechtsprechung durch die Berufung und Abgrenzung eines nachhaltigen (Wohn-)Nutzungskonzepts von einem bloß zu Besuchs- beziehungsweise Erholungszwecken aufgesuchten Ort inhaltlich der Regelung des § 9 Satz 3 AO an.[846] Dieser verlautbart: *„Satz 2 gilt nicht, wenn der Aufenthalt ausschließlich zu Besuchs-, Erholungs-, Kur- oder ähnlichen privaten Zwecken genommen wird und nicht länger als ein Jahr dauert“*.[847] Hierin dürfte mittelbar das Erfordernis nach einer gesteigerten räumlichen und zeitlichen Bande zu einem

---

844 *Bayer*, in: FS Mosler, S. 59 (64), Fn. 26 m.V.a. *Georg Strutz*, Kommentar zum Einkommensteuergesetz v. 10.8.1925, Band 1 (1927), Anm. 21 zu § 2.

845 In diesem Zusammenhang hat *Mössner* treffend formuliert, dass derjenige, der lediglich zu Erholungs- oder Besuchszwecken im Inland verweilt, regelmäßig nicht umfassend das vom Staat gebotene Gesamtleistungspaket in Anspruch nehmen wird, das jedoch zur Begründung der unbeschränkten Steuerpflicht vorausgesetzt wird, vgl. *Mössner*, Besteuerung internationaler Unternehmen, Rn. 2.25.

846 *Musil*, in: H/H/Sp, § 9 AO, Rn. 39: „Diese Regelung geht auf einen Erlass des Reichsministers der Finanzen vom 10.7.1939 zurück, der hiermit eine Förderung des Fremdenverkehrs sowie der Devisengeschäfte bezweckte (vgl. RStBl 1939, 826)“. *Musil*, in: H/H/Sp, § 9 AO, Rn. 42: „Verfahrensrechtlich ist die Vorschrift des § 9 Satz 3 insoweit nicht unproblematisch, als die durch sie vorgenommene Privilegierung privater Aufenthalte einen Fremdkörper im Steuerrecht darstellt. Weder § 8 AO noch die an die Begriffsbestimmungen der AO anknüpfenden Regelungen in den Einzelsteuergesetzen unterscheiden danach, ob die Inlandsanbindung einer Person auf wirtschaftlichen oder privaten Gegebenheiten beruht“.

847 *Buciek*, in: Beermann/ Gosch, § 9 AO, Rn. 22: „Die Ausnahmeregelung in § 9 Satz 3 AO bezieht sich unmittelbar nur auf die Regelung des § 9 Satz 2 AO, wirkt aber zugleich in den Anwendungsbereich des § 9 Satz 1 AO hinein“.

bestimmten Gebiet zum Ausdruck kommen. Der bloße Inlandsaufenthalt reicht also offenbar nicht ohne weiteres zur Begründung des gewöhnlichen Aufenthalts aus.[848] Insbesondere Aufenthalte zu Besuchs- beziehungsweise Erholungszwecken erfüllen nicht die Erfordernisse an eine solcherart gesteigerte Inlandsbande. Jedenfalls nicht ohne Kompensation durch eine vergleichsweise längere Aufenthaltsdauer im Sinne des § 9 Satz 3 AO. Während der Gesetzgeber diesen Umstand in § 9 Satz 3 AO ausdrücklich normiert hat, musste der Rechtsanwender die „vagen" Vorgaben des Gesetzgebers in § 8 AO erst durch eine dementsprechende Auslegungspraxis konkretisieren. Konkret durch das Erfordernis eines nachhaltigen (Wohn-)Nutzungskonzepts in Abgrenzung zu einem lediglich Besuchs- beziehungsweise Erholungszwecken dienenden Inlandsaufenthalt.

Zum anderen schafft die Finanzgerichtsbarkeit durch die ständige Berufung auf ein nachhaltiges (Wohn-)Nutzungskonzept eine Parallele zu den in Kontext mit § 9 AO entschiedenen Grenzgängerfällen. Grenzgänger sind nach ständiger Definition des BFH „*Arbeitnehmer, die sich an jedem Arbeitstag von ihrem Wohnort über die Grenze an ihre Arbeitsstätte begeben und nach Arbeitsschluß regelmäßig wieder an ihren Wohnort zurückkehren. (Diese begründen) im Inland nicht schon deswegen ihren gewöhnlichen Aufenthalt (…), weil sie sich während der Arbeitszeit im Inland aufhalten*"[849]. Selbst eine wirtschaftliche Existenzgrundlage im Inland, die regelmäßig eine zumindest untertägige Inlandsanwesenheit impliziert, ist also nicht ohne weiteres ausreichend, um den hiesigen gewöhnlichen Aufenthalt zu begründen.[850] Vielmehr haben die Betroffenen[851] ihren gewöhnlichen Aufenthalt in diesen Konstellationen nach wie vor im Wohnsitzstaat.[852] Dies liegt

---

848 *Mössner* äußert insofern zutreffend, dass „ein ausschließlich zu „Besuchs-, Erholungs-, Kur- oder ähnlichen privaten Zwecken" dienender Aufenthalt von kürzerer Dauer als einem Jahr (augenscheinlich) nicht die für die unbeschränkte Steuerpflicht erforderliche enge Beziehung zum Inland schafft", vgl. *Mössner*, Besteuerung internationaler Unternehmen, Rn. 2.25.

849 BFH, Urt. v. 25.1.1989 - I R 205/82, BStBl II 1990, 687; BFH, Urt. v. 20.4.1988 - I R 219/82, BStBl II 1990, 701.

850 BFH, Urt. v. 6.2.1985 - I R 23/82, BStBl II 1985, 331; BFH, Urt. v. 9.2.1966 - I 244/63, BStBl III 1966, 522; BFH, Urt. v. 10.8.1983 - I R 241/82, BStBl II 1984, 11.

851 Diese Grundsätze gelten gleichermaßen für Arbeitnehmer (vgl. BFH, Urt. v. 5.2.1965 – VI 334/63 U, BStBl III 1965, 352 (353); BFH, Urt. v. 25.1.1989 - I R 205/82, BStBl II 1990, 687), Freiberufler (vgl. BFH, Urt. v. 20.4.1988 - I R 219/82, BStBl II 1990, 701, BFH, Urt. v. 25.5.1988 - I R 225/82, BStBl II 1988, 944 (945) und Gewerbetreibende (vgl. BFH, Urt. v. 6.2.1985 - I R 23/82, BStBl II 1985, 331).

852 Dies scheint unter global-äquivalenztheoretischen Rechtfertigungsüberlegungen bedenklich. Denn die öffentliche Infrastruktur und die Leistungen des Gemeinwesens

daran, dass die Finanzgerichtsbarkeit seit jeher den familiären und persönlichen Umständen des Betroffenen eine prägendere Bedeutung zumisst als dessen wirtschaftlichen Beziehungen.[853] Dementsprechend „setzen" sich die persönlichen Beziehungen des Betroffenen im Rahmen des § 9 AO gegenüber der untertägigen, aber (bloß) wirtschaftlich begründeten, Inlandsanwesenheit „durch".[854] Trotz nicht zu vernachlässigender temporärer Aspekte verhindern sie so die Begründung eines gewöhnlichen Aufenthalts im Inland.[855] Hierfür dürfte neben

---

dürften regelmäßig ungleich stärker an dem Ort in Anspruch genommen werden, an welchem tagsüber der Erwerbstätigkeit nachgegangen wird, als an dem Ort, an dem sich der Steuerpflichtige abends bzw. nachts aufhält, vgl. hierzu auch: *Tanzer*, in: FS Loukota, S. 521 (529).

853 Schon BFH, Urt. v. 9.2.1966 - I 244/63, BStBl III 1966, 522: *„Zwar ist es richtig, daß der Stpfl. mit Berlin (West) durch seine dort befindliche wirtschaftliche Existenzgrundlage beruflich und zeitlich in besonderer Weise verbunden war. Dieser Umstand tritt jedoch zurück gegenüber der stärkeren, persönlichen und familiären Bindung zu Berlin (Ost)"*. Nicht nachvollziehbar ist insofern die Entscheidung des FG München v. 21.4.1966 - VI 34/66, EFG 1966, 503, deren Leitsatz lautet: *„Ein Unternehmer, der sein Unternehmen, das seine einzige Existenzgrundlage bildet, persönlich in der Bundesrepublik betreibt, hat seinen gewöhnlichen Aufenthaltsort im Inland, auch wenn er fast täglich abends zu seinem Wohnsitz im Ausland zurückkehrt"*. Scheinbar sieht das FG München einen Unterschied zwischen der Bindung eines Arbeitnehmers und der Bindung eines Unternehmers an ein Staatsgebiet. Ob man dies annehmen kann ist fraglich. Erstaunlich ist zudem, dass das FG nicht die Frage erörtert, wie sich die in seinen Augen bestehende besondere wirtschaftliche Bindung eines Unternehmers an das Inland zu dessen familiärer und persönlicher ausländischen Bindung verhält. Anders und zu Recht hingegen: *Löffler/ Stadler*, IStR 2008, 832 (834): „Dass sich die wirtschaftliche Existenzgrundlage (Arbeitsplatz, Unternehmen) in Deutschland befindet, ist insofern unbeachtlich. Ihre Bedeutung tritt hinter die engere Familienbindung im Ausland zurück. Selbst wenn neben beruflichen und wirtschaftlichen Beziehungen noch gesellschaftliche und verwandtschaftliche Beziehungen in Deutschland bestehen, gehen die Beziehungen zur engeren Familie (...) bei der erforderlichen Abwägung und Gewichtung vor".

854 *Tanzer*, in: FS Loukota, S. 521 (528 f.) m.V.a. BFH, Urt. v. 23.7.1971 - III R 60/70, BStBl II 1971, 758: „Dies entspricht der (...) deutschen Rechtsprechung zur Abgrenzungsregel des Art. 4 Abs. 2 OECD-MA in der Feststellung des Mittelpunkts der Lebensinteressen eines Menschen".

855 An dieser Stelle sei auf die Parallele zu den Grenzgängerregelungen in der deutschen Abkommenspraxis hingewiesen. Diese weisen die Besteuerung der Einkünfte aus unselbstständiger Arbeit dieses Personenkreises grundsätzlich ausschließlich dem Wohnsitzstaat zu (Ausnahme: Art. 15a Abs. 1 Satz 2 DBA-Schweiz, der ein Quellenbesteuerungsrecht des Tätigkeitsstaats bis höchstens 4,5 % des Bruttobetrags der

den fehlenden persönlichen Beziehungen des Betroffenen zum Inland auch der fehlende Wohnzweck des Inlandsaufenthalts von Relevanz sein.[856] Regelmäßig dürften beide Aspekte sogar miteinander korrelieren. Denn diejenigen, die regelmäßig an Arbeitstagen am Arbeitsort im Inland übernachten und sich nur am Wochenende beziehungsweise an Feiertagen oder auch im Urlaub zu ihrer Wohnung im Ausland begeben, also im Inland gerade auch zu Wohnzwecken verweilen, sind von obigen Grenzgänger Grundsätzen nicht erfasst.[857] Im Gegenteil begründen die Betroffenen in diesen Konstellationen am inländischen Arbeitsort mindestens ihren gewöhnlichen Aufenthalt.[858] Hierin zeigt sich die Parallele

---

Vergütung vorsieht). Zum Hintergrund: „*Der Grund für diese Sonderregelung dürfte darin liegen, daß die Grenzgänger den Mittelpunkt ihres Lebens an ihrem Wohnsitz haben und daß sie in dem Land, in dem sie arbeiten, lediglich ihrer Berufstätigkeit nachgehen, ohne engere Bindungen an dieses Land zu haben*", vgl. BFH, Urt. v. 1.3.1963 - VI 119/61 U, BStBl III 1963, 212. Augenscheinlich stellt die Abkommenspraxis also ebenso wie die nationale Rechtsprechungspraxis zu den Grenzgängerfällen ungeachtet einer hiermit regelmäßig verbundenen untertägigen Inlandsanwesenheit auf die engeren (persönlichen bzw. familiären) Beziehungen zum Wohnsitzstaat ab. Damit erklärt sich auf internationaler Ebene die grundsätzliche Besteuerungshoheit des Wohnsitzstaates und auf nationaler Ebene die grundsätzliche Verneinung des gewöhnlichen Aufenthalts im Tätigkeitsstaat.

856 *Kegel*, in: FS Rehbinder, S. 699 (703 f.): „Denn wenn *Berufsort* und *Wohnort* auseinander fallen, entscheidet dieser. Das fällt auf. Denn was mit dem Beruf zusammenhängt, zumal die Besteuerung von Lohn und Gehalt und gewerblichen Einkünften, soweit es nicht gerade diese selbst ist, könnte auf den Berufsort deuten. Indes empfiehlt sich wohl an einen *Gesamtmittelpunkte* anzuknüpfen, und der liegt am Wohnort: dort ist man Mensch, dort darf man's sein".

857 Die genaue zeitliche Abgrenzung ist weder von der Rechtsprechung noch der Finanzverwaltung ausdrücklich geklärt. Der Rechtsprechung ist lediglich zu entnehmen, dass gelegentliche Übernachtungen in Deutschland schädlich sind (vgl. BFH, Urt. v. 6.2.1985 - I R 23/82, BStBl II 1985, 331). Ein Rückgriff auf die (unterschiedlichen) Grenzgängerregelungen in einzelnen DBA erscheint nicht sachgerecht. Die diesbezüglich getroffene Höchstgrenze beträgt nach Art. 15a Abs. 2 Satz 2 DBA-Schweiz 60 Arbeitstage: „*Kehrt diese Person nicht jeweils nach Arbeitsende an ihren Wohnsitz zurück, entfällt die Grenzgängereigenschaft nur dann, wenn die Person bei einer Beschäftigung während des gesamten Kalenderjahres an mehr als 60 Arbeitstagen (…) nicht an ihren Wohnsitz zurückkehrt*". Vielmehr sollte die Frage für § 9 AO – wie bereits *Löffler* und *Stadler* zutreffend fordern - einheitlich geklärt werden, vgl. *Löffler/ Stadler*, IStR 2008, 832 (835).

858 BFH, Urt. v. 6.2.1985 - I R 23/82, BStBl II 1985, 331; BFH, Urt. v. 25.5.1988 - I R 225/ 82, BStBl II 1988, 944; *Tanzer*, in: Lang/ Jirousek/ Loukota, FS Loukota, S. 521 (528).

zu der § 8 AO zugrunde liegenden Auslegungspraxis. Konkret zu dem diesbezüglich geforderten Aufenthaltszweck, der maßgeblich auf ein nachhaltiges (Wohn-)Nutzungskonzept abstellt und temporären Aspekten lediglich eine „ergänzende" Bedeutung bei der Begründung und Beibehaltung des steuerlichen Wohnsitzes zuschreibt.

2. Inlandsunterbrechungen und räumlicher Schwerpunkt der Lebensinteressen - Alternative oder Option?

a. Fehlen kongruenter Zeitvorgaben zur Unschädlichkeit von Inlandsunterbrechungen

Nachdem § 8 AO nicht voraussetzt, dass die Wohnung ununterbrochen genutzt wird, sondern unter temporären Aspekten schon ein (un-)regelmäßiges Nutzungsverhalten ausreicht, ist die Praxis seit jeher mit der Frage der Abgrenzung einer nur vorübergehenden Nutzungsunterbrechung von der Aufgabe der Wohnung konfrontiert.[859] Dabei erlaubt grundsätzlich erst eine über mehrere Jahre erstreckte Betrachtung eine sichere Beurteilung. Besondere Brisanz erlangt die Frage dadurch, dass die Rechtsprechung in Kontext mit § 8 AO keine zeitliche Mindestaufenthaltsdauer im Inland mehr verlangt und damit auch mehrjährigen Auslandsaufenthalten nicht ohne weiteres ablehnend gegenüber steht.[860] Eine diesbezüglich uneingeschränkte Toleranz folgt hieraus jedoch nicht. Bei völliger Loslösung der inländischen Bande infolge Auslandsaufenthalts verneint die Rechtsprechung eine bloß vorübergehende Nutzungsunterbrechung. Die unbeschränkte Steuerpflicht entfällt in diesem Fall. Das qualifiziert und substantiiert begriffene Verständnis des genuine link-Erfordernisses wird also durch die Zulässigkeit von Inlandsunterbrechungen nicht zwingend aufgeweicht.

Was unter einer völligen Loslösung zu verstehen ist, variiert jedoch von Fall zu Fall. Bezüglich der Unschädlichkeit von Inlandsunterbrechungen hat der BFH bereits sehr früh festgehalten, dass der inländische Wohnsitz *„durch eine vorübergehende Unterbrechung im Innehaben einer inländischen Wohnung (...) nicht beendet (wird), falls die Umstände bestehen bleiben, die auf die Beibehaltung einer solchen - wenn auch anderen - Wohnung schließen lassen"*[861]. Hierin

---

859 *Felix*, in: K/S/M, § 62 EStG B 22.

860 Vgl. hierzu: D.II.1.a.ac., S. 167 ff.

861 BFH, Urt. v. 26.7.1972 - I R 138/70, BStBl II 1972, 949: Hierbei ist jedoch kritisch zu werten, dass der Bezug einer *„anderen Wohnung"* mit dem Wortlaut des Gesetzes (*„die* Wohnung beibehalten") nicht zu vereinbaren ist. Im Übrigen fehlt es hier im Zeitraum zwischen der Aufgabe der alten und dem Bezug der neuen Wohnung am „Innehaben"

sind gleich zwei Kernthesen enthalten, die maßgeblich für die Abgrenzung der Beibehaltung der inländischen Wohnung von deren Aufgabe geworden sind. In temporärer Hinsicht ist lediglich eine *„vorübergehende Unterbrechung"* mit Blick auf die Aufgabe des inländischen Wohnsitzes unschädlich. Jedoch nur unter der Bedingung, dass *„die Umstände bestehen bleiben, die auf die Beibehaltung einer solchen Wohnung schließen lassen"*. Dieser Gedanke steht nicht nur in Einklang mit § 8 AO und der aus dem offenen Wortlaut ableitbaren Unschädlichkeit jedenfalls kurzzeitiger Inlandsunterbrechungen.[862] Vielmehr bildet er vor dem Hintergrund der Einheit der Rechtsordnung auch eine treffende Parallele zum Strafrecht. Konkret zu der im Rahmen des Diebstahls relevanten Gewahrsamslockerung. Eine Gewahrsamslockerung, „also eine räumliche Entfernung des Gewahrsamsinhabers, hebt den Gewahrsam (nämlich) nicht auf, wenn sich die Sache an einem Ort befindet, zu dem der Gewahrsamsinhaber jederzeit ohne rechtliche oder tatsächliche Hindernisse Zugang hat"[863]. In diesem Fall ist die Gewahrsamslockerung „unschädlich"; schließt also eine Strafbarkeit nach § 242 StGB nicht zwingend aus. Dieser Ansatz spiegelt zugleich die Überlegungen des BFH zur Unschädlichkeit einer *„vorübergehende(n) (Nutzungs-)Unterbrechung"* der Wohnung wider. Also zur Unschädlichkeit einer „räumlichen Entfernung des Gewahrsamsinhabers" beziehungsweise des Wohnungsinhabers. Denn auch hiernach ist es für die Beibehaltung des steuerlichen Wohnsitzes ausreichend, wenn die Wohnung während des Auslandsaufenthalts grundsätzlich *„unverändert und in einem ständig nutzungsbereiten Zustand"*[864] beibehalten wird.[865]

---

einer Wohnung. Zur Unschädlichkeit von Inlandsunterbrechungen ebenso: BFH, Urt. v. 19.3.1997 - I R 69/96, BStBl II 1997, 447; FG München, Urt. v. 4.7.2016 - 7 K 2435/15 (juris): *„Das Innehaben einer Wohnung unter Umständen, die darauf schließen lassen, dass die Wohnung beibehalten oder benutzt wird, schließt nicht aus, dass die Wohnung vorübergehend nicht benutzt wird."* Hierauf beruft sich auch das BMF-Schreiben v. 7.8.2017 - IV A 3-S 0062/17/10001, BStBl I 2017, 1257, Tz. 6.

862 Vgl. zur Thematik „Nutzungsunterbrechung und Gesetzgeber": C.II.2.b.bb.(2), S. 117 ff. Im Unterschied zu § 9 Satz 2 2. Hs. AO lässt sich die Zulässigkeit kurzfristiger Unterbrechungen dem Wortlaut des § 8 AO nur mittelbar entnehmen.

863 *Wittig*, in: von Heintschel-Heinegg, BeckOK StGB, § 242 StGB, Rn. 15.

864 BFH, Urt. v. 19.3.1997 - I R 69/96, BStBl II 1997, 447.

865 Eine Ausnahme bezüglich der *„unverändert und in ständig nutzungsbereitem Zustand"* zurückgelassenen Wohnung dürfte allerdings für Fälle der kurzzeitigen (Unter-)vermietung gelten. Denn in diesem Fall dürfte der Betroffene zumindest vorübergehend keine „Schlüsselgewalt" mehr über die bisher von ihm genutzte Wohnung haben. Eine bloße Gewahrsamslockerung i.S.d. strafrechtlichen Verständnisses dürfte hier nur insoweit bestehen, als dass der Betroffene jedenfalls zukünftig wieder

Dann ist eine „Gewahrsamslockerung" an der inländischen Wohnung regelmäßig unschädlich.

Problematisch ist allerdings, dass sich die Rechtsprechung mit Blick auf temporäre Aspekte bis dato gescheut hat, konkrete und vor allem kongruente Vorgaben zur Unschädlichkeit von Inlandsunterbrechungen zu treffen. Also Vorgaben bezüglich dessen, was noch von einer *„vorübergehende(n) Unterbrechung"* erfasst wird. Damit fragt sich, mit welcher Konsequenz die Rechtsprechung die Qualität des genuine links zum Inland „durchhält". Lediglich in Zusammenhang mit dem gewöhnlichen Aufenthalt hat sich die Rechtsprechung zuweilen für die *„Vermutung (ausgesprochen), daß bei einer längerfristigen Abwesenheit von mehr als 6 Monaten kein gewöhnlicher Aufenthalt im Inland mehr besteht. Bei einem Auslandsaufenthalt von mehr als einem Jahr kann (...) ein inländischer gewöhnlicher Aufenthalt nur in Ausnahmefällen angenommen werden"*[866]. Zwar will ein Teil der Literatur in Anlehnung an § 9 Satz 2 AO auch in Kontext mit § 8 AO lediglich einen Zeitraum von nicht mehr als sechs Monaten als vorübergehend und damit für Zwecke der Abgrenzung entscheidend ansehen.[867] Dies wäre für den Steuerpflichtigen unter Rechtssicherheitsaspekten sicher wünschenswert. Derartige Vermutungen hat die Rechtsprechung in Zusammenhang mit § 8 AO und der Abgrenzung der Beibehaltung von der Aufgabe des inländischen Wohnsitzes allerdings bislang nicht angestellt. Im Gegenteil liegt ihr eine einzelfallabhängige Betrachtungsweise und eine teils weite Toleranzschwelle hinsichtlich der zeitlich unschädlichen Dimension von Inlandsunterbrechungen zugrunde. So wurde davon gesprochen, dass *„periodische Auslandsaufenthalte (...) das Innehaben eines Wohnsitzes auch dann nicht in Frage (stellen), wenn sie sich über einen Zeitraum von etlichen Jahren erstrecken"*[868]. Bei ausbildungsbedingten

---

berechenbar auf die bisherige Wohnung zurückgreifen, diese also ohne rechtliche und tatsächliche Hindernisse nutzen kann, vgl. hierzu: D.I.3.b.bb., S. 155 ff.

866 FG Bremen, Urt. v. 27.7.1989 - II 246/85 K, EFG 1990, 93; BFH, Urt. v. 27.7.1962 - VI 156/59 U, BStBl III 1962, 429: *„Man kann aber doch die Frist von mehr als sechs Monaten (...) als einen Anhalt nehmen, von welcher Dauer ab eine Vermutung dafür spricht, daß kein gewöhnlicher Aufenthalt im Inland mehr besteht, es sei denn, daß besondere Umstände darauf schließen lassen, daß die Beziehungen zum Inland erhalten bleiben sollen"*.

867 *Mössner*, Steuerrecht international tätiger Unternehmen, Rn. 2.24; a.A. *Lehner/ Waldhoff*, in: K/S/M, § 1 EStG B 128.

868 FG München, Urt. v. 4.7.2016 - 7 K 2435/15 (juris); ebenso tolerant: BFH, Urt. v. 24.4.2007 - I R 64/06, BFH/NV 2007, 1893: *„(...) erfüllt sie die Merkmale des Wohnsitzes auch dann, wenn er sich zeitlich überwiegend im Ausland aufhält"*.

Auslandsaufenthalten von Kindern wurden sogar *„Zeiträume von drei und auch von fünf Jahren als unbedenklich angesehen“*[869]. Die hierin zum Ausdruck kommende Abkehr von einer schematischen Konkretisierung dessen, was eine *„vorübergehende Nutzungsunterbrechung“* ausmacht, dürfte kein Zufall sein. Sie überzeugt insofern, als dass eine allgemeingültige Grenzziehung zur Unschädlichkeit von Inlandsunterbrechungen rechtsmissbräuchlichen Steuergestaltungen Tür und Tor geöffnet hätte. Zudem hätte sich die Gerichtsbarkeit durch eine zeitliche Fixierung dessen, was maximal noch als zulässige Nutzungsunterbrechung gilt, in Widerspruch zur Zulässigkeit unregelmäßiger Inlandsaufenthalte gesetzt. Zwar würde hierdurch nicht eine Zeitdauer festgeschrieben, die zur Beibehaltung des steuerlichen Wohnsitzes auf die jeweilige Inlandsanwesenheit zu entfallen hat. Eine Mindestaufenthaltsdauer im Inland, die durch die Zulässigkeit einer bloß unregelmäßigen Wohnungsnutzung gerade ausgeschlossen werden sollte, würde nicht begründet. Durch die exakte Vorgabe, bis zu welcher zeitlichen Obergrenze die Nutzungsunterbrechung noch als unschädlich anzusehen ist, würde allerdings ein regelmäßiger Modus der Inlandsanwesenheiten geschaffen. Regelmäßig deshalb, weil so der Abstand zwischen Inlandsanwesenheit und Inlandsunterbrechung auf ein zeitliches Maximalmaß festgeschrieben würde. Spätestens nach Ablauf ebendieses Zeitfensters bedürfte es der erneuten Inlandsanwesenheit, um den steuerlichen Wohnsitz noch aufrechtzuerhalten. Die Zulässigkeit eines unregelmäßigen Nutzungsverhaltens und die Konkretisierung der *„vorübergehenden Unterbrechung“* schließen sich somit aus.[870] Weniger überzeugend ist hingegen, dass die fehlenden zeitlichen Vorgaben Raum für eine flexible und einzelfallorientierte Rechtsprechungspraxis schaffen. Zudem bestehen Bedenken, ob die Rechtsprechung zuweilen das zeitliche Ausmaß dessen, was sie noch als *„vorübergehende Unterbrechung“* wertet, nach durchschnittlichem Verständnis „gesprengt“ hat. Bei einem *„sich über einen Zeitraum von etlichen Jahren erstrecken(den)“* Auslandsaufenthalt fragt sich nämlich, ob sie sich nicht vielmehr in Widerspruch zu ihrem offensichtlichen Verständnis vom steuerlichen Wohnsitz als Schwerpunkt der Lebensinteressen gesetzt hat; also einer qualifizierten Umsetzung des genuine link-Erfordernisses im Wege steht.

Derartige Bedenken versucht die Rechtsprechung scheinbar auszuräumen. Inlandsunterbrechung und Schwerpunkt der Lebensinteressen also weniger

---

869 BFH, Urt. v. 23.11.2000 - VI R 107/99, BStBl II 2001, 294.

870 Das ursprünglich praktizierte Verständnis eines regelmäßigen Nutzungsverhaltens und die Konkretisierung der „vorübergehenden Unterbrechung“ schließen sich allerdings nicht aus.

als Alternative als vielmehr als Option begreiflich zu machen. Hierzu hat sie die „Begleitumstände“ während des Auslandsaufenthalts in den Vordergrund gerückt. Hierzu hieß es zuweilen: *„Die Umstände (müssen) bestehen bleiben, die auf die Beibehaltung einer solchen (…) Wohnung schließen lassen“*[871]. Fraglich ist allerdings, ob die Fokussierung auf die Begleitumstände ein adäquates Kriterium bildet, das dem genuine link-Erfordernis zwischen Steuerpflichtigem und steuererhebendem Gemeinwesen hinreichend Rechnung trägt. Mithin geeignet ist, die Zeiten teils mehrjähriger Inlandsunterbrechung insoweit zu „kompensieren“ als dass insgesamt noch von einem räumlichen Schwerpunkt der Lebensinteressen im Inland gesprochen werden kann. Oder ob in diesen Fällen nur „besitzstandsmäßige(r) Status quo“[872] verbleibt.[873] Mithin ein „Scheinwohnsitz“ besteht, der unter Zugrundelegung des genuine link-Erfordernisses weder für die Begründung noch für die Beibehaltung des steuerlichen Wohnsitzes ausreichen dürfte.[874] Relevanz hat diese Thematik vor allem in Kontext

---

871 BFH, Urt. v. 26.7.1972 - I R 138/70, BStBl II 1972, 949; *Lohmeyer*, DVR 1975, 21 (23).

872 *Reddig*, Anm. zu Niedersächsisches FG, Urt. v. 17.1.2017 - 8 K 50/16, EFG 2017, 544: „Die Entscheidung zeigt, dass allein die **Wahrung** des **besitzstandsmäßigen Status quo** nicht genügt, um bei längerfristiger (berufsbedingter) Auslandsabwesenheit weiterhin einen Inlandswohnsitz anzunehmen“.

873 Bzgl. des Besitzes gilt: Wie sich aus § 856 Abs. 2 BGB ergibt wird der Besitz durch eine ihrer Natur nach vorübergehende Verhinderung in der Ausübung der Gewalt nicht beendigt. Aber auch bei einem Auslandsaufenthalt im obigen Sinne dürfte entsprechend § 856 Abs. 2 BGB grundsätzlich noch vom Besitz i.S.d. tatsächlichen Sachherrschaft an der inländischen Wohnung gesprochen werden können. Hierzu äußert die Literatur nämlich: „Vorübergehend ist die Verhinderung, wenn im Zeitpunkt ihres Beginns die Beseitigung des Hindernisses zu erwarten ist. Die **Dauer** der Verhinderung ist zunächst nicht entscheidend. Im Hinblick auf die modernen Verkehrsmittel, wird man auch einer mehrere Monate verreisten Person den Besitz an ihrer Wohnung zusprechen, da sie eine jederzeitigen Zugriff herbeiführen kann. Die Dauer kann aber doch dem Besitz eine Grenze setzen: Wer für dreißig Jahre verreist mit der Absicht, danach in sein Haus zurückzukehren, hat keine tatsächliche Sachherrschaft mehr“, vgl. *Joost*, in: Säcker/ Rixecker/ Oetker, Münchener Kommentar zum Bürgerlichen Gesetzbuch: BGB, § 856 BGB, Rn. 15; *Fritzsche*, in: Bamberger/ Roth/ Hau/ Poseck, BeckOK BGB, § 856 BGB, Rn. 11: „Ob die Verhinderung vorübergehend ist, hängt nicht immer (nur) von ihrer zeitlichen Dauer, sondern auch von der Möglichkeit und Wahrscheinlichkeit der Wiedererlangung der tatsächlichen Gewalt ab“. Gerade letzteres dürfte in den Fällen ausbildungs- bzw. beruflich bedingter Auslandsaufenthalte im obigen Sinne regelmäßig der Fall sein.

874 Vgl. *Drüen*, in: Tipke/ Kruse, § 8 AO, Rn. 6a; *Blusz*, in: Kanzler/ Kraft/ Bäuml, Einkommensteuergesetz Kommentar, § 1 EStG, Rn. 38.

mit ausbildungs- und berufsbedingten Auslandsaufenthalten erlangt. Während berufsbedingte Auslandsaufenthalte oftmals mit der Frage der unbeschränkten Steuerpflicht verknüpft sind, betreffen ausbildungsbedingte Auslandsaufenthalte vor allem Kindergeldfragen.[875] Letzteres hat gerade in jüngerer Vergangenheit angesichts des Umstands, dass die Ausbildung in Zeiten einer zunehmend globalisierten Welt internationaler wird, an Bedeutung gewonnen.[876] Ein Blick auf die Rechtsprechung zeigt, dass die fehlende Lockerung der inländischen Bindungen zum Auslegungsmaßstab der Begleitumstände wurde. Also zum indiziellen „Unschädlichkeitsindikator" der Inlandsunterbrechung. Dies ändert jedoch nichts daran, dass hierzu kontextabhängig divergierende Wertungen getroffen wurden, die dem genuine link-Erfordernis in zeitlicher Dimension unterschiedlich stark gerecht werden.

b. Fehlende Lockerung der inländischen Bindungen als indizieller „Unschädlichkeitsindikator" der Inlandsunterbrechung und Maßstab zur Beibehaltung des räumlichen Schwerpunkts der Lebensinteressen

ba. Einfluss und Stellenwert andauernder Inlandsbindungen - Divergierende Maßstäbe

(1) Ausbildungsbedingte Auslandsaufenthalte

Nach Auffassung der Rechtsprechung wird Kindern der Wohnsitz der Familie nicht ohne weiteres zugerechnet.[877] Von einem hieraus „abgeleiteten" genuine

---

875 Auch berufsbedingte Auslandsaufenthalte sind bisweilen in Kontext mit Kindergeldfragen relevant geworden. Denn die Frage der Kindergeldberechtigung nach § 62 Abs. 1 Satz 1 Nr. 1 EStG knüpft an einen inländischen Wohnsitz oder gewöhnlichen Aufenthalt des Anspruchsberechtigten.

876 *Herlinghaus*, Anm. zu BFH, Urt. v. 23.11.2000 - VI R 107/99, BStBl II 2001, 294, AO-StB 2001, 5 (6).

877 BFH, Beschl. v. 27.8.2010 - III B 30/09, BFH/NV 2010, 2272; FG Münster, Urt. v. 12.7.2012 - 13 K 2675/10 Kg, EFG 2012, 2125: *„Ob an einem bestimmten Ort ein Wohnsitz besteht oder nicht, ist für jede Person - insbesondere auch im Verhältnis zwischen Eltern und ihren minderjährigen Kindern - gesondert zu prüfen* (…)*"*; FG Berlin, Urt. v. 9.3.2000 - 4 K 4412/97 (juris): *„Einen allgemeinen Grundsatz, dass bei Kindern, die zum Zwecke der Schul- oder Berufsausbildung auswärtig untergebracht sind, die Aufnahme im Haushalt der Eltern (…) fortbesteht, gibt es in dieser Form nicht"*; FG München, Urt. v. 4.7.2016 - 7 K 2435/15 (juris): *„Minderjährige Kinder teilen grundsätzlich den Wohnsitz der Eltern, weil sie über ihre Haushaltszugehörigkeit eine abgeleitete Nutzungsmöglichkeit besitzen und damit zugleich die elterliche Wohnung i.S. des*

link zum Inland kann also keine Rede sein. Andererseits verursacht die ausbildungsbedingte räumliche Trennung vom Elternhaus nicht zwingend eine Auflösung der inländischen familiären Wohn- und Lebensgemeinschaft. Mittels Kriterienkatalogs hat die Rechtsprechung zwischenzeitlich festgehalten, worauf es hierbei ankommt. Mehrfach hieß es insoweit: *„Die höchstrichterliche Rechtsprechung hat (…) konkrete objektive Anhaltspunkte dargelegt, die Rückschlüsse auf die Beibehaltung oder die Aufgabe eines inländischen Wohnsitzes zulassen. Neben der voraussichtlichen Dauer der auswärtigen Unterbringung (…) dem Zweck des Auslandsaufenthalts, den persönlichen Beziehungen (…), kommt der Dauer und Häufigkeit der Inlandsaufenthalte erhebliche Bedeutung zu"*[878]. Zwar stehen die angeführten Faktoren in Wechselbeziehung zueinander. Gleichwohl zeigt ein Blick auf die diesbezüglich ergangene Rechtsprechungspraxis, dass sich die andauernden Inlandsbindungen des Kindes schwerpunktmäßig aus der *„Dauer und Häufigkeit der Inlandsaufenthalte"* sowie aus deren Zweck speisen.

„Dauer und Häufigkeit der Inlandsaufenthalte" müssen *„eine (andauernde) „Verwurzelung am Wohnort" erkennen lassen"*[879]. Was das Ausmaß dieser *„Verwurzelung"* anbelangt wurde zwar immer wieder betont, dass *„der Inlandswohnsitz (…) nur dann beibehalten (wird), wenn der Betroffene entweder seinen Lebensmittelpunkt weiterhin am bisherigen Wohnort hat (…) oder er zwar keinen einheitlichen Lebensmittelpunkt mehr hat, er aber nunmehr über zwei Schwerpunkte der Lebensverhältnisse (zwei Wohnsitze) verfügt, von denen einer am bisherigen Wohnort liegt"*[880]. Allerdings fehlt es an allgemeingültigen Bekundungen dazu, was hierfür erforderlich ist. Insbesondere lassen sich diesbezüglich aus der *„Dauer und Häufigkeit der Inlandsaufenthalte"* keine eindeutigen Aussagen entnehmen. Deren Ausmaß unterliegt vielmehr einer wechselhaften Auslegungspraxis und wurde teils strenger, teils weniger streng gehandhabt. Das genuine link-Erfordernis trifft dementsprechend in Kontext mit Kindergeldfällen in zeitlicher Dimension auf ein unterschiedlich qualifiziertes Verständnis. Ein Blick auf die Rechtsprechung zeigt insofern, dass die Anforderungen an *„Dauer und Häufigkeit der Inlandsaufenthalte"* teils in Abhängigkeit zur Länge der Inlandsunterbrechung gesetzt wurden. Auch wenn es hierzu an einer klaren

---

§ 8 AO innehaben (vgl. BFH-Urteil vom 7. April 2011 III R 77/09, BFH/NV 2011, 1351). Dies ist jedoch nicht zwingend der Fall, sondern hängt maßgeblich von den objektiven Umständen des Einzelfalls ab".

878 BFH, Urt. v. 25.9.2014 - III R 10/14, BStBl II 2015, 655.

879 FG Münster, Urt. v. 12.7.2012 - 13 K 2675/10 Kg, EFG 2012, 2125.

880 BFH, Urt. v. 23.11.2000 - VI R 107/99, BStBl II 2001, 294.

und einheitlich gehandhabten Staffelung der diesbezüglich geforderten Inlandszeiten im Verhältnis zur Länge der Inlandsunterbrechung fehlt. Hierzu hieß es in einer Rechtssache des FG des Landes Sachsen-Anhalt aus 2015: *„Die zeitlichen Anforderungen an die Inlandsaufenthalte nehmen mit der Studiendauer zu“*[881]. Im Streitfall wurde daher konsequenterweise gefolgert, dass *„infolge der fast fünf Jahre dauernden auswärtigen Unterbringung Aufenthalte am behaupteten Wohnsitz von längerer Dauer als zwei bis drei Wochen pro Jahr sein müssen, um einen Wohncharakter zu haben“*[882]. Auch der BFH hat sich zuweilen auf die Wechselwirkung zwischen Inlandsaufenthalt und Inlandsunterbrechung gestützt. In einer Entscheidung aus 2000 hat er dementsprechend Aufenthalte bei den Eltern in den Schulferien von etwa drei Monaten als nicht ausreichend angesehen, um das Fortbestehen eines inländischen Wohnsitzes anzunehmen. Hintergrund hierfür war der mehr als bloß *„vorübergehende Auslandsaufenthalt“*. Mithin die *„vorgesehene Dauer des Auslandsaufenthalts (…) von annähernd neun Jahren“*[883]. Teils wurde mit Blick auf *„Dauer und Häufigkeit der Inlandsaufenthalte“* aber auch eine Verknüpfung zu den ausbildungsfreien Zeiten hergestellt.[884] Stellenweise wurde dies in Kombination mit einer Mindestdauer der Inlandsaufenthalte praktiziert. Ein wirklich stringentes Vorgehen lässt sich hieraus allerdings auch nicht herleiten. Während das FG Köln noch *„einen inländischen Aufenthalt grundsätzlich in allen unterrichtsfreien Zeiten, also den Schulferien, mindestens aber für drei Monate pro Kalenderjahr“*[885] verlangte, äußerte sich das FG München vergleichsweise weniger streng.[886] Hiernach muss das Kind lediglich die

---

881 FG des Landes Sachsen-Anhalt, Urt. v. 7.7.2015 - 4 K 62/13 (juris).

882 FG des Landes Sachsen-Anhalt, Urt. v. 7.7.2015 - 4 K 62/13 (juris).; vgl. insoweit ebenso: BFH, Beschl. v. 30.6.2004 - VIII B 132/04, BFH/NV 2004, 1639: *„(Der BFH) hat die besuchsweisen Aufenthalte des Kindes in der elterlichen Wohnung von insgesamt nicht einmal drei Monaten im Jahr (…) nicht für die Annahme einer Beibehaltung des Wohnsitzes ausreichen lassen (…). Die Aufenthalte des Kindes während der Ferien kämen nicht einem Aufenthalt mit Wohncharakter gleich, was insbesondere im Hinblick auf die vorgesehene Dauer des Auslandsaufenthalts von annähernd neun Jahren gelte“*.

883 BFH, Urt. v. 23.11.2000 - VI R 165/99, BStBl II 2001, 279.

884 Vgl. BFH, Urt. v. 28.4.2010 - III R 52/09, BStBl II 2010, 1013: *„Kinder, die sich zum Zwecke des Studiums für mehrere Jahre ins Ausland begeben, behalten ihren Wohnsitz in der inländischen elterlichen Wohnung nur dann bei, wenn sie diese in ausbildungsfreien Zeiten nutzen. Dabei kommt der Dauer der Inlandsaufenthalte erhebliche Bedeutung zu“*; BFH, Beschl. v. 27.8.2010 - III B 30/09 (juris).

885 FG Köln, Urt. v. 22.7.2007 - 15 K 3039/04, EFG 2007, 1174.

886 FG München, Urt. v. 22.12.2008 - 10 K 3104/07 (juris); ebenso: BFH, Urt. v. 25.9.2014 - III R 10/14, BStBl II 2015, 655; BFH, Urt. v. 23.6.2015 - III R 38/14, BStBl II 2016, 102.

weit überwiegende ausbildungsfreie Zeit im Inland verbringen. Eine Mindestdauer der Inlandsaufenthalte wird hingegen nicht mehr gefordert.[887] Der BFH äußerte zwischenzeitlich: „*Eine Aufenthaltsdauer von jährlich fünf Monaten in der Wohnung der Eltern genügt jedenfalls, um einen inländischen Wohnsitz beizubehalten, sie ist dafür aber nicht stets erforderlich*“[888]. Hierdurch hat er sich von seiner ursprünglich ausgesprochenen starren Aufenthaltsgrenze im Inland von fünf Monaten gelöst.[889] Noch weiter relativiert wurde diese Haltung jüngst bezüglich von vornherein auf einen Zeitraum von bis zu einem Jahr begrenzten Auslandsaufenthalten. Hierzu hieß es: „*Bei voraussichtlicher Rückkehr innerhalb eines Jahres liegt regelmäßig keine Aufgabe des Wohnsitzes vor (…), so dass Inlandsaufenthalte für die Beibehaltung des Wohnsitzes nicht erforderlich sind*“[890].

Im Übrigen hat sich die Rechtsprechung zur Beurteilung der andauernden Inlandsbindungen des Kindes neben der „*Dauer und Häufigkeit der Inlandsaufenthalte*“ auf deren Zweck fokussiert. Hierzu heißt es, dass „*bei von vornherein auf mehr als ein Jahr angelegten Auslandsaufenthalten (…) kurzzeitige Besuche und sonstige kurzfristige Aufenthalte zu Urlaubs- (…) oder familiären Zwecken, die nicht einem Aufenthalt mit Wohncharakter gleichkommen und daher nicht „zwischenzeitliches Wohnen“ in der bisherigen Wohnung bedeuten, nicht dazu aus(reichen), um die Aufrechterhaltung des Inlandswohnsitzes anzunehmen*“[891]. Die

887 Argument hierfür ist, dass „*die ausbildungsfreien Zeiten von der Art bzw. der Gestaltung des Studiums (…), von länderspezifisch unterschiedlich ausgestalteten Semesterferien (…) abhängen können, (weshalb) eine Mindestdauer der Inlandsaufenthalte nicht verlangt werden (kann)*“, vgl. BFH, Urt. v. 25.9.2014 - III R 10/14, BStBl II 2015, 655.

888 BFH, Urt.v. 28.4.2010 - III R 52/09, BStBl II 2010, 1013; BFH, Beschl. v. 12.2.2009 - III B 100/08, NV; BFH, Beschl. v. 27.12.2011 - III B 14/10, BFH/NV 2012, 555.

889 BFH, Urt. v. 23.11.2000 - VI R 107/99, BStBl II 2001, 294: „*Bei langjährigen Auslandsaufenthalten kann ein Wohnsitz des Kindes jedenfalls dann gegeben sein, wenn es sich im Jahr fünf Monate im Inland in der Wohnung der Eltern aufhält*“.

890 BFH, Urt. v. 25.9.2014 - III R 10/14, BStBl II 2015, 655.

891 BFH, Urt. v. 23.11.2000 - VI R 107/99, BStBl II 2001, 294: Weiter heißt es „*Zum anderen darf die Anwesenheit des Kindes in der elterlichen Wohnung nicht nur Besuchscharakter haben, wie das bei Aufenthalten von jeweils zwei bis drei Wochen pro Jahr der Fall ist*“; ebenso u.a.: BFH, Urt. v. 20.11.2008 - III R 53/05, BFH/NV 2009, 564; BFH, Urt. v. 25.9.2014 - III R 10/14, BStBl II 2015, 655; FG Münster, Urt. v. 12.7.2012 - 13 K 2675/10 Kg (juris). FG BW, Urt. v. 16.1.2012 - 6 K 4588/09, EFG 2012, 1361: „*Danach reicht bei einem auf mehr als ein Jahr angelegten Auslandsaufenthalt ein nur gelegentliches Verweilen während unregelmäßig aufeinander folgender kurzer Zeiträume zu Urlaubszwecken, Besuchszwecken (…), nicht aus, um (…) einen inländischen Wohnsitz anzunehmen*“. Hierdurch setzt sich der BFH nicht in Widerspruch zu seiner jüngeren Auslegungstrendwende, nach der auch unregelmäßige Inlandsanwesenheiten einen

Inlandsaufenthalte müssen also ein Mehr als die durch das bloße Kindschaftsverhältnis begründeten Beziehungen zum inländischen Elternhaus darstellen.[892] Konsequent geht die Rechtsprechung dementsprechend bei einem volljährigen, im Ausland berufstätigen Kind, das dort einen eigenen Hausstand begründet hat, im Zweifel davon aus, dass dem Aufhalten in der elterlichen Wohnung nur noch Besuchscharakter zukommt.[893] Die Begründung des eigenen Hausstands zeigt nämlich, dass sich dieses Kind wirtschaftlich vom Elternhaus gelöst hat; also nur noch durch das bloße Kindschaftsverhältnis begründete Beziehungen zum inländischen Elternhaus unterhält. Stellenweise hat sich die Rechtsprechung sogar soweit auf den Zweck der Inlandsaufenthalte konzentriert, dass dessen temporäres Ausmaß während der ausbildungsfreien Zeiten „vernachlässigt" wurde.[894] Hierzu sei exemplarisch auf eine rechtskräftige Entscheidung des FG BW aus 2012 verwiesen.[895] Im Streitfall ging es darum, ob die zwischenzeitlich

---

inländischen Wohnsitz zu begründen bzw. beizubehalten vermögen. Denn auch dies gilt nur bezüglich anderer als bloßer Besuchsaufenthalte, vgl. hierzu: D.II.1.b.ba., S. 178 ff.

892 BFH, Urt. v. 17.3.1961 - VI 185/60 U, BStBl III 1961, 298: *„Es muß, um einen inländischen Wohnsitz annehmen zu können, eine Beziehung zur elterlichen Wohnung vorhanden sein, die über die allein durch das Kindschaftsverhältnis begründete Beziehung hinausgeht und erkennen läßt, daß der Steuerpflichtige die elterliche Wohnung nach wie vor auch als seine Wohnung betrachtet"*; BFH, Urt. v. 25.9.2014 - III R 10/14, BStBl II 2015, 655.

893 BFH, Beschl. v. 9.8.1999 - VI B 387/98, BFH/NV 2000, 42; BFH, Urt. v. 17.3.1961 - VI 185/60 U, BStBl III 1961, 298; insoweit anders, wenn volljährige Kinder, die bei ihren Eltern wohnen, keinen selbstständigen Haushalt begründen, vgl. *Kammerer,* Wohnsitz (gewöhnlicher Aufenthalt) im Steuerrecht und das Doppelbesteuerungsproblem bei den direkten Steuern, S. 19 m.V.a. RFH v. 10.2.1937, RStBl 1937, 381 sowie BFH, Urt. v. 17.3.1961 - VI 185/60 U, BStBl III 1961, 298.

894 Dies zeigt auch ein Blick auf eine andere Rechtssache, vgl. FG Köln, Urt. v. 25.11.2010 - 10 K 4339/07, EFG 2011, 889: *„Den lediglich kurzzeitigen Aufenthalten in Deutschland im Streitzeitraum von vier Tagen im Jahr 2006 und insgesamt 11,5 Wochen im Jahr 2007 kommt danach nur ein Besuchscharakter zu. Hieran ändert (...) auch nichts der Umstand, dass der Sohn des Klägers in der Türkei während der Ferien Sprachkurse absolvierte, um seine Erfolgschancen bei der Ausbildung zu erhöhen. Der Senat verkennt nicht, dass die geringe Aufenthaltsdauer in Deutschland auf nachvollziehbaren und bemerkenswerten Absichten beruht (...). Entscheidend ist vielmehr, dass der von dem Sohn des Klägers gewählte Ausbildungsweg dazu führt, dass seine Aufenthalte in Deutschland lediglich nur einen Besuchscharakter hatten"*. Hinweis: Unterstreichung im Nachhinein vorgenommen.

895 FG BW, Urt. v. 16.1.2012 - 6 K 4588/09, EFG 2012, 1361.

verstorbene Mutter der - als deren Rechtsnachfolgerin - klagenden Tochter für die Zeit des Ausbildungsstudiums der Tochter Anspruch auf Kindergeld hat. Trotz der relativ kurzen Aufenthalte der Klägerin in der mütterlichen Wohnung in den Semesterferien von zehn Wochen hat das FG Baden Württemberg im Ergebnis einen inländischen Wohnsitz bejaht. Nach Auffassung des Gerichts sprachen die (persönlichen) Umstände ungeachtet der vergleichsweise kurzen Inlandszeiten im streitbefangenen Zeitraum dafür, dass die Klägerin ihre Inlandsbindungen trotz Auslandsaufenthalts aufrechterhalten hat und sich insofern nicht lediglich zu Besuchszwecken im Inland aufhielt. Nach Auffassung des Senats pflegte *„die Klägerin (...) weiterhin umfangreiche persönliche Beziehungen zu Freunden und Bekannten in Deutschland (...) Aufgrund dieser (...) Gesichtspunkte ist der Senat zu der Überzeugung gelangt, dass die Klägerin im Streitzeitraum die Wohnung (...) nicht nur zu Besuchszwecken (....) aufgesucht, sondern dort während ihres Studiums in der Türkei einen Lebensmittelpunkt hatte. Der Aufenthalt der Klägerin in der Türkei (...) diente vornehmlich dem Zweck, dort ein Studium zu führen, und nicht etwa (...) um sich dort längerfristig in die türkischen Lebensverhältnisse einzuleben“*.[896] Die lediglich kurzen Inlandsaufenthalte ändern hieran nach Auffassung des Senats nichts. Insbesondere kommt diesen kein Besuchscharakter zu. Im Gegenteil resultieren sie allein aus der Verpflichtung, sich vor Ablauf der Semesterferien vor Ort wieder einzuschreiben sowie aus dem Umstand, einen preiswerten Flug zurück in die Türkei zu bekommen.

Dieses kombinierte Vorgehen aus temporären und zweckgebundenen Aspekten überzeugt gerade vor dem Hintergrund des genuine link-Erfordernisses. Hierdurch wird nämlich eine umfassende Sachverhaltswürdigung getroffen, die ein ausgewogenes Bild über die andauernde Inlandsbindung des Kindes ermöglicht und damit dem genuine link-Erfordernis substantiiert Rechnung trägt.

---

896 FG BW, Urt. v. 16.1.2012 - 6 K 4588/09, EFG 2012, 1361, vgl. die „parallel geschaltete“ Argumentationsweise des BFH, Urt. v. 22.4.1994 - III R 22/92, BStBl II 1994, 887: *„Nach der Lebenserfahrung dient ein solcher Aufenthalt vielmehr (...) auch dem Zweck, die Heimat der Familie genauer kennenzulernen und sich längerfristig in die dortigen Lebensverhältnisse einzuleben. Die Bindungen in sprachlicher, gesellschaftlicher und wirtschaftlicher Hinsicht an den heimatlichen Kulturkreis werden hergestellt oder wiederhergestellt und gefestigt. Das Entstehen neuer Beziehungen und die Lockerung der bisher bestehenden Bindungen führen regelmäßig zu einer Verwurzelung im Ausland (Heimatland), verbunden mit einer entsprechenden Einschränkung der bisherigen familiären Wohn- und Lebensgemeinschaft zwischen Kindern und Eltern. Diese Umstände schließen es dann regelmäßig aus, weiterhin vom Innehaben einer Wohnung bei den Eltern im Inland (...) auszugehen (...)“*.

Dies gilt insbesondere für die Berücksichtigung finanzieller Umstände. Anders als bislang sollte dieser Umstand im Einzelfall durchaus einmal einen verkürzten oder gar fehlenden Inlandsaufenthalt während der Schul- beziehungsweise Semesterferien rechtfertigen. Also das Mantra einer an ausbildungsfreie Zeiten gekoppelten Inlandsanwesenheit in seiner Ausschließlichkeit durchbrechen.[897] Denn ein andauernder Inlandsbezug wird vor diesem Hintergrund nicht zwingend ausgeschlossen. Vielmehr lässt er sich aus „begründetem" Anlass bloß phasenweise nicht realisieren. Eine andere Wertung würde vorwiegend Begütertere, die ihren Kindern zahlreiche Flüge zwischen In- und Ausland finanzieren können, in den Genuss des Kindergeldanspruchs bringen. Dies entspricht jedoch nicht Sinn und Zweck des Kindergeldes. Dieser besteht in der Teilhabe des Staates an der Erziehung des Kindes[898] und nicht darin, „Kindergeldleistungen in zahlreiche Transatlantikflüge (zu investieren), um den Kindergeldanspruch aufrecht zu erhalten"[899]. Bedauerlicherweise ist diese Wertung mit Blick auf finanzielle Aspekte bislang nicht aufgegriffen worden. In einer Entscheidung aus 2014 erklärte der BFH nämlich: *„Entgegen der Ansicht des FG können fehlende finanzielle Mittel für Heimreisen des Kindes nicht die fehlenden wesentlichen Inlandsaufenthalte in den ausbildungsfreien Zeiten kompensieren (...). Entscheidend sind (...) die tatsächlichen Verhältnisse ohne Rücksicht auf subjektive Momente oder Absichten. Die persönlichen oder finanziellen Beweggründe für die fehlenden Inlandsaufenthalte und damit für das fehlende „Innehaben" sind für die Frage des Wohnsitzes unerheblich"*[900]. Diese Begründung überzeugt in dieser Ausnahmslosigkeit nicht. Die „unzureichenden" finanziellen Verhältnisse einer Person *„für Heimreisen des Kindes"* dürften nämlich grundsätzlich weniger ein subjektives Motiv als vielmehr tatsächliche Gegebenheiten darstellen. Jedenfalls dann, wenn die Entscheidung keinen Flug zu buchen nicht zugunsten anderer

---

897 So wie in der Rechtssache aus 2012 oder einer Entscheidung des FG München, Urt. v. 4.7.2016 - 7 K 2435/15 (juris): *„Diese von vornherein befristete Abwesenheit (...) steht der Beibehaltung des Wohnsitzes nicht entgegen, auch wenn innerhalb dieser zwölf Monate eine (...) Rückkehr zum Wohnsitz (...) aus Kostengründen nicht beabsichtigt und tatsächlich nicht erfolgt ist"*.

898 BFH, Urt. v. 23.11.2000 - VI R 165/99, BStBl II 2001, 279: Das *„Kindergeld (...) stellt (...) eine einkommensteuerlicht Förderung der Familie durch eine Sozialzwecknorm (dar)*; BVerfG, Beschl. v. 29.5.1990 - 1 BvL 20/84, BVerfGE 82, 60.

899 *Dziadowski*, Anm. zum BFH Urt. v. 25.9.2014 - III R 10/14, BStBl II 2015, 655, IStR 2015, 144 (148).

900 BFH, Urt. v. 25.9.2014 - III R 10/14, BStBl II 2015, 655.

Gestaltungsmöglichkeiten, sondern allein aufgrund *„fehlende(r) finanzielle(r) Mittel"* getroffen wird.

(2) Berufsbedingte Auslandsaufenthalte

Eine derart ausdifferenzierte - wenn auch wechselhafte - Auslegung betreffend die *„Dauer und Häufigkeit der Inlandsaufenthalte"* trotz Auslandsaufenthalts besteht hingegen in Kontext mit berufsbedingten Auslandsaufenthalten nicht. Dies dürfte nicht zuletzt daran liegen, dass ebendiesen keine vergleichbaren ausbildungsbedingten „Freizeiten" des ins Ausland entsendeten Arbeitnehmers zugrunde liegen und daher zur Beibehaltung des inländischen Wohnsitzes ein regelmäßiges „Bekenntnis" zum Inland erfordern könnten. Eine Kopplung zwischen *„Dauer und Häufigkeit der Inlandsaufenthalte"* und ausbildungsfreien Zeiten so wie in den Kindergeldfällen bisweilen praktiziert verbietet sich insofern denklogisch. Der Rechtsprechung ist es allerdings bislang nicht gelungen, eine vergleichbare Leitlinie für die Fälle berufsbedingter Auslandsaufenthalte zu schaffen. Gerade die Frage, ob ebenso wie in den Kindergeldfällen von der *„Dauer und Häufigkeit der Inlandsaufenthalte"* grundsätzlich auf die fehlende Lockerung der Inlandsbindungen und damit auf die Beibehaltung des inländischen Wohnsitzes geschlossen werden kann, erweist sich als komplex und scheint bislang nicht entschieden. Unsicherheit besteht bereits darüber, ob eine Inlandsanwesenheit während eines berufsbedingten Auslandsaufenthalts überhaupt notwendig ist. Hierzu divergiert die Rechtsprechungspraxis. Teils wurde die fehlende Inlandsanwesenheit trotz mehrjährigen Auslandsaufenthalts als unschädlich betrachtet. Teils wurden diesbezüglich strengere Maßstäbe zugrunde gelegt und eine andauernde Inlandsbindung gefordert. Je nach Kontext fand das genuine link-Erfordernis somit ebenso wie in den Kindergeldfällen unterschiedlich starken Widerhall in den Wertungen der Finanzgerichtsbarkeit.

In einem Urteil des FG München aus 1982 ging es um die Frage der Beibehaltung des inländischen Wohnsitzes während einer zeitlich auf zwei Jahre befristeten Beschäftigung eines Arbeitnehmers im Jemen. Diesbezüglich wurde anstatt auf eine fixe Zeitvorgabe auf eine *„gewisse Regelmäßigkeit"* der Inlandsanwesenheit während des Auslandsaufenthalts abgestellt. Hierzu hieß es insoweit: *„Das Merkmal des „Innehabens" erfordert keine ständige, tatsächliche Benutzung einer Wohnung (...). Ungeachtet dessen hatten der Kl. und seine Ehefrau die Wohnung ohnedies immer wieder mit einer gewissen Regelmäßigkeit (...) aufgesucht"*[901]. Die Frage der Inlandsanwesenheit während eines berufsbedingten

901 FG München, Urt. v. 26.5.1982 - IX 137/80 E 2, EFG 1982, 628.

Auslandsaufenthalts stellte sich auch jüngst in einem Urteil des Niedersächsischen FG. Auch hierin wurde eine *„gewisse Regelmäßigkeit"* der Inlandsanwesenheit während des Auslandsaufenthalts vorausgesetzt. In diesem Fall ging es jedoch nicht um die Frage der unbeschränkten Steuerpflicht trotz zeitlich befristeten Auslandsaufenthalts, sondern um diejenige der Kindergeldberechtigung.[902] Konkret die Kindergeldberechtigung eines für zwei Jahre befristet ins Ausland entsandten Arbeitnehmers, der das von ihm und seiner Familie vor und nach dem Auslandsaufenthalt bewohnte Einfamilienhaus im Inland während des Auslandsaufenthalts unverändert und in wohnbereitem Zustand beibehielt. Ohne sich jedoch während dieses Zeitraums auch nur einmal darin aufzuhalten. Vor diesem Hintergrund verneinte das Gericht die Beibehaltung des inländischen Wohnsitzes während des Auslandsaufenthalts und damit die Kindergeldberechtigung im Sinne des § 62 Abs. 1 Satz 1 Nr. 1 EStG. Im Ergebnis also den inländischen Kindergeldanspruch während der Entsendephase. Maßgeblich hob das Gericht hierbei hervor, dass *„die fehlenden Aufenthalte in der inländischen Wohnung über einen Zeitraum von zwei Jahren (…) den Erfahrungssatz (widerlegen), dass eine vor und nach einem zeitlich befristeten Auslandsaufenthalt genutzte Wohnung, die auch während des Auslandsaufenthalts in nutzungsbereitem Zustand zur Verfügung steht, für einen beibehaltenen Inlandswohnsitz spricht"*. Damit hält das Gericht zwar an der ursprünglichen Wertung des FG München aus 1982 fest, nach der nur eine gewisse Regelmäßigkeit der Inlandsanwesenheit den für die Beibehaltung des inländischen Wohnsitzes trotz und während des Auslandsaufenthalts erforderlichen Inlandsbezug herstellt. Es trifft jedoch dadurch, dass es eine regelmäßige Wohnungsnutzung für zwingend erforderlich erklärt, eine im Vergleich zur restlichen Rechtsprechungspraxis strengere Haltung. Beispielhaft sei hier auf Entscheidungen des Hessischen FG, des FG Hamburg sowie des BFH verwiesen, die aufgrund ihrer „lockeren" Beurteilung im Ergebnis jeweils die unbeschränkte Steuerpflicht der Kläger bejahen konnten. Das FG Hamburg hatte zu entscheiden, ob der inländische Wohnsitz bei zeitlich befristetem Auslandsengagement trotz Kündigung, Abmeldung und Wohnungsnahme im Ausland beibehalten wird, wenn der Ehegatte der Klägerin die inländische Wohnung beibehält und die Klägerin nach Beendigung ihres Auslandsengagements in diese Wohnung zurückkehrt. Unter Verweis auf inhaltlich parallelgeschaltete Entscheidungen hat das Gericht hierbei ausdrücklich erklärt, dass *„es bei einer vorübergehenden Auslandstätigkeit entscheidend auf die Pläne des Wohnungsinhabers nach Beendigung einer zeitlich befristeten Auslandstätigkeit und weniger*

902 Niedersächsisches FG, Urt. v. 17.1.2017 - 8 K 50/16, EFG 2017, 544.

darauf ankommt, ob und ggfs. wie oft der Steuerpflichtige die beibehaltene Wohnung in der Zeit der Abwesenheit tatsächlich nutzt"[903]. In die gleiche Richtung streitet eine Entscheidung des BFH aus 1997. Im Streitfall ging es um die Frage, ob die Kläger (Eheleute) ihren inländischen Wohnsitz trotz mehrjähriger nichtselbstständiger Tätigkeit des Klägers (Ehemannes) in der ausländischen Vertretung seines Arbeitgebers in Saudi Arabien beibehalten haben. Hierbei urteilte der Senat: „*Nach der Lebenserfahrung spricht für die Beibehaltung eines Wohnsitzes i. S. des § 8 AO 1977, wenn jemand eine Wohnung, die er vor und nach einem Auslandsaufenthalt als einzige ständig nutzt, während desselben unverändert und in einem ständig nutzungsbereiten Zustand beibehält*"[904]. In Anbetracht der Formulierung scheint es allerdings nicht zwingend erforderlich zu sein, dass in der „*unverändert und in einem ständig nutzungsbereiten Zustand*" befindlichen Wohnung zwischenzeitlich gewohnt wird. Dies bestätigt auch der zweite, sich hieran unmittelbar anschließende Halbsatz, in dem es heißt: „*Dies gilt dann umso mehr, wenn der Stpfl. die Wohnung jährlich mit einer gewissen Regelmäßigkeit auf die Dauer von zwischen drei bis acht Wochen nutzt*". Zwingend ist dies angesichts der Formulierung „*dies gilt dann umso mehr, wenn*" nämlich nicht. Vergleichswiese „lockerer" wird die Notwendigkeit der tatsächlichen Wohnungsnutzung während des Auslandsaufenthalts in einem Urteil des Hessischen FG aus 1976 gesehen. Zur Entscheidung stand, ob der Kläger während seines berufsbedingt befristeten Aufenthaltes in Thailand unbeschränkt einkommensteuerpflichtig geblieben ist oder ob er als zeitweilig nur beschränkt Steuerpflichtiger die Erstattung der Lohnsteuer verlangen kann, die ihm für diese Zeit von seinem in Thailand bezogenen Arbeitslohn einbehalten und an den Beklagten abgeführt worden ist. Diesbezüglich äußerte das Gericht: „*Wenn der Kl. das Vorliegen eines inländischen Wohnsitzes damit bestreitet, daß keine Umstände vorgelegen hätten, die darauf schließen ließen, daß er auch während der Dauer des Aufenthalts in Thailand die Wohnung in Hannover benutzen werde, so verkennt er, daß es auf die tatsächliche Benutzung der Wohnung während der Zeit eines vorübergehenden Auslandsaufenthalts nicht ankommen kann*"[905].

---

903 FG Hamburg, Urt. v. 7.3.1997 - I 135/ 94, EFG 1997, 1153.

904 BFH, Urt. v. 19.3.1997 - I R 69/96, BStBl III 97, 447.

905 Hessisches FG, Urt. v. 15.12.1976 - I 179/75, EFG 1977, 267. Zur Begründung wird ausgeführt: „*§ 13 StAnpG verlangt für das Vorliegen eines Wohnsitzes nur, daß der Stpfl. die Wohnung unter Umständen inne hat, die darauf schließen lassen, daß er sie beibehalten und benutzen „wird". Damit ist es ausreichend, wenn die äußeren Umstände auf ein Beibehalten und Benutzen der Wohnung für die Zukunft, insbesondere für die Zeit nach Beendigung des Aufenthalts im Ausland hindeuten*". Auch die Finanzverwaltung

Insgesamt erscheint die vergleichsweise strengere Auslegungspraxis des Niedersächsischen FG hinsichtlich der Beibehaltung des inländischen Wohnsitzes allerdings sachgerecht. Insbesondere vor dem Hintergrund des genuine link-Erfordernisses. Angesichts der temporär geforderten Inlandsanwesenheit während berufsbedingter Auslandsaufenthalte wird das andauernde Praktizieren des räumlichen Schwerpunkts der Lebensinteressen und damit ein anhaltend qualifizierter Inlandsbezug gewährleistet. Mithin versucht trotz Inlandsunterbrechungen eine Konformität zwischen räumlichem und zeitlichem Inlandsbezug dahingehend herzustellen, dass allein die „**Wahrung** des **besitzstandsmäßigen Status quo** nicht genügt, um bei längerfristiger berufsbedingter Auslandsabwesenheit weiterhin einen Inlandswohnsitz anzunehmen“[906]. Gerade mit Blick auf die Zulässigkeit unregelmäßiger Inlandsaufenthalte erscheint ein solches Vorgehen begrüßenswert. So wird die nötige Nachhaltigkeit der Inlandsanwesenheit unterstrichen, die trotz unregelmäßigen Inlandsaufenthalts für die „Praxis“ des räumlichen Schwerpunkts der Lebensinteressen sorgt.[907] Vor diesem Hintergrund wäre eine zukünftige Orientierung des BFH an den Grundsätzen aus der Entscheidung des FG Niedersachsen wünschenswert. Ob mit einer solchen Anlehnung zu rechnen ist, bleibt jedoch fraglich. Denn bisweilen entsteht der Eindruck, dass die fehlende Stringenz der Entscheidungen auch fiskalisch motiviert ist. So forderte die Rechtsprechung in den vorliegend zitierten Fällen, in denen es um die Frage der unbeschränkten Steuerpflicht ging, nicht zwingend eine temporäre Inlandsanwesenheit während des Auslandsaufenthalts. Demgegenüber verlangte sie in den Fällen, in denen ein Kindergeldanspruch, mithin die Kindergeldberechtigung trotz ausbildungsbedingten Auslandsaufenthalts, im Raum stand, nach einer temporären Inlandsanwesenheit. Auch wenn das Ausmaß der geforderten Inlandsanwesenheit hierbei stark variiert. Grund für eine derart divergierende Auslegung besteht jedoch nicht. Insbesondere sind Fiskalinteressen hierfür kein sachgerechtes Kriterium.[908] Aber auch der seitens des BFH formulierte Einwand, wonach der Einkommensteuerbescheid kein Grundlagenbescheid für die Kindergeldfestsetzung ist, kann diesen Widerspruch nicht

---

erachtet im Fall einer nicht auf Dauer angelegten Arbeitnehmer-Entsendung ins Ausland temporäre Aufenthalte in der inländischen Wohnung für nicht erforderlich, vgl. BMF-Schreiben v. 7.8.2017 - IV A 3-S 0062/17/10001, AEAO zu § 8 AO, Rn. 4.1 letzter Satz und Nr. 6.1.

906 *Reddig*, Anm. zu Niedersächsisches FG, Urt. v. 17.1.1017 - 8 K 50/16, EFG 2017, 544.

907 Vgl. hierzu: D.II.1.a.ad., S. 175 ff.

908 Vgl. hierzu: D.I.1.c.cb.(2), S. 131 ff.

rechtfertigen.[909] Diese Argumentation ist schon aus sich heraus nicht geglückt. Zwar entfaltet der Einkommensteuerbescheid keine förmliche Bindungswirkung für das Kindergeld. Die Literatur geht aber zu Recht davon aus, dass das materielle Ergebnis beider Verfahren regelmäßig übereinstimmen muss, da der diesbezüglich jeweils zu ermittelnde steuerliche „Wohnsitz nur einheitlich bestimmt werden kann“[910]. Im Übrigen erschiene es angesichts des genuine link-Erfordernisses sachgerecht, wenn die Rechtsprechung auch mit Blick auf berufsbedingte Auslandsaufenthalte eine temporäre Inlandsanwesenheit während des Auslandsaufenthalts forderte. Beispielsweise während des Jahresurlaubs.[911] Hierdurch würden nicht nur die Bedenken, mit welcher Konsequenz die Rechtsprechung die Qualität des genuine links zum Inland trotz Auslandsaufenthalt „durchhält“, ausgeräumt. Zudem würde ein Gleichklang mit den Kindergeldfällen erreicht, bei denen *„die Anknüpfung an den Wohnsitz (...) (ebenfalls) als weitere Ausprägung des Territorialitäts-Prinzips (erscheint)“*[912]. Nicht zuletzt würde so der Eindruck einer profiskalisch ausgerichteten Entscheidungsfindung nachhaltig widerlegt.

bb. Ergebnisorientierte Gewichtung einer Rückkehrabsicht - Widerspruch zur gesetzgeberischen Vorgabe eines verobjektivierten Wohnsitzverständnisses?

Die fehlende Stringenz der Gerichtsbarkeit mit Blick auf Einfluss und Stellenwert andauernder Inlandsbindungen trotz und während eines Auslandsaufenthalts setzt sich in der Beurteilung einer „Rückkehrabsicht“ ins Inland fort. Während in Kindergeldfällen das Kriterium der „Rückkehrabsicht“ kategorisch abgelehnt wird, nimmt der Rechtsanwender dieses im Rahmen berufsbedingter Auslandsaufenthalte zumindest verhalten mit in seine Beurteilung auf.

Obgleich der *„Dauer und Häufigkeit der Inlandsaufenthalte“* sowie deren Zweck als *„zwischenzeitliches Wohnen“* in Kontext mit Kindergeldfällen seit jeher besondere Bedeutung zukommt, misst die Finanzgerichtsbarkeit der „Rückkehrabsicht“ des Kindes ausdrücklich weniger Gewicht bei. Mehrfach hat sie diesbezüglich betont, dass *„die Absicht, nach dem Abschluss der Maßnahme wieder an*

---

909 BFH, Urt. v. 28.9.2007 - III S 28/06 (PKH), BFH/NV 2008, 50; BFH, Urt. v. 20.11.2008 - III R 53/05, BFH/NV 2009, 564.

910 *Musil*, in: H/H/Sp, § 8 AO, Rn. 39.

911 Vgl. insofern den Vorschlag von *Reddig*, Anm. zu Niedersächsisches FG, Urt. v. 17.1.1017 - 8 K 50/16, EFG 2017, 544.

912 BFH, Urt. v. 23.11.2000 - VI R 165/99, BStBl II 2001, 279.

den bisherigen Wohnort oder gar in die elterliche Wohnung zurückzukehren, (…) allein jedoch nicht dafür aus(reicht), um vom Fortbestand des bisherigen Wohnsitzes während des Auslandsaufenthalts auszugehen. Die Feststellung der Rückkehrabsicht besagt grundsätzlich nichts darüber, ob der Inlandswohnsitz während des vorübergehenden Auslandsaufenthalts beibehalten oder aber aufgegeben und nach der Rückkehr neu begründet wird.“[913] Diese Sichtweise ist streng und weckt den Eindruck, nicht frei von Fiskalinteressen getroffen worden zu sein. Denn eine Berufung auf die „Rückkehrabsicht“ würde die Beibehaltung des inländischen Wohnsitzes argumentativ noch stützen und so zur Begründung eines Kindergeldanspruchs zumindest mit beitragen.

Der Eindruck einer fiskalinteressen orientierten Motivation scheint auch in Kontext mit berufsbedingten Auslandsaufenthalten Einzug gefunden zu haben. Anders als in den Kindergeldfällen ist der „Rückkehrabsicht“ in diesen Fällen vereinzelt Bedeutung zugekommen. Als weiteres Kriterium im Kreis der Begleitumstände diente sie dazu, die Beibehaltung des inländischen Wohnsitzes und damit die unbeschränkte Steuerpflicht trotz (jahrelangen) Auslandsaufenthalts zu „rechtfertigen“. Im Unterschied zu den Kindergeldfällen scheint sich die Rechtsprechung so stellenweise die unter Fiskalinteressen „positiv“ zu wertende Wirkung der „Rückkehrabsicht“ zu eigen gemacht zu haben. In den 70er Jahren hieß es hierzu in einem Urteil des Hessischen FG zur Frage der Beibehaltung des inländischen Wohnsitzes trotz zeitlich befristeten berufsbedingten Auslandsaufenthalts: *„Es lagen auch Umstände vor, die darauf schließen ließen, daß der Kl. die Wohnung beibehalten und benutzen werde. Der Kl. bestreitet nicht, daß er die Wohnung beibehalten und für die Zeit nach seiner Rückkehr (…) benutzen wollte.*[914] Durch diese Formulierung beruft sich das Gericht zumindest indirekt

913 BFH, Urt. v. 23.11.2000 - VI R 107/99, BStBl II 2001, 294; BFH, Urt. v. 25.9.2014 - III R 10/14, BStBl II 2015, 655; FG München, Urt. v. 29.11.2006 - 10 K 4776/05 (juris); FG Hamburg, Urt. v. 7.9.2007 - 3 K 49/07, EFG 2008, 309.

914 Hessisches FG, Urt. v. 15.12.1976 - I 179/75, EFG 1977, 267. Demgegenüber wurde der Rückkehrabsicht in einem anderen Urt. des Hessischen FG v. 10.9.1976 - VII 51/76, EFG 1977, 184 in Kontext mit berufsbedingten (studienbedingten) Auslandsaufenthalten keine Bedeutung zuteil: *„Daß der Kläger nach Abschluss seines Studiums beabsichtigt, mit der ganzen Familie an seinen ersten Wohnsitz zurückzukehren, vermag (…) nicht zu einer zusätzlichen Wohnsitzbegründung im Inland für die Ehefrau zu führen“.* Auch hier stehen jedoch Fiskalinteressen im Raum. Eine Berücksichtigung der Rückkehrabsicht hätte sich i.d.F. nämlich argumentativ zur Begründung des inländischen Wohnsitzes (auch) der Ehefrau angeboten und so die Möglichkeit zur Wahrnehmung der Zusammenveranlagung ausgelöst. Hinweis: Unterstreichung im Nachhinein vorgenommen.

auf die „Rückkehrabsicht“ des Betroffenen. Ohne jedoch gegen das verobjektivierte Wohnsitzverständnis des Gesetzgebers zu verstoßen. Vielmehr leitet das Gericht die entsprechende Absicht des Steuerpflichtigen mittels „geschickter“ Argumentationstechnik aus objektiv erkennbaren *„Umständen“* her. Hierzu heißt es: *„Diese Absicht des Kl. ergibt sich eindeutig (...) aus dem tatsächlichen Verlauf (...). Denn der Kl. und seine Ehefrau meldeten sich nicht polizeilich ab, ihre Rückkehr in die Bundesrepublik Deutschland (...) stand von vornherein fest und sie hielten das Mietverhältnis über ihre bisherige Wohnung (...) während ihrer Abwesenheit aufrecht“.* Das FG Hamburg sprach in anderem Kontext davon, dass *„es bei einer vorübergehenden Auslandstätigkeit entscheidend auf die Pläne des Wohnungsinhabers nach Beendigung einer zeitlich befristeten Auslandstätigkeit und weniger darauf ankommt, ob und ggfs. wie oft der Steuerpflichtige die beibehaltene Wohnung in der Zeit der Abwesenheit tatsächlich nutzt“*[915]. Auch wenn hierin nicht ausdrücklich das Wort „Rückkehrabsicht“ fällt, lässt sich aus der Formulierung *„Pläne des Wohnungsinhabers“* ein entsprechend subjektives Moment herleiten. Dieses knüpft die Beibehaltung des steuerlichen Wohnsitzes maßgeblich an das Nutzungsverhalten nach Beendigung des vorübergehenden Auslandsaufenthalts und damit indirekt an eine entsprechende Rückkehrabsicht in das Inland.

Gerade unter Berücksichtigung des genuine link-Erfordernisses wäre es wünschenswert, wenn das Kriterium der „Rückkehrabsicht“ sowohl in Fällen berufsbedingter Auslandsaufenthalte als auch in Kindergeldfällen zukünftig ausdrücklich(er) mit einbezogen würde. Denn das Kriterium der „Rückkehrabsicht“ erwiese sich grundsätzlich als sachgerecht, um den andauernden Inlandsbezug trotz Auslandsaufenthalts zu unterstreichen. Jedenfalls unter der doppelten Prämisse, dass die entsprechende „Rückkehrabsicht“ aus objektiven Umständen abgeleitet wird sowie dass es sich lediglich um einen vorübergehenden Auslandsaufenthalt handelt. Der Betroffene also die Absicht hat demnächst ins Inland zurückzukehren. Andernfalls würde dem Inlandsbezug etwas Fiktives anhaften, das nicht durch die Berufung auf die „Rückkehrabsicht“ kompensiert werden darf. Eine derartige Praxis sollte zukünftig vor allem auch mit Blick auf ausbildungsbedingte Auslandsaufenthalte geübt werden. Bislang besteht in diesen Fällen nämlich der Anschein, dass Fiskalinteressen die Finanzgerichtsbarkeit dazu angehalten haben das Kriterium der „Rückkehrabsicht“ nicht explizit in den Kriterienkatalog zur Beibehaltung des inländischen Wohnsitzes

---

915 FG Hamburg, Urt. v. 7.3.1997 - I 135/94, EFG 1997, 1153.

aufzunehmen. Derartige Interessen stellen jedoch kein sachgerechtes Kriterium dar.[916] Nicht zuletzt würde so das materielle Ergebnis berufsbedingter sowie ausbildungsbedingter Auslandsaufenthalte in Einklang gebracht und damit zugleich dem Umstand Rechnung getragen werden, dass jeweils derselbe steuerliche Wohnsitzbegriff im Raum steht.

3. Zwischenergebnis

Das Ausmaß des zeitlich „gelebten" Inlandsbezugs unterliegt einem stetigen Auslegungswandel. Seit jeher stellt sich insofern die Frage, ob der vom BFH in Kontext mit dem steuerlichen Wohnsitz verwandte Begriff der „Bleibe" in zeitlicher Hinsicht überstrapaziert wird. Das genuine link-Erfordernis also in zeitlicher Dimension hinreichend qualifizierten Niederschlag in der Rechtsprechungspraxis gefunden hat. Ein Blick auf die Rechtsprechung zeigt, dass zur Begründung des Wohnsitzes weder eine ständige Nutzung erforderlich ist noch eine beliebig kurzfristige Nutzung während des Jahres ausreicht. Diesbezüglich besteht jedoch ein breites Spektrum an „zeitlichen" Auslegungsalternativen. Lange Zeit wurde dabei das Erfordernis einer regelmäßigen Wohnungsnutzung in den Fokus gerückt. Jedoch mit einer „positiven" Konkretisierung dessen, was hiervon erfasst wird, zurückgehalten. Auch wenn durch das Erfordernis einer regelmäßigen Wohnungsnutzung einer qualifizierten Umsetzung des genuine link-Erfordernisses der Weg geebnet wird, lässt sich eine hierdurch bedingte Einbuße an Rechtssicherheit nicht leugnen. Hieran ändert auch der partielle Rückgriff auf die Sechsmonatsfrist des § 9 Satz 2 AO nichts. Obgleich hierdurch die Grundlage für einen Gleichlauf zum gewöhnlichen Aufenthalt als alternativem nationalen Anknüpfungsmerkmal der Besteuerung geschaffen und zugleich das qualifizierte Verständnis des genuine links zum Inland gestärkt wird, kommt es hierdurch nicht zu einem Mehr an Rechtssicherheit. Zum einen hat sich die Gerichtsbarkeit nicht in jedem insoweit relevanten Einzelfall auf die Sechsmonatsfrist berufen. Zum anderen stellt schon die Sechsmonatsfrist als solche lediglich einen Anhaltspunkt für die Beibehaltung und Nutzung der inländischen Wohnung dar. Denn die Rechtsprechung fokussiert sich hierbei auf die Absicht des Steuerpflichtigen und weniger auf die tatsächliche Inlandsanwesenheit. Hierdurch wird die Grundlage für eine flexible Handhabung von Inlandszeiten geschaffen. In der Zwischenzeit hat die Rechtsprechung ihren Katalog an „zeitlicher" Auslegungsvielfalt durch ein weiteres Novum fortgeschrieben. Hierzu ist

916 Vgl. hierzu: D.I.1.c.cb.(2), S. 131 ff.

sie von ihrem ehedem praktizierten Erfordernis einer regelmäßigen Wohnungsnutzung zugunsten einer unregelmäßigen Wohnungsnutzung abgerückt. Diese Trendwende erweist sich vor dem Hintergrund der offensichtlichen „Schwächen" der regelmäßigen Nutzung sowie der bloßen Illusion von Rechtssicherheit angesichts der Übertragung der Sechsmonatsfrist als sachgerecht. Insbesondere steht dieser Ansatz nicht zwingend einem qualifizierten Verständnis des genuine links zum Inland entgegen. Ebenso wenig dem Gebot der Rechtssicherheit. Zwar nimmt das Maß an Rechtssicherheit, durch welches Nutzungsverhalten der Steuerpflichtige einen Wohnsitz begründet beziehungsweise noch aufrechterhält, im Verhältnis zur fehlenden Konkretisierung der regelmäßigen Inlandsanwesenheit noch weiter ab. Dies ist jedoch insoweit unschädlich, als dass diesbezüglich durch das Erfordernis eines nachhaltigen (Wohn-)Nutzungskonzepts ein Ausgleich erzielt wird. Hierdurch wird nicht nur die fehlende einheitliche Konkretisierung der regelmäßigen Inlandsanwesenheit, sondern auch der zeitliche Auslegungsspielraum der bloß unregelmäßigen Inlandsanwesenheit „kompensiert". Zugleich trägt die Rechtsprechung hiermit zu einem substantiierten Verständnis vom genuine link-Erfordernis auch in zeitlicher Dimension bei.

Nachdem § 8 AO nicht voraussetzt, dass die Wohnung ununterbrochen genutzt wird, sondern unter temporären Aspekten schon ein (un-)regelmäßiges Nutzungsverhalten ausreicht, ist die Praxis seit jeher mit der Frage der Abgrenzung einer vorübergehenden Nutzungsunterbrechung von der Aufgabe der Wohnung konfrontiert. Bei völliger Loslösung der inländischen Bande verneint die Rechtsprechung die vorübergehende Nutzungsunterbrechung. Was unter einer völligen Loslösung zu verstehen ist variiert allerdings und scheint nicht immer frei von an Fiskalinteressen orientierter Urteilsfindung zu sein. Zwar überzeugt die Abkehr von einer schematischen Konkretisierung gerade vor dem Hintergrund sonst rechtsmissbräuchlicher Steuergestaltungen. Gleichwohl bestehen Bedenken, ob sich die Rechtsprechung hierdurch in Widerspruch zu ihrem Verständnis vom steuerlichen Wohnsitz als Schwerpunkt der Lebensinteressen gesetzt hat. Insbesondere mit welcher Konsequenz sie die Qualität des genuine links zum Inland „durchhält". Derartige Bedenken versucht die Rechtsprechung dadurch auszuräumen, dass der Inlandsbezug trotz und während derartiger Auslandsaufenthalte noch auf andere Weise zum Ausdruck kommen muss. Hierzu rückt sie die Begleitumstände während des Auslandsaufenthalts in den Vordergrund. Maßgeblich ist hierbei, inwiefern die andauernden Inlandsbindungen trotz und während des Auslandsaufenthalts noch bestehen bleiben. Relevanz hat diese Thematik vor allem in Kontext mit ausbildungs- und berufsbedingten Auslandsaufenthalten erlangt. In Kindergeldfällen kommt dabei vor allem der Dauer und Häufigkeit der Inlandsaufenthalte sowie dem diesen zugrunde liegenden Zweck

Bedeutung zu. Auch diesbezüglich wurden allerdings schon die verschiedensten Zeitmodelle praktiziert. Neuerdings wurde vor allem der Zweck des Inlandsaufenthalts in den Vordergrund gerückt. Im Unterschied hierzu besteht in Kontext mit berufsbedingten Auslandsaufenthalten keine derart ausdifferenzierte Auslegungspraxis. Gerade die Frage, ob hier ebenfalls von der Dauer und Häufigkeit der Inlandsaufenthalte auf die fehlende Lockerung der persönlichen Bindungen und damit auf die Beibehaltung des inländischen Wohnsitzes geschlossen werden kann, ist bislang nicht entschieden. Unsicherheit besteht bereits darüber, ob eine Inlandsanwesenheit während eines berufsbedingten Auslandsaufenthalts notwendig ist. Dies wurde zuweilen ausdrücklich abgelehnt. Im Ergebnis trifft das genuine link-Erfordernis somit in zeitlicher Dimension in beiden Konstellationen auf ein unterschiedlich qualifiziertes Verständnis. Sachgerecht wäre es allerdings, wenn die Rechtsprechung auch mit Blick auf berufsbedingte Auslandsaufenthalte grundsätzlich eine Inlandsanwesenheit während des Auslandsaufenthalts forderte und so einen Gleichklang zu den Kindergeldfällen schaffen würde. Zum einen würde so der Eindruck einer profiskalisch ausgerichteten Entscheidungsfindung nachhaltig widerlegt. Zum anderen würden die Bedenken, mit welcher Konsequenz die Rechtsprechung die Qualität des genuine links zum Inland trotz Auslandsaufenthalts „durchhält", ausgeräumt. Gerade deshalb wäre es wünschenswert, das Kriterium der „Rückkehrabsicht" sowohl in Fällen berufsbedingter Auslandsaufenthalte als auch in Kindergeldfällen zukünftig ausdrücklich(er) mit einzubeziehen.

III. Einspeisung des genuine link-Erfordernisses mittels Zurechnung des inländischen Familienwohnsitzes -

1. Zurechnung des inländischen Familienwohnsitzes bei ortsabwesenden Ehegatten

a. Schaffung eines Inlandsbezugs mittels abgeleiteter Verfügungsmacht

Immer wieder hat die Rechtsprechung betont, dass das (Nicht-)Bestehen eines inländischen Wohnsitzes für jede Person gesondert zu prüfen ist.[917] Im Unterschied zu ausbildungsbedingt abwesenden Kindern wird einem berufsbedingt ortsabwesenden Ehegatten gleichwohl regelmäßig der Familienwohnsitz

917 BFH, Urt. v. 7.4.2011 - III R 77/09, BFH/NV 2011, 1351; FG München, Urt. v. 29.7.2015 - 1 K 1016/14, EFG 2016, 268.

zugerechnet. Hierzu wird dem berufsbedingt ortsabwesenden Ehegatten über einen Familienangehörigen das Innehaben der inländischen Wohnung und damit der Inlandsbezug vermittelt. Auf diese Weise wird dem Familienwohnsitz eine Art Ausnahmestellung zuteil, die als solche unausbleiblich Fragen zu dessen Vereinbarkeit mit allgemeinen Steuerprinzipien aufwirft. Zum einen, wie sich eine solche Auslegungspraxis mit dem genuine link-Erfordernis verträgt. Mithin dem Verständnis vom steuerlichen Wohnsitz als räumlicher Schwerpunkt der Lebensinteressen. Zum anderen, ob ein solches Vorgehen der individualpersonalen Ausrichtung der Einkommensbesteuerung entspricht.

Das Rechtsinstitut des Familienwohnsitzes ist keine Erfindung der Rechtsprechung und beansprucht nicht nur als nationales Anknüpfungsmerkmal der Besteuerung Geltung. Vielmehr finden sich hierzu auch im Gesetz Anhaltspunkte. Konkret in § 19 Abs. 1 Satz 2 Hs. 2 AO. Dieser knüpft die örtliche Zuständigkeit des Finanzamts in Sachen Einkommens- und Vermögensbesteuerung natürlicher Personen bei mehrfachem Wohnsitz von Ehegatten beziehungsweise in Lebensgemeinschaft lebenden Steuerpflichtigen an den Familienwohnsitz und nicht an den jeweiligen Wohnsitz der Ehegatten. Damit leitet der Gesetzgeber aus dem Familienwohnsitz offenbar einen „gemeinsamen Lebensmittelpunkt“[918] ab und spricht diesem so einen besonderen Stellenwert im Sinne eines intensiven räumlichen Bezugspunkts zu.

Demgegenüber hat sich die Rechtsprechung mit dem Rechtsinstitut des Familienwohnsitzes auch jenseits der örtlichen Zuständigkeit des Finanzamts auseinandergesetzt. Insbesondere in Kontext mit der Zusammenveranlagung. Da diese in §§ 26 Abs. 1 Satz 1 Nr. 1, 1 Abs. 1 EStG i.V.m. § 8 AO tatbestandlich an die unbeschränkte Einkommensteuerpflicht beider Ehegatten anknüpft, ging es hierbei immer wieder um die Frage, ob und gegebenenfalls inwieweit ortsabwesenden Ehegatten zur Begründung der unbeschränkten Steuerpflicht der inländische Familienwohnsitz zugerechnet werden kann. Entsprechende Grundsätze, an denen sowohl Literatur[919] als auch Finanzverwaltung[920] bis heute festhalten, hat die Finanzgerichtsbarkeit hierzu schon vor langer Zeit aufgestellt. Wenngleich in Kontext mit dem Steuerpräferenzgesetz hat der BFH bereits in den 50er Jahren des vergangenen Jahrhunderts betont, dass *„ein Ehemann dort seinen Wohnsitz hat, wo seine Familie wohnt. Nimmt er eine Tätigkeit*

918 *Wünsch*, in: Koenig, § 19 AO, Rn. 8.

919 Vgl. u.a.: *Drüen*, in: Tipke/ Kruse, § 8 AO, Rn. 7; *Lehner/ Waldhoff*, in: K/S/M, § 1 EStG, B 130; *Tiede*, in: H/H/R, § 1 EStG, Rn. 65; *Birkholz*, DStZ/A 1979, 247 (248).

920 BMF-Schreiben v. 7.8.2017 - IV A 3-S 0062/17/10001, AEAO zu § 8 AO, Rn. 5.2.

außerhalb dieses Ortes auf, so behält er im allgemeinen seinen Wohnsitz am bisherigen Ort bei, wenn seine Familie dort bleibt (...). Dies gilt sogar dann, wenn er die Wohnung zeitweilig nicht benutzt (...). Nur unter besonderen Umständen kann ein gemeinsamer Wohnsitz für die Ehegatten verneint werden."[921] Wenig später wiederholte das Gericht seine diesbezügliche Haltung. Diesmal in Kontext mit der Frage der unbeschränkten Einkommensteuerpflicht eines berufsbedingt abwesenden Ehegatten. Hierbei hob der BFH hervor, dass „*in der Regel (...) die Annahme gerechtfertigt sein (wird), daß ein Ehemann seinen Wohnsitz dort hat, wo sich seine Familie befindet*". Aus dem Umstand, dass der Beschwerdeführer im Streitfall „*die Familienwohnung, die er bei jeder sich bietenden Gelegenheit aufgesucht habe, als sein eigenes Heim betrachtet*"[922], schlussfolgerte das Gericht sodann die Beibehaltung der inländischen Wohnung. Im Ergebnis also dessen unbeschränkte Einkommensteuerpflicht. Dieser Ansatz wurde in der Folgezeit immer wieder auch von den Finanzgerichten aufgegriffen. Hierzu hieß es bisweilen, dass „*auch eine längere Nichtnutzung (...) für das Innehaben einer Wohnung unschädlich sein (kann), wenn die Wohnung für den Betreffenden durch Familienangehörige genutzt wird*"[923]. Teils war die Rede davon, dass „*regelmäßig - widerlegbar - davon ausgegangen werden (kann), ein Ehepartner werde die Wohnung, in der seine Familie wohnt, auch benutzen und daher dort einen Wohnsitz haben (...). Dabei kann ein Steuerpflichtiger die Wohnung auch durch seinen Ehepartner innehaben*"[924]. In anderem Kontext wurde schlicht von der Zurechnung des „*Familienwohnsitzes*"[925] oder auch davon gesprochen, dass „*als Verfügungsmacht (...) eine abgeleitete Verfügungsmacht (genügt)*"[926]. Gleichwohl stellt sich auch in diesem Zusammenhang die Frage, inwiefern die Rechtsprechung ihre „einmal gewählte Interpretation im Interesse größtmöglicher Stabilität"[927] fortführt.

---

921 BFH, Urt. v. 29.10.1959 - IV 129/58 S, BStBl III 1960, 61 m.V.a. RFH v. 13.3.1929 - VI A 1212/28, StuW 1929, 363. Vgl. in diesem Kontext z.B. auch: BFH, Urt. v. 28.8.1968 - I 254/65, BStBl II 1968, 818.

922 BFH, Urt. v. 3.12.1964 - I 364/61, BeckRS 1964, 21007315. So auch: BFH, Urt. v. 11.4.1984 - I R 230/80, NV; BFH, Urt. v. 6.2.1985 - I R 23/82, BStBl II 1985, 331; BFH, Urt. v. 22.8.2007 - III R 89/06, BFH/NV 2008, 351: „*Für das „Innehaben" genügt es bei der Ehefrau und damaligen Freundin des Klägers, dass sie die tatsächliche Verfügungsmöglichkeit über diese Wohnung vom Kläger (...) abgeleitet hat*".

923 FG BW, Urt. v. 7.9.1990 - IX K 96/88, EFG 1991, 102.

924 FG Köln, Urt. v. 27.6.2002 - 10 K 6348/97, EFG 2002, 1198.

925 FG München, Urt. v. 29.7.2015 - 1 K 1016/14, EFG 2016, 268.

926 FG München, Urt. v. 4.4.2003 - 12 K 2867/96, (juris).

927 *Voß*, Ungewißheit im Steuerrecht - Formen, Konsequenzen, Maßnahmen, S. 14.

Ganz so stringent wie es den Anschein hat, geht die Rechtsprechung nämlich auch in Sachen Zurechnung des Familienwohnsitzes nicht vor:

Zum einen erscheint es wenig sachgerecht, dass diese Grundsätze noch nicht auf Kindergeldfälle übertragen wurden. *Mössner* äußert insofern zu Recht: Da in Kontext mit berufsbedingt ortsabwesenden Ehegatten grundsätzlich „innerhalb einer Familie die Nutzung der Familienwohnung angenommen wird, dürfte man im Grunde zu keinem anderen Ergebnis gelangen. Zumal wenn das Kind sich mehrfach kurzfristig bei den Eltern im Inland aufhält“[928]. Dennoch wurde in diesen Fällen bislang eine generelle Zurechnung abgelehnt. Grund hierfür scheinen (auch) Fiskalinteressen zu sein. Dies ist jedoch kein sachgerechtes Differenzierungskriterium, zumal minderjährige Kinder den elterlichen Inlandswohnsitz regelmäßig ebenfalls als räumlichen Schwerpunkt ihrer Lebensinteressen betrachten dürften.[929] Als Indiz hierfür sollte allerdings nach wie vor der von der Rechtsprechung in Kindergeldfällen entwickelte Kriterienkatalog herangezogen werden. Insbesondere die „Dauer und Häufigkeit der Inlandsaufenthalte“ sowie deren „Zweck“ dürften dabei hinreichenden Aufschluss darüber geben, ob minderjährige Kinder den elterlichen Inlandswohnsitz weiterhin als räumlichen Schwerpunkt ihrer Lebensinteressen betrachten.[930] Fraglich ist, ob das Urteil des Hessischen FG aus 2016 diesbezüglich eine erste „Trendwende“ erkennen lässt. Im Streitfall ging es mitunter um das Bestehen eines Kindergeldanspruchs für ein - nach einer im außereuropäischen Ausland durchgeführten Adoption ins Inland verbrachtes - Kind. In den Entscheidungsgründen wurde hierzu eingehend der steuerliche Wohnsitzbegriff diskutiert. Dabei wurde angemerkt: *„Lebt ein minderjähriges Kind im Ausland, kann zwar davon ausgegangen werden, dass über das Rechtsinstitut des Familienwohnsitzes das „Innehaben einer Wohnung“ durch einen Familiengehörigen vermittelt wird, wenn es um das „Beibehalten“ eines bereits vorhandenen Wohnsitzes geht. Dagegen kann ein im Ausland lebendes Kind im Inland grundsätzlich keinen Wohnsitz „begründen“, ohne sich zuvor hier aufgehalten zu haben. Dies gilt regelmäßig für ein Kind, das im Ausland geboren und erst später zum inländischen Wohnsitz der Eltern gebracht wird.“*[931] Zwar ging das Gericht aufgrund der vorgenannten Grundsätze im Streitfall davon aus, dass das adoptiere Kind bis zum Abschluss des Adoptionsverfahrens keinen inländischen Wohnsitz begründet hat. Gleichwohl folgt aus obigem Grundsatz, dass die Zurechnung des

---

928 *Mössner*, Besteuerung internationaler Unternehmen, Rn. 2.27.

929 Vgl. hierzu: D.I.1.c.cb.(2), S. 131 ff.

930 Finanzielle Umstände sollten dabei jedoch anders als bislang durchaus einmal einen verkürzten oder gar fehlenden Inlandsaufenthalt während der Schul- bzw. Semesterferien rechtfertigen. Denn ein andauernder Inlandsbezug wird vor diesem Hintergrund nicht zwingend ausgeschlossen und steht damit auch einem fortgeführten Schwerpunkt der Lebensinteressen nicht entgegen. Vielmehr lässt er sich aus „begründetem“ Anlass bloß phasenweise nicht realisieren, vgl. hierzu: D.II.2.b.ba.(1), S. 189 ff.

931 Hessisches FG, Urt. v. 27.4.2016 - 3 K 1305/13 (juris), NZB eingelegt (Az. des BFH: III B 83/16).

Familienwohnsitzes zugunsten eines minderjährigen und im Ausland lebenden Kindes offenbar nicht (mehr) von Vornherein ausgeschlossen wird. Jedenfalls nicht, wenn es um das *„Beibehalten" eines bereits vorhandenen Wohnsitzes geht"*. Die Finanzgerichtsbarkeit sollte sich hieran zukünftig entsprechend obiger Überlegungen ein Beispiel nehmen. So würde ein Gleichklang zu den Fällen berufsbedingt ortsabwesender Ehegatten erreicht und zugleich die in Kindergeldangelegenheiten bestehenden kontroversen Züge der Rechtsprechung ad acta geführt.

Zum anderen ruft eine Entscheidung des Niedersächsischen FG aus 1997 Bedenken an einer konsequenten Fortführung obiger Grundsätze zur Zurechnung des Familienwohnsitzes hervor. Diese dürfte gar einen „Auslegungs-Fremdkörper" darstellen. Im Streitfall stand zur Diskussion, ob die Kläger aufgrund eines inländischen Wohnsitzes als unbeschränkt steuerpflichtig anzusehen waren und insofern im Streitzeitraum die tatbestandlichen Voraussetzungen der Zusammenveranlagung erfüllt haben. Hierzu urteilte das Gericht, dass *„eine Wohnung (...) grundsätzlich nicht dadurch innegehabt werden (kann), daß ein Familienangehöriger - hier die volljährige Tochter - in der Wohnung ständig lebt"*[932]. Vielmehr kommt es in den Augen des Gerichts maßgeblich auf die tatsächliche Nutzung der Wohnung an. Angesichts der Nutzung der inländischen Wohnung an 93 Tagen innerhalb des Streitzeitraums lehnt das Gericht die Beibehaltung eines inländischen Wohnsitzes der Kläger ab. Auch wenn diese Wertung unter dem Vorbehalt des „Grundsätzlichen" steht, verkehrt sie gleichwohl den zuvor und auch danach noch getroffenen Auslegungsgrundsatz von der grundsätzlichen Zurechnung des inländischen Familienwohnsitzes. Fraglich ist, ob der abweichenden Bewertung des Niedersächsischen FG ein sachgerechter Grund zugrunde lag oder ob sich das Gericht (auch) fiskalmotiviert von der „positiven" Grundaussage der übrigen Gerichtsbarkeit gelöst hat.[933] Ein sachgerechter Grund könnte mit Blick auf das genuine link-Erfordernis bestehen. Jedenfalls dann, wenn dieses einer grundsätzlich abgeleiteten Verfügungsmacht des inländischen Familienwohnsitzes entgegenstünde und daher eine derartige Neubewertung gerechtfertigt hätte.

---

932 Niedersächsisches FG, Urt. v. 28.5.1997 - IX 173/94, EFG 1997, 1150.

933 Im Streitfall konnte das Gericht dadurch, dass es eine Zurechnung der durch die Tochter genutzten Wohnung verneinte, die von den Ehegatten für den Streitzeitraum geltend gemachte Zusammenveranlagung abwenden.

b. Fiktion des Inlandsbezugs oder Fortführung des Schwerpunkts der Lebensinteressen?

So überwiegend standhaft die Finanzgerichtsbarkeit sowie die Literatur bisweilen an der Zurechnung des Familienwohnsitzes festgehalten haben, so verhalten haben sich beide zu dessen „Rechtfertigung“ geäußert. Gerade dies schürt den Eindruck, dass eine derartige Zurechnung ohne weiteres praktiziert wird. Je nach Einzelfall also auch einmal auf einem fiktiven Inlandsbezug gründet, der einer qualifizierten Umsetzung des genuine link-Erfordernisses entgegensteht und so das offensichtliche Verständnis der Rechtsprechung vom steuerlichen Wohnsitz als Spiegelbild des räumlichen Schwerpunkts der Lebensinteressen konterkariert. Eine Analyse der Rechtsprechung schafft jedoch Abhilfe und zeigt, dass das Rechtsinstitut des Familienwohnsitzes geradezu beispielhaft den Grundsatz des steuerlichen Wohnsitzes als Spiegelbild des räumlichen Schwerpunkts der Lebensinteressen fortführt.

Hintergrund hierfür ist, dass die ständige Rechtsprechung regelmäßig von der Zurechnung des Familienwohnsitzes ausgeht. Eine Zurechnung also nicht ohne weiteres praktiziert, sondern diese vielmehr an einen fortgeführten qualifizierten Inlandsbezug knüpft. Bereits 1959 hat sich der BFH dahingehend ausgesprochen. Diesbezüglich hieß es, dass *„unter besonderen Umständen (...) ein gemeinsamer Wohnsitz für die Ehegatten verneint werden (kann). Dies wird (allerdings) nur dort zutreffen, wo der Ehemann aus Gründen, die nicht in seiner Person liegen, die Familie in der bisher gemeinsam benutzten Wohnung beläßt und die ganzen Verhältnisse (...) klar dagegen sprechen, daß er die Wohnung einer Angehörigen noch mitbenutzen will und sie auch als sein eigenes Heim betrachtet“*[934]. Zwar spricht sich die Rechtsprechung hierin nur *„unter besonderen Umständen“* gegen die Zurechnung des Familienwohnsitzes aus. Gleichwohl wird ein *„gemeinsamer Wohnsitz für die Ehegatten verneint“*, sobald der ortsabwesende Ehegatte die Wohnung nicht mehr *„mitbenutzen will und sie auch (nicht mehr) als sein eigenes Heim betrachtet“*. Hierin klingt jedenfalls mittelbar der Gedanke eines fortgeführten qualifizierten Inlandsbezugs des ortsabwesenden Ehegatten an. So wird das Verständnis vom steuerlichen Wohnsitz als räumlicher Schwerpunkt der Lebensinteressen fortgeführt. Zwar fällt in den Entscheidungsgründen nicht der Begriff des räumlichen Schwerpunkts der Lebensinteressen. Dieser schwingt jedoch im Begriffsverständnis der Familienwohnung als *„Heim“*

934 BFH, Urt. v. 29.10.1959 - IV 129/58 S, BStBl III 1960, 61 m.V.a. RFH v. 10.3.1937 - VI A 631/36, RStBl 1937, 498; BFH, Urt. v. 3.12.1964 - I 364/61, BeckRS 1964, 21007315.

mit. Denn ein „*Heim*" suggeriert das Verständnis eines „Zuhauses". Also eines zu Wohnzwecken genutzten privaten beziehungsweise familiären Rückzugsorts. Dies entspricht zugleich dem Verständnis vom räumlichen Schwerpunkt der Lebensinteressen einer Person.[935] Dieser befindet sich nämlich nach allgemeiner Lebenserfahrung an dem Ort, der den „dauernde(n) Stützpunkt für die persönliche Existenz"[936], sprich den Schwerpunkt des „*familiären und geselligen Lebens*"[937], bildet. Familienwohnung und räumlicher Schwerpunkt der Lebensinteressen im Sinne eines fortgeführten qualifizierten Inlandsbezugs gehen insofern Hand in Hand.

Jahrzehnte später hat das FG München den bereits damals anklingenden Gedanken eines fortgeführten Schwerpunkts der Lebensinteressen aufgegriffen und dabei explizit in Worte gefasst: „*Nimmt ein Ehegatte eine Berufstätigkeit im Ausland auf und wohnt dort auch, so kann diesem über das Rechtsinstitut des Familienwohnsitzes der Wohnsitz hinsichtlich der beibehaltenen Familienwohnung, wo die Familie ständig wohnt, vermittelt werden (…). Das gilt jedenfalls solange, als der im Ausland arbeitende Ehegatte nicht von seiner Familie getrennt lebt. Die Nutzung als Bleibe ergibt sich in diesem Fall schon aus dem Umstand, dass die Wohnung von der Familie zum Mittelpunkt ihrer persönlichen Lebensführung auserkoren ist und der Ehemann ein Teil der Familie ist*"[938]. Hierdurch wird klar, dass der fortgeführte Mittelpunkt der persönlichen Lebensführung beziehungsweise der fortgeführte räumliche Schwerpunkt der Lebensinteressen (immer noch) argumentativer Dreh- und Angelpunkt der Zurechnungspraxis ist; jedenfalls in der Welt der intakten Ehe. Die Zurechnungspraxis gründet also nicht auf einer Fiktion des Inlandsbezugs durch Vermittlung von etwas völlig „Fremden", sondern verkörpert auf der Basis eines fortgeführten Inlandsbezugs eine qualifizierte Umsetzung des genuine link-Erfordernisses.

Im Übrigen klang auch von Seiten der Finanzrechtsprechung immer wieder die Vorstellung an, dass das Rechtsinstitut des Familienwohnsitzes auf dem Gedanken eines qualifizierten Inlandsbezugs im Sinne eines fortgeführten räumlichen Schwerpunkts der Lebensinteressen fußt. Also nicht losgelöst von

---

935 So auch *Schön*: „Wenn eine Person sich entscheidet, in einem Staat zu wohnen (…) ist (es) auch dieser Staat, in dem der Steuerpflichtige den Mittelpunkt seines Familienlebens begründet hat (…)", vgl. *Schön*, IStR 2004, 289 (290).

936 *Bayer*, in: FS Mosler, S. 59 (64), Fn. 26 m.V.a. *Georg Strutz*, Kommentar zum Einkommensteuergesetz v. 10.8.1925, Band 1 (1927), Anm. 21 zu § 2.

937 BFH, Urt. v. 19.7.1951 - III 35/51 U, BStBl III 1951, 176.

938 FG München, Urt. v. 29.7.2015 - 1 K 1016/14, EFG 2016, 268. Hiweis: Unterstreichung im Nachhinein vorgenommen.

einem vor Ortsabwesenheit (mit-)begründeten und zukünftig noch andauerndem Inlandsbezug beurteilt wird. Seit langem wird hierzu wiederholt betont, dass der räumliche Inlandsbezug schon vor Ortsabwesenheit des Ehegatten bestanden haben muss. Hierzu heißt es, dass *„das Rechtsinstitut des Familienwohnsitzes (...) uneingeschränkt nur für das „Beibehalten“*[939] *eines bereits vorhandenen Wohnsitzes (gilt)“*[940]. Durch diese Wertung wird dem Gedanken des fortgeführten räumlichen Schwerpunkts der Lebensinteressen mehr als deutlich Rechnung getragen. Etwas fortzuführen steht nämlich in Wechselwirkung zu etwas *„bereits Vorhandenem“*. Letzteres ist hierfür gar zwingend erforderlich. Da nur demjenigen, der die Familienwohnung bereits durch entsprechend vormaliges Innehaben zum räumlichen Schwerpunkt der Lebensinteressen auserkoren hat, ebendieser Familienwohnsitz zugerechnet wird, geht es um das Fortführen von etwas vormals Begründetem. Konkret des eigenständig (mit-)begründeten räumlichen Schwerpunkts der Lebensinteressen. Vor diesem Hintergrund verwundert auch nicht, dass der Umstand der Eheschließung als solcher nicht zur Begründung eines gemeinsamen, die Zurechnung begründenden, Wohnsitzes führt. Jedenfalls dann nicht, wenn *„ein unbeschränkt Steuerpflichtiger im Ausland eine Ausländerin heiratet und mit ihr im Ausland zusammenlebt, ohne daß seine Ehefrau jemals die inländische Wohnung betreten hätte“*[941]. Vielmehr knüpft auch diese Wertung an den Gedanken des fortgeführten räumlichen Schwerpunkts der Lebensinteressen. Denn in diesem Fall besteht für die ortsabwesende Ehefrau kein eigener inländischer Anknüpfungspunkt in Form eines bereits

---

939 Dieser Gedanke findet sich auch in der Entscheidung des Hessischen FG, Urt. v. 27.4.2016 - 3 K 1305/13 (juris) zu Fragen des Kindergelds wieder, vgl. hierzu: D. III.1.a., S. 207 f.

940 BFH, Urt. v. 7.4.2011 - III R 77/09, BFH/NV 2011, 1351; ebenso: BFH, Urt. v. 3.3.1978 - VI R 195/75, BStBl II 1978, 372: *„Die Ehefrau des Klägers hat auch nicht dadurch einen Wohnsitz im Inland begründet, daß der Kläger nach seiner Ausreise (...) seinerseits in der Bundesrepublik ansässig geworden ist. Die Ehefrau hat sich hier bisher nicht aufgehalten.“* Von einem *fortgeführten* qualifizierten Inlandsbezug kann also keine Rede sein. Hiweis: Unterstreichung im Nachhinein vorgenommen.

941 Hessisches FG, Urt. v. 10.11.1976 - VII 51/76, EFG 1977, 184: *„Die Eheschließung allein reicht nicht aus, um der Ehefrau die Wohnung des Ehemannes im Inland automatisch als Inlandswohnsitz zuzurechnen (...). Die hierfür erforderlichen äußerlichen erkennbaren Beziehungen zu dieser Wohnung haben weder (...) im Veranlagungszeitraum 1972 bestanden noch bestehen sie jetzt (...) während im Streitfall die Ehefrau des Kl. die Wohnung des Kl. im Inland nicht bewohnt hat“*; ebenso: FG Hamburg, Urt. v. 15.4.1994 - V 61/92, EFG 1994, 730.

begründeten räumlichen Schwerpunkts der Lebensinteressen, der ihr entsprechend obiger Grundsätze jedenfalls zeitweilig durch ihren Ehepartner vermittelt werden könnte. Ferner lässt sich die Prämisse eines fortgeführten räumlichen Schwerpunkts der Lebensinteressen daraus entnehmen, dass die Zurechnung des Familienwohnsitzes seit jeher von einer künftigen Bestätigung des räumlichen Inlandsbezugs abhängt. Hierzu wurde bisweilen gefordert, dass der Ehemann *„nach einer nur vorübergehenden Abwesenheit in die Familienwohnung zurückkehren wird“*[942]. Teils war vergleichsweise „lockerer“ von der Unschädlichkeit *„eine(r) längere(n) Nichtnutzung“*[943] die Rede. An Äußerungen, wonach eine Zurechnung der Familienwohnung trotz fehlender zukünftiger Nutzung derselben durch den ortsabwesenden Ehegatten in Betracht kommt, fehlt es demgegenüber. Vielmehr muss der Familienwohnsitz dereinst wieder als räumlicher Schwerpunkt der Lebensinteressen bestätigt, sprich „wiederbelebt“ werden. Eine Ableitung des Inlandsbezugs ist also immer nur phasenweise möglich. Dies ist nicht nur insoweit konsequent, als dass der BFH in der Rechtssache aus 1959 ausdrücklich einen Willen zur zukünftigen Mitbenutzung der Familienwohnung gefordert hat. Zudem spiegelt sich hierin erneut der Gedanke eines fortgeführten räumlichen Schwerpunkts der Lebensinteressen wider. Denn ohne eigene (Weiter-)Nutzung des Familienwohnsitzes verlöre die Wohnung für den ortsabwesenden Ehegatten denknotwendig ihren Charakter als *„Heim“*, sprich als räumlicher Schwerpunkt der Lebensinteressen. Vielmehr würde nur noch etwas „Fremdes“ zugerechnet mit der Konsequenz, dass der Inlandsbezug jedenfalls auf Dauer zu einer Fiktion „verkäme“ und das genuine link-Erfordernis somit aufgeweicht würde. Folgerichtig und in Einklang mit der Entscheidung aus 1959 hat die Rechtsprechung die künftige Nutzung der Familienwohnung im Übrigen daran geknüpft, dass diese als *„Heim“* und gerade nicht zu bloßen Besuchszwecken beziehungsweise als Ferienwohnung aufgesucht wird.[944] Denn bloßem

942 FG München, Urt. v. 29.7.2015 - 1 K 1016/14, EFG 2016, 268.

943 FG BW, Urt. v. 7.9.1990 - IX K 96/88, EFG 1991, 102.

944 BFH, Urt. v. 23.11.2000 - VI R 107/99, BStBl II 2001, 294; FG München, Urt. v. 29.7.2015 - 1 K 1016/14, EFG 2016, 268: *„Zu einem Wohnsitz des Klägers auch in München käme man lediglich unter der Annahme, dass die Ehefrau ihren - durch die intensive Nutzung begründeten - Wohnsitz in München dem Kläger vermittelt, diesem der Wohnsitz der Ehefrau also als Familienwohnsitz zuzurechnen ist (…). Eine solche Zurechnung (ist) jedoch nicht sachgerecht. Ausgehend von der Sachverhaltswürdigung, dass der Lebensmittelpunkt der Familie während der Abordnung in (C-Land) war und das Haus in München zwar nutzbar war, (jedoch nur von der Klägerin intensiver genutzt wurde, erachtet der Senat das Haus in München während der Abordnungszeit nicht als*

Aufenthaltnehmen in einer Wohnung zu Besuchszwecken fehlt sowohl unter temporären Aspekten als auch angesichts der fehlenden Eigenschaft der Wohnung als „dauernde(r) Stützpunkt für die persönliche Existenz"[945] die Qualität als „*Heim*" und damit als räumlicher Schwerpunkt der Lebensinteressen. Dem Erfordernis eines fortgeführten räumlichen Schwerpunkts der Lebensinteressen würde insofern keine Rechnung getragen. Letztlich schließt sich der Kreis vom Verständnis des Rechtsinstituts des Familienwohnsitzes als fortgeführter räumlicher Schwerpunkt der Lebensinteressen auch dadurch, dass der Nachzug der Familie eine Zurechnung des bisherigen Familienwohnsitzes ausschließt.[946] In diesem Fall geht der inländische Anknüpfungspunkt und damit der Bezugspunkt für einen abgeleiteten Inlandsbezug verloren. Davon, dass die inländische Wohnung dem ortsabwesenden Ehegatten jederzeit als Plattform zur „Wiederbelebung" seines räumlichen Schwerpunkts der Lebensinteressen zur Verfügung steht, kann also keine Rede (mehr) sein.[947]

Im Ergebnis steht damit die ursprünglich getroffene Wertung der Gerichtsbarkeit, wonach es bloß regelmäßig zu einem Innehaben der Familienwohnung durch den anderen Ehegatten kommt, mit dem genuine link-Erfordernis in Einklang. Denn angesichts des (un-)mittelbar zum Ausdruck kommenden

---

Familienwohnung. Vielmehr hielt sich der Kläger lediglich an wenigen Tagen im Jahr dort auf und nutze es wie eine Ferienwohnung. Dies genügt dem Senat für eine Zurechnung als Wohnsitz nicht". Hinweis: Unterstreichung im Nachhinein vorgenommen.

945 *Bayer*, in: FS Mosler, S. 59 (64), Fn. 26 m.V.a. *Georg Strutz*, Kommentar zum Einkommensteuergesetz v. 10.8.1925, Band 1 (1927), Anm. 21 zu § 2.

946 BFH, Urt. v. 17.5.1995 - I R 8/94, BStBl II 1996, 2: „*Gleichermaßen denkbar ist, daß der ins Ausland versetzte Bedienstete seinen Wohnsitz im Inland mit der Versetzung aufgibt, weil seine Familie kurzfristig nachzieht (...)*". Anders jedoch, wenn die *bloße Absicht* besteht, die Familie ins Ausland nachkommen zu lassen. Dann behält der ortsabwesende Ehegatte seinen Wohnsitz bei. Dies erscheint insofern gerechtfertigt, als die bloße Absicht noch nicht dazu führt, dass der Bezugspunkt für einen abgeleiteten Inlandsbezug verloren gegangen ist, vgl. BFH, Urt. v. 11.4.1984 - I R 230/80, NV.

947 An dieser Stelle sei ergänzend auf eine Wertung des BFH in seinem Urteil v. 3.12.1964 - I 364/61, BeckRS 1964, 21007315 hingewiesen. Hierin heißt es: „*Auch dem Umstand, daß das EinfHaus in B. im Alleineigentum der Ehefrau steht, mußte das FG keine wesentliche Bedeutung beimessen. Das Eigentum der Ehefrau schließt nicht aus, daß die Wohnung dem Bf. tatsächlich zur Verfügung gestanden hat, was naheliegt, weil sich eine eheliche Wohnungseinrichtung in B. befunden hat*". Die eheliche Lebensgemeinschaft überwindet insofern die rechtlichen Verhältnisse an der Wohnung, in dem sie auch dem Nichteigentümer-Ehegatten allein kraft ehelicher Verbundenheit eine jederzeitige tatsächliche Verfügungsmöglichkeit über die Wohnung beimisst.

Verständnisses eines fortgeführten räumlichen Schwerpunkts der Lebensinteressen wird diesem trotz Zurechnungspraxis qualifiziert Rechnung getragen. Eine Kehrtwende hin zu einer grundsätzlichen Verneinung der Zurechnung des inländischen Familienwohnsitzes - so wie vom Niedersächsischen FG praktiziert - erscheint damit nicht nur nicht notwendig, sondern unter diesem Blickwinkel schon nicht sachgerecht. Fraglich ist, ob der Grundsatz der Individualbesteuerung hieran etwas ändert.

2. Durchbrechung des Grundsatzes der Individualbesteuerung?

a. Relevanz des Grundsatzes der Individualbesteuerung in Kontext mit dem Wohnsitzprinzip

Während das Rechtsinstitut des Familienwohnsitzes offensichtlich mit dem genuine link-Erfordernis vereinbar ist, wurden in der Literatur vereinzelt Unsicherheiten laut was dessen Vereinbarkeit mit dem Grundsatz der Individualbesteuerung anbelangt. *Lehner* und *Waldhoff* haben dabei betont, dass „ein eigentlicher Familienwohnsitz im streng rechtlichen Sinn wegen der individualpersonalen Ausrichtung der Einkommensteuer (...) nicht existiert". Vielmehr sei „wenn von „Ehegatten-„ oder „Familienwohnsitz" gesprochen wird, (...) ein Zurechnungszusammenhang des Teilelements des Innehabens einer Wohnung angesprochen"[948]. Ihrer Ansicht nach provoziert die Zurechnungspraxis also einen Verstoß gegen den Grundsatz der Individualbesteuerung. Anders sieht dies hingegen die höchstrichterliche Rechtsprechung. In einem Dreierausschussbeschluss aus 1965 hat das BVerfG eine hierdurch bedingte Durchbrechung des Grundsatzes der Individualbesteuerung ausdrücklich verneint. Hintergrund hierfür ist ein Urteil des BFH aus 1964[949] gewesen, das sich für die regelmäßige Zurechnung des Familienwohnsitzes ausspricht. Das BVerfG hat die hiergegen eingelegte Verfassungsbeschwerde wegen offensichtlicher Unbegründetheit nicht zur Entscheidung angenommen. Hierbei hieß es auch: *„Die Anknüpfung an den Familienwohnsitz unterbricht nicht den Grundsatz der Individualbesteuerung. Die Anknüpfung dient hier dazu, den Umfang der Steuerpflicht der Einzelperson als Steuersubjekt klarzustellen"*[950]. Zwar hätte die Begründung angesichts der Brisanz der Thematik argumentativ noch weiter ausgeführt werden sollen. Die Beurteilung trifft jedoch im Ergebnis zu.

---

948 *Lehner/ Waldhoff*, in: K/S/M, § 1 EStG B 130.

949 BFH, Urt. v. 3.12.1964 - I 364/61, HFR 1965, 268.

950 BVerfG, Dreierausschussbeschluss v. 24.9.1965 - 1 BvR 131/65, DB 1965, 1886.

Der Grundsatz der Individualbesteuerung ist in Kontext mit der Einkommensteuerschuld zu verorten und knüpft per definitionem an die Einzelperson als Steuerschuldner an.[951] Dieser Gedanke findet sich allerdings auch in Kontext mit der (unbeschränkten) Einkommensteuerpflicht im Sinne des § 1 EStG wieder, die als tatbestandliche „Grundlage" der Einkommensteuerschuld im Sinne der §§ 33, 43 Satz 1 AO i.V.m. § 36 Abs. 4 Satz 1 EStG kongruent ausgestaltet ist. Unbeschränkt einkommensteuerpflichtig ist nach § 1 Abs. 1 Satz 1 EStG i.V.m. §§ 8, 9 AO[952] nämlich diejenige natürliche Person, die im Inland ihren Wohnsitz (gewöhnlichen Aufenthalt) hat.[953] Die Auslegungspraxis orientiert sich hieran, indem sie in Sachen (Nicht-)Bestehen eines inländischen Wohnsitzes eine auf die einzelne Person zugeschnittene gesonderte Prüfung trifft.[954] Folglich ist das auf eine Einzelbetrachtung gründende Prinzip der Individualbesteuerung sinngemäß auch in Kontext mit dem Rechtsinstitut des Familienwohnsitzes bedeutsam. Erlaubt also die Frage, ob hierdurch der § 1 EStG i.V.m. §§ 8, 9 AO sinngemäß zugrunde liegende Grundsatz der Individualbesteuerung durchbrochen wird.

Vor diesem Hintergrund fehlt der Argumentation des BVerfG, wonach sich die Durchbrechung des Grundsatzes der Individualbesteuerung deshalb verbietet, weil die *„Anknüpfung an den Familienwohnsitz (...) dazu (dient), den Umfang der Steuerpflicht der Einzelperson als Steuersubjekt klarzustellen"*[955], die nötige Klarheit. Da das Wohnsitzprinzip Kriterium für die Art der Einkommensteuerpflicht ist, dürfte das Gericht mit dem *„Umfang der Steuerpflicht"* auf die Abgrenzung der unbeschränkten von der beschränkten Einkommensteuerpflicht

951 *Becker*, Der „Grundsatz der Individualbesteuerung" im deutschen Einkommensteuerrecht, S. 7; *Lehner/ Waldhoff*, in: K/S/M, § 1 EStG A 77; ebenso: *Becker/ Englisch*, DStR 2016, 1005 (1006); *Bayer*, BB 1991, 517 (522).

952 § 1 EStG i.V.m. § 8 AO: „Einen Wohnsitz hat *jemand* dort, wo *er* eine Wohnung unter Umständen innehat, die darauf schließen lassen, dass *er* die Wohnung beibehalten und benutzen wird". Der Wohnsitztatbestand ist insofern ebenfalls individuell ausgerichtet.

953 *Schaumburg*, Internationales Steuerrecht: Außensteuerrecht, Doppelbesteuerungsrecht, Rn. 7.11: „Im Einkommensteuer- (...)gesetz ist das Wohnsitzprinzip steuersubjektbezogen, da nur im Inland ansässige natürliche (...) Personen der unbeschränkten Steuerpflicht unterliegen".

954 Vgl. hierzu die ausdrücklichen Bekundungen des BFH, Urt. v. 7.4.2011 - III R 77/09, BFH/NV 2011, 1351; FG München, Urt. v. 29.7.2015 - 1 K 1016/14, EFG 2016, 268.

955 BVerfG, Dreierausschussbeschluss v. 24.9.1965 - 1 BvR 131/65, DB 1965, 1886 (1886).

anspielen.[956] Dabei suggeriert die Formulierung des BVerfG jedoch, dass eine Durchbrechung des Grundsatzes der Individualbesteuerung durch die ständige Zurechnungspraxis von Vornherein ausgeschlossen ist. Pauschal wird darauf verwiesen, dass durch die Anknüpfung an den Familienwohnsitz „lediglich" der *„Umfang der Steuerpflicht der Einzelperson als Steuersubjekt"* klargestellt werden soll. Eine Durchbrechung des Grundsatzes der Individualbesteuerung scheide daher aus. Damit scheint das Gericht außer Acht zu lassen, allemal jedoch nicht hinreichend klarzustellen, dass der Grundsatz der Individualbesteuerung in Kontext mit der unbeschränkten Steuerpflicht und hieran anknüpfend mit dem Familienwohnsitz sinngemäß Geltung beansprucht. Dementsprechend stellen sich auch diesbezüglich Fragen nach dessen „Realisierung".

b. Verfassungsrechtlich gebotene Modifikation des Grundsatzes der Individualbesteuerung

Die Vereinbarkeit des Rechtsinstituts des Familienwohnsitzes mit dem Grundsatz der Individualbesteuerung scheint insoweit fraglich, als dass die Ehegatten die gemeinsame Wohnung hiernach nicht ständig in persona innehaben müssen. Vielmehr wird dem ortsabwesenden Ehegatten der gemeinsame Wohnsitz zumindest phasenweise durch den ortsanwesenden Ehegatten vermittelt. Die Einzelbetrachtung weicht damit einer Art Kollektivbetrachtung. Diese führt jedoch nicht zur Durchbrechung des Grundsatzes der Individualbesteuerung. Hierfür sind zwei Faktoren maßgeblich. Die Kollektivbetrachtung wird bereits insoweit relativiert, als dass das Rechtsinstitut des Familienwohnsitzes nicht auf der Vermittlung von etwas völlig „Fremdem" fußt. Im Gegenteil spiegelt sich hierin seit jeher das Verständnis eines fortgeführten räumlichen Schwerpunkts der Lebensinteressen des ortsabwesenden Ehegatten wider. Also eines ursprünglich individual-personal begründeten und dereinst wiederbelebten inländischen Anknüpfungspunkts.[957] Der Gedanke der Einzelbetrachtung wird somit zumindest als „Eckpfeiler" gewahrt.

Aber auch jenseits dieses „Eckpfeilers" wird das Prinzip der Individualbesteuerung nicht im eigentlichen Sinne durchbrochen und damit ad absurdum geführt. Vielmehr gründet die Kollektivbetrachtung auf einer verfassungsrechtlich

---

956 *Hey*, in: Tipke/ Lang, Steuerrecht, § 8, Rn. 20; *Schaumburg*, Internationales Steuerrecht: Außensteurrecht, Doppelbesteuerungsrecht, Rn. 5.11: „Mit dem in § 1 Abs. 1 Satz 1 EStG normierten Wohnsitzprinzip wird das **Steuersubjekt**, die persönliche Seite des Steuertatbestandes geregelt".

957 Vgl. hierzu: D.III.1.b., S. 209 ff.

legitimierten Modifikation des Grundsatzes der Individualbesteuerung. Die Möglichkeit zu Modifikationen folgt aus deren Grundsatzcharakter. Sie besteht, sofern verfassungsrechtliche Wertentscheidungen greifen, die Erwerbs- beziehungsweise Bedarfsgemeinschaften gewährleisten. Für die Ehe wird dies auf Grundlage des Art. 6 Abs. 1 GG bis heute anerkannt.[958] Ausführlich erörtert und bisweilen kontrovers diskutiert wird der „Gemeinschaftscharakter" der Ehe in Kontext mit den Grundsätzen zur Ehegattenbesteuerung im Einkommensteuerrecht.[959] Konkret mit dem in § 32a Abs. 5 EStG i.V.m. §§ 26 ff. EStG normierten Ehegattensplitting.[960]

Die hierin getroffenen Wertungen sind allerdings auch mit Blick auf das Institut des Familienwohnsitzes von Interesse. Zwar gründet dieses auf einem andersartigen Hintergrund.[961] Im Unterschied zum Ehegattensplitting geht es nicht um Besonderheiten betreffend (Zusammen-)Veranlagung und Tarif, sondern um Besonderheiten betreffend die unbeschränkte Einkommensteuerpflicht. Dennoch sind beide Institute angesichts ihrer „materiellen" Verwurzelung im ehelichen Miteinander vergleichbar. Denn auf Basis des ehelichen Miteinanders kommt es jeweils zur Zurechnung von etwas „Fremden". Einerseits

958 *Lehner/ Waldhoff*, in: K/S/M, § 1 EStG A 77.

959 Das Ehegattensplitting fußt auf einem 1958 erlassenen Gesetz (BGBl I, S. 473), nach dem Verheiratete zwischen getrennter Veranlagung und Zusammenveranlagung wählen können. Für die Zusammenveranlagung wurde das Splittingverfahren eingeführt. Das Gesetz ist Schlusspunkt und Reaktion auf eine in den 50er Jahren durch das BVerfG initiierte Debatte, ob der bis dahin geltende § 26 i.d.F. des EStG v. 17.1.1952 gegen Art. 6 GG verstoße und daher nichtig sei. 1957 entschied das BVerfG insofern, dass die Benachteiligung der Ehegatten durch Zusammenveranlagung zur Einkommensteuer nicht mit Art. 6 Abs. 1 GG vereinbar und daher nichtig sei. Denn die „Kumulierung der Einkünfte führte wegen des progressiven Tarifs dazu, dass Eheleute höhere Steuern zahlen mußten als zwei Alleinstehende mit dem gleichen Gesamteinkommen", vgl. *Tipke*, Die Steuerrechtsordnung Band 1, § 8, S. 380 m.V.a. BVerfG, Beschl. v. 17.1.1957 - 1 BvL 4/54, BVerfGE 6, 55.

960 Konsequenz und zugleich Hauptziel dieser 1958 eingeführten Regelung ist die doppelte Wirkung des Grundfreibetrags sowie eine Abflachung der Progression, vgl. BVerfG, Urt. v. 3.11.1982 - 1 BvR 620/78, BVerfGE 61, 319; *Winhard*, DStR 2006, 1729 (1730); *Richter/ Steinmüller*, FR 2002, 812 (812).

961 Nichtsdestotrotz dürfte das Rechtsinstitut des Familienwohnsitzes regelmäßig den ersten Schritt in Richtung Zusammenveranlagung setzen. Denn die unbeschränkte Einkommensteuerpflicht beider Ehegatten ist wegen § 26 Abs. 1 Satz 1 Nr. 1 EStG i.V.m. § 1 Abs. 1 EStG zwingende Voraussetzung für die Wahl der Zusammenveranlagung und damit die Inanspruchnahme des Splittingtarifs.

des „Teilelements des Innehabens einer (inländischen) Wohnung“[962], andererseits fremder Einkünfte.[963] Gegebenenfalls sogar völlig fremder Einkünfte, weil durch das Ehegattensplitting zunächst die getrennt ermittelten Einkünfte beider Ehepartner addiert und sodann das gemeinsam zu versteuernde Einkommen hälftig geteilt wird, indem „es den Ehegatten unabhängig davon, wer es bezieht, je zur Hälfte zugerechnet (wird)“[964]. Argumentativ wurde hierzu in Kontext mit dem Ehegattensplitting vor allem auf die in Art. 6 GG zum Ausdruck kommende spezifische Verbundenheit der Eheleute zurückgegriffen. Derentwegen stellt sich die Ehe als „verbundene Bezugsgröße der Leistungsfähigkeit“[965] dar, die als solche eine Modifikation des Grundsatzes der Individualbesteuerung gebietet. Hierzu heißt es von Seiten des BVerfG: *„Das Splittingverfahren entspricht dem Grundsatz der Besteuerung nach der Leistungsfähigkeit“*. Denn *„zusammenlebende Eheleute (bilden) eine Gemeinschaft des Erwerbs und Verbrauchs (...), in der ein Ehegatte an den Einkünften und Lasten des anderen wirtschaftlich jeweils zur Hälfte teilhat (...). Damit ist das Ehegattensplitting (...) eine an dem Schutzgebot des Art. 6 Abs. 1 GG und der wirtschaftlichen Leistungsfähigkeit der Ehepaare (...) orientierte sachgerechte Besteuerung“*[966]. Zwar wird diese Beurteilung seit jeher kontrovers debattiert. Insbesondere wird bezweifelt, dass die Ehegatten eine Erwerbs- und Verbrauchsgemeinschaft bilden.[967] Hierzu wurde mitunter vorgetragen, dass „der Schutz der Ehe nach Art. 6 Abs. 1 GG (...) insbesondere nicht (impliziert), dass Ehemann und Ehefrau in erwerbswirtschaftlicher

---

962 *Lehner/ Waldhoff*, in: K/S/M, § 1 EStG B 130.

963 Angesichts der Zurechnung ggf. sogar völlig fremder Einkünfte stellt das Ehegattensplitting insofern ein „Mehr“ an Zurechnung dar als das Rechtsinstitut des Familienwohnsitzes, bei dem nur ein ursprünglich *individual-personal* begründeter Wohnsitz zugerechnet wird.

964 *Richter/ Steinmüller*, FR 2002, 812 (812); ebenso: *Seeger*, in: Schmidt, § 26b EStG, Rn. 2.

965 *Winhard*, DStR 2006, 1729 (1731); *Seiler*, FR 2010, 113 (115): „Soweit die maßgeblichen Lebensverhältnisse hingegen rechtlich oder faktisch andersartig vorgeprägt sind, kann es gerade Ausdruck der Leistungsfähigkeit sein, den Erwerbserfolg abweichend vom Erwerbshandeln zuzuordnen. Das wichtigste Beispiel einer solchen personalen Modifikation bietet die Ehe“; *Lehner/ Waldhoff*, in: K/S/M, § 1 EStG A 77: „Leistungsfähigkeitsgemeinschaft“; *Prinz*, FR 2010, 105 (108): „Besteuerungseinheit“.

966 BVerfG, Urt. v. 3.11.1982 - 1 BvR 620/78, BVerfGE 61, 319.

967 Bezweifelt wird allerdings nicht nur, dass es sich bei der Ehe um eine Erwerbs- und Verbrauchsgemeinschaft handelt. Zudem wird argumentiert, dass das Ehegattensplitting die Familie mit nur einem Elternteil sowie erwerbstätige Ehefrauen und alleinstehende erwerbstätige Mütter benachteilige, vgl. hierzu: *Tipke*, Die Steuerrechtsordnung Band 1, § 8, S. 384 m.w.N.

Hinsicht (...) von vornherein nur als Gemeinschaft bzw. steuerliche Einheit betrachtet werden können"[968]. Auswirkungen auf die Zulässigkeit einer Modifikation des Grundsatzes der Individualbesteuerung ergeben sich hieraus allerdings mit Blick auf das Institut des Familienwohnsitzes nicht. Denn selbst die Kritiker des Ehegattensplittings dürften nicht das Art. 6 GG zugrunde liegende generelle Verständnis der spezifischen Verbundenheit der Eheleute und den hierin zum Ausdruck kommenden (räumlichen) Gemeinschaftsgedanken leugnen.[969] Ungeachtet des künftigen „Fortbestands" des Ehegattensplittings und der diesem zugrunde liegenden Wertungen der Ehe als Erwerbs- und Bedarfsgemeinschaft kann das Institut des Familienwohnsitzes insofern auch in Zukunft für „Zwecke" des Grundsatzes der Individualbesteuerung unmittelbar über die räumlichen „Gemeinschaftswertungen" in Art. 6 GG „gerechtfertigt" werden. Denn das verfassungsrechtliche Verständnis der ehelichen Lebensgemeinschaft als einer *„Keimzelle jeder menschlichen Gemeinschaft, deren Bedeutung mit keiner anderen menschlichen Bindung verglichen werden kann"*[970] erfordert (auch) eine räumliche Gemeinschaftskomponente.[971] Ohne diese wäre die durch Art. 6 GG gewährleistete Freiheit der Ehegestaltung in räumlicher Hinsicht nicht praktikabel. Die Auslegungspraxis in Sachen Familienwohnsitz spiegelt diese verfassungsrechtliche Wertentscheidung[972] und damit zugleich das verfassungsrechtliche Gebot nach einer ehegerechten Ausgestaltung beziehungsweise

---

968 *Becker/ Englisch*, DStR 2016, 1005 (1006); ähnlich: *Bareis/ Siegel*, DStR 2015, 456 (458 f.): „Der Verweis auf eine Verbrauchsgemeinschaft geht schon deshalb fehl, weil die Einkommensteuer keine Konsumsteuer ist. Indikator der Leistungsfähigkeit ist das erwerbswirtschaftlich erworbene Einkommen, also dessen Entstehungsseiten. Dessen Verbrauch hat damit nichts zu tun. Splitting kann auch nicht mit der Behauptung, die Ehe stelle eine Erwerbsgemeinschaft dar, begründet werden. Selbst bei einer OHG, deren Gesellschafter Angehörige sind, muss der für steuerliche Zwecke zu korrigierende Gesamtgewinn der OHG nach dem Einsatz der „Produktionsfaktoren" der Gesellschafter (...) auf diese zugeteilt werden, und nicht etwa 50:50".

969 *Badura*, in: Maunz/ Dürig, GG Kommentar, Art. 6 GG, Rn. 42 m.V.a. BVerfG, Beschl. v. 30.11.1982 - 1 BvR 818/81, BVerfGE 62, 323: Ehe als „eine auf Dauer angelegte Verbindung (...) (und) rechtliche Form umfassender Bindung zwischen Mann und Frau".

970 BVerfG, Beschl. v. 17.1.1957 - 1 BvL 4/54, BVerfGE 6, 55; *Uhle*, in: Epping/ Hillgruber, BeckOK Grundgesetz, Art. 6 GG, Rn. 33.

971 *Etliche*, in: Blümich, § 26 EStG, Rn. 56; BFH, Urt. v. 15.6.1973 - VI R 150/69, BStBl II 1973, 640: *„Dabei ist unter Lebensgemeinschaft die räumliche, persönliche und geistige Gemeinschaft der Ehegatten (...) zu verstehen"*.

972 *Uhle*, in: Epping/ Hillgruber, BeckOK Grundgesetz, Art. 6 GG, Rn. 39 m.V.a. BVerfG, Beschl. v. 22.3.1990 - 2 BvL 1/86, BVerfGE 81, 363.

Auslegung des Steuerrechts wider. Denn erst der Familienwohnsitz schafft den für die Realisierung des ehelichen Miteinanders nötigen Raum und verleiht so dem verfassungsrechtlichen Verständnis einer umfassenden Bindung der Eheleute und einer selbstverantwortlichen Bestimmung des gemeinsamen Wohnorts[973] in räumlicher Hinsicht hinreichende Gestalt.[974] Dieser Vorstellung trug bisweilen auch die höchstrichterliche Rechtsprechung Rechnung. Von Seiten des BVerfG hieß es hierzu: *„Daß der Ehemann (die Ehefrau) (...) den Wohnsitz der Familie teilt, trägt dem tatsächlichen Zusammenleben der Ehegatten Rechnung"*[975]. Von Seiten des BFH sogar expressis verbis: *„Die Annahme (...) daß ein Ehemann seinen Wohnsitz dort hat, wo sich seine Familie befindet (wird in der Regel gerechtfertigt sein) (...). Die Berücksichtigung dieser Lebenserfahrung (...) trägt dem Wesen der Ehe (...) als einer Lebensgemeinschaft Rechnung"*[976].

Im Ergebnis trägt also die im Rechtsinstitut des Familienwohnsitzes zum Ausdruck kommende räumliche Kollektivbetrachtung der räumlichen Gemeinschaftskomponente des Art. 6 Abs. 1 GG Rechnung. Als solche rechtfertigt sie eine verfassungsrechtlich legitimierte Modifikation des Grundsatzes der Individualbesteuerung. Von einer hierdurch bedingten Durchbrechung ebendieses Grundsatzes kann also entsprechend der Beurteilung des Dreierausschussbeschlusses des BVerfG aus 1965 keine Rede sein. Parallel zum Ehegattensplitting, das zuweilen als „verbundene Bezugsgröße der Leistungsfähigkeit"[977] deklariert wurde, sollte insofern für Legitimationszwecke des Familienwohnsitzes künftig von der Ehe als verbundener Bezugsgröße des genuine link-Erfordernisses gesprochen werden.

---

973 *Uhle*, in: Epping/ Hillgruber, BeckOK Grundgesetz, Art. 6 GG, Rn. 25, 26 m.V.a. BVerwG, Urt. v. 27.9.1978 - 1 C 79/76, BVerwGE 56, 246.

974 Die räumliche Verbundenheit der Eheleute macht sich die Rechtsprechung auch in Kontext mit der Zusammenveranlagung zu eigen. Konkret mit § 26 Abs. 1 Satz 1 Nr. 2 EStG und dem hierin normierten Erfordernis des *„nicht dauernd getrennt Leben(s)"*, vgl. BFH, Urt. v. 5.10.1966 - VI 42/65, BStBl III 1967, 84: *„Eheleute leben im Sinne des § 26 EStG (...) nicht dauernd getrennt, solange die eheliche Lebens(...) gemeinschaft besteht (...) die äußeren Umstände (lassen) die Existenz einer ehelichen Lebens(...)gemeinschaft fraglich erscheinen (...), wenn die Ehegatten räumlich getrennt leben"*.

975 BVerfG, Dreierausschussbeschluss v. 24.9.1965 - 1 BvR 131/65, DB 1965, 1886.

976 BFH, Urt. v. 3.12.1964 - I 364/61, HFR 1965, 268.

977 *Winhard*, DStR 2006, 1729 (1731).

3. Zwischenergebnis

Regelmäßig wird einem berufsbedingt ortsabwesenden Ehegatten der Familienwohnsitz zugerechnet. Während diese Thematik in Kindergeldfällen bislang keine Relevanz erlangt hat, kommt ihr in Kontext mit der Zusammenveranlagung von Ehegatten maßgebliche Bedeutung zu. Diese Praxis wirft Fragen zur Vereinbarkeit mit allgemeinen Steuerprinzipien auf. Zum einen, wie sich eine solche Auslegungspraxis unter dem Blickwinkel des genuine link-Erfordernisses verträgt. Zum anderen, ob ein solches Vorgehen der individual-personalen Ausrichtung der Einkommensbesteuerung entspricht. Beide Bedenken lassen sich jedoch entkräften.

Zum einen führt das Rechtsinstitut des Familienwohnsitzes beispielhaft das Verständnis vom steuerlichen Wohnsitz als Spiegelbild des räumlichen Schwerpunkts der Lebensinteressen fort. Seit jeher ist der räumliche Schwerpunkt der Lebensinteressen von der Rechtsprechung teils implizit, teils explizit zum argumentativen Dreh- und Angelpunkt der Zurechnungspraxis geworden. Hierdurch wurde dem genuine link-Erfordernis in räumlicher Hinsicht qualifiziert Rechnung getragen. Dies gilt insbesondere vor dem Hintergrund, dass der ortsabwesende Ehegatte die Familienwohnung trotz Abwesenheit nach wie vor als sein eigenes Heim betrachten und als solches nach Rückkehr wieder aufsuchen muss. Ein Heim impliziert nämlich das Verständnis eines Zuhauses. Dies entspricht dem Verständnis vom räumlichen Schwerpunkt der Lebensinteressen. Dieser befindet sich an dem Ort, der den Hauptstützpunkt für die persönliche Existenz bildet. Familienwohnung und räumlicher Schwerpunkt der Lebensinteressen im Sinne eines fortgeführten qualifizierten Inlandsbezugs sind insofern parallel geschaltet. Von einer Fiktion des Inlandsbezugs durch Vermittlung von etwas völlig Fremden kann also keine Rede sein.

Zum anderen lassen sich auch die von Seiten der Literatur geäußerten Unsicherheiten hinsichtlich der Vereinbarkeit des Familienwohnsitzes mit dem Grundsatz der Individualbesteuerung widerlegen. Diesbezüglich wurde vereinzelt betont, dass ein Familienwohnsitz wegen der individual-personalen Ausrichtung der Einkommensteuer nicht existieren könne. Das BVerfG ist dieser Haltung allerdings zu Recht entgegengetreten. Nach Ansicht des Gerichts diene die Anknüpfung dazu, *„den Umfang der Steuerpflicht der Einzelperson als Steuersubjekt klarzustellen“*[978]. Auch wenn die Begründung angesichts der Brisanz der

978 BVerfG, Dreierausschussbeschluss v. 24.9.1965 - 1 BvR 131/65, DB 1965, 1886.

Thematik argumentativ noch weiter hätte ausgeführt werden sollen, trifft die Beurteilung im Ergebnis zu.

Da der Grundsatz der Individualbesteuerung nicht nur im Rahmen der Einkommensteuerschuld, sondern auch bezüglich der unbeschränkten Einkommensteuerpflicht und der hieran anknüpfenden Thematik des Familienwohnsitzes Geltung beansprucht, stellen sich auch in diesem Kontext Fragen nach dessen „Realisierung“. Diese erscheint insoweit fraglich, als dass die Einzelbetrachtung hierbei einer Art Kollektivbetrachtung weicht. Diese führt jedoch nicht zur Durchbrechung des Grundsatzes der Individualbesteuerung. Zum einen wird die Kollektivbetrachtung schon insoweit relativiert, als dass das Rechtsinstitut des Familienwohnsitzes seit jeher das Verständnis eines fortgeführten räumlichen Schwerpunkts der Lebensinteressen des ortsabwesenden Ehegatten widerspiegelt. Zum anderen gründet die Kollektivbetrachtung auf einer verfassungsrechtlich legitimierten Modifikation des Grundsatzes der Individualbesteuerung. Die Möglichkeit zu Modifikationen folgt aus deren Grundsatzcharakter und besteht immer dann, wenn verfassungsrechtliche Wertentscheidungen greifen, die Erwerbs- beziehungsweise Bedarfsgemeinschaften gewährleisten. Dies ist für die Ehe angesichts Art. 6 Abs. 1 GG anerkannt. Ausführlich erörtert wird der Gemeinschaftscharakter der Ehe in Zusammenhang mit den Grundsätzen zur Ehegattenbesteuerung. Hierbei wird auf Art. 6 Abs. 1 GG Bezug genommen und die Ehe als Erwerbs- und Verbrauchsgemeinschaft charakterisiert, derentwegen eine Modifikation des Grundsatzes der Individualbesteuerung möglich sei. Zwar wird bisweilen bezweifelt, dass die Ehegatten eine derartige Erwerbs- und Verbrauchsgemeinschaft bilden. Gleichwohl dürften selbst die Kritiker des Ehegattensplittings nicht das Art. 6 GG zugrunde liegende Verständnis der spezifischen Verbundenheit der Eheleute leugnen. Ungeachtet des zukünftigen „Fortbestands“ des Ehegattensplittings lässt sich das Institut des Familienwohnsitzes insofern auch zukünftig unmittelbar über die räumlichen „Gemeinschaftswertungen“ in Art. 6 GG rechtfertigen. Ohne diese wäre die hierdurch gewährleistete Freiheit der Ehegestaltung nämlich in räumlicher Hinsicht nicht praktikabel. Die Auslegungspraxis in Sachen Familienwohnsitz spiegelt diese verfassungsrechtliche Wertentscheidung wider und rechtfertigt so eine Modifikation des Grundsatzes der Individualbesteuerung. Insgesamt sollte damit zukünftig für Legitimationszwecke des Familienwohnsitzes von der Ehe als verbundener Bezugsgröße des genuine link-Erfordernisses gesprochen werden.

E. Fazit

Die vorliegende Untersuchung zeigt, dass sich das durch *Jean Bodin* geprägte Bild von den „Finanzen als die Nerven (eines) Staates“[979] über die Jahrhunderte hinweg etabliert hat. Dies gilt insbesondere mit Blick auf den Wohnsitz als nationales Anknüpfungsmerkmal der Besteuerung. So tradiert dessen Verwurzelung in allgemeinen Strukturprinzipien der Besteuerung sowie der hieraus hervorgegangenen Gesetzgebung auch sein mag, so wenig tradiert erweist sich dessen Verwurzelung bisweilen in der Rechtsprechungspraxis.

Wegweisend für die Etablierung des Wohnsitzes als nationales Anknüpfungsmerkmal der Besteuerung ist die Herausbildung moderner Territorialstaaten sowie ein zunehmender Wandel im Herrschaftsverständnis geworden. Im Zuge dessen wurde die Ausübung von Herrschaftsgewalt für das jeweils eigene Territorium abschließend definiert und knüpfte so erstmals an die Problematik einer territorial begrenzten staatlichen Herrschaftsgewalt an. Mit Blick auf die Begrenzung der staatlichen Steuerhoheit hat sich dabei unter völkerrechtlichen sowie staatstheoretischen Grundsätzen der Wohnsitz als nationales Anknüpfungsmerkmal der Besteuerung herausgebildet. Aus völkerrechtlicher Perspektive ist hierfür das Territorialitätsprinzip maßgeblich geworden. Infolge der Internationalisierung der Wirtschaft hat sich dieses vom strikten zum relativen Territorialitätsprinzip weiterentwickelt, demzufolge auch die Besteuerung ausländischer Sachverhalte zulässig ist. Angesichts dessen kann zwar heute nicht mehr von einer strikt territorialen Begrenzung der Steuerhoheit auf reine Inlandssachverhalte gesprochen werden. Gleichwohl hat sich hierdurch nichts an der territorialen Anbindung der Steuerrechtsordnung geändert. Denn (auch) die Regelung ausländischer Sachverhalte ist vor dem Hintergrund des zwischenstaatlichen Interventionsverbots an das Bestehen eines genuine links zum Inland geknüpft. Diesem Erfordernis wird im Bereich der Personensteuern durch den Inlandsbezug des Steuersubjekts beziehungsweise denjenigen des Steuerobjekts Rechnung getragen. Aus staatstheoretischer Perspektive hat diesbezüglich der globaläquivalenztheoretische Rechtfertigungsansatz Relevanz erlangt. Dieser geht von einer Globalgegenleistung des Bürgers für die ihm gegenüber erbrachte Gesamtstaatsleistung aus. Angesichts der Gebietsbezogenheit des Staates impliziert

979 *Bodin*, Les six livres de la République, Livre 6, Chapitre 2: Des Finances, p. 855.

dieser Grundsatz ein territoriales Element der Besteuerung, das den nationalen Steuerzugriff ebenso räumlich begrenzt.

Der Gesetzgeber hat die völkerrechtlichen und staatstheoretischen Vorgaben zur territorialen Begrenzung des nationalen Steuerzugriffs vor dem Hintergrund des Art. 25 GG durch eine zweidimensionale Ausgestaltung des genuine link-Erfordernisses verfassungskonform umgesetzt. Zur Begründung der unbeschränkten Steuerpflicht natürlicher Personen wird hierbei auf den Inlandsbezug des Steuersubjekts abgestellt. Diesbezüglich wird allein auf Grundlage des innerstaatlichen Rechts nach dem international üblichen Wohnsitzprinzip abgegrenzt. Dementsprechend wird der BFH die einleitend genannte Entscheidung des FG Baden-Württemberg aus 2015, die sich diesbezüglich auf den Ansässigkeitsbegriff des DBA-Rumäniens stützt, aller Voraussicht nach aufheben.[980] Vielmehr wird der Senat seine Beurteilung auf § 8 AO stützen. Hierbei handelt es sich um eine eigenständige steuerliche Begriffsdefinition, die die Grundlage für ein verobjektiviertes Wohnsitzverständnis legt. So wird nicht nur willkürlichen Steuergestaltungen besser vorgebeugt, sondern zugleich die Basis für einen unter völkerrechtlichen und staatstheoretischen Aspekten geforderten qualifizierten Inlandsbezug gelegt. Der Gesetzgeber wird dem Erfordernis eines qualifizierten Inlandsbezugs sowohl in räumlicher als auch in zeitlicher Hinsicht hinreichend bestimmt gerecht und beweist so, dass er sich der weitreichenden Folgen, die mit der unbeschränkten Steuerpflicht nach dem Welteinkommensprinizp beziehungsweise dem Weltvermögensprinzip verbunden sind, bewusst war. Grundlage hierfür ist das § 8 AO zugrunde liegende komplexe Raum-Zeit-Gebilde. Dabei trägt nicht nur das allgemeine Sprachverständnis der „Wohnung", sondern auch das in den Tatbestandsmerkmalen des „Beibehaltens" und „Benutzens" anklingende Erfordernis einer bestimmten Zeitspanne zum Bild des steuerlichen Wohnsitzes als räumlicher Stützpunkt einer konkret-örtlichen und nachhaltigen Inlandsverwurzelung bei. Einer weitergehenden Konkretisierung des Tatbestands hat es hierfür insofern nicht mehr bedurft. Dies gilt nicht zuletzt auch deshalb, weil andernfalls der gesetzgeberische Ausgleich zwischen Rechtssicherheit und Einzelfallgerechtigkeit gescheitert wäre. Im Ergebnis stünde also einer qualifizierten Basis für eine gesetzesimmanente Rechtsfortbildung durch die Rechtsprechung nichts entgegen.

So konsistent die durch den Gesetzgeber geschaffene Basis eines qualifizierten Inlandsbezugs auch ist, so inkonsistent ist allerdings zuweilen deren Umsetzung

980 Hinweis: Der BFH hat die Entscheidung des FG Baden-Württemberg aus 2015 zwischenzeitlich zurecht „kassiert" (BFH v. 23.10.2018 – I R 74/16, juris), vgl. Fn. 4

durch die Rechtsprechung. Maßgeblich hierfür ist, dass sich die Rechtsprechung in Kontext mit der Begründung der unbeschränkten Steuerpflicht bis heute nicht eindeutig im Sinne einer allgemeingültigen Leitlinie zum notwendigen Grad des durch den steuerlichen Wohnsitz vermittelten Inlandsbezugs erklärt hat. Eine sichere Prognose, unter welchen Voraussetzungen der Wohnsitz begründet, beibehalten oder steuerwirksam aufgegeben wird, lässt sich folglich nur schwer treffen. Dabei scheint die Kritik der Literatur an einer ergebnisorientierten Einzelfallrechtsprechung, die weniger den durch den Wohnsitz vermittelten tatsächlichen Inlandsbezug der natürlichen Person, als vielmehr Fiskalinteressen im Blick hat, nicht völlig von der Hand zu weisen. Diese Kritik ist jedoch weniger bezüglich der qualifizierten und allgemeingültigen Einspeisung des genuine link-Erfordernisses in räumlicher Hinsicht als vielmehr in zeitlicher Hinsicht berechtigt.

Zwar scheut sich die Rechtsprechung auch in räumlicher Hinsicht bis heute davor, ein eindeutiges Bekenntnis zur Intensität des durch den steuerlichen Wohnsitz vermittelten Inlandsbezugs abzugeben. Durch (un-)mittelbare Hinweise ist der Auslegungspraxis jedoch immer wieder zu entnehmen, dass für die Begründung und Beibehaltung eines inländischen Wohnsitzes ein starker Inlandsbezug im Sinne eines räumlichen Schwerpunkts der Lebensinteressen gefordert wird; wenn auch nicht im Sinne des alleinigen Schwerpunkts der gesamten Lebensinteressen. Allerdings sollte die Rechtsprechung dieses Verständnis angesichts ihrer „Funktion, eine stetige richtungsweisende Linie (...) zu entwickeln“[981] zukünftig ausdrücklich(er) als bislang in ihre Entscheidungsfindung einfließen lassen. Dies gilt umso mehr, als dass ein derartiges Bekenntnis keine Kehrtwende darstellt, sondern lediglich eine Bestätigung der „festeingewurzelten Rspr.“[982], die das genuine link-Erfordernis seit jeher in räumlicher Hinsicht qualifiziert in die Auslegung des Wohnsitzbegriffs einspeist. Nicht zuletzt würde hierdurch ein Gleichklang zu den Kindergeldfällen hergestellt, die sich bisweilen ausdrücklich auf den „Lebensmittelpunkt“ beziehungsweise den „Schwerpunkt der Lebensverhältnisse“ berufen haben. Zugleich würde so der in diesem Verhältnis bestehende Eindruck einer profiskalisch ausgerichteten Entscheidungsfindung nachhaltig widerlegt. Weiterhin sollte die Rechtsprechung die Auslegung des Wohnungsbegriffs künftig konsequent an einen objektiven Beurteilungsmaßstab knüpfen und damit vom Erfordernis einer standesgemäßen Wohnung Abstand nehmen. Zwar wird hierdurch das Verständnis vom

981 *Drüen*, in: Tipke/ Kruse, § 4 AO, Rn. 307.
982 *Drüen*, in: Tipke/ Kruse, § 4 AO, Rn. 307.

steuerlichen Wohnsitz als Spiegelbild des räumlichen Schwerpunkts der Lebensinteressen (noch) unterstrichen. Allerdings ist ein derartiges Anforderungsprofil missbrauchsanfällig und eröffnet Raum für subjektive Motive, denen der Gesetzgeber durch ein verobjektiviert aufgefasstes Wohnsitzverständnis gerade vorbeugen wollte. Angesichts der offenen Formulierung des Wohnungsbegriffs sollte sich die Rechtsprechung daher zukünftig - anstatt auf standesgemäße - auf zum dauerhaften Wohnen geeignete Räume stützen. Diese dürften ausreichen, um den gesetzgeberischen Willen nach einem qualifizierten Inlandsbezug fortzuführen. Im Übrigen sollte die Rechtsprechung ihre Auslegungspraxis in Kontext mit dem „Innehaben" einer Wohnung deutlicher fassen. Zwar bestätigt sie mithilfe einer nach tatsächlichen Maßstäben zu beurteilenden räumlich uneingeschränkten Verfügungsmöglichkeit erneut ihr Verständnis eines qualifizierten genuine links zum Inland. Zudem besteht Klarheit darüber, unter welchen Umständen eine tatsächliche Verfügungsmöglichkeit besteht. Insofern veranschaulicht die Auslegungspraxis betreffend die „Stand-by Fälle" sowie den Themenkreis der „(Unter-)Vermietung" das diesbezügliche Erfordernis einer berechenbaren tatsächlichen Verfügungsmöglichkeit über die Wohnung. Wünschenswert wäre jedoch das Erfordernis der Berechenbarkeit ausdrücklich(er) zu kommunizieren und solcherart zum Auslegungsmaßstab des „Innehabens" der Wohnung zu erklären.

Kritik wurde bisweilen auch mit Blick auf die zeitliche Auslegungspraxis zum steuerlichen Wohnsitz laut. Die Rechtsprechungsanalyse zeigt, dass das Ausmaß des zeitlich gelebten Inlandsbezugs allgemeingültiger Vorgaben entbehrt und folglich einem stetigen Auslegungswandel unterliegt. Dies wird sowohl mit Blick auf das erforderliche Ausmaß der Inlandsanwesenheit als auch mit Blick auf die Zulässigkeit von Inlandsunterbrechungen deutlich. Anders als die Auslegungspraxis zum erforderlichen Ausmaß der Inlandsanwesenheit löst die Auslegungspraxis zur Zulässigkeit von Inlandsunterbrechungen jedoch Bedenken an einer qualifizierten Einspeisung des genuine link-Erfordernisses aus, die Fragen nach der Konformität zwischen räumlichem und zeitlichem Inlandsbezug aufwirft.

Bezüglich des erforderlichen Ausmaßes der Inlandsanwesenheit entbehrt die Rechtsprechung seit jeher konkreter Zeitvorgaben. Rechtsunsicherheit ist insofern vorprogrammiert. Dies folgt bereits daraus, dass lange Zeit das Erfordernis einer regelmäßigen Wohnungsnutzung in den Fokus gerückt wurde, ohne dieses jedoch näher zu konkretisieren. Auch die Übertragung der Sechsmonatsfrist aus § 9 Satz 2 AO hat nicht zu mehr Rechtssicherheit beigetragen. Verstärkt wurde der Mangel an Rechtssicherheit nicht zuletzt durch die Trendwende der Rechtsprechung hin zum Erfordernis einer bloß unregelmäßigen Wohnungsnutzung. Gleichwohl ist die fehlende Konkretisierung des erforderlichen

Ausmaßes der Inlandsanwesenheit unbedenklich. Zwar lässt sich nicht leugnen, dass eine zeitliche Grenzziehung zu mehr Rechtssicherheit beitragen würde. Andererseits wäre jegliche zeitliche Grenzziehung willkürlich und ließe die Verhältnisse des Einzelfalls unberücksichtigt. Daneben würde Raum für Manipulationen geschaffen. Bedenken bestehen auch nicht vor dem Hintergrund des genuine link-Erfordernisses. Hierdurch ändert sich nämlich nichts an einem diesbezüglich substantiierten Verständnis auch in zeitlicher Dimension. Dies gilt nicht zuletzt, weil sich die Rechtsprechung im Rahmen der Auslegung auf das Erfordernis eines nachhaltigen (Wohn-)Nutzungskonzepts stützt. Angesichts der doppelten Dimension aus zeitlichen und zweckgebundenen Aspekten stellt sie damit einen qualifizierteren Inlandsbezug her als ihr dies durch das Abstellen auf rein zeitliche Aspekte gelungen wäre. Durch die Fokussierung auf ein nachhaltiges (Wohn-)Nutzungskonzept gelingt es nämlich, das Verständnis vom steuerlichen Wohnsitz als räumlicher Schwerpunkt der Lebensinteressen insoweit konsequent weiterzuführen, als dass der Wohnzweck das inhaltliche Pendant hierzu bildet. Anders stellt sich die Lage jedoch mit Blick auf die Auslegungspraxis zur Zulässigkeit von Inlandsunterbrechungen dar. Auch diesbezüglich fehlt es an konkreten Zeitvorgaben. Zuweilen hat die Rechtsprechung jedoch eine weite Toleranzschwelle hinsichtlich des unschädlichen Ausmaßes der Inlandsunterbrechung zugrunde gelegt. Teils wurden selbst mehrjährige Auslandsaufenthalte noch als unschädlich angesehen. Vor diesem Hintergrund treten Bedenken hinsichtlich der (andauernden) Qualität des genuine links zum Inland auf. Diese werden selbst durch die Fokussierung der Rechtsprechung auf die Begleitumstände, also die fehlende Lockerung der inländischen Bindungen des Ortsabwesenden, nicht überzeugend ausgeräumt. Denn die Rechtsprechung trifft hierzu kontextabhängig divergierende Wertungen, die dem genuine link-Erfordernis unterschiedlich stark gerecht werden. Daran ändert auch der Umstand nichts, dass die Rechtsprechung in Kontext mit ausbildungsbedingten Auslandsaufenthalten von Kindern einen Kriterienkatalog vorgelegt hat, unter welchen Umständen der genuine link zum Inland noch aufrechterhalten wird. Hierbei hat sie sich vor allem auf die „Dauer und Häufigkeit der Inlandsaufenthalte“ sowie auf deren „Zweck“ fokussiert. Zwar hat die Rechtsprechung dabei regelmäßig eine temporäre Inlandsanwesenheit gefordert. Gleichwohl hat sie sich auch in diesem Kontext variabel „gehalten“ und dementsprechend keinen eindeutigen Auslegungsmaßstab begründet. Noch variabler „hält“ sich die Rechtsprechung in Kontext mit berufsbedingten Auslandsaufenthalten. Diesbezüglich hat sie auf einen vergleichbaren Kriterienkatalog verzichtet. In diesen Fällen besteht allerdings bereits Unsicherheit darüber, ob eine Inlandsanwesenheit während des berufsbedingten Auslandsaufenthalts überhaupt nötig ist. Auffällig ist hierbei, dass die Rechtsprechung anders als in Kindergeldfällen regelmäßig keine temporäre Inlandsanwesenheit verlangt hat. Die fehlende Stringenz der Rechtsprechung erweckt den Eindruck nicht frei von Fiskalinteressen zu sein. Grund für eine derart divergierende Auslegungspraxis besteht jedoch angesichts des steuerlichen Wohnsitzes als gemeinsamer Bezugspunkt nicht. Vielmehr erschiene es sachgerecht, wenn die Rechtsprechung auch mit Blick auf berufsbedingte Auslandsaufenthalte zukünftig eine zumindest temporäre Inlandsanwesenheit während des Auslandsaufenthalts forderte. So würde nicht nur ein Gleichklang mit den Kindergeldfällen erreicht und damit der Eindruck einer profiskalisch ausgerichteten Entscheidungsfindung nachhaltig widerlegt. Zugleich würde die erforderliche Konformität zwischen räumlichem und zeitlichem Inlandsbezug hergestellt und infolgedessen das Verständnis des steuerlichen Wohnsitzes als räumlicher Schwerpunkt der Lebensinteressen fortgeführt. So würde das genuine link-Erfordernis zukünftig auch in zeitlicher Dimension hinreichend qualifizierten Niederschlag in der Rechtsprechung finden. Hierzu würde aber auch schon ein zukünftig ausdrücklich(er)es Bekenntnis der Rechtsprechung zum steuerlichen Wohnsitz als räumlicher Schwerpunkt der Lebensinteressen beitragen. Denn ein solcher Schwerpunkt erfordert nach allgemeinem Begriffsverständnis ein gewisses Maß an gelebtem Inlandsbezug und dürfte damit mehrjährigen Inlandsunterbrechungen von vornherein entgegenstehen. Jedenfalls solange diese nicht durch zumindest temporäre Inlandsaufenthalte „aufgebrochen“ werden. Im Übrigen würde sich die Rechtsprechung durch ein derartiges Bekenntnis am Rechtsinstitut des Familienwohnsitzes orientieren, das dem berufsbedingt ortsabwesenden Ehegatten den Familienwohnsitz als fortgeführten räumlichen Schwerpunkt der Lebensinteressen zurechnet. Einer derartigen Orientierung steht vor allem nicht die Kritik an einer hierdurch bedingten Durchbrechung des Grundsatzes der Individualbesteuerung entgegen. Da die Ehe als verbundene Bezugsgröße des genuine link-Erfordernisses anzusehen ist, trägt das Rechtsinstitut des Familienwohnsitzes den räumlichen „Gemeinschaftswertungen“ in Art. 6 GG Rechnung und stellt dementsprechend eine verfassungsrechtlich legitimierte Modifikation des Grundsatzes der Individualbesteuerung dar.

Im Ergebnis wäre daher vor diesem Hintergrund ein ausdrücklicher(es) Bekenntnis der Rechtsprechung zum steuerlichen Wohnsitz als räumlicher Schwerpunkt der Lebensinteressen wünschenswert. Ein solches würde einen qualifizierten „genuine link-Dreiklang“ schaffen, der dessen tradierter Verwurzelung in allgemeinen Strukturprinzipien der Besteuerung sowie der hieraus hervorgegangenen Gesetzgebung hinreichend gerecht würde. So würde nicht nur das seit jeher bestehende qualifizierte Verständnis des genuine links in räumlicher Hinsicht ausdrücklich(er) als bislang kenntlich gemacht und damit die Auslegungspraxis zum Rechtsinstitut des Familienwohnsitzes gestützt. Daneben würden die in zeitlicher Hinsicht bestehenden Bedenken an einer qualifizierten Umsetzung des genuine link-Erfordernisses „aufgeweicht" und damit der Weg für ein zukünftig insgesamt konsistent(er)es Bild der Finanzgerichtsbarkeit in Sachen steuerlicher Wohnsitz geebnet.

Literaturverzeichnis

Ackermann/ Beck, Grundzüge des internationalen Steuerrechts, JuS 2015, S. 793-797

Ax/ Große/ Melchior, Abgabenordnung und Finanzgerichtsordnung, 21. Aufl., Stuttgart, 2017

Bamberger/ Roth, Kommentar zum Bürgerlichen Gesetzbuch, 3. Aufl., München, 2011-2012

Bareis/ Siegel, Splitting als partielle Trauscheinsubvention – alles andere als ausgewogene Berücksichtigung der steuerlichen Leistungsfähigkeit, DStR 2015, S. 456-459

Barth, Richterliche Rechtsfortbildung im Steuerrecht, Berlin, 1996

Bayer, Das Völkerrecht in der Rechtsprechung des Bundesfinanzhofs – Zugleich ein Beitrag zu den Grundbegriffen des sog. Internationalen Steuerrechts, StuW 1981, S. 61-75

Bayer, Der Mensch, sein Leben, sein Einkommen und das Einkommensteuerrecht, BB 1991, S. 517-526

Bayer, Die allgemeinen Grundsätze des Einkommenssteuerrechts (1. Teil), JA 1979, S. 140-148

Bayer, Die unbeschränkte und die beschränkte Einkommensteuer – ein Vergleich, zugleich ein Beitrag zu den Grundlagen des deutschen Internationalen Einkommensteuerrechts, S. 59-73, in: Festschrift für Hermann Mosler, Berlin u.a., 1983

Bayer, Steuerlehre: Steuerverfassung, Steuergesetz, Steuergericht, Berlin (u.a.), 1998

Becker, Der „Grundsatz der Individualbesteuerung" im deutschen Einkommensteuerrecht, 1970

Becker, Erläuterungen zur Rechtsprechung: Allgemeines Steuerrecht, Einkommen- und Gewerbesteuer, StuW 1939, S. 553-568

Becker/ Englisch, Reformbedarf und Reformoptionen beim Ehegattensplitting, DStR 2016, S. 1005-1008

Beil, Der Belastungsgrund des steuerstaatlichen Synallagmas: zur Zulässigkeit des Welteinkommensprinzips im deutschen internationalen Einkommensteuerrecht, Frankfurt am Main (u.a.), 2001

Bethge, Die verfassungsrechtliche Problematik der Grundpflichten, JA 1985, S. 249-259

Bethge, Grundpflichten als verfassungsrechtliche Dimension, NJW 1982, S. 2145-2150

Birkholz, Der Wohnsitz, seine Begründung, seine Aufgabe und deren Bedeutung im Rahmen des Steuerrechts, DStZ/A 1979, S. 247-249

Bleckmann, Grundgesetz und Völkerrecht: Ein Studienbuch, Berlin, 1975

Blum, Beiträge zur Lehre vom Steuersubjekt, Genf, 1946

Blümich, Einkommensteuergesetz Kommentar, München *(151. Aufl., 2020 zu §§ 1, 26 EStG)*

Bodin, Les six livres de la République, Livre 6, Chapitre 2: Des Finances, p. 855-913, Lyon, 1593

Böhmer, Standby-Wohnung als steuerlicher Wohnsitz, ISR 2014, S. 233-235

Brähler, Internationales Steuerrecht: Grundlagen für Studium und Steuerberaterprüfung, 8. Aufl., Wiesbaden, 2020

Bruns, Das Völkerrecht als Rechtsordnung, ZaöRVR Band 1, 1929, S. 1-56

Bühler, Prinzipien des internationalen Steuerrechts IStR: ein systematischer Versuch, München (u.a.), 1964

Burmester, Zur Jurisdiktionshoheit der Staaten im Steuerrecht, JZ 1993, S. 698-703

Bußmann, Die unbeschränkte Steuerpflicht im deutschen und polnischen Steuerrecht, RIW 2010, S. 304-310

Chrétien, A la recherche du Droit International Fiscal Commun, Etude de Droit positif à Partir de la Jurisprudence des Cours Int., Libr. Du Recueil Sirey, Paris, 1955

Crezelius, Beschränkte Steuerpflicht und Gestaltungsmißbrauch, DB 1984, S. 530-534

Crezelius, Erbschaft- und Schenkungsteuer in zivilrechtlicher Sicht, Herne/ Berlin, 1979

Dahm/ Delbrück/ Wolfrum, Völkerrecht, Berlin/ Boston, 2013

Daragan/ Halaczinsky/ Riedel, Praxiskommentar Erbschaftsteuergesetz und Bewertungsgesetz,3. Aufl., Bonn, 2017

de Montesquieu, De l`Esprit des Loix, Livre XI: Les Loix qui forment la liberté politique dans son rapport avec la constitution, Chapitre 6: De la Constitution de l´Angleterre, p. 219-233, Genève, 1749

de Morón, Transnationale Besteuerung im Kontext der Globalisierung, Barcelona/ Göttingen, 1995

Debatin, Konzeptionen zur Steuerpflicht, FR 1969, S. 277-284

Debatin, Perspektiven im internationalen Steuerrecht, StbJb 1964/1965, S. 399-433

Deppe, Zur Vorhersehbarkeit von Entscheidungen zum „Gewöhnlichen Aufenthalt" (§ 9 AO), StuW 1982, S. 332-344

di Fabio, Das Recht offener Staaten, Tübingen, 1998

Drüen, Typus und Typisierung im Steuerrecht, StuW 1997, S. 261-274

Drüen, Territorialität und Personalität, S. 143-169, in: Festschrift für Moris Lehner zum 70. Geburtstag, Köln, 2019

Drüen, Zur Rechtsnatur des Steuerrechts und ihrem Einfluß auf die Rechtsanwendung, S. 191-212, in: Festschrift für Heinrich Wilhelm Kruse zum 70. Geburtstag, Köln, 2001

Dürrschmidt, Antrag auf Behandlung als unbeschränkt steuerpflichtig nach § 2 Abs. 3 Satz 1 ErbStG im System des deutschen internationalen Erbschaftsteuer- und Schenkungsteuerrechts, IStR 2012, S. 410-417

Dziadowski, Kein Kindergeld bei Studium in New York, IStR 2015, S. 144-148

Eckert, Die beschränkte Steuerpflicht: Rechtfertigung und Systematik, Bonn, 1995

Egly, Wohnsitz und gewöhnlicher Aufenthalt im Steuerrecht, DStZ 1940, S. 627-632

Eibelshäuser, Wirtschaftliche Betrachtungsweise im Steuerrecht – Herkunft und Bedeutung, DStR 2002, S. 1426-1432

Endriss, Wohnsitz- oder Ursprungsprinzip?: die Vermeidung der internationalen Doppelbesteuerung sowie der internationalen Steuerflucht durch Wohnsitzverlagerung bei ausschließlicher Anwendung des Ursprungsprinzips, Köln, 1967

Engelschalk/ Flick, Steuern auf ausländische Einkünfte: geltendes Recht, Rechtsvergleichung, Fortentwicklung, München, 1985 (u.a.: *Menck*, Welteinkommen und Territorialität der Besteuerung nach deutschem Recht und in deutscher Sicht, S. 28-41)

Epping/ Hillgruber, BeckOK Grundgesetz *(3. Aufl., 2020zu Art. 6 GG, Art. 12a GG)*

Esser, Die Wohnsitzregelung im deutschen Steuerrecht, RIW/AWD 1976, S. 513-521

Ettinger, Wohnsitzverlegung ins Ausland: steuerlich motivierter Wegzug natürlicher Personen; steuerliche Folgen und Gestaltungsmöglichkeiten; Wegzugbesteuerung, Berlin, 2006

Fischer, Steuerrechtlicher Typus und rechtsstaatliche Bestimmtheit des Steuergesetzes – Methodologische Anmerkungen zur Rechtsprechung des X. Senats des BFH, DStZ 2000, S.885-893

Flick/ Flick-Pistorius, Zur Frage des steuerlichen (Studenten-)Wohnsitzes, DStR 1989, S. 623-625

Flick/ Piltz, Der internationale Erbfall - Erbrecht, Internationales Privatrecht, Erbschaftsteuerrecht, 3. Aufl., München, 2020

Franke, Entwicklung und Begründung der Einkommensbesteuerung, Darmstadt, 1981

Friauf, Steuerrecht und Verfassungsrecht, DStJG Band 12, Köln, 1989 (u.a.: *Papier*, Der Bestimmtheitsgrundsatz, S. 61-78)

Friedrich, Gibt es eine völkerrechtliche Grenze für die Höhe der Besteuerung?, Köln, 1972

Gassner, Besteuerung und Bilanzierung international tätiger Unternehmen: 30 Jahre Steuerrecht an der Wirtschaftsuniversität Wien, Wien (u.a.), 1998 (u.a.: *Lechner*, Wohnsitz, ständige Wohnstätte und Mittelpunkt der Lebensinteressen, S. 251-263)

Gosch, Abgabenordnung/ Finanzgerichtsordnung Kommentar, Bonn *(153. Liefer.,* 2019, *zu §§ 8, 9 AO)*

Gosch, Über die Auslegung von Doppelbesteuerungsabkommen, ISR 2013, S. 87-95

Graziano, Rechtsvergleichung vor Gericht - Legitim, nützlich, praktikabel?, RIW 2014, S. 473-487

Gusy, Grundpflichten und Grundgesetz, JZ 1982, S. 657-663

Haag, Ertragsteuerliche Fragen bei Zuzug und Wegzug natürlicher Personen, DB 2018, S. 1303-1308

Haase, Internationales und Europäisches Steuerrecht, 5. Aufl., Heidelberg, 2017

Häberle, Grundrechtsgeltung und Grundrechtsinterpretation im Verfassungsstaat - Zugleich zur Rechtsvergleichung als „fünfter" Auslegungsmethode, JZ 1997, S. 913-919

Hagemann, Anmerkung zu einer Entscheidung des FG Stuttgart, Urteil vom 07.10.2015 (1 K 2833/12) - Zur Frage der Wirkungen des Bestehens eines inländischen Wohnsitzes neben einem den Lebensmittelpunkt bildenden ausländischen Wohnsitzes auf die unbeschränkte Steuerpflicht im Inland, ISR 2017, S. 155-157

Halbeisen, Der steuerrechtliche Wohnsitz, S. 6-108, in: Festschrift zum 70. Geburtstag von Ernst Blumenstein am 23. Oktober 1946, Zürich, 1946

Hansch, Besteuerungsprinzipien im Doppelbesteuerungsrecht, RIW 1984, S. 287-293

Hau/ Poseck, BeckOK BGB *(54. Edition, 2020 zu §§ 854, 856 BGB)*

Heining, Besteuerung der Ausländer, Köln, 1956

Hensel, Steuerrecht, Berlin (u.a.), 1924

Herdegen, Völkerrecht, 17. Aufl., München, 2018

Herlinghaus, Wohnsitz bei Schule/Studium im Ausland, AO-StB 2001, S. 5-6

Herrmann/ Heuer/ Raupach, Einkommensteuergesetz/ Körperschaftsteuergesetz Kommentar, Köln *(298. Liefer., 2020 zu § 1 EStG)*

Herzog, Gesetzgebung und Einzelfallgerechtigkeit, NJW 1999, S. 25-28

Hickel, Goldscheid/ Schumpeter, Die Finanzkrise des Steuerstaats: Beiträge zur politischen Ökonomie der Staatsfinanzen, Frankfurt am Main, 1976

Hobbes, Leviathan oder Stoff, Form und Gewalt eines kirchlichen und bürgerlichen Staates, Frankfurt am Main, 1984

Höninger, Internationale Doppelbesteuerung im Erbschaft- und Schenkungsteuerrecht - Kollisionsbegründende und -auflösende Normen des ErbStG, Frankfurt am Main (u.a.), 2003

Huberi, De Jure civitatis, Libri Tres, Francofurti, 1708

Hübschmann/ Hepp/ Spitaler, Abgabenordnung/ Finanzgerichtsordnung Kommentar, Köln *(258. Liefer., 2020 zu §§ 4, 8, 9 AO)*

Huemer, Die unbeschränkte Steuerpflicht natürlicher Personen: innerstaatliches Recht und Doppelbesteuerungsabkommen, Wien, 1996

Isay, Internationales Finanzrecht: Eine Untersuchung über die äußeren Grenzen der staatlichen Finanzgewalt, Stuttgart (u.a.), 1934

Isensee, Steuerstaat als Staatsform, S. 409-436, in: Festschrift für Hans Peter Ipsen zum siebzigsten Geburtstag, Tübingen, 1977

Isensee/ Kirchhof, Handbuch des Staatsrechts der Bundesrepublik Deutschland, Band 1: Historische Grundlagen, 3. Aufl., Heidelberg, 2003

Isensee/ Kirchhof, Handbuch des Staatsrechts der Bundesrepublik Deutschland, Band 2: Verfassungsstaat, 3. Aufl., Heidelberg, 2004

Isensee/ Kirchhof, Handbuch des Staatsrechts der Bundesrepublik Deutschland, Band 4: Aufgaben des Staates, 3.Aufl., Heidelberg, 2006

Isensee/ Kirchhof, Handbuch des Staatsrechts der Bundesrepublik Deutschland, Band 5: Rechtsquellen, Organisation, Finanzen, 3. Aufl., Heidelberg, 2007

Isensee/ Kirchhof, Handbuch des Staatsrechts der Bundesrepublik Deutschland, Band 7: Freiheitsrechte, 3. Aufl., Heidelberg, 2009

Jacobs, Internationale Unternehmensbesteuerung: Deutsche Investitionen im Ausland, Ausländische Investitionen im Inland, 8. Aufl., München, 2016

Jahn, Wohnsitzbegriff bei der Einkommensteuer: Nicht nur für „Promis" ein Problem, PIStB 2003, S. 59-61

Jakob, Einkommensteuer, 4. Aufl., München, 2008

Jakobs, § 15 Abs. 2 StAnpG und die international-steuerrechtliche Anknüpfung der Körperschaftsteuerpflicht, StuW 1970, S. 587-602

Jaros/law/ Nabia/lek, Steuerliche Optimierung von grenzüberschreitender Wohnsitzverlegung deutscher Überschussermittler, BB 2005, S. 1194-1203

Jehke, Bestimmtheit und Klarheit im Steuerrecht, Berlin, 2005

Kaefer, BFH stellt Grenzgängerbesteuerung auf den Prüfstand des EuGH. Zum Vorlagebeschluss zur Pendlerbesteuerung, IStR 1993, S. 255-258

Kaiser, Auslegungsgrundsätze im Steuerrecht: Zugl. ein Beitr. zur rechtstheoretischen Präzisierung der wirtschaftlichen Betrachtungsweise, Neuwied, 1960

Kammerer, Wohnsitz (gewöhnlicher Aufenthalt) im Steuerrecht und das Doppelbesteuerungsproblem bei den direkten Steuern, Schramberg (Schwarzwald), 1940

Kanzler/ Kraft/ Bäuml, Einkommensteuergesetz Kommentar, 5. Aufl., Herne, 2020

Kegel, Was ist gewöhnlicher Aufenthalt?, S. 699-706, in: Festschrift für Manfred Rehbinder, München, 2002

Kegel/ Seidl-Hohenveldern, Zum Territorialitätsprinzip im internat. öffentl. Recht, S. 233-277, in: Festschrift für Murad Ferid zum 70.Geburtstag, München, 1978

Kersten, Digitale Rechtsdidaktik - Rechtswissenschaft und Juristenausbildung als „Digital Humanities", JuS 2015, S. 481-489

Kippenberg, Territorialitäts- und Ansässigkeitsprinzip, S. 195-208; *Lüdicke*, Ansässigkeit, S. 87-96, in: Festgabe zum 75. Geburtstag von Prof. Dr. Dr. H.C. Franz Wassermeyer; 75 Beiträge zum Recht der DBA, München, 2015

Kirchhof, Die Finanzierung des Leistungsstaates - Die verfassungsrechtlichen Grundlagen staatlicher Abgabenhoheit, Jura 1983, S. 505-522

Kirchhof, Die Kunst der Steuergesetzgebung, NJW 1987, S. 3217-3227

Kirchhof, Die Verfassungsgerichtsbarkeit im Gefüge der Staatsfunktionen – Besteuerung und Eigentum, Berlin/ New York, 1981

Kirchhof, Einkommensteuergesetz Kommentar, Köln, *(19. Aufl., 2020 zu § 1 EStG)*

Kirchhof, Empfiehlt es sich, das Einkommensteuerrecht zur Beseitigung von Ungleichbehandlungen und zur Vereinfachung neu zu ordnen?: Gutachten F zum 57. Deutschen Juristentag Mainz 1988, München, 1988

Kirchhof/ Söhn/ Mellinghoff, Einkommensteuergesetz Kommentar, Heidelberg *(305. Liefer., 2020 zu § 1 EStG)*

Kirchhof/ Vogel/ Birk/ Lehner, Steuern im Verfassungsstaat, München, 1996

Klein/ Orlopp/ Gersch, Abgabenordnung Kommentar, 15. Aufl., München, 2020

Kluge, Das internationale Steuerrecht; Gemeinschaftsrecht, Außensteuerrecht, Abkommensrecht, 4. Aufl., München, 2000

Kment, Grenzüberschreitendes Verwaltungshandeln: transnationale Elemente deutschen Verwaltungsrechts, Tübingen, 2010

Koblenzer, Grundlagen der „beschränkten Steuerpflicht", BB 1996, S. 933-936

Koenig/ Cöster, Abgabenordnung Kommentar, 3. Aufl., München, 2014

Kruse, Das Richterrecht als Rechtsquelle des innerstaatlichen Rechts, Tübingen, 1971

Kruse, Die Abgabenordnung - Ein perfekter Mantel? Praktische Probleme beim Wohnsitz- und Betriebsstättenbegriff, StuW 2003, S. 344-348

Kühn/ von Wedelstädt, Abgabenordnung/ Finanzgerichtsordnung Kommentar, 22. Aufl., Stuttgart, 2018

Kußmaul/ Ruiner, Verfassungsrechtliche Grundlagen, Anknüpfungsmerkmale und Reichweite der Steuerpflicht bei natürlichen Personen in der Bundesrepublik Deutschland und den Vereinigten Staaten von Amerika - Ein Vergleich, StuW 2009, S. 80-86

Lampert, Die Wahl der zutreffenden Vergleichsgruppe bei der Anwendung des allgemeinen Gleichheitssatzes auf grenzüberschreitende Sachverhalte, NVwZ 2013, S. 195-199

Land, Zur Frage der unbeschränkten Steuerpflicht in Sonderfällen, DStZ 1980, S. 472-473

Lang, Das Einkommensteuergesetz 1975 - Gewinn an Steuergerechtigkeit und Steuervereinfachung?, StuW 1974, S. 293 – 318

Larenz, Methodenlehre der Rechtswissenschaft, 6. Aufl., München, 1991

Lederer, Doppelter Wohnsitz natürlicher Personen im internationalen Steuerrecht - Zur Auslegung und Anwendung von Art. 4 Abs. 2 der OECD-Musterabkommen zur Vermeidung der Doppelbesteuerung 1966 und 1977, RIW/AWD 1981, S. 463-472

Lehner, Das Territorialitätsprinzip im Licht des Europarechts, S. 241-261, in: Festschrift für Franz Wassermeyer zum 65. Geburtstag, München, 2005

Lehner, Wirtschaftliche Betrachtungsweise und Besteuerung nach der wirtschaftlichen Leistungsfähigkeit, S. 237-249, in: Die Steuerrechtsordnung in der Diskussion: Festschrift für Klaus Tipke zum 70. Geburtstag, Köln, 1995

Lehner/ Reimer, Generalthema I: Quelle versus Ansässigkeit - Wie sind die grundlegenden Verteilungsprinzipien des Internationalen Steuerrechts austariert?, IStR 2005, S. 542-551

Leibholz, Das Verbot der Willkür und des Ermessensmißbrauches im völkerrechtlichen Verkehr der Staaten, ZaöRV Band 1, 1929, S. 77-125

Leisner, Arbeitskampf gegen den allmächtigen Steuerstaat - Ein Zwang zu pflichtwidrigem Verhalten von Staatsorganen?, ZBR 1975, S. 69-75

Liedtke, „Beschränkte Steuerpflicht" - Ein Grundlagenbegriff oder Fremdbegriff (Fremdkörper im Steuerrecht)?, DB 1985, S. 671-676

Littmann/ Bitz/ Pust, Das Einkommensteuerrecht Kommentar, Stuttgart *(139. Liefer., 2019 zu § 1 EStG)*

Löffler/ Stadler, Der gewöhnliche Aufenthalt (§ 9 AO) des weggezogenen „aktiven Gesellschafters, IStR 2008, S. 832-838

Lohmeyer, Wohnsitz und gewöhnlicher Aufenthalt im Steuerrecht, DVR 1975, S. 21-25

Luchterhandt, Grundpflichten als Verfassungsproblem in Deutschland: geschichtliche Entwicklung und Grundpflichten unter dem Grundgesetz, Berlin, 1988

Luttermann, Normenklarheit im Steuerrecht und „unbestimmte" Rechtsbegriffe?, FR 2007, S. 18-23

Mann, The Definition of Jurisdiction, Recueil des Cours 1964, S. 1-162

Maunz/ Dürig, Grundgesetz Kommentar, München *(90. ErgLiefer., 2020 zu Art. 6, Art. 25 und 105 GG)*

Meng, Extraterritoriale Jurisdiktion im öffentlichen Wirtschaftsrecht, Berlin (u.a.), 1994

Menzel, Internationales Öffentliches Recht: Verfassungs- und Verwaltungsgrenzrecht in Zeiten offener Staatlichkeit, Tübingen, 2011

Meßmer, Die höchstrichterliche Rechtsprechung zu Familienpersonengesellschaften im Einkommensteuerrecht – Bestandsaufnahme und kritische Betrachtung, StbJb 1979/1980, S. 163-258

Mill, Principles of Political Economy, Book 2: Distribution, Chapter 8: Of Metayers, 1848, p. 348-368

Moench/ Weinmann, ErbStG Kommentar, Erbschaft- und Schenkungsteuergesetz mit Bewertungsgesetz, Freiburg i.Br., *(80. Aktualisierung, 2018 zu § 2 ErbStG)*

Morgenthaler, Die Lizenzgebühren im System des internationalen Einkommensteuerrechts, Heidelberg, 1992

Mössner, Domicile und residence im englischen Steuerrecht: Rechtsvergleichende Betrachtungen, S. 195-213, in: Festschrift für Wolfgang Ritter zum 70. Geburtstag: Steuerrecht, Steuer- und Rechtspolitik, Wirtschaftsrecht und Unternehmensverfassung, Umweltrecht, Köln, 1997

Mössner, Steuerrecht international tätiger Unternehmen: Handbuch der Besteuerung von Auslandsaktivitäten inländischer Unternehmen und von Inlandsaktivitäten ausländischer Unternehmen, 5. Aufl., Köln, 2018

Mössner, Typusbegriffe im Steuerrecht, S. 161-182, in: Festschrift für Heinrich Wilhelm Kruse zum 70. Geburtstag, Köln, 2001

Müller, Deutsche Steuerhoheit über ausländische Tochtergesellschaften: eine völkerrechtliche Untersuchung zu § 15 Abs. II StAnpG, Herne/Berlin, 1970

Niemeier/ Schnitter/ Kober/ Nöcker/ Stuparu, Einkommensteuer, 24. Aufl., München, 2018

Norr, Jurisdiction to Tax and International Income, Tax Law Review, Band 17, S. 431-463

Oermann, Gewöhnlicher Aufenthalt - Grundgedanken zu § 14 Abs. 1 und 2 des Steueranpassungsgesetzes, DStZ 1937, S. 253-260

Olgemöller, Der inländische Wohnsitz als Dreh- und Angelpunkt der unbeschränkten Steuerpflicht, Stbg 2004, S. 468-468

Overwiening, Die optimale fiskalische Souveränität eines Staates im Spiegel des internationalen Steuerrechts: eine Soll-ist-Analyse, Münster, 1996

Palandt, Bürgerliches Gesetzbuch, 79. Aufl., München, 2020

Perwein, Die ständige Wohnstätte im Spiegel verbindlicher Auskünfte deutscher Finanzbehörden, IStR 2017, S. 1020-1026

Peters, Völkerrecht: Allgemeiner Teil, 2. Aufl., Zürich (u.a.), 2008

Pfirmann/ Rosenke/ Wagner, BeckOK AO, 4. Edition, 2018

Piltz/ Wachter, Der internationale Erbfall: Erbrecht, Internationales Privatrecht, Erbschaftsteuerrecht, München, 3. Aufl., 2020

Prinz, Grundlagen der Familienbesteuerung unter Berücksichtigung finanzwissenschaftlicher Aspekte, FR 2010, S. 105-113

Rabback, Wohnsitz im Inland, AO-StB 2001, S. 98-98

Reimer, Wegzugsbesteuerung, Wegzugsberatung: Zivilrecht, Steuerrecht, Soziale Sicherung, München, 2007

Reimer, Der Ort des Unterlassens: die ursprungsbezogene Behandlung von Entgelten für Untätigkeit im Internationalen Steuerrecht, München, 2004

Reith, Internationales Steuerrecht: Handbuch zum Doppelbesteuerungs- und Außensteuerrecht und zu Gestaltungen grenzüberschreitende Investitionen, München, 2004

Richner, Handkommentar zum DBG: (Bundesgesetz über die direkte Bundessteuer), Zürich, 2009

Richter/ Steinmüller, Ehegattenbesteuerung und Grundgesetz, FR 2002, S. 812-819

Rick/ Gunsenheimer/ Schneider/ Kremer, Lehrbuch Einkommensteuer, 26. Aufl., Herne, 2020

Rudolf, Über territoriale Grenzen der Steuergesetze, S. 769-786, in: Festschrift für Johannes Bärmann zum 70. Geburtstag, München, 1975

Sackofsky/ Wieland, Vom Steuerstaat zum Gebührenstaat, Baden-Baden, 2000

Säcker/ Rixecker/ Oetker, Münchener Kommentar zum Bürgerlichen Gesetzbuch: BGB, München, *(8. Aufl., 2020 zu § 857 BGB)*

Salditt, Steuerlast und Wanderlust - Grundsatzprobleme der Wegzugsbesteuerung nach dem Entwurf eines Außensteuergesetzes und nach dem revidierten Abkommen mit der Schweiz, StuW 1972, S. 12-34

Schaumburg, Internationales Steuerrecht: Außensteuerrecht, Doppelbesteuerungsrecht, 3. Aufl., Köln, 2011

Schmehl, Das Äquivalenzprinzip im Recht der Staatsfinanzierung, Tübingen, 2004

Schmidt, Einkommensteuergesetz Kommentar, 39. Aufl., München, 2020

Schmidt, Gesetz über die Besteuerung bei Außenbeziehungen (Außensteuergesetz), 1. Aufl., Baden-Baden, 2012

Schmitz, Kommentar zum Internationalen Steuerrecht der Bundesrepublik

Deutschland, Düsseldorf, 1957

Schön, Besteuerung im Binnenmarkt – die Rechtsprechung des EuGH zu den direkten Steuern, IStR 2004, S. 289-300

Schön, International Tax Coordination for a Second-Best World (Part I), World Tax Journal 2009, Volume 1, Issue 1, S. 67-114

Schranl, Schuld und Haftung bei den direkten Steuern, AöR Band 39, 1920, S. 164-240

Schuch, Der Wohnsitz und Mittelpunkt der Lebensinteressen unter besonderer Bedachtnahme auf die Gewährung des Abgeltungsbetrages gemäß § 33a EStG, ÖStZ 1972, S. 43-45

Schulze-Brachmann, Totalitäts- oder Territorialitätsprinzip? - Ein Beitrag zum Doppelbesteuerungsrecht, StuW 1964, S. 590-626

Schwarz/ Pahlke, Abgabenordnung/ Finanzgerichtsordnung Kommentar, Freiburg i.Br. *(175. Aktualisierung, 2017, zu §§ 8, 9 AO)*

Seiler, Leitlinien einer familiengerechten Besteuerung, FR 2010, S. 113-119

Soergel, Bürgerliches Gesetzbuch mit Einführungsgesetz und Nebengesetzen, Band 1 Allgemeiner Teil 1, §§ 1 - 103 BGB, 13. Aufl., Stuttgart, 2020

Söhn, Die Abgrenzung der Betriebs- oder Berufssphäre von der Privatsphäre im Einkommensteuerrecht: Betriebsausgaben - Werbungskosten, Privatausgaben, Betriebsvermögen, Privatvermögen; mit einem rechtsvergleichenden Teil, Köln, 1980 (u.a. : *Rönitz*, Die Abgrenzung der Betriebsausgaben/ Werbungskosten von den privaten Ausgaben als Problem der Sachverhaltsermittlung – unter besonderer Berücksichtigung der Lebenserfahrung und der typisierenden Betrachtungsweise, S. 297-313)

Spitaler, Das Doppelbesteuerungs-Problem bei den direkten Steuern, Reichenberg, 1936

Spitaler, Die Fortschritte der internationalen Ausgleichung der Systeme der direkten Steuern seit 1939, StuW 1948, S. 7-58

Stahl, Die Reichweite der erweiterten beschränkten Steuerpflicht nach § 2 AStG - Ein Beitrag zur Struktur der Steuerpflicht, Stuttgart, 2013

Starck, Rechtsvergleichung im öffentlichen Recht, JZ 1997, S. 1021-1030

Staudinger, Kommentar zum Bürgerlichen Gesetzbuch mit Einführungsgesetz und Nebengesetzen, Einleitung zum Bürgerlichen Gesetzbuch Buch 1: Allgemeiner Teil, Berlin, 2018

Steffen, Die Wohnsitzverlegung in die Schweiz: Einführung für vermögende Personen und Unternehmen, Wiesbaden, 2012

Stein, Gesetzgebungsvorbehalt einer unwiderleglichen Vermutung, DStZ 2011, S. 443-458

Streck, Steuerpflicht der Diplomaten - Methodische Probleme beim Zusammentreffen von Steuerrecht und Völkerrecht, FR 1975, S. 261-264

Strutz/ Hefner, Kommentar zum Einkommensteuergesetz vom 10. August 1925 nebst den Ausführungsbestimmungen/ (3): Ergänzungsband zum Kommentar zum Einkommensteuergesetz vom 10. August 1925; Gesetz zur Änderung des Einkommen- (und Körperschaft)steuergesetzes vom 29. Juni 1929, Berlin, 1930

Szymczak, AO-eKommentar *(Aktualisierung v. 12.4.2019 zu § 8 AO)*

Tanzer, Der Ansässigkeits-(Wohnsitz-)begriff im international-nachbarschaftlichen Vergleich (Österreich-Deutschland-Schweiz), S. 521-530, in: Festschrift für Helmut Loukota zum 65. Geburtstag, Wien, 2005

Tiedtke/ Langheim, Die Voraussetzungen und Rechtsfolgen der beschränkten und der (fiktiven) unbeschränkten Steuerpflicht, DStZ 2003, S. 10-24

Tipke, Die Steuerrechtsordnung, Band 1: Wissenschaftsorganisatorische, systematische und grundrechtlich-rechtsstaatliche Grundlagen, Köln, 1993

Tipke, Die Steuerrechtsordnung, Band 2: Steuerrechtfertigungstheorie, Anwendung auf alle Steuerarten, sachgerechtes Steuersystem, Köln, 1993

Tipke, Die Steuerrechtsordnung, Band 3: Föderative Steuerverteilung, Rechtsanwendung und Rechtsschutz, Gestalter der Steuerrechtsordnung, Köln, 1993

Tipke, Grenzen der Rechtsfortbildung durch Rechtsprechung und Verwaltungsvorschriften im Steuerrecht, DStJG Band 5, Köln, 1982 (u.a.: *Vogel*, Diskussion (1. Teil), S. 137-164)

Tipke, Rechtsetzung durch Steuergerichte und Steuerverwaltungsbehörden?, StuW 1981, S. 189-200

Tipke/ Kruse, Abgabenordnung/ Finanzgerichtsordnung Kommentar, Köln *(161. Liefer., 2020 zu §§ 8, 9 AO)*

Tipke/ Lang, Steuerrecht, 23. Aufl., Köln, 2018

Tschentscher, Dialektische Rechtsvergleichung - Zur Methode der Komparatistik im öffentlichen Recht, JZ 2007, S. 807-816

Valta, Das Internationale Steuerrecht zwischen Effizienz, Gerechtigkeit und Entwicklungshilfe, Tübingen, 2014

van Hoorn, Besteuerung im Ursprungs- oder im Wohnsitzstaat?, StuW 1964, S. 475-479

Veiel, Nationales und internationales Steuerrecht bei Diplomaten und Auslandsbeamten, StuW 1942, S. 551-599

Vogel, Der offene Finanz- und Steuerstaat: ausgewählte Schriften 1964-1990, Heidelberg, 1991

Vogel, Der räumliche Anwendungsbereich der Verwaltungsrechtsnorm: eine Untersuchung über die Grundfragen des sog. Internationalen Verwaltungs- und Steuerrechts, Frankfurt (u.a.), 1965

Vogel, Grundfragen des internationalen Steuerrechts, DStJG Band 8, Köln, 1985 (u.a.: *Vogel*, Die Besteuerung von Auslandseinkünften – Prinzipien und Praxis, S. 3-31; *Wassermeyer*, Die beschränkte Steuerpflicht, S. 49-77)

Vogel, Theorie und Praxis im Internationalen Steuerrecht, DStR 1968, S. 427-434

Vogel, Worldwide vs. source taxation of income - A review and reevaluation of arguments (Part I), Intertax 1988, p. 216-219

Vogel/ Lehner, Doppelbesteuerungsabkommen: DBA Kommentar, 6. Aufl., München, 2015 *von Beckerath*, Der Durchgriff im deutschen Außensteuerrecht, Berlin, 1978

von Bornhaupt, Der örtliche Mittelpunkt der Lebensinteressen – ein Fixpunkt der Rechtsprechung, S. 419-432, in: Festschrift für Klaus Offerhaus zum 65. Geburtstag, Köln, 1999

von Busse, Die Methoden der Rechtsvergleichung im öffentlichen Recht als richterliches Instrument der Interpretation von nationalem Recht, Baden-Baden, 2015

von Heintschel-Heinegg, BeckOK StGB *(46. Edition, 2020 zu § 242 StGB)*

von Simson, Die Souveränität im rechtlichen Verständnis der Gegenwart, Berlin, 1965

von Stein, Lehrbuch der Finanzwissenschaft als Grundlage für Vorlesungen und Selbststudium mit Vergleichung der Finanzsysteme und Finanzgesetze von England, Frankreich und Deutschland, 2. Theil: Die Staatseinnahmen - Die Quellen der Staatseinnahmen oder die Finanzquellen, Leipzig, 1871, S. 136-138

Voß, Ungewißheit im Steuerrecht - Formen, Konsequenzen, Maßnahmen, 1. Aufl.,1992

Waldhoff, Rezension zu: Jachmann, Steuergesetzgebung zwischen Gleichheit und wirtschaftlicher Freiheit. Verfassungsrechtliche Grundlagen und Perspektiven der Unternehmensbesteuerung, Stuttgart u.a.: Boorgberg 2000, StuW 2000, S. 217-220

Waldhoff, Verfassungsrechtliche Vorgaben für die Steuergesetzgebung im Vergleich Deutschland-Schweiz, München, 1997

Wassermeyer, DBA, München *(149. Erg.-Liefer., 2020 zu Art. 4 OECD-MA)*

Wassermeyer, Internationale und grundsätzliche Aspekte - In- und ausländische Einkünfte vs. Erwerbseinkünfte, StbJb 2002/2003, S. 49-61

Weber-Fas, Grundzüge des allgemeinen Steuerrechts der Bundesrepublik Deutschland, Tübingen, 1979

Weber-Fas, Völkerrecht und Steuerhoheit, RIW/AWD 1979, S. 585-587

Wehrhahn, Die Wohnsitzbestimmung im Internationalen Finanzrecht – Zur Interpretation internationalrechtlicher Anknüpfungsbegriffe, Bielefeld, 1937

Wienbracke, Das grundgesetzliche Steuerstaatsprinzip, StuW 2005, S. 81-86

Winhard, Das Ehegattensplitting - Ein Dauerbrenner der steuerpolitischen Diskussion, DStR 2006, S. 1729-1733

Wolff/ Bachof/ Stober/ Kluth, Verwaltungsrecht I, 13. Aufl., München, 2017

Zenthöfer, Einkommensteuer, 13. Aufl., Stuttgart, 2019

Ziegenhain, Extraterritoriale Rechtsanwendung und die Bedeutung des Genuine-Link-Erfordernisses: eine Darstellung der deutschen und amerikanischen Staatenpraxis, München, 1992

Ziegler, Einführung in das Völkerrecht, 3. Aufl., Bern, 2015

Zuber, Anknüpfungsmerkmale und Reichweite der internationalen Besteuerung: eine normative Analyse unter Berücksichtigung der Personensteuern in der BRD und in den USA, Hamburg, 1991

Finanz- und Steuerrecht in Deutschland und Europa

Herausgegeben von Klaus-Dieter Drüen, Hanno Kube
und Rainer Wernsmann

Band 19 Anna Schwarz: Die Pensionszusage an den Mitunternehmer der Personengesellschaft im Einkommensteuerrecht. 2012.

Band 20 Carsten Höink: Nichtsteuerbare Vermögensübertragungen im Umsatzsteuerrecht. Eine rechtssystematische Analyse der Entwicklung des Rechtsinstituts der Geschäftsveräußerung im Ganzen. 2013.

Band 21 Christian Kniese: Europarechtlicher Rahmen einer steuerlichen Förderung von Forschung und Entwicklung. 2013.

Band 22 Katarina Günther: Vertrauensschutz bei Angaben Dritter im Umsatzsteuerrecht. 2013.

Band 23 Andreas Königer: Ertragsteuerrechtliche Behandlung grenzüberschreitender Spaltungen von Rechtsträgern. Unter besonderer Beachtung der Vorgaben des Unionsrechts. 2014.

Band 24 Matthias Diete: Das obligatorische Schiedsverfahren in der deutschen DBA-Praxis. Erweiterung des zwischenstaatlichen Rechtsschutzes bei Doppelbesteuerungskonflikten. 2014.

Band 25 Friederike Grube: Der Einfluss des unionsrechtlichen Beihilfenverbots auf das deutsche Steuerrecht. Dargestellt an den Beispielen der sogenannten Sanierungsklausel und der Steuervergünstigungen für gemeinnützige Unternehmen. 2014.

Band 26 Tobias Loscher: Präventive Aufsicht der Europäischen Union über den Bundeshaushalt. 2014.

Band 27 Jochen Lutz Tillmanns: Divergenz und Konvergenz von Umsatzsteuer und Einkommensteuer. Zur problematischen Verwendung ertragsteuerlicher Konzepte und Begriffe im Umsatzsteuerrecht. 2015.

Band 28 Cornelia Zirkl: Die Neutralität der Umsatzsteuer als europäisches Besteuerungsprinzip. Inhalt, Herleitung und der Umgang mit Neutralitätsverletzungen. 2015.

Band 29 Matthias Ernst: Die Dienstleistungsbetriebsstätte im Abkommensrecht. Begriffsbestimmung, Abgrenzung und Analyse eines alternativen Betriebsstättentatbestands. 2015.

Band 30 Michael Brandl: Mehrfachansässigkeit im Ertragsteuerrecht. 2016.

Band 31 Stephanie Krebbers-van Heek: Die mitunternehmerische Besteuerung der Komplementäre der Kommanditgesellschaft auf Aktien. 2016.

Band 32 Felix Klemt: Körperschaftsteuerliche Verluste junger innovativer Unternehmen. Rechtliche und wirtschaftliche Analyse, Alternativen de lege ferenda. 2016.

Band 33 Nina Erm: Personengesellschaften in Steuerverfahren. Verfahrensklarheit trotz Einheit und Vielheit. 2016.

Band 34 Christian Erich Rödel: Der Teilbetriebsbegriff in den Einbringungstatbeständen des Umwandlungssteuergesetzes. 2016.

Band 35 Florian Wenk: Einkünfte aus Leistungen nach § 22 Nr. 3 EStG. Eine Untersuchung zum Belastungsgrund der Einkommensteuer. 2017.

Band 36 Ralf Haendel: Treaty Overriding im Internationalen Steuerrecht als Verfassungsproblem. Insbesondere zur Reichweite der Völkerrechtsfreundlichkeit des Grundgesetzes. 2017.

Band 37 Nadine Schader: Fiskalische Immunität internationaler Organisationen und ihres Personals in der Bundesrepublik Deutschland. 2018.

Band 38 Sebastian Cloppenburg: Eine Finanztransaktionssteuer im „kleinen Kreis". Unionsrechtliche Zulässigkeit der Durchführung einer Verstärkten Zusammenarbeit im Bereich der Finanztransaktionsbesteuerung. 2018.

Band 39 Volodymyr Izrailevych: Der Begriff der Betriebsstätte im deutschen und im russischen Ertragsteuerrecht und im deutsch-russischen Doppelbesteuerungsabkommen. Ein Rechtsvergleich. 2018.

Band 40 Jan Popel: Das vorgeprägte und intendierte Ermessen im Steuerrecht. 2018.

Band 41 Marcel Sandberg: Internationale Vollstreckungshilfe im Besteuerungsverfahren. Insbesondere zum EU-Beitreibungsgesetz und zu Doppelbesteuerungsabkommen nach Art des Artikels 27 OECD-Musterabkommen. 2019.

Band 42 Sven Sobanski: Die Rechtsbeständigkeit von Steuerverwaltungsakten und finanzgerichtlichen Urteilen bei Verstößen gegen Unionsrecht. 2019.

Band 43 Delia Maria Palenker: Die Bindung der gesonderten Verlustfeststellung an den Einkommensteuerbescheid. Eine Rechtsprechungsanalyse zu § 10d Abs. 4 EStG vor und nach Inkrafttreten des JStG 2010 und ihre Folgen für den Rechtsschutz. 2020.

Band 44 Theresa Siebing: Wohnsitz und gewöhnlicher Aufenthalt als nationale Anknüpfungsmerkmale der Besteuerung. 2020.

www.peterlang.com

www.ingramcontent.com/pod-product-compliance
Ingram Content Group UK Ltd.
Pitfield, Milton Keynes, MK11 3LW, UK
UKHW041824290926
8980IPUK00002B/41

9 783631 835692